Micha Kafka

Sketch

Websites und Apps, Prototyping, UX

Liebe Leserin, lieber Leser,

herzlich willkommen zu unserem umfassenden Handbuch zur Design-Plattform Sketch! Ich bin gllücklich, dass das Buch jetzt erschienen ist. Und zwar auf Ihr Betreiben hin! Die ersten Lesermails mit der Frage, ob wir nicht ein Buch zu Sketch im Programm hätten, haben uns schon vor über fünf Jahren erreicht. Damals waren wir im Lektorat aber der Meinung, die Zielgruppe für solch ein Buch wäre zu klein, und sicherlich stimmte das zu diesem frühen Zeitpunkt auch. Aber dann häuften sich die Leseranfragen, und Sketch setzte sich immer weiter durch als beliebtestes Design-Tool für Webseiten. Inzwischen hat es weltweit eine große Anhängerschaft. Also nahmen wir das Buch in unsere Planung auf.

Besonders freut es mich, dass wir einen der renommiertesten »Sketcher« Deutschlands als Autor gewinnen konnten: Micha Kafka gründete und betreibt auch heute noch die größte deutsche Sketch-Website *www.sketch-wiki.de* und arbeitet selbst seit langen Jahren mit der Software. Das bemerken Sie auch immer wieder im Buch, zum Beispiel wenn Sie die Kapitel zu den Powerfunktionen und zu den versteckten Werkzeugen aufschlagen: Zahlreiche Profitricks und Praxistipps verraten Ihnen, wie Sie die Möglichkeiten von Sketch voll ausschöpfen und sich beispielsweise von der Software bei langwierigen Routinen unterstützen lassen oder effektiv im Team zusammenarbeiten. Denn Sketch vermag Ihnen die Arbeit sehr zu erleichtern, Sie müssen nur wissen, wie! Und das erfahren Sie hier.

Nun wünsche ich Ihnen viel kreative Energie für die Arbeit mit Sketch. Wenn Sie Fragen, Wünsche und Anregungen haben, stehen der Autor und ich gerne zur Verfügung.

Ihre Ruth Lahres
Lektorat Rheinwerk Design

ruth.lahres@rheinwerk-verlag.de
www.rheinwerk-verlag.de
Rheinwerk Verlag · Rheinwerkallee 4 · 53227 Bonn

Für Mimi

Inhaltsverzeichnis

Vorwort

Erst hüpft ein goldener Diamant am Rand des Mac-Bildschirms auf und ab, dann öffnet sich Sketch zum ersten Mal. Auch wenn dich in diesem Moment nichts darauf aufmerksam macht, deine Design-Karriere fängt gerade an. Denn deine nächste Idee beginnt mit Sketch. Es ist das führende Programm für Websites, Apps und alle anderen Projekte, die du umsetzen möchtest. Nein, falsch, eigentlich ist es der Werkzeugkasten, mit dem du deine Designs zum Leben erweckst.

Sketch bietet dir umfangreiche Funktionen, ist einfach zu bedienen und von Designern für Designer gemacht. Ohne großen Aufwand erschaffst du Prototypen, teilst deine Ideen und erstellst intuitiv großartige Designs. Die ersten 30 Tage kannst du Sketch herunterladen, komplett kostenlos testen und nebenbei in diesem Buch alle Anleitungen nachlesen.

Der Bleistift mit Superkräften

Mit Sketch zu designen heißt, für die digitale Welt der Gegenwart zu gestalten. Es ist modern, schnell und ein tolles Werkzeug für deine Ideen. Es ist ein Bleistift mit Superkräften.

Acht Power-Funktionen unterscheiden Sketch von der vorherigen Softwaregeneration. Symbole, Stile und Libraries nutzen Methoden aus der Web- und Appentwicklung. Zum Beispiel die Verwendung von echten Daten. Und die Sketch Cloud ist die aktuellste Technologie, um noch schneller und effizienter zu designen. Idee und fertiges Design liegen nicht mehr weit auseinander.

Überhaupt sind Geschwindigkeit und Effizienz die zentralen Schlagwörter für Sketch. Weniger Werkzeuge, weniger Klicks, kleinere Dateien und optimierte Prozesse – das ist die neue Art zu designen. Das Erstellen von Objekten ist schneller, zeichnen mit Vektoren leichter und das Textwerkzeug verständlicher.

Kein Photoshop-Ersatz, sondern eine Design-Plattform

Bei einer so radikalen Kur geht auch etwas verloren. Sketch ist kein Bildbearbeitungsprogramm, keine Typografie-Schatzkiste und auch kein Animationsstudio. Der Unterschied zu früher: Jeder kann Sketch mit einfachen JavaScript-Plugins erweitern. Es gibt mittlerweile tausende von ihnen, und sie reichen von kleinen Skripten bis zum 3D-Modelling in Sketch.

Sketch ist ein sehr einsteigerfreundliches Programm, das neue Designer nicht sofort mit Informationen und Möglichkeiten überschüttet. Es wäre aber falsch, daraus zu schließen, Sketch sei eine Anfänger-Software. Das Gegenteil ist richtig, Profis bei namhaften Unternehmen rund um den Globus arbeiten mit Sketch. Langfristig könnte es auch auf dem Lehrplan von Universitäten und Schulen stehen.

Wie aktuell kann ein Buch sein?

Ich möchte ehrlich mit dir sein: Wenn du dieses Buch in der Hand hältst, kann es im Detail nicht auf dem Stand der aktuellsten Sketch-Version sein. Das Team hinter dem Programm entwickelt so schnell neue Funktionen, dass es mit einem Buch einfach unmöglich ist, Schritt zu halten.

Aber das Design-Handwerk hat sich nicht so fundamental verändert, wie es manchmal erscheint. Viel älter als die Gründung des Webs sind die Grundlagen der Gestaltung, die auch für Apps, Websites und Banner gelten. Webdesigner haben viel von Magazinen und Zeitungen gelernt, und die Bausteine bleiben auch in Sketch gleich: Schrift, Farbe, Formen und Bilder.

Und diese funktionieren seit den ersten Sketch-Versionen, die ich vor fünf Jahren getestet habe, gleich. Die Anforderungen an Designer haben sich in diesen Jahren so stark verändert wie schon lange nicht mehr, aber ein Rechteck ist immer noch ein Rechteck. Artboards, Symbole und Stile wurden nach und nach erweitert, ihre Funktionen blieben.

Aus dieser Erfahrung heraus kann ich sagen, dass vieles, was du in diesem Buch lernst, auf Jahre Bestand hat. Alle Funktionen, die Sketch zum Redaktionsschluss (Dezember 2020, Sketch 70) veröffentlicht hatte, sind in diesem Buch beschrieben und mit Anleitungen versehen.

Das Erscheinungsbild von Sketch unterscheidet sich je nach Betriebssystem. Die Abbildungen in diesem Buch basieren auf macOS 11 Big Sur. Aber trotz Unterschieden in der Darstellung unterstützt Sketch die Betriebssysteme Mojave und Catalina weiter mit Updates.

Ist dieses Buch etwas für mich?

Du als Leser stehst in diesem Buch im Mittelpunkt. Es ist voller Tipps, Tricks und Erfahrungen mit Sketch und Design allgemein. Du findest detaillierte Anleitungen zu allen Werkzeugen, vielen Plugins, der Bedienung und deinen ersten Projekten. Zusammen lösen wir praktische Probleme und setzen echte Projekte mit Sketch um.

Als Anfänger hast du vielleicht schon von Sketch gehört und ein bisschen Bildbearbeitung ausprobiert. Du bekommst schnell einen Überblick, und im ersten Kapitel lernst du die Design-Grundlagen an praktischen Beispielen. In vielen Kapiteln findest du kleine Anwendungsbeispiele, bevor wir gemeinsam Schritt für Schritt eine App mit Sketch umsetzen (Abschnitt 8.1, »Chat entwerfen«).

Wenn du schon ein bisschen Erfahrung mitbringst, hast du wahrscheinlich schon eine Website oder App gestaltet. Du möchtest Sketch zu deinen Tools hinzufügen und es direkt ausprobieren? Dann starte mit den Design-Werkzeugen in Kapitel 4, »Erstellen und Bearbeiten auf dem Canvas«, und Kapitel 5, »Die Powerfunktionen von Sketch«, bevor du tiefer ins Thema Plugins einsteigst. Zum Schluss wartet im Praxisteil ein größeres Design-Projekt auf dich.

Design-Profis arbeiten schon lange mit Software wie Sketch und erstellen regelmäßig Designs für Kunden. Du suchst nach den letzten 10 % in deiner Design-Routine? Dann findest du in jedem Kapitel Tastenkombinationen und versteckte Tricks. Schlag auch in Kapitel 7, »Einstellungen und versteckte Funktionen«, und in Kapitel 9, »Bonusmaterial zum Weiterlesen«, nach, und lerne ein paar neue Hacks mit Sketch-Plugins. Lies quer durch das Buch, und lass dich vom Praxisteil für dein nächstes Projekt inspirieren.

Dank und Feedback

Vielen Dank an meine Lektorinnen Ariane Podacker und Ruth Lahres vom Rheinwerk Verlag.

Danke für Gespräche, Gedankenaustausch und Tatkraft an Nico, Egor, Christoph, Sarah, Antoine, Nuria und Frederik.

Für die Unterstützung und die Antworten auf Fragen an Roy, Carly, Daniel, William, Freddy, Pieter, Emanuel und das ganze Sketch-Team.

Emanuel und Laura haben mir in schwierigen Situationen geholfen, die richtige Entscheidung zu treffen.

Ohne meine Familie wäre dieses Buch nicht möglich gewesen. Danke!

Danke auch an die internationale Design-Community, die kostenlos und frei zugänglich ihre Gedanken teilt.

Im Text sind Personen und Beispiele in der maskulinen Form geschrieben. Ich möchte ausdrücklich darauf hinweisen, dass über diese Formulierungen hinaus alle Personen jeden Geschlechts angesprochen sind.

Dein Feedback ist mir wichtig. Wenn dir das Buch gefällt, freue ich mich auf eine Rezension auf Amazon (*https://amzn.to/2Pp7XyZ*). Wenn nicht, schreib mir eine Mail an *post@sketch-wiki.de*.

Micha Kafka

Gespräch mit Sketch-Co-Gründer Pieter Omvlee

Es gibt immer mehrere Perspektiven auf ein Thema, und als Designer möchten wir so viele wie möglich davon mit einbeziehen. Das gilt nicht nur für unsere Designs, sondern auch für die Programme, die wir benutzen. Ein ganz besonderer Blickwinkel auf Sketch ist der seiner Entwickler und Gründer.

Die Macher von Sketch sind unsere erste Anlaufstelle, wenn wir verstehen möchten, warum und wie Sketch in seiner heutigen Form existiert. Das Programm basiert auf ihren Überlegungen und Hypothesen, sie haben ihre Ideen und Lösungen zu einer Software entwickelt.

Für dieses Buch hatte ich das Glück, mit Pieter Omvlee, einem der Gründer von Sketch, zu sprechen. Er und sein Mitgründer Emanuel Sá haben Sketch vor Jahren als Nebenprojekt gestartet und leiten es bis heute als CEO und CDO. Im Gespräch hat Pieter mir erklärt, wie sie auf Design heute blicken und welche Rolle Sketch dabei spielt. Wir sprechen über die ersten Jahre des Programms und wie sich die Arbeit von Designern verändert hat.

Von der Idee zur ersten Sketch-Version

Alles hat eine Geschichte, und warum sollte ausgerechnet Design-Software davon ausgenommen sein? Wenn wir die Perspektive von damals einnehmen, dann sehen wir das Fundament von heute viel besser. Diese ersten Schritte prägen das Produkt immer am stärksten, sie definieren Herausforderungen und beeinflussen, welche Lösungen sich entwickeln. Ich wollte verstehen, was Pieter und Emanuel damals motiviert hat, Sketch zu entwickeln.

Micha Kafka: Viele Designer sind es gewohnt, mit Bildbearbeitungssoftware zu designen. Bevor du mit Emanuel Sketch entwickelt hast, mit welchen Programmen hast du gearbeitet?
Pieter Omvlee: Ich bin von Beruf Software-Ingenieur, hatte aber schon immer ein großes Interesse an benutzerfreundlicher Software. Als ich an der Universität begann, meine eigenen Anwendungen für macOS zu schreiben, sollten sie dem hohen Standard des Betriebssystems gerecht werden und eine großartige Benutzeroberfläche haben.

Besonders klar wurde mir das bei den Icons in den Menü- und Werkzeugleisten. Ich wusste, dass sie gut gestaltete Icons brauchten. Allerdings war mir auch klar, dass ich sie nicht selbst entwerfen konnte.

Was Design-Software angeht, war die üblicherweise verwendete Software in der Tat undurchschaubar, und zusätzlich fehlte mir das Design-Talent. Deswegen dachte ich, es müsse einen besseren Weg zu gutem Design geben – das hat dann auch Sketch inspiriert.

Wie hast du deinen Mitgründer Emanuel kennengelernt, und was hat euch überzeugt, dass ihr gemeinsam eine solche Software entwickeln könnt?

Emanuel und ich waren beide schon seit einigen Jahren in der Mac-Indie-Szene aktiv. Er designt und ich schreibe die Apps. Wir hatten schon vor Sketch an einem Projekt zusammengearbeitet, das Fontcase 2.0 hieß. Weil das ganz gut lief, blieben wir in Kontakt.

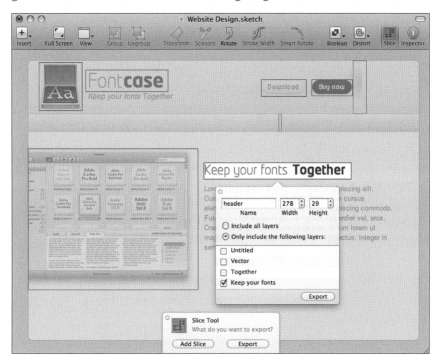

Abbildung 1 *Sketch-Version 1.0, September 2010*

Ich hatte bereits zuvor eine einfache Zeichenanwendung geschrieben, und durch die Zusammenarbeit mit anderen Designern hatte ich das Gefühl, dass es etwas Besseres und Einfacheres geben müsste. Emanuel hatte das gleiche Gefühl, und so begannen wir, gemeinsam daran zu arbeiten. Wir stürzten uns auf diese ältere App und entwickelten sie weiter. Dadurch erschien die Aufgabe weniger entmutigend, als sie in Wirklichkeit war!

Gibt es eine bestimmte Philosophie oder Methode, die euch bei der Priorisierung und der Entwicklung geholfen hat?

Wir haben das Tool in erster Linie für uns selbst gebaut. Emanuel war die Testperson. Er entwarf Sketch in Sketch. Wann immer er etwas brauchte, was fehlte oder nicht gut funktionierte, saßen wir zusammen und versuchten herauszufinden, wie es funktionieren könnte. Wir haben uns neun Monate Zeit für das Projekt gegeben, in denen wir diesen Prozess immer wiederholten.

Vom ersten Nutzer zum Apple Design Award

Die kurzen Entwicklungszeiten hat das Team beibehalten, ungefähr jeden Monat erscheint eine neue Version. Aber wie haben sie es von der Idee zur erfolgreichen Software geschafft?

Wie waren die Reaktionen der Benutzer, als ihr Sketch zum ersten Mal veröffentlicht habt? Wie wurde das Produkt aufgenommen?

Obwohl das Produkt in einigen wichtigen Punkten eingeschränkt war, wurde es gleich zu Beginn sehr gut aufgenommen. Das machte uns sofort klar, dass wir hier etwas Besonderes gefunden hatten. Es gab allerdings viel Arbeit zu erledigen. Wir wollten noch fehlende Funktionen hinzufügen und Sketch schneller machen.

Wie habt ihr eure ersten Kunden gefunden?

Wir haben unsere Freunde und Bekannten in der Design-Community immer wieder gelockt und sie testen lassen. Sketch hat ein Problem gelöst, das so viele in unserem Freundeskreis betraf. Das hat natürlich geholfen.

Gab es ein bestimmtes Ereignis oder eine bestimmte Taktik, mit der ihr die Aufmerksamkeit der Menschen geweckt und euer Wachstum frühzeitig beschleunigt habt?

Wir hatten uns eine Frist von neun Monaten gesetzt. Dafür gab es mehrere Gründe:

1. Wir dachten, wir bräuchten einen konkreten Tag, sonst würden wir nie fertig werden.
2. Wir wollten rechtzeitig zur WWDC, der jährlichen Entwicklerkonferenz von Apple, und zu den Apple Design Awards fertig sein.

Wir hatten doppelt Glück, dieses Ziel auch einzuhalten. Am Ende haben wir 2012 den Apple Design Award gewonnen, und das gab uns natürlich schon früh einen starken Schub.

Wenn du heute zurückblickst – was hat Sketch deiner Meinung nach in den ersten Jahren erfolgreich gemacht?

Ich denke, wir haben einfach ein Produkt geliefert, das ein Problem löste, und dann unermüdlich daran weitergearbeitet. Und wir haben das Produkt als Erstes für uns selbst entwickelt. So wurden wir uns aller seiner Funktionen, Mängel und zukünftigen Möglichkeiten bewusst. Deswegen hatten unsere Benutzer immer das Gefühl, dass wir ihre Probleme lösten.

Und welchen Rat hast du für Designer, die ein eigenes Unternehmen gründen wollen?

Finde einen gleichgesinnten Entwickler, mit dem du gut zusammenarbeiten kannst. Setzt eure Ideen schnell um, damit ihr euch nicht an ihnen festhalten könnt.

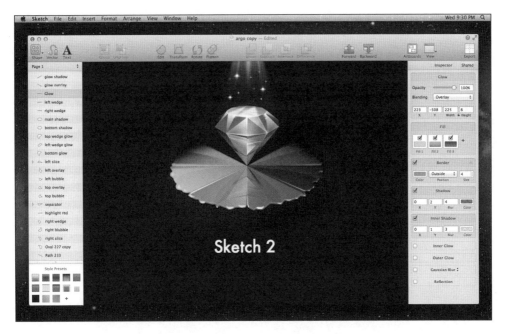

Abbildung 2 *August 2012 – Sketch 2.0 gewinnt den Apple Design Award.*

Die Funktionen von Sketch

Dass Sketch einen so großen Unterschied für Designer macht, hat natürlich als Erstes mit den Funktionen des Programms zu tun. Es konzentriert sich darauf, die Arbeit für Designer leichter zu machen und eine Schnittstelle für Design und Entwicklung zu sein.

Nach all den Jahren der Weiterentwicklung – wie würdest du heute Sketch einer fremden Person beschreiben?
Sketch ist eine digitale Design-Plattform, die eine leistungsstarke, native Mac-Anwendung mit Funktionen für die Zusammenarbeit in der Cloud kombiniert. Die Mac-Anwendung bietet alle Tools, die du benötigst, um deine Ideen in Wireframes, Mockups, Prototypen und sogar produktionsreifen Assets zu erstellen.

Auf der Cloud-Seite haben wir eine ganze Reihe von Tools für die Zusammenarbeit entwickelt. Sie erleichtern es dir, deine Arbeit mit Teamkollegen zu teilen, Feedback einzuholen, Ideen mit Prototyp-Vorschauen zu testen und Entwürfe an Entwickler weiterzugeben.

Aus heutiger Perspektive wirken Funktionen wie Symbole und Artboards offensichtlich und fast unvermeidlich. Damals, als ihr Sketch entwickelt habt, gab es sie schlicht noch nicht. Woher kamen die Ideen dazu?
Oh, wir haben viele Dinge ausprobiert. Es ist wirklich hilfreich, die eigenen Ideen schnell zu entwickeln und sie an echten Designs auszuprobieren. Aus den resultierenden Problemen

lernt man und entwickelt wieder weiter. Deshalb ist es so wichtig, dass wir Sketch wirklich für uns und in einem kleinen Team gebaut haben. Die Feedback-Schleifen waren kurz, und wir konnten schnell iterieren.

Abbildung 3 *Sketch 3 führt 2014 eine ganze Reihe an Neuerungen ein, darunter Symbole, Stile und einen überarbeiteten Inspector.*

Außerdem haben Emanuel und ich beide viel Erfahrung mit Software. Vieles davon hat nicht direkt mit Design zu tun, aber wir waren in der Lage, Ideen aus anderen Anwendungen zu nehmen und sie für Designer anzupassen.

iOS- und Android-Frameworks verfolgen alle unterschiedliche Ansätze zur Design-Implementierung, zum Beispiel das Box-Modell in CSS. Wie trefft ihr die Entscheidung, welcher dieser unterschiedlichen Ansätze in Sketch gezeigt werden soll?
Zum Teil sind wir davon abhängig, wie wir die Dinge gerendert und gemessen haben, als wir Sketch das erste Mal veröffentlicht haben. So erhalten wir die Kompatibilität für alle Dateien.

Aber klar, wir haben uns die konkurrierenden Modelle angesehen und versucht zu verstehen, wie wir diesen oder jenen Markt besser bedienen können. Und am Ende stellt man fest, dass jede Plattform das auf eine andere Art und Weise tut. Wir können also nicht genau das kopieren, was Apple mit Autolayout gemacht hat, weil es für Android-Designer nutzlos ist.

Am Ende muss man auswählen, was für Sketch am besten funktioniert. So können wir den Benutzern helfen, es in ihre spezifischen Umgebungen zu übersetzen.

Sketch hatte früh eine große Community, die eigene Erweiterungen entwickelt hat. Lasst ihr in Sketch absichtlich etwas von der Komplexität für Plugins übrig, anstatt diese Funktionalitäten in die App einzubauen?

Das tun wir in der Tat. Wir haben von unserer Plugin-Community sehr profitiert. Unsere Nutzer haben dadurch Anwendungsfälle hervorgebracht, die wir nie hätten vorhersehen können. Jetzt gibt es Integrationen mit Drittanbietern, für deren Erstellung wir nie die Zeit gehabt hätten. Ich glaube auch, dass so die Kernanwendung ein gewisses Maß an Einfachheit beibehält. Das ist für neue Sketch-Benutzer super wichtig.

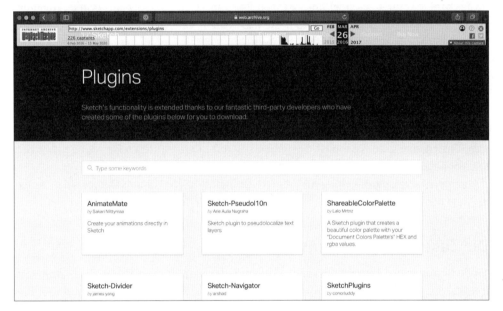

Abbildung 4 *Die ersten Plugins für Sketch gibt es Ende 2015, bevor das Team im folgenden Frühjahr eine eigene Sammlung online stellt. Via archive.org (https://web.archive.org/web/20160326075714)*

Herausforderungen in der Design-Industrie und Konkurrenz

Apropos Community und Weiterentwicklung: Mittlerweile ist Sketch nicht mehr die einzige Software für digitales Design. Der eigene Erfolg hat auch andere Teams inspiriert, und die Herausforderungen an die Designer haben sich noch weiter gewandelt. Wie geht Sketch mit dieser Situation um, und wie beeinflusst es das Programm?

Die Design-Industrie entwickelt sich sehr schnell. Verspürt ihr jetzt zusätzlichen Druck, mehr Funktionen noch schneller zu liefern?

Der Druck war schon immer da. Es fehlten schon in der ersten Version Funktionen, und es fehlen immer noch welche. Okay, es stimmt, dass wir jetzt einen Wettbewerb haben. Das lädt natürlich dazu ein, Funktionen zu vergleichen. Wir versuchen, uns nicht darin zu verfangen und Sketch weiterhin auf die Art und Weise und in einer Reihenfolge zu erstellen, die für uns Sinn macht.

Bei der überwältigenden Anzahl von Designtools, die heute auf dem Markt sind – was, würdest du sagen, hebt Sketch von der Konkurrenz ab?
Wir glauben, dass den Designern die Details wichtig sind. Die Möglichkeiten, das Aussehen und das Gefühl einer nativen Mac-Anwendung werden von unseren Nutzern geschätzt. Sketch wird von Leuten entwickelt, die wie ihre Benutzer sind.

Gleichzeitig können wir über unsere Cloud-Plattform eine wertvolle Zusammenarbeit anbieten. Letztendlich erhalten wir das Beste aus beiden Welten: eine leistungsstarke native Anwendung für Designer und eine einfachere Online-Erfahrung für alle anderen Beteiligten in einem Unternehmen wie Entwickler, Texter, Projektmanager usw.

Wie fühlt es sich an, mit Branchenriesen wie Adobe zu konkurrieren?
Sie sind schon sportliche Konkurrenten. Als sie Adobe XD ankündigten, war es für uns eine großartige Bestätigung. Das hat uns bestätigt und gezeigt, dass der Fokus auf User-Experience-Design eine gute Nische ist. Sie haben sich auf interessante Weise weiterentwickelt, und wir haben auf unsere Weise weitergemacht.

Aber der Markt ist groß genug für mehrere Designtools. Wir können alle voneinander lernen und dennoch unsere eigene, einzigartige Art und Weise finden, Dinge zu tun.

Die Zukunft des Designs

Ich finde ja, dass den Entwicklern von Design-Software wie Sketch eine besondere Verantwortung zukommt. Ihre Werkzeuge ermöglichen die Arbeit erst so, wie sie heute ist, und sie reflektieren die Bedürfnisse von Designern weltweit. Damit beeinflussen sie natürlich auch die Zukunft des Designs.

Design Systems, Cloud und Zusammenarbeit in Echtzeit sind große Trends, die die Art und Weise, wie Menschen designen, aktuell stark verändern. Welche Funktionen oder Ideen werden deiner Meinung nach die weitere Entwicklung der Branche prägen?
Design ist eine sehr gemeinschaftliche Arbeit. Man konnte schon im Laufe der Jahre sehen, dass es dazu kommen wird. Wie gesagt, am Anfang haben wir an einzelne Designer gedacht. Danach ermöglichten Funktionen wie Symbole und Bibliotheken die Zusammenarbeit von Gruppen von Designern.

Die Zusammenarbeit in der Cloud öffnet das Design für andere Abteilungen im Unternehmen – von der Entwicklung über das Copywriting bis hin zum Marketing. Und irgendwie führt uns das zu den eigentlichen Wurzeln von Sketch zurück, wo ein Designer und ein Entwickler sehr eng zusammengearbeitet haben. Weil wir fest davon überzeugt waren, dass ein gutes Produkt auf diese Weise entsteht – durch Zusammenarbeit.

Trends im Design und innerhalb der Designwerkzeuge können schnell kommen und gehen – wie entscheidet ihr, was eine Modeerscheinung und was ein langanhaltender Trend ist, dem Sketch gerecht werden muss?

Wir sind in dieser Hinsicht unsere stärksten Kritiker. Als Erstes bauen wir immer noch die Funktionen, die wir selbst wollen. Das ist eine großartige Möglichkeit, eine Modeerscheinung von einem echten Trend zu trennen. Wir sind nicht perfekt, aber auf diese Weise können wir es, glaube ich, öfter richtig als falsch machen.

Eine letzte Frage noch …

Zum Ende unseres Gesprächs interessiert mich noch eine Sache. Jetzt hat man als Entwickler alles gemacht, um für Designer ein Problem perfekt zu lösen, und dann machen die Nutzer damit etwas ganz anderes …

Was sind die verrücktesten Dinge, die du in Sketch gesehen hast? Gab es bestimmte Verwendungen von Sketch, die du dir nie hättest vorstellen können?

Die meisten Entwürfe, die in Sketch gemacht werden, sind Apps oder Websites. Aber wir haben Leute gesehen, die Bilder von Autos mit Reflexionen und Schatten in Fotoqualität gezeichnet haben. Und ich habe Leute gesehen, die damit Kinderbücher illustriert haben. Es ist sehr cool, diese »alternativen« Verwendungen zu sehen.

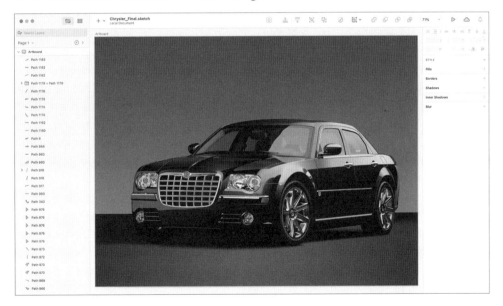

Abbildung 5 *Ein Chrysler 300, in Sketch gezeichnet von Isabel Aracama. Die Datei benötigt eine alte Sketch-Version, ist aber noch zum Download verfügbar (https://dribbble.com/shots/1218993-Vector-Illustration-for-Bohemian-Coding-Sketch-2-3-Full-view).*

Kapitel 1
Grundlagen des digitalen Designs

1.1   Was ist Design?

2016 schrieb Tim Harford einen Artikel (*https://timharford.com/2016/10/big-decision-ahead-just-roll-the-dice/*) für die Financial Times, in dem er eine kurze Geschichte erzählte:

»2014 mussten während eines U-Bahn-Streiks alle, die in London pendeln, für zwei Tage einen anderen Weg zur Arbeit finden. Obwohl viele Menschen jeden Tag den gleichen Weg zur Arbeit nehmen, mussten sie sich während des Streiks umgewöhnen. Sie suchten einen anderen Weg. Und eine beträchtliche Anzahl hat nach diesem Ereignis nie wieder den alten Weg genommen. Aufgrund einer 48-stündigen Arbeitsniederlegung wurde ihnen klar, dass sie es ihr ganzes Leben lang falsch gemacht hatten. Sogar Pendler, die ihren Arbeitsweg perfektionieren, können eine bessere Route finden.«

Jeden Tag treffen hunderttausende Pendler in London eine Entscheidung. Sie haben Routinen entwickelt, die nach dem Fahrplan gestaltet sind. Als Fahrgäste reagieren sie sofort auf alle Veränderungen im System, und der Service der London Underground ist für sie eine wichtige Hilfe, um ihre eigentliche Arbeit zu machen.

Was für Pendler die U-Bahn ist, sind digitale Begleiter wie Smartphones, Laptops und Tablets für uns alle. Sie sind das wichtigste Werkzeug, um unsere Arbeit zu erledigen, Probleme zu lösen und unsere Bedürfnisse zu erfüllen. Über alle Lebensbereiche legt sich eine digitale Ebene, ohne die wir unseren Alltag schon bald nicht mehr bewältigen können.

Spätestens in den letzten 15 Jahren hat das Internet alle Lebensbereiche erobert: Nachrichten, Freunde, Werbung, Unterhaltung, Partner- und Wohnungssuche, unsere Kommunikation und der Weg zur Arbeit – alles läuft im Kern über digitale Services. So ist der Bildschirm zum wichtigsten Ort der Welt geworden.

Mit Sketch wirst du zum Designer auf dem Bildschirm. Du gestaltest digitale Produkte und beeinflusst den Alltag vieler Nutzer.

So wie die Änderungen am Fahrplan können schon kleine Änderungen im Design bereits große Konsequenzen für den Alltag von echten Menschen haben. Die Verantwortung von Designern reicht von visuell ansprechenden Produkten über Barrierefreiheit bis zur ethischen Verwendung von Design und Technologie.

In diesem Abschnitt werfen wir einen Blick darauf, was es bedeutet, Designer zu sein. Er beschäftigt sich mit der Frage, was Design ist und warum in diesem Buch der Begriff »digitales Design« verwendet wird.

Abbildung 1.1 *App-Design-Beispiel mit Sketch*

1.1.1 User Interface und User Experience

Du lernst in diesem Buch ein Programm kennen, das der Schlüssel zu einer jungen und stark wachsenden Industrie ist. Während andere Design-Disziplinen wie Architektur oder Printdesign auf hunderte Jahre Erfahrung mit Werkzeugen und Entwürfen zurückgreifen können, bist du im digitalen Design ganz am Anfang mit dabei.

Gleichzeitig sind viele Unternehmen auf der Suche nach Experten für User Interfaces (UI), User Experience (UX) oder Product Design. Das Problem: Beim genaueren Hinsehen wird immer unklarer, was die Verwender dieser Begriffe mit ihnen meinen. Die Begriffe sind einem starken zeitlichen Wandel unterworfen. Alle paar Monate gibt es neue Definitionen, was einen Designer ausmacht, und deswegen geht dieses Buch einen anderen Weg.

Hilfestellung »digitales Design« | Der Begriff *digitales Design* ist für dieses Buch eine Hilfestellung, die zusammenfasst, was ansonsten eine unklare Definition von Design-Tätigkeiten ist. Der Begriff berücksichtigt, dass Sketch ein sehr vielseitiges Programm ist. Manche Funktionen werden viel von visuell arbeitenden Designern benutzt, andere Bereiche sind auf die konzeptionelle Arbeit ausgelegt. Mit dem Programm kannst du sehr viele, sehr unterschiedliche Ideen gestalten.

Digitales Design sind alle Projekte, die du gestalterisch-visuell und statisch für einen Bildschirm umsetzt. Bis zur Programmierung ist Sketch dein Werkzeug für jeden Schritt: Ideenfindung, Konzepte, Prototypen, Illustration und Umsetzung.

1.1.2 Design verstehen

Das Verständnis von Design ist eng mit dieser Definition verknüpft. Der Design-Begriff ist so stark geweitet, dass ein paar Schlagworte bei der Eingrenzung helfen können.

Ästhetik ist dabei ein Teil, aber bei weitem nicht der einzige Aspekt. Digitales Design ist vielseitig und vielschichtig, weil es so viele Bereiche unseres täglichen Lebens berührt. Aus jedem dieser Bereiche kannst du etwas für deine Projekte in Sketch lernen.

Design ist überall | Es beeinflusst uns jeden Tag, weil Design bestimmt, wie Dinge und unsere Umwelt funktionieren. Selbst wenn du dich bislang nicht als Designer gesehen hast – jeder ist ein Designer. In diesem Sinne sind zum Beispiel deine Gewohnheiten bereits Design-Entscheidungen.

Der Weg zur Arbeit mit der U-Bahn und deine Art, eine E-Mail zu schreiben, sind Routinen, die stark mit dem Design zu tun haben. Menschen verhalten sich zu ihrer Umwelt und in einem Kontext, dadurch gestalten sie die Welt um sich herum.

Abbildung 1.2 *Gewohnheiten wie beim Zähneputzen sind Inspiration, Vorbild und eine tägliche Design-Entscheidung. (Bild gemeinfrei via Unsplash, https://unsplash.com/photos/CsPCTYYxalw)*

Software und Websites greifen die Idee auf unterschiedliche Weise auf. Sie lassen dich die Bedienung lernen, bieten unterschiedliche Wege, um zum Ziel zu kommen, oder personalisieren die angezeigten Inhalte. Sie stellen sich in den Dienst ihrer Nutzer und bieten eine effiziente Routine an.

Design löst Probleme | Erst mit Design wird aus einer praktischen Erfindung eine Lösung für ein alltägliches Problem. Dabei helfen sichtbare Zeichen genauso wie unsichtbare Hinweise, um uns schneller zum gewünschten Ergebnis zu führen.

Das klassische Beispiel sind Türen, die nicht nur »Drücken« und »Ziehen« auf den Griffen stehen haben, sondern bei denen schon die Form des Griffs einen Hinweis auf die Bedienung gibt. Digitale Designer überprüfen immer, ob ihre Ideen dabei helfen, ein Problem besser als bisher zu lösen.

»Wenn ich eine Stunde habe, um ein Problem zu lösen, dann beschäftige ich mich 55 Minuten mit dem Problem und 5 Minuten mit der Lösung.« – Albert Einstein

Design hat einen echten Einfluss | Deinen Kunden und Benutzern zuzuhören, ist der beste Weg, um zu verstehen, welche Auswirkungen deine Ideen haben können. Deine Entscheidungen als Designer beeinflussen den Alltag von echten Menschen. Sie verbringen Zeit auf deiner Website, verdienen Geld mit deiner App, oder die Informationen auf dem Bildschirm helfen, Leben zu retten. Geh sorgfältig mit den Ressourcen deiner Nutzer um. Menschen reagieren mit echten Gefühlen auf dein Design. Wann hast du dich das letzte Mal über einen Absturz, den Drucker oder eine nicht funktionierende App geärgert?

Abbildung 1.3 *Taxifahrer, Influencer und Paketboten sind alle vom funktionierenden Design abhängig. (Bild gemeinfrei via Unsplash, https://unsplash.com/photos/kARZuSYMfrA)*

Deswegen lösen Designer Probleme so nah am Nutzer wie möglich. Wenn du herausfinden möchtest, ob dein Design gut ankommt, höre als Erstes auf deine Benutzer. Werte Daten aus, triff sie persönlich, sprich mit ihnen, und höre gut zu, was sie sagen, damit du sie respektieren kannst.

Design macht Lust auf mehr | So wie Geschichten einen Spannungsbogen aus Anfang, Mitte und Ende haben, begleiten Designer ihre Nutzer durch eine App, Website oder Infografik. Mit Design beeinflusst du, welches Erlebnis die Nutzer haben. Es motiviert und hilft an schwierigen und komplizierten Stellen, die richtigen Entscheidungen zu treffen.

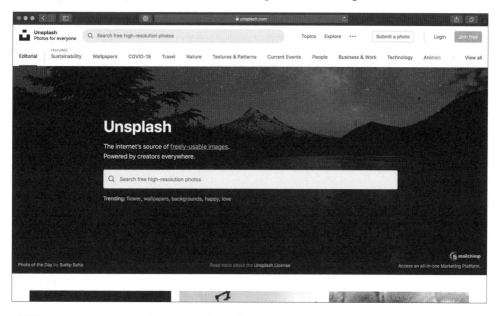

Abbildung 1.4 *Designs, wie hier bei Unsplash (https://unsplash.com), sprechen eine klare visuelle Sprache, die bei der Orientierung hilft. Sie begleiten Nutzer auf ihrem Weg von Anfang bis Ende.*

Ähnlich wie an einem physischen Ort gibt dein Design visuelle Hinweise auf den nächsten Ort und hilft subtil, das gewünschte Ziel zu erreichen. Bei negativen Erlebnissen werden Nutzer dein Angebot verlassen oder im schlimmsten Fall sogar löschen.

Design ist eine klare Sprache | Design erreicht so viele Menschen wie möglich ohne Barrieren. Es demokratisiert damit den Zugang zu Wissen, Möglichkeiten und Werkzeugen. Eine eindeutige und präzise Sprache ist genauso wichtig wie die Lesbarkeit der Schrift.

Abbildung 1.5 *Jede Form ist ein bisschen unterschiedlich, aber Ampeln sprechen weltweit eine klare Design-Sprache.*

Zum Beispiel sorgen Ampeln für verständliche Verkehrsführung mit einheitlichen Farben und einer immer gleichen Anordnung der Lichter. Bei Symbolen achten Designer darauf, sie so verständlich wie möglich zu gestalten.

Design ist das Ausbalancieren von Form und Funktion | Es geht nicht allein darum, etwas hübsch zu machen – häufig ist das ein Nebenprodukt einer gut durchdachten Funktion. Erst wenn ein Problem effizient gelöst ist, kommen Verzierungen ins Spiel. Ornamente und der Funktion undienliche Elemente dürfen die Funktion nicht behindern.

Abbildung 1.6 *Konzentration auf die wesentlichsten Elemente: Google-Suche im August 2020*

Kein Zufall also, dass Design besonders »einfach« sein soll. Um Fehler beim Verständnis eines Designs zu verringern, werden auf vielen Websites immer reduziertere Formen und weniger Farben benutzt. Die beste Lösung für deine Nutzer wird höchstwahrscheinlich auch die angenehmste und schönste sein.

»Design is not just what it looks like and feels like. Design is how it works.« – Steve Jobs

Design hat eine visuelle Komponente, die genauso angenehm sein sollte wie die Funktion. Aus wenigen, einfachen Formen wie Rechtecken, Kreisen und Linien einen komplexen Zusammenhang zu erschaffen ist die Aufgabe von Designern.

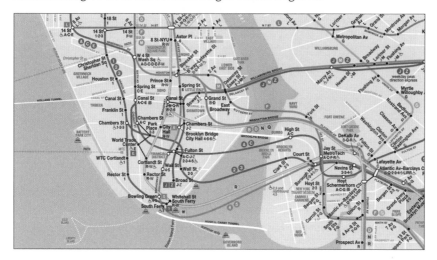

Abbildung 1.7 *Der Netzplan von New York balanciert viele Aspekte von Design aus. Wie passen Wahrnehmung und Wirklichkeit zusammen? Welche Rolle spielen Form und Funktion?*

Die Pläne von U-Bahn-Liniennetzen bringen zum Beispiel diese beiden Welten zusammen – ein berühmtes Beispiel ist der Plan von New York (*https://www.nytimes.com/interactive/ 2019/12/02/nyregion/nyc-subway-map.html*). Man kann sogar beobachten, dass als »schön« bezeichnete Designs auch als einfacher zu bedienen wahrgenommen werden. Design bringt beide Welten zusammen: schön und funktional.

Design stellt die wichtigen Fragen | Fragen bringen Designer näher an die Kernprobleme und schneller zu einer praktischen Lösung. Versuche zu verstehen, warum und auf welche Weise Zusammenhänge bestehen. Für wen designst du? Warum könnte deine Lösung nicht funktionieren? Was können wir dagegen machen?

»Why? How? What? This little idea explains why some organizations and some leaders are able to inspire where others aren't.« – Simon Sinek

Die richtigen Fragen helfen dir, Kunden, Kollegen und Einschränkungen zu verstehen. Viele Design-Methoden bauen darauf, dass Designer immer neugierig sind und durch Fragen sich und ihre Ergebnisse kontinuierlich verbessern.

Design ist ein Handwerk | Sketch ist schnell erlernt. Aber es ist auch kein magisches Werkzeug, das dich mit der Installation zum Super-Designer macht. Design ist als Disziplin schwer zu meistern, es braucht Zeit und Geduld. Halte durch, mach immer weiter, und trainiere deinen kreativen Muskel genauso wie das Handwerk.

Abbildung 1.8 *Die meiste Arbeit steckt im Hand-werk, der Erfahrung und den kleinen Details. (Bild via Know your Meme, https://knowyour-meme.com/memes/how-to-draw-an-owl)*

Der schnellste Weg zu verstehen ist zu kopieren. Mach einen Screenshot von deinem Lieb-lings-Design, und versuche es so genau wie möglich in Sketch nachzubilden – jedes ein-zelne Pixel. Mit jedem Versuch wirst du besser, schneller und sicherer in dem, was du tust.

Design ist offen für alle | Die Ideen von Designern erreichen Milliarden von Menschen welt-weit. Aber wir müssen verstehen, dass die Perspektive eines Designers nicht ausreicht, um Kunden, Probleme und Lösungen zu verstehen. Durch Design-Entscheidungen soll niemand ausgeschlossen werden. Interdisziplinär und inklusiv zu denken wird bessere Designs her-vorbringen, als in Schubladen zu denken.

»Solltest du dich für Mut statt Bequemlichkeit entscheiden und so unser Verständnis und Handeln hinterfragen, dann kann ›human-centered design‹ mehr als ein Klischee sein.« – *Vivianne Castillo in Ethics & Power (https://uxdesign.cc/ethics-power-understanding-the-role-of-shame-in-ux-research-dafc08bd1d66)*

Der Blick in andere Disziplinen, Gespräche mit echten Menschen und genaue Beobach-tung helfen dabei, den eigenen Horizont zu erweitern. Ein Design-Team besteht heute aus vielen Spezialisten mit unterschiedlichen professionellen und persönlichen Hintergründen, damit wir die Lebensrealität von so vielen Menschen wie möglich berücksichtigen.

Design trägt Verantwortung | Wissen und Gewissen sind zwei sehr unterschiedliche Dinge. Weil Design so universell und entscheidend für die Problemlösung ist, tragen Designer viel Verantwortung. Du kannst mit Design die Welt zum Besseren ändern oder Menschen zu schlechten Entscheidungen verführen.

Die Benennung und Verhinderung von bösartigen und absichtlich missverständlichen Designs, den »Dark Patterns«, ist ein Weg, diese Verantwortung wahrzunehmen. Jeder De-signer ist aufgefordert, die Technologie nicht zum Schaden anderer und der Umwelt zu missbrauchen. Wir können selbst entscheiden, ob Design einen guten oder schlechten Ein-fluss hat.

1.1.3   Dein Design entscheidet

Die Wahrnehmung von Design hat sich massiv verändert. Der Begriff *Design* wird immer weiter ausgelegt, und mehr Aspekte als je zuvor fallen in den Aufgabenbereich von Designern. Du musst nicht auf einer Kunstschule gewesen sein, um großartige Ideen zu entwickeln. Wahrscheinlich ist es sogar hilfreich, aus einer anderen Disziplin als Quereinsteiger zum digitalen Designer zu werden. Es gibt nicht den **einen** Design-Prozess.

Jede neue Perspektive trägt zu einem besseren Verständnis von Bedürfnissen und Problemen bei. Nur so werden Produkte besser als ihr Wettbewerb.

Egal ob du dich zum ersten Mal mit Design und Sketch beschäftigst oder bereits viele Jahre Erfahrungen gesammelt hast: Deine Ideen, deine Empathie und dein Verständnis entscheiden über das Design. Wir brauchen dich, deine Aufmerksamkeit für Details und den Blick fürs große Ganze.

1.2   Layout: Inhalte strukturieren

Deine Aufgabe als Designer ist es, Informationen zu strukturieren und deinen Nutzern zugänglich zu machen. Ohne die richtige Anordnung sind Bilder und Texte fast wertlos, denn sie sind nicht fürs Auge vorbereitet. Ihnen fehlen die Struktur, Hierarchie und Anordnung.

Visuelle Prinzipien sind das Fundament für Layouts und Abstände. Aus diesen Gestaltungsgesetzen ergibt sich unser Verständnis von Zusammengehörigkeit, Reihenfolge und Hierarchie. Wie du etwas auf deinem Design platzierst und anordnest, entscheidet darüber, ob deine Nutzer die Inhalte verstehen.

Im digitalen Design benutzt du deswegen Basiswerte, Raster und Grids. Sie kontrollieren die Abstände und stammen eigentlich aus dem Printdesign. Die daraus entstehende Gleichmäßigkeit dient dem Auge als Orientierungshilfe, macht Designs bedienbarer und erweckt den Eindruck von »Schönheit«.

1.2.1   Techniken für visuelle Kommunikation

Dein Design kann ohne Worte kommunizieren. Die Augen deiner Nutzer sind bereits an bestimmte Regeln und Muster gewöhnt, die du dir zunutze machen kannst. Aus Abständen, Position und Größe von Elementen in deinem Layout entsteht visuelle Kommunikation. Um ein verständliches Design zu erstellen, musst du diese drei für jedes Element präzise steuern. Beachtest du diese Techniken nicht, wird es deinen Nutzern schwerer fallen, dein Design zu benutzen.

Zusammengehörigkeit | Mach deinen Nutzern klar, welche Elemente zusammengehören. So kann das Auge schnell über ein Layout scannen, und Nutzer können besser entscheiden, worauf sie ihre Zeit verwenden möchten. Die Kombination aus Abständen, Ausrichtung, Farbe und Größe entscheidet darüber, ob du etwas als Gruppe wahrnimmst.

CORONAVIRUS

Who gets the blame if major new outbreaks come as California reopens?

Though local officials point to Gov. Gavin Newsom's guidelines as part of the reason they felt it was the right time to reopen their counties, time will tell if the pace is too fast.

California got screwed in the race for coronavirus face masks. But it's not alone

Bye bye buffets, hello plexiglass: How coronavirus is changing hotels

Lopez: After a nursing home patient died of COVID-19, her daughter fought back

Outcry as some nursing homes try to grab stimulus checks

How doctors use stories to help them cope with the coronavirus crisis

Abbildung 1.9 *Die LA Times (https://latimes.com) nutzt Abstände, Größe und Ausrichtung zum Zusammenfassen.*

Im Screenshot von der LA Times kannst du diese Techniken gut sehen. Bild, Überschrift und Text sind gleich ausgerichtet und nah beieinander und bilden so eine Gruppe. Sie sind dadurch von den Überschriften auf der rechten Seite abgegrenzt. Weil sie den gleichen Abstand haben, wird klar, dass sie in eine gemeinsame Kategorie gehören.

Reihenfolge | Wir sind es gewohnt, Reihenfolgen von links nach rechts und von oben nach unten wahrzunehmen. Für uns ist links mit »Zurück« oder »Start« verknüpft, rechts ist »Weiter«. Diese Reihenfolge begegnet dir in sehr vielen Kontexten – zum Beispiel in der Leserichtung unserer Schrift.

Andere Leserichtungen

Wenn du für Sprachen mit anderer Leserichtung (Arabisch, Hebräisch, Persisch) designst, ändert sich auch die Wahrnehmung der Position von »Weiter« und »Zurück«. Dann wechseln Menüs und Buttons die Seiten. Die Sprachen Chinesisch, Japanisch und Koreanisch werden eigentlich von oben nach unten gelesen. Diese Richtung hat sich aber nicht fürs digitale Design durchgesetzt.

Die meisten Online-Shops nutzen diese Erwartung der Reihenfolge beim Design der wichtigsten Buttons. »In den Warenkorb« befindet sich im rechten Drittel und signalisiert den Nutzern so unterbewusst den nächsten Schritt.

Abbildung 1.10 *Alle Aktionen, die den nächsten Schritt im Kaufprozess einleiten, sind bei Amazon rechts angeordnet: »In den Einkaufswagen« und »Jetzt kaufen«.*

Hierarchie | Mit ein paar Design-Entscheidungen kannst du eine Hierarchie verdeutlichen. Zum Beispiel nehmen wir Elemente, die über anderen stehen, als übergeordnet wahr. Neben der Position kommuniziert auch die Größe, welche Position in der Hierarchie ein Element hat.

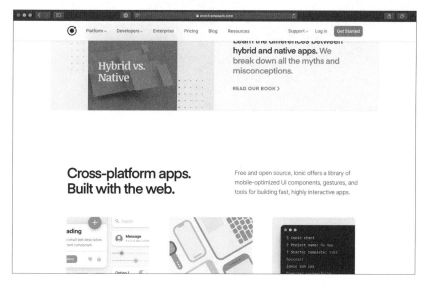

Abbildung 1.11 *Bei Ionic kannst du die Hierarchie aus der Position, der Größe und dem Aussehen der Elemente schließen.*

Auf der Website von Ionic Framework geht zum Beispiel die Navigationsleiste über die ganze Bildschirmbreite und verdeutlicht, dass sie die Steuerung für alle Inhalte dieser Seite ist. Überschriften sind größer als Fließtexte, große Elemente wichtiger als kleine Elemente.

Techniken kombinieren | Dein Design ist immer aus kleinen Elementen zusammengesetzt. Jedes davon verdient viel Aufmerksamkeit, bevor sie zu einem Gesamtbild werden. Die Details entscheiden, ob dein Design verständlich ist.

Der Spotify Web Player ist ein gutes Beispiel für aufmerksames Design bis in die Details. Bei den Listenelementen ist nichts dem Zufall überlassen: Die Position und Ausrichtung der Texte und Icons sind pixelgenau gestaltet und umgesetzt. Wie automatisch nimmt das Auge die Struktur der einzelnen Elemente und der ganzen Seite wahr. Wenige Elemente sind visuell auffällig.

Diese Kommunikation ist für den Nutzer unbewusst und unsichtbar. Aber als Designer können wir aus den Abständen, der Größe und der Position viel lernen.

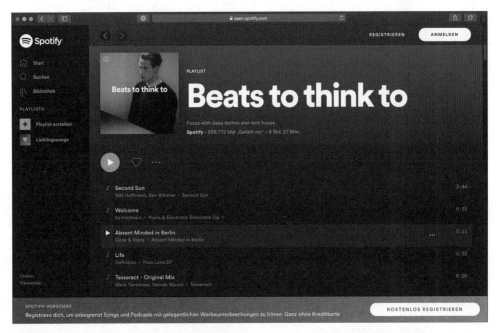

Abbildung 1.12 *Spotify benutzt Abstände, um Listenelemente voneinander abzugrenzen.*

Kommunikation mit Farben und Typografie

Du kannst noch mehr in deinem Layout mit Farben und Schriften kommunizieren. Mehr darüber liest du in den Abschnitt 1.4, »Mit Farben designen«, und Abschnitt 1.3, »Typische Typografie-Fehler«.

1.2.2 Layout mit System

Lass uns gemeinsam noch ein bisschen weiter ansehen, wie du systematisch ein Layout strukturieren kannst. Die oben beschriebenen Prinzipien brauchen folgerichtig einen Ausgangspunkt, aus dem du deine Design-Entscheidungen herleiten kannst. Dafür entwickeln wir gemeinsam ein räumliches System. Es hilft dir, Abstände und Größen für das gesamte Layout festzulegen. Erarbeite ein solches System immer anhand von ersten Beispiel-Designs, nicht bei Beginn eines neuen Projekts. Mit einem räumlichen System genießt du unter anderem folgende Vorteile:

1. **Fehler verhindern:** Du hörst auf zu grübeln, ob ein Element 320 oder 316 Pixel groß sein muss. Wenn alle Größen und Abstände einmal definiert sind, minimiert das die Anzahl an Entscheidungen, die du treffen musst.

2. **Geschwindigkeitsgewinn:** Wenn du dich einmal an dein System gewöhnt hast, wirst du noch schneller Feierabend machen können.

3. **Qualitätssicherung:** Jeder hat mal einen schlechten Tag. Mit einem System triffst du immer die richtige Entscheidung, weil du dich auf deine vergangene Arbeit verlassen kannst.

Außerdem haben deine Nutzer etwas davon, dass du dir so viele Gedanken über dein Layout machst:

1. **Wiedererkennungswert:** In jedem Kontext ist sofort deutlich, was gemeint ist.

2. **Besseres Verständnis:** Ein räumliches System, das visuelle Prinzipien berücksichtigt, hilft deinen Nutzern bei der Orientierung und einer klaren Zuordnung.

3. **Visueller Rhythmus:** Die Regeln lassen dein Design gleichmäßiger, ausgewogener und schöner wirken.

4. **Bedienungsfreundlich:** Es stellt auch sicher, dass klickbare Flächen immer groß genug sind und genug Abstand haben.

Jedes System hat seine Grenzen. Beginne mit wenigen Regeln, und erweitere sie im Laufe der Zeit; so kann dein Design wachsen und wird nicht zusätzlich eingeschränkt.

Ein System kannst du in drei Schritten erstellen. Erst suchst du dir einen Basiswert, dann entwickelst du eine Skala, und im dritten Schritt wendest du sie auf dein Design an.

Basiswert finden | Als Erstes setzt du deinen Basiswert fest. Er bildet die rechnerische Grundlage für dein System. In manchen Systemen ist er auch direkt mit einem Gestaltungselement verknüpft – zum Beispiel der Schriftgröße für Fließtext. Nutze nicht irgendwelche Werte für Abstände und Größen, sondern wähle genau aus. Eine gute Wahl sind Werte, die glatt und mehrfach teilbar sind. Obwohl es Systeme auf Basis von 8, 10, 12 und 16 gibt, empfehle ich dir nur 12 oder 16.

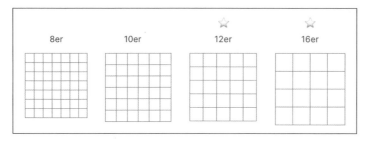

Abbildung 1.13 *Dein Basiswert ist ein bisschen wie Millimeterpapier – er hilft dir bei der Orientierung im System.*

Insbesondere 10 ist kein guter Wert, weil er bei halben oder Viertelwerten nicht auf ganzen Pixeln endet. Ein Element mit ungerader Länge oder Breite (zum Beispiel 25 px) ist darauf schwer zu zentrieren. Für manche Nutzer ergeben sich dann verschwommene Ränder auf dem Bildschirm.

Hinterlege den Basiswert in den Programmeinstellungen von Sketch. Im Abschnitt Canvas findest du ihn als **Nudging**. Mehr dazu im Abschnitt »Canvas – Farbprofil, Abstände und Linienfarbe« in Abschnitt 7.1.2).

Kombination mit Typografie

Noch harmonischer wirkt dein Layout, wenn du für Abstände und Größen den gleichen Basiswert benutzt wie für die Schriftgrößen und Zeilenabstände. Weil 16 bereits die Standardgröße für Text im Web ist, bietet sich 16 px als Ausgangsgröße an.

Skala entwickeln | Um die verschiedenen Größen und Abstände zu ermitteln, benutze eine Skala. Sie stellt sicher, dass der Unterschied zwischen den Werten immer groß genug ist. Vom einen zum anderen Wert sollten nicht mehr als 25 % Unterschied sein. Sonst sind die Schritte groß, und das Layout wird zu weit. Wenn die Schritte zu klein sind, kann das Auge Abstände und Größen nicht voneinander unterscheiden.

Hier ist ein Beispiel für eine Skala, die auf 16 px basiert. Diese Faktoren funktionieren auch für 12 als Basiswert. Bei allen kleineren Basiswerten musst du die Skala im unteren Bereich anpassen, sonst liegen die Werte zu nah beieinander.

Für 12 als Basiswert wäre die Skala nach unten verkürzt. Der kleinste Eintrag ist 0,33 (Wert: 4), danach 0,66 (8) und dann 1 (12).

Wenn du jetzt Abstände oder Größen festhältst, ist es mit diesem System deutlich leichter, die richtigen Werte zu finden. Du musst nicht mehr lange den richtigen Abstand suchen, sondern benutzt einen passenden aus dem System. Lege ein solches System immer selbstständig und »von Hand« an.

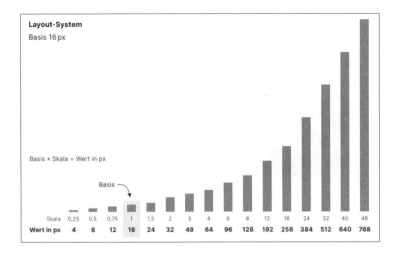

Abbildung 1.14 *Multipliziere die Basis mit der Skala, um die Größen und Abstände in deinem System zu errechnen.*

In einem Design anwenden | Wenn du als Designer arbeitest, fängst du selten ganz von vorne an. Meistens haben andere Designer vor dir Entwürfe entwickelt. Deswegen siehst du hier kurz, wie du dein System in einem bestehenden Design anwenden kannst. In den seltenen Fällen, in denen du wirklich von vorne beginnst: Entwickele direkt nach den ersten Artboards ein Layout-System. Das erleichtert dir später die Arbeit.

In dem Beispiel unten siehst du, wie mit einem Layout-System gleichmäßigere Ergebnisse möglich sind. Die Abstände haben einen Rhythmus und folgen der inhaltlichen Logik. Das Gesamtergebnis wirkt harmonischer.

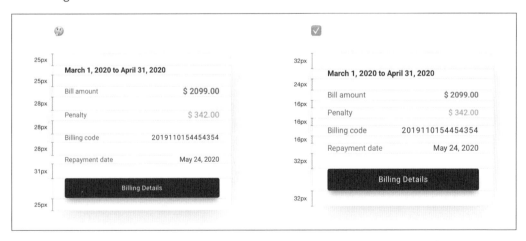

Abbildung 1.15 *Abstände und Größen vereinfachen das Design und lassen es gleichmäßiger wirken.*

Kleine Anpassungen an den Schriftgrößen, Linienhöhen, der Buttongröße und der Elementbreite runden das Bild ab. In der Version rechts sind alle Werte dem System entnommen. An einem Beispiel siehst du, wie das Layout-System dir bei Größen hilft. Dafür schauen wir auf den Avatar, das kleine Profilbild. Medium.com benutzt eine feste Skala für unterschiedliche Größen. Es gibt Avatare in Small, Medium, Large, X-Large und XX-Large. Die Einteilung hilft Designern und Entwicklern, eine gemeinsame Sprache für das Design zu finden.

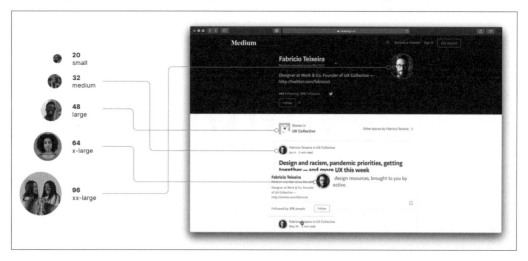

Abbildung 1.16 *Zum Beispiel benutzt Medium (https://medium.com) verschiedene Größen für die Avatare – perfekt für ein systematisiertes Layout.*

Mit dem System ist es einfach, die unterschiedlichen Größen für die Avatare zu finden. Du musst nur noch die einzelnen Schritte durchgehen, anstatt jeden Wert auszuprobieren. Auch alle anderen Elemente, Positionen und Abstände leiten sich aus dem räumlichen System ab und schaffen so ein gleichmäßiges Bild.

1.3   Typische Typografie-Fehler

»*Web Design is 95 % Typography.*« – *Oliver Reichenstein*. Typografie ist ein altes Handwerk, das nicht in fünf Minuten zu lernen oder auf ein paar Buchseiten beschrieben werden kann. Deswegen kann dieser Abschnitt nicht die detaillierten Kenntnisse und das tiefe Verständnis eines Typografie-Studiums ersetzen. Typografie ist weniger eine Stilfrage als das Wissen um die Regeln und Methoden, nach denen wir Schrift wahrnehmen. Hauptsächlich durch Übung erreichst du das eigentliche Ziel: schnell einen einfach lesbaren Text für deine Nutzer zu designen.

Als Designer wirst du selten allein die Schriften erstellen, auswählen und zusammenstellen. Weitaus häufiger gibt es bereits eine Schriftwahl, und du entscheidest darüber, ob die Texte auch gut lesbar und verständlich strukturiert sind. Eine Website oder App, die es nicht schafft, effizient mit ihren Nutzern zu kommunizieren, kann nicht erfolgreich sein. Im Text stecken nicht nur die meisten Informationen, sondern auch die wichtigsten und entscheidenden: »Zurück«, »Jetzt für 24,95 € kaufen« oder »Pullover aus Baumwolle«.

Dieser Abschnitt hilft dir hauptsächlich, Texte für die beste Nutzererfahrung zu optimieren. Aufgeteilt in zwei Abschnitte lernst du, was häufige typografische Fehler sind und wie sie sich vermeiden lassen. Als Erstes geht es darum, eingeschränkte Lesbarkeit für deine Nutzer zu verhindern. Im zweiten Teil sind Zuordnung und Hierarchie in deinen Texten das Thema.

Mit diesen Tipps musst du nicht mehr auf einen Zufallstreffer hoffen, sondern findest einen direkten Weg zu leserlicher und schöner Typografie.

1.3.1   Eingeschränkte Lesbarkeit

Typografie ist die Kunst, die Informationen für deine Leser visuell verfügbar zu machen. Lesbarkeit ist der erste wichtige Prüfstein für gute Typografie. Wenn du Lesbarkeit testen möchtest, darfst du sie nicht nur an dir selbst testen – sondern musst sie unbedingt auch mit Probanden überprüfen. Du darfst nicht annehmen, dass alle Nutzer deine Voraussetzungen haben, um einen Text gut erfassen zu können.

Einflüsse auf die Lesbarkeit reichen von der Situation (Lichteinfall, Konzentration des Lesers) über das Medium (Bildschirmqualität, Bildschirmhelligkeit) bis hin zur biologischen Beschaffenheit des Auges des Lesers (eingeschränkte Sehkraft oder Farbblindheit).

Schriftgrößen richtig auswählen | Die richtige Schriftgröße ist eine wichtige Grundlage für gute Typografie. Für digitale Designer beginnt der verlässlich gut lesbare Bereich von Text bei Schriftgröße 16 (im Printdesign ist es 10–12). Nicht jede Schrift wirkt gleich groß, du solltest mehrere Schriften gegeneinander testen und dann die Größe der Wahrnehmung anpassen.

Typografische Skala
Basis 16px

Name	Größe	Beispieltext
	12px	Victor jagt zwölf Boxkämpfer quer über den großen Sylter Deich	optionaler Stil
Caption	14px	Victor jagt zwölf Boxkämpfer quer über den großen Sylter Deich
Body	16px	Victor jagt zwölf Boxkämpfer quer über den großen Sylter Deich	Basis
	18px	Victor jagt zwölf Boxkämpfer quer über den großen Sylter Deich
Subline	20px	Victor jagt zwölf Boxkämpfer quer über den großen Sylter Deich
H3	24px	Victor jagt zwölf Boxkämpfer quer über den großen S
H2	30px	Victor jagt zwölf Boxkämpfer quer über de
H1	36px	Victor jagt zwölf Boxkämpfer quer ü
Title	48px	Victor jagt zwölf Boxkämpf
	60px	Victor jagt zwölf Boxk

Abbildung 1.17 *Bei einer Basis von 16 px kannst du zum Beispiel diese Schriftgrößen verwenden.*

Du kannst kleinere Textgrößen bis 14 px verwenden, aber nur für optionale Texte wie Tool-Tipps, zusätzliche Informationen oder Bildbeschreibungen. Danach schaffen es die meisten Schriften nicht mehr, gute Lesbarkeit zu garantieren. Im Web geht die Größe des Fließtextes ungefähr bis 24 px. Danach wird der Platz für genug Zeichen in einer Zeile knapp, Texte werden dann länger als nötig. Ein Problem, das insbesondere für Smartphones im Portrait-Modus gilt.

Abbildung 1.18 *Unterschiedliche Textgrößen für Fließtext auf einem Smartphone. 14 px und 24 px sind für lange Texte ungeeignet.*

Zu große Buchstaben bei anderen Schriftschnitten können je nach Wortlänge auch ungewollt viele Zeilenumbrüche verursachen und so die Lesbarkeit negativ beeinflussen.

Lass den Body-Text gut aussehen

Die typografische Qualität deines Textes hängt entscheidend davon ab, wie gut dein Haupttext (engl. Body) designt ist. Vom ihm leitest du auch die anderen Schnitte ab, deswegen lohnt es sich, hier Zeit zu investieren.

Abstände zwischen den Buchstaben einstellen | Schriften sind wie kleine Programme und regeln die Abstände zwischen den Buchstaben in den allermeisten Fällen komplett selbstständig. Du kannst den Abstand zwischen den Buchstaben selbst regulieren – im Sketch Inspector mit **Character**. Wenn die Buchstaben sich zu nah kommen, wird es für das Auge schwerer, sie auseinanderzuhalten. Mit Worten wie »Milliliter« kannst du testen, ob noch jeder Buchstabe unterscheidbar ist.

Wenn du einen Text in Großbuchstaben (Versalien) schreibst, achte darauf, dass die Buchstaben mehr Abstand zueinander brauchen. Sie sind in ihrer Form nicht so vielfältig wie Kleinbuchstaben, das macht sie für das Auge schwerer zu unterscheiden. Jede einzelne Letter braucht deswegen deutlich mehr Raum.

Character	
-0,5	Ein **Milliliter** entspricht einem Kubikzentimeter. Ein Würfel mit einer Kantenlänge von 1 cm hat demnach e
0	Ein **Milliliter** entspricht einem Kubikzentimeter. Ein Würfel mit einer Kantenlänge von 1 cm hat dem
☑ 0,14	Ein **Milliliter** entspricht einem Kubikzentimeter. Ein Würfel mit einer Kantenlänge von 1 cm hat de
0,44	Ein **Milliliter** entspricht einem Kubikzentimeter. Ein Würfel mit einer Kantenlänge von 1 cm hat
1,0	Ein **Milliliter** entspricht einem Kubikzentimeter. Ein Würfel mit einer Kantenlänge von 1

Schriftgröße 16px

Abbildung 1.19 *Zu kleine Abstände lassen die Buchstaben verschwimmen. Bei zu großen Abständen »fliegen« die Worte auseinander.*

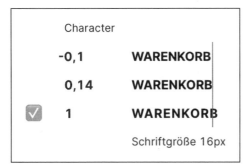

Abbildung 1.20 *Bei Großbuchstaben ist die Gefahr geringer, dass die Abstände zwischen den Buchstaben zu groß werden.*

Schriften optimieren auch den Abstand von Zahlen. Was im Fließtext kein Problem ist, wird für den Vergleich von Zahlen wichtig: Im Warenkorb, auf einer Rechnung oder einem Dashboard solltest du immer die Typografie-Einstellung **Text > OpenType Features > Number Spacing > Monospaced Numbers** verwenden.

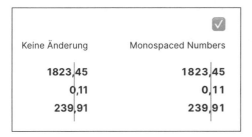

Abbildung 1.21 *Mit der Einstellung »Monospaced Numbers« nimmt jede Zahl genau gleich viel Platz ein. So werden Werte besser vergleichbar.*

Zu wenig Kontrast | Vielleicht hast du schon mal versucht, dich von einem Newsletter abzumelden. Unter Designern scheint es die unschöne Kunst zu geben, die Abmeldung so schwer wie möglich zu machen – mit grauem Text auf grauem Hintergrund. Selbst bei perfekten Bedingungen ist es dann noch schwer, ihn richtig zu lesen. Texte sind vom Auge am besten zu erfassen, wenn sie sich gut vom Hintergrund abheben.

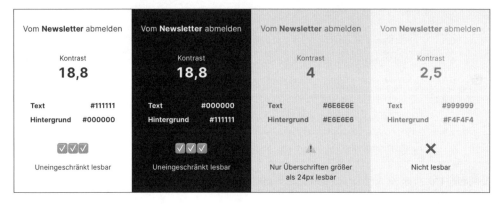

Abbildung 1.22 *Durch einen Vergleichstest bekommst du ein besseres Gefühl dafür, welche Farben gut lesbar sind.*

Texte sollten immer auf einem farblosen Hintergrund (weiß oder schwarz) mit möglichst hohem Kontrast geschrieben sein. So kommen die Formen der Schrift und die Informationen aus dem Text am besten zur Geltung. Überprüfe den Kontrast von Vordergrund und Hintergrund mit einem Online-Tool wie color.review (*https://color.review*). Eine andere Hintergrundfarbe als Weiß oder Schwarz solltest du zusätzlich auf Barrierefreiheit für Farbblinde und andere Seheinschränkungen hin überprüfen.

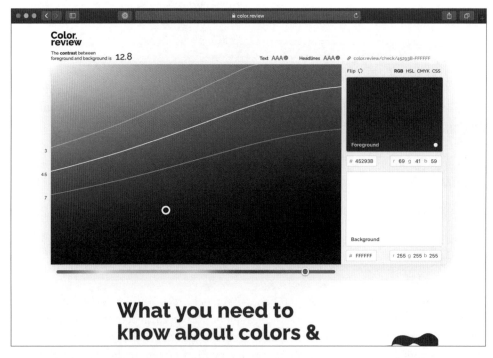

Abbildung 1.23 *Das Web-Tool color.review (https://color.review) hilft dir, den richtigen Kontrast zu finden. Alternativ kannst du das Sketch-Plugin »Stark« benutzen.*

Musterungen oder Fotos im Hintergrund stören die Lesbarkeit von Text. Wenn du Text auf einen »unruhigen« Hintergrund stellst, dann achte darauf, dass er sich sehr gut abhebt.

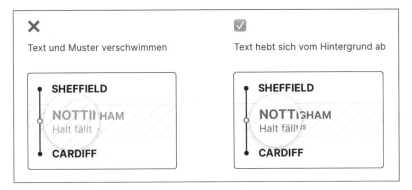

Abbildung 1.24 *Ohne Transparenz und mit mehr Kontrast sind Text und Musterung besser voneinander abgegrenzt.*

Schriftauswahl richtig treffen | Wenn du aus tausenden von Schriften wählen kannst, dann schüchtert die Entscheidung am Anfang sehr ein. Deswegen sitzen in Unternehmen wochenlang erfahrene Teams aus Typografen und Designern und grübeln über die richtige Schriftart. Das ist nichts für dieses Buch. Anstatt einen langwierigen Prozess zu starten, kannst du mit ein paar Tipps schon zu einem sehr soliden Ergebnis kommen.

1. **Benutze eine leicht lesbare Schrift:** Handgeschriebene oder Ornament-Schriften sind nichts für längere Texte. Höchstens Überschriften oder Logos profitieren von ihrem starken Charakter, bei Fließtexten überfordern sie das Auge. Gut lesbar sind Schriften, die eine größere x-Höhe (die Höhe des kleingeschriebenen x) haben und die Buchstaben gut voneinander trennen. Vermeide Schriften, die großartig als Überschrift aussehen, aber schon nach zwei Zeilen anstrengend zu entziffern sind.

Abbildung 1.25 *Ob eine Schrift leichter oder schwerer lesbar ist, kannst du nachmessen. Achte auf die x-Höhe und den Zeichenabstand.*

2. **Safety first:** Wenn du dir unsicher bist, dann benutze zuerst die Systemschriften Roboto (Google, Android) und San Francisco (Apple, iOS). Bevor du deine Idee gar nicht umsetzt, starte mit den alten Klassikern wie Arial, Helvetica und Times New Roman.

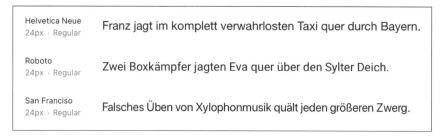

Helvetica Neue 24px · Regular	Franz jagt im komplett verwahrlosten Taxi quer durch Bayern.
Roboto 24px · Regular	Zwei Boxkämpfer jagten Eva quer über den Sylter Deich.
San Francisco 24px · Regular	Falsches Üben von Xylophonmusik quält jeden größeren Zwerg.

Abbildung 1.26 *Kostenlos und für digitale Designs optimiert – die Systemschriften von Apple und Google*

3. **Sortiere streng aus:** Die Schrift soll dich flexibel machen. Ignoriere Schriften mit weniger als fünf Varianten (zum Beispiel Stufen für Fettungen) und unvollständiger Sprachunterstützung. Ohne Umlaute und Sonderzeichen kommst du im Deutschen und anderen Sprachen sowieso nicht weit.

Wenn die Unterstützung für andere Sprachen als Englisch fehlt, solltest du die Finger von dieser Schrift lassen. Du weißt nie, wie deine Nutzer dein Design sehen und benutzen. Stell dir vor, ein Nutzer hat einen Service wie Google Translate für dein Design aktiviert, und deine Schrift kann nicht dargestellt werden. Oder jemand kommentiert in deinem Blog auf Griechisch, Thai oder Chinesisch. Dann muss er mit einer Systemschrift vorliebnehmen, im schlimmsten Fall fällt das gesamte Design auseinander, weil deine Textstile fehlen.

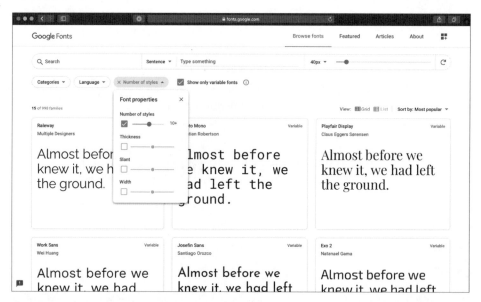

Abbildung 1.27 *Variable Schriften, die zehn oder mehr Schnitte haben, sind selbst in der populären Sammlung Google Fonts selten. Das erleichtert die Auswahl.*

4. **Schwimm mit dem Strom:** Wenn eine Schrift beliebt ist, dann steigt die Wahrscheinlichkeit, dass sie gut ist. Die meisten Schriftverzeichnisse erlauben dir, nach Beliebtheit zu sortieren. Tausende Designer vorher haben sich schon entschieden; vertraue ihnen, wenn es kompliziert wird.

5. **Klau von großartigen Designern:** Ob Inspiration oder Ideenklau – schau dir die Schrift von anderen Websites und Apps ab. Große und bekannte Teams, die lange über die richtige Schrift nachgedacht haben, finden wahrscheinlich Schriften, die du sonst nicht entdeckt hättest.

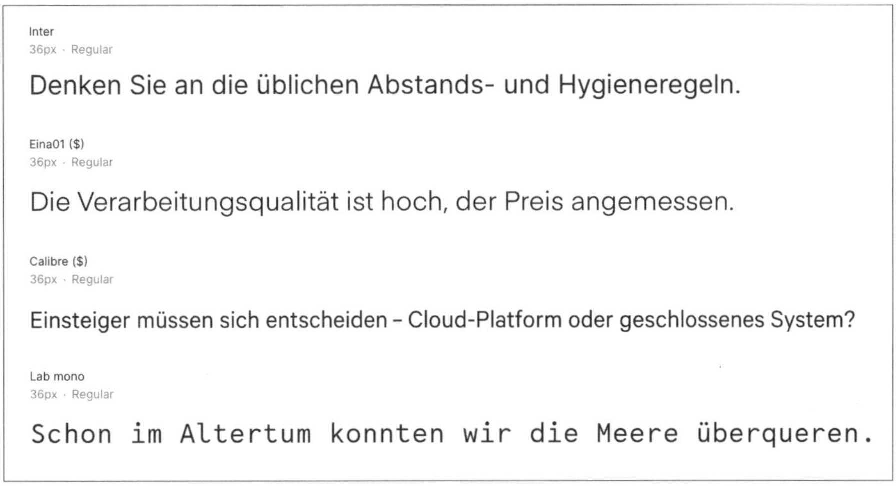

Inter
36px · Regular

Denken Sie an die üblichen Abstands- und Hygieneregeln.

Eina01 ($)
36px · Regular

Die Verarbeitungsqualität ist hoch, der Preis angemessen.

Calibre ($)
36px · Regular

Einsteiger müssen sich entscheiden – Cloud-Platform oder geschlossenes System?

Lab mono
36px · Regular

Schon im Altertum konnten wir die Meere überqueren.

Abbildung 1.28 *Vier Beispiele für Schriften, die von anderen Designern für ihre Projekte und Ideen ausgewählt wurden*

Zeilenlänge anpassen | Wenn eine Zeile zu viele Buchstaben enthält, wird es für das Auge schwerer, sie zu lesen. Zähl einmal alle Zeichen (inklusive Leerzeichen) in einer Zeile. Zwischen 50 und 85 Zeichen ist ein guter Wert, mehr als 100 sollten es nicht sein.

Ein anderer Test ist, zwei bis drei Alphabete in kleinen Schriftzeichen zu schreiben. Wenn diese Menge an Zeichen in deiner Schrift in eine Zeile passt, ist das ein guter Hinweis auf die richtige Zeilenlänge.

1abcdefghijklmnopqrstuvwxyz2abcdefghijklmnopqrstuvwxyz3abcdefghijklmnopqrstuvwxyz

Du kannst diesen Effekt gut in der Desktop-Version der Wikipedia beobachten – die Zeilenlänge entspricht immer genau dem Platz, den das Browserfenster bietet. Verändere die Größe deines Fensters einmal so, dass 70 Zeichen in einer Zeile stehen – wie verändert sich die Lesbarkeit für dich?

Abbildung 1.29 *Wikipedia in normaler Größe hat ca. 189 Zeichen in einer Zeile.*

Abbildung 1.30 *Mit Vergrößerung (140 %) besser lesbar: 90 Zeichen pro Zeile*

Zeichen zählen in Sketch

Du musst nicht selbst Buchstabe für Buchstabe zählen. Mit dem Befehl **Character Count** aus dem Automate-Sketch-Plugin (Abschnitt 6.2) kann der Computer dir diese Arbeit abnehmen.

Berücksichtige die Sprache bei der Frage, ob die Zeilenlänge passt – zum Beispiel sowohl fürs Deutsche (lange Wörter) als auch fürs Englische (kürzere Wörter). Die Wörter in deinen Überschriften sollten auf allen Geräten ohne Zeilenumbruch lesbar sein.

1.3.2 Eine stimmige Hierarchie entwerfen

Wenn es nur darum geht, Text gut aussehen zu lassen, kann man leicht dem Glauben verfallen, dass allein künstlerisches Talent über gute Typografie entscheidet. Glücklicherweise ist die innere Hierarchie von Texten das zweite entscheidende Element für verständliche, schöne und leserliche Typografie. Sie beschreibt, wie die Elemente einen gemeinsamen Kontext bilden.

Wenn auf einer Seite alle Dinge gleich wichtig sind, dann konkurrieren sie um die Aufmerksamkeit des Auges. Das Ergebnis ist ein chaotisches Design, bei dem nicht klar ist, wo die Leser anfangen sollen. Besser ist es, einen Fokus zu setzen, um die Orientierung zu erleichtern.

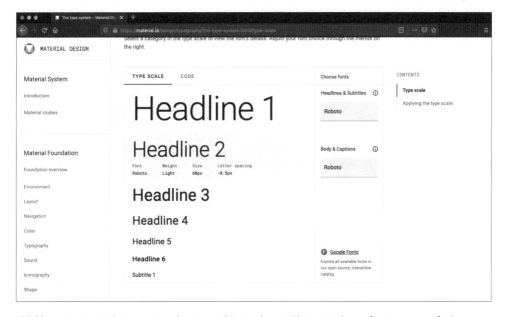

Abbildung 1.31 *Die Website von Googles Material Design hat ein kleines Werkzeug für eine typografische Hierarchie – inklusive Download als Sketch-Datei.*

Zu komplex – keep it simple | Zu viele unterschiedliche Schriften, Schnitte und Textklassen erschweren das Verständnis und machen die Typografie komplexer als nötig. Vereinfache so weit wie möglich. Am besten, du verwendest wenige Schriften, mehr als zwei sind nicht notwendig.

Stattdessen kannst du die anderen gestalterischen Möglichkeiten nutzen, um effektiv Unterschiede in der Hierarchie zu verdeutlichen. Wie oben beschrieben, bietet dir eine gute Schrift Varianten, sogenannte Schriftschnitte an. Zusammen mit der Schriftgröße helfen sie dir, eine Hierarchie herzustellen – ohne zusätzliche Schriftarten.

wichtige Schriftschnitte

Schnitt	Thin	Extra Light	Light	Regular	Medium	Semi Bold	Bold	Extra Bold	Black
Gewicht (CSS)	100	200	300	400	500	600	700	800	900

Abbildung 1.32 *Eine einzige Schriftart in mehreren Schnitten zu verwenden, macht das Design harmonischer.*

Meistens reichen die zwei Schnitte »Regular« und »Bold« aus. Mehr als fünf Schnitte solltest du nicht verwenden. »Unterstrichen« gilt nicht als eigener Schriftschnitt, »Kursiv« ist aufgrund der geringeren Lesbarkeit keine Alternative für größere Textmengen.

Visuelles Gewicht verteilen | Text enthält wahrscheinlich die wichtigsten Informationen in deinem Layout. Gib jedem Element das richtige visuelle Gewicht. So bekommt dein Layout eine klare Hierarchie aus primären und sekundären Texten. Was ist Kerninformation und was liefert Kontext?

Abbildung 1.33 *Hast du die gestalterischen Mittel ausgenutzt, um das Auge beim Scannen der Informationen zu unterstützen?*

Auch Überschriften können eine sekundäre Information sein. Überlege genau, wann du etwas prominent zeigst und wo du Texte in den Hintergrund stellst. Was ist gerade aktiv? Muss die Hierarchie im Hintergrund bleiben? Hebe wichtige Informationen hervor, indem du andere Elemente zurückstellst. Sonst kämpfen alle Texte in deinem Design um die Aufmerksamkeit, und keiner gewinnt.

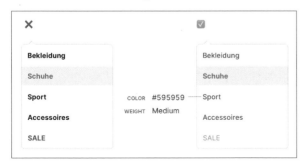

Abbildung 1.34 *Wenn alle Informationen um Aufmerksamkeit kämpfen, erhöhe den Fokus durch Reduktion.*

Schnitte wie »Thin« und »Regular« brauchen manchmal zusätzliche visuelle Unterstützung, damit sie aus der Masse der Zeichen hervorstechen. Das kann eine Hervorhebung oder eine Hintergrundfarbe sein.

Absatz und Zeilenabstand | Abstände helfen dem Auge, Inhalte zu gruppieren. Deinen Lesern sollte immer klar sein, wo sie als Nächstes weiterlesen sollen und welche Texte im Zusammenhang stehen. Mit der richtigen Positionierung kannst du verschiedene Texte voneinander abgrenzen, aber den Lesefluss erhalten. Zum Beispiel bei einer Zwischenüberschrift: Lass unter der Überschrift ungefähr halb so viel Platz wie darüber.

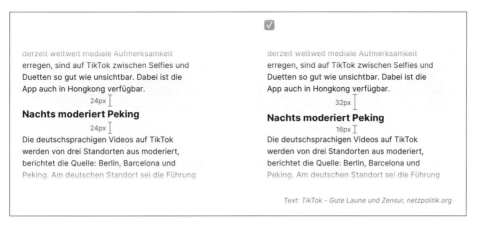

Abbildung 1.35 *Ein klar definierter Abstand macht das Lesen leichter.*

Zeilenabstände können eine ähnliche Herausforderung für die Augen sein. Wenn zwei Zeilen zu nah beieinander sind, wird es schwer, den Anschluss an die nächste Zeile zu finden.

Besonders bei langen Zeilenlängen kann dieses Problem auftreten. Um den richtigen Zeilenabstand zu finden, solltest du auch die Zeilenlänge und die Schriftgröße beachten. Gut lesbar sind Texte zwischen dem 1,3-Fachen der Schriftgröße (kurze Zeilen) und dem Doppelten der Schriftgröße (kleine Schrift und lange Zeilen).

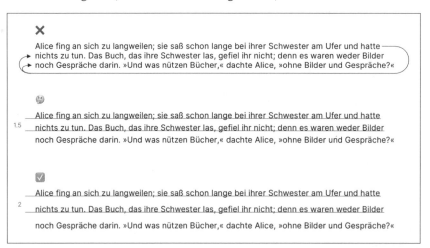

Abbildung 1.36 *Angenehmes Lesen gelingt mit dem richtigen Zeilenabstand, einer Kombination aus Zeilenlänge und Schriftgröße.*

1.3.3 Fehlerhafte Texte und Schlussbemerkung

Falsche Bindestriche, Kommasetzung und ganz allgemein Rechtschreibung sollten deine Leser nicht stören. Zugegeben, nach mehreren Reformen ist die Kontrolle darüber zu einer gewissen Herausforderung geworden. Aber saubere Texte ohne Fehler gehören genauso zu einem makellosen Erscheinungsbild wie die oben beschriebenen Hinweise. Kontrolliere sie deswegen gewissenhaft oder lasse sie professionell überprüfen, wenn es um wichtige Inhalte geht.

Wenn du ein paar der typischen Fehler vermeidest, wirst du schnell großartige Typografie von lausiger unterscheiden können. Mit jedem neuen Projekt entwickelst du eine bessere Intuition für Typografie. Dann dauert es nicht lange, bis du die Qualität gut gestalteter Websites und Apps schätzen lernst. Wahrscheinlich bekommst du sehr schnell eine hohe Meinung von Typografie und Schriftauswahl; mit den Regeln aus diesem Kapitel kannst du sie belegen und verteidigen.

1.4 Mit Farben designen

Farben bilden zusammen mit der Typografie und dem Layout das Fundament deiner Designs. Ihre Bedeutung für die Arbeit mit Sketch kann nicht überschätzt werden, und wie bei Typografie braucht es jahrelange Praxis, um den Umgang mit ihnen zu meistern. Die

Grundlagen für Farben auf ein paar Seiten zusammenzufassen, wird ihnen nicht gerecht. Es gibt so ausführliche Literatur, dass die nächsten Absätze die theoretischen Grundlagen nur streifen können. Der Schwerpunkt dieses Kapitels sind die konkreten Probleme im Umgang mit Farben – immer mit Blick auf den späteren Nutzer.

Unser Gehirn benutzt Farben unter anderem als Erinnerungshilfe. Für Prozesse, Lösungen und Emotionen. Weil der Sehnerv der wichtigste Informationskanal für uns ist, haben visuelle Reize eine hohe Priorität. Farben binden dementsprechend viel Aufmerksamkeit. Das ist ein Vorteil, wenn eine Warnung aufleuchtet, und ein Nachteil, wenn wir uns auf eine bestimmte Aufgabe konzentrieren wollen.

Deine Aufgabe als Designer ist es, Farben so einzusetzen, dass sie das Auge deiner Nutzer führen. Du kannst mit ihnen emotionale Verbindungen schaffen und unverwechselbare Designs erschaffen. Benutze sie, um zu signalisieren, was wichtig und unwichtig ist. Mach mit ihrer Hilfe klar, wie sich Elemente zueinander verhalten. Schlau eingesetzt, unterstützt du so die Bedienung und die Ziele deiner Designs.

Dieser Abschnitt ist in drei Teile aufgeteilt, die sich alle um die Funktionen und Probleme mit Farben drehen. Im ersten lernst du, wie Farben das Auge von Nutzern führen können. Danach geht es um die farbliche Wahrnehmung und Darstellung. Zum Schluss lernst du in einem Exkurs, wie du aus tausenden Farben eine auswählst, die dich in deinem Design begleiten kann.

Farbcodes im digitalen Design
Farben werden im digitalen Design standardmäßig als HEX-Codes angegeben. Sketch lässt dich wählen, ob du RGB-, HSB- oder HSL-Werte zum Erzeugen der Farben benutzen möchtest. Ohne zu genau auf die Details einzugehen, empfiehlt sich HSL, weil es am stärksten die natürliche Wahrnehmung des Auges berücksichtigt.

1.4.1   Nutzerführung durch Farben

Konzentriere dich immer auf die Bedürfnisse deiner Nutzer – nur so wirst du erfolgreiche Websites und Apps gestalten können. Deine Farbwahl sollte die Nutzer in ihren Zielen, Stärken und Schwächen unterstützen. Lerne in diesem Abschnitt, wie du Kontraste, Highlights und die Farbvielfalt richtig einsetzt und dabei typische Fehler vermeidest.

Barrierefreiheit für alle | Deine Nutzer sollten immer in der Lage sein, zwei Farben voneinander zu unterscheiden. Besonders für Texte ist das ein wichtiges Kriterium, um überhaupt erstmal Lesbarkeit herzustellen.

Gute Werte für den Farbkontrast von Textfarbe und Hintergrund sind größer als 7; ein Wert von 4,5 sollte niemals unterschritten werden. Dieser errechnete Wert beschreibt die Unterscheidbarkeit der Farben für unser Auge. Weil Farbkontraste bei Texten so wichtig für die Lesbarkeit sind, werden sie häufig sogar gesetzlich vorgegeben.

Das heißt nicht, dass barrierefreie Designs unansehnlich sein müssen. Anstatt weiße Schrift auf farbigen Hintergründen zu verwenden, kannst du den Kontrast »tauschen«. Die Schrift ist dunkler als der Hintergrund, und beide verwenden eine Schattierung des gleichen Farbtons. So entsteht ein harmonisches Bild für alle.

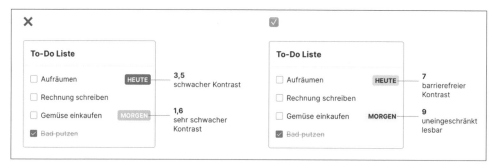

Abbildung 1.37 *Tausche den Kontrast, und behalte die Farben bei, dann kannst du gute Werte für deinen Kontrast erzielen.*

Verwende kontrastreiche Farben an allen Stellen in deinem Design. Eine Füllfarbe sollte von der Rahmenfarbe unterscheidbar sein. Das heißt nicht, dass du überall maximalen Kontrast herstellen sollst. Du berücksichtigst einfach, dass sich der Farbeinsatz in deinem Design auch wirklich »lohnt«.

Wie viele Farben braucht ein Design? | Die meisten Designer legen großen Wert auf Minimalismus. Aber braucht ein modernes Design wenige Farben? Erstens ist »Minimalismus« nicht immer der richtige Weg.

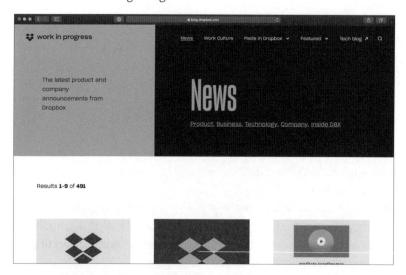

Abbildung 1.38 *Viele Farben, stilsicher kombiniert bei Dropbox*

Es gibt viele Beispiele für erfolgreiche Apps und Websites in bunten Farben. Richtig einge-setzt, können sie sogar ein Wettbewerbsvorteil sein. Der Trend geht für viele aber in eine andere Richtung: Cleane User Interfaces, auf Hochglanz poliert, bestimmen das Bild.

Abbildung 1.39 *Die Hotels von Hans Brinker haben einen besonderen Look.*

Die Kritik an »zu vielen Farben« ist dann berechtigt, wenn es der Bedienung im Weg steht. Zum Beispiel wenn deine Nutzer durch zu viele Farben verwirrt sind und deine Auswahl es erschwert, eine Entscheidung zu treffen. Farben solltest du immer bewusst einsetzen und in einem einfachen, reduzierten System dokumentieren. Oder um es mit Wilhelm von Ock-ham (1288–1347) zu sagen: »*Von mehreren möglichen Erklärungen für ein und denselben Sachverhalt ist die einfachste Theorie allen anderen vorzuziehen.*«

Aber lass dich nicht täuschen – selbst minimalistische Designs brauchen mehr Farbtöne, als du am Anfang denkst. Wenn du in deinem Styleguide nur eine Handvoll Farben definiert hast, dann kannst du dir sicher sein, dass das für ein vollständiges Design nicht ausreicht.

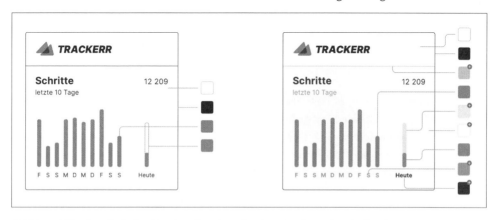

Abbildung 1.40 *Für vollständige User Interfaces brauchst du mehr als eine Handvoll Farben.*

Eine gute Farbpalette teilt sich in folgende Kategorien auf:

1. **Grautöne** für Texte, Hintergründe und Bedienelemente
2. **Primärfarbe** für Buttons, aktive Navigationselemente und Links
3. **Akzentfarben** für Warnungen (gelb), Löschen (rot) und Erfolgsmeldungen (grün)
4. **Sekundärfarbe** (optional): Wenn du deine Primärfarbe nicht für alle Elemente verwenden kannst oder möchtest, finde eine Sekundärfarbe.

Für einen einheitlichen Look brauchst du wenige Farben, aber viele Schattierungen. Dein Design wird dann immer noch minimalistisch und clean sein, aber besser verständlich. Gutes Design ist keine Frage der Farbenanzahl; die Verteilung der Farben und der Einsatz von Weißraum um farbige Elemente sind viel entscheidender.

Grün ist gut, Rot bedeutet Gefahr | Du solltest die psychologische Komponente von Farben nicht unterschätzen. Geh davon aus, dass deine Nutzer gelernt haben, Farben eine Bedeutung zuzuschreiben. Rot wird viel für destruktive Handlungen wie »Löschen« oder »Abbrechen« benutzt. Es ist als Farbe für höchste Priorität auch im nicht-digitalen Umfeld präsent, zum Beispiel als Farbe der Feuerwehr oder im Straßenverkehr in Schildern und Ampeln. Ähnliche Verknüpfungen kannst du für Grün und Gelb, manchmal auch für Blau finden.

Abbildung 1.41 *Manche Farben werden häufig im gleichen Kontext verwendet. Mach dir diese Eigenschaften zunutze, und knüpfe an die Erwartungen deiner Nutzer an.*

Es ist sehr unwahrscheinlich, dass Nutzer diese Farbcodes neu lernen. Wenn die Marken- und Primärfarbe Rot ist, wie kannst du dann Fehlermeldungen von Buttons differenzieren? Wie kannst du verhindern, dass Markenfarbe und Codes miteinander verwechselt werden? Such dir Inspirationen bei Marken, die das gleiche Problem haben, und überprüfe deine Design-Entscheidungen mit Tests.

Highlights richtig setzen | Wenn du mit viel Weißraum designst, dann sind Farben die Highlights auf deinem Design. Große Farbflächen fallen sofort auf und können ein Layout dominieren. Das ist so lange großartig, wie es deinen Nutzern hilft. Ein Beispiel: Die Navigationsleiste hat die gleiche Hintergrundfarbe wie die primären Buttons. Auf jeder Ansicht konkurrieren Buttons und Navigation immer um die Aufmerksamkeit deiner Nutzer. Oder ein Formular mit fünf verschiedenen Aktionen. Welche ist die wichtigste? Vermeide zwei oder mehr Buttons in der gleichen Farbe, insbesondere wenn es sich um die Primärfarbe handelt. Mit einem einheitlichen Stil für sekundäre Aktionen kannst du das Problem lösen.

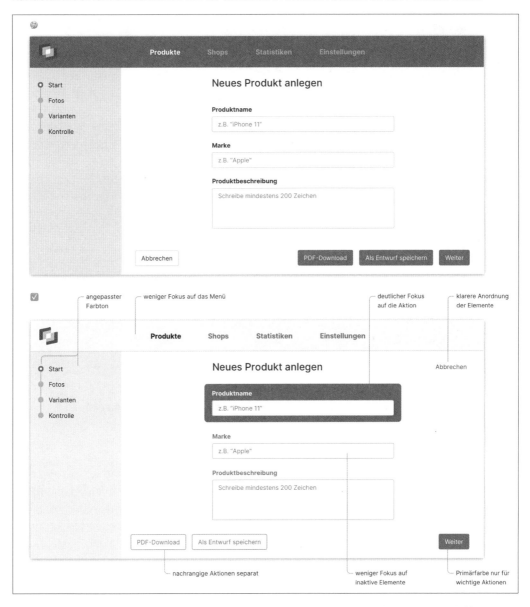

Abbildung 1.42 *Wenn du Farben aufmerksam einsetzt, kannst du Highlights setzen und deinen Nutzern helfen.*

Verlass dich nicht nur auf Farben | Farben sind ein großartiger Weg, Informationen zu verdichten. Designs wirken aufgeräumter, weil nicht jede Information als Text vorliegen muss. Du solltest dich aber nie darauf verlassen, dass deine Nutzer die Farbwahl richtig interpretieren und wahrnehmen.

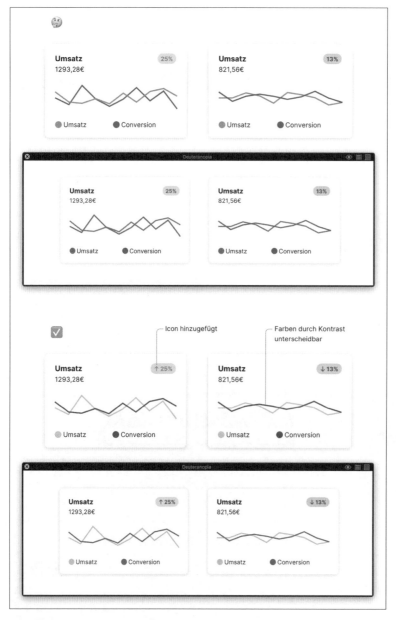

Abbildung 1.43 *Barrierefreiheit und Design müssen kein Kompromiss sein. Test: Rotgrünblindheit mit dem kostenlosen Mac-Programm »Sim Daltonism«.*

Großartiges Design ist robust und berücksichtigt ungünstige Bedingungen. Die glänzenden Bildschirme unserer Smartphones leuchten regelmäßig mit der Sonne um die Wette, um noch ein letztes bisschen Informationen anzuzeigen. Aber ob das grün oder rot oder blau ist, wird dann fürs Auge immer schwerer wahrzunehmen.

Dazu kommen die biologischen Schwächen unserer Augen. Ob es nun eine eingeschränkte Farbwahrnehmung ist, eine verringerte Sehstärke oder Fehlsichtigkeit.

Schnelle Wege zu einem besseren Design sind Icons, die den Kontext verdeutlichen. Oder ein ausreichender Kontrast in der Farbwahl, denn Hell und Dunkel sind für unsere Augen einfacher zu unterscheiden als Grün, Rot und Gelb.

Herausforderung Dark Mode | Einst war der »Dark Mode« (eine abgedunkelte Version deines Designs) selten. Heute ist er in die Betriebssysteme von Apple, Google und Microsoft eingebaut und kann systemweit an- und ausgeschaltet werden. Eine Website oder App, die diesen Einstellungen nicht folgt, wird dementsprechend negativ auffallen. Der Dark Mode ist nicht einfach eine Umkehrung aller Farben, sondern ein eigenständiges und durchdachtes Farbschema für Websites und Apps. Wähle deine Farben so, dass alle Nutzer vom neuen Modus profitieren.

1. **Entfernte Oberflächen abdunkeln:** Die meisten Apps gehen nach folgendem Prinzip vor: Je weiter etwas im Vordergrund ist, desto heller ist die Farbe. So berücksichtigen digitale Designs das physische Verhalten in der echten Welt. Genauso solltest du auch im Dark Mode vorgehen. Definiere eine Basis und davon ausgehend zwei dunklere Schattierungen für Hintergründe sowie zwei hellere für Vordergründe. Bei Bedarf ergänze auf die Anzahl an Grauwerten in deinem existierenden Farbsystem.

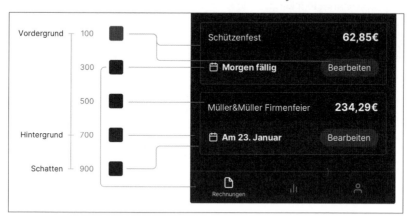

Abbildung 1.44 *Mit einer eigenen »Schatten«-Farbe stellst du sicher, dass deine Layouts weiterhin Tiefe darstellen.*

2. **Kontraste überprüfen:** Kleine und schmale Schriften brauchen auf einem dunklen Hintergrund wahrscheinlich mehr Kontrast, um genauso lesbar zu bleiben. Es gibt keine

perfekten Regeln für diese Anpassungen, Gleiches gilt für Trennlinien, wichtige Rahmenlinien oder Icons.

3. **Großflächigen Einsatz von hellen Farben vermeiden:** Im Dark Mode ersetzen dunkle Grautöne die großen farbigen Flächen aus der hellen Version. Alle Farben mit einer hohen relativen Helligkeit blenden sonst ein an »Dunkelheit« gewöhntes Auge.

4. **Vermeide #000000:** Das schwärzeste Schwarz ist eine Geschichte für sich (*https://99per centinvisible.org/episode/their-dark-materials/*), aber in der Natur kommt es nicht vor. Designer verwenden aus mehreren Gründen den Farbton für das dunkelste Schwarz (HEX-Code: #00000) nicht. Der erste ganz praktische Grund für Designer ist, dass der dunkelste Schwarzton nicht mehr weiter abgedunkelt werden kann. Schatten werden auf solchen Hintergründen einfach unsichtbar.

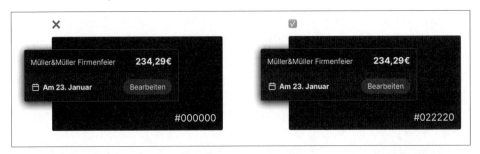

Abbildung 1.45 *Schatten werden unsichtbar auf dem dunkelsten Schwarz.*

Vollkommenes Schwarz und gleißendes Weiß (#FFFFFF) ergeben den stärksten Kontrast, den ein Bildschirm darstellen kann. Der zweite Grund ist technisch und gilt auch nur für manche OLED-Bildschirme. Sie schalten Pixel mit dieser Farbe komplett ab. Was gut für die Energiebilanz ist, führt zu einem »schmierigen« Effekt beim Scrollen. Die Erklärung dafür ist, dass die Pixel nicht schnell genug an- und ausgeschaltet werden können. Besser ist eine Farbe wie #010101 (das nächsthellere Grau), dann bleiben die Pixel eingeschaltet.

5. **Farbige Elemente anpassen:** Nach den Kontrastveränderungen bei Text und Hintergrund solltest du auch die anderen Farben überprüfen. Wirken sie jetzt zu aufdringlich, oder rücken sie zu stark in den Hintergrund? Wenn du farbige Elemente anpasst, behalte den Farbton (H) bei. Verstärke die Sättigung (S) um wenige Punkte, und reduziere die relative Helligkeit (L).

1.4.2   Farbliche Wahrnehmung und Darstellung

Die zweite wichtige Komponente, die du bei der Farbwahl berücksichtigen musst, ist die psychologische Wirkung von Farben. Meistens ist das eine ziemlich subjektive Stilfrage, die du mit ein bisschen Übung gut in den Griff bekommen kannst. Zum Beispiel mit einer harmonischen Farbauswahl und einem gleichmäßigen Erscheinungsbild.

Farbraum | Kennst du die Begriffe »Display P3« oder »sRGB«? Das sind unterschiedliche Farbräume. Sie drücken einen wichtigen Zusammenhang zwischen Darstellung und Beschreibung der Farben aus. Farbwerte sind nicht genug, um eine Farbe zu beschreiben, du musst auch den Kontext berücksichtigen, in dem sie auftaucht.

Ein Farbraum beschreibt das Verhältnis vom »weißesten Weiß« zu den extremsten Farbwerten (das »roteste Rot« oder »blauste Blau«). Abhängig vom Bildschirm und den Pixeln kannst du unterschiedliche Farben und Intensitäten darstellen.

Mit einem definierten Farbraum stellst du sicher, dass ein Rot auf deinem Bildschirm in Sketch eine sehr hohe Ähnlichkeit mit dem Rot auf einem anderen Bildschirm hat.

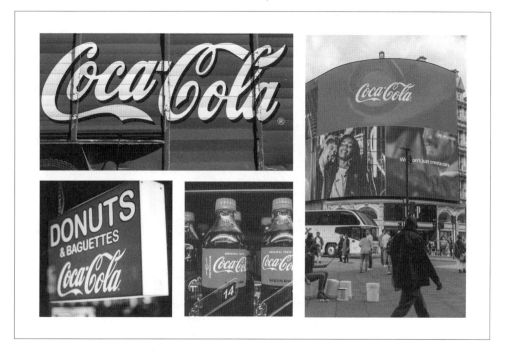

Abbildung 1.46 *Die Wahrnehmung einer Farbe hängt nicht nur vom Farbcode, sondern auch vom Kontext ab.*

Einen Farbraum legst du in Sketch über die Farbprofile in den Programmeinstellungen (Abschnitt 7.1) fest. Du solltest standardmäßig sRGB auswählen.

Die »passenden« Farben | Farben können emotionale Verknüpfungen im Betrachter wachrufen. Pink soll feminin wirken, Blau Vertrauen erwecken, und Grün deutet Wachstum an. Diese Zuschreibungen zu Farben sind stark an den Kontext und die Kultur gebunden, in denen sie verwendet werden. Während Pink wirklich die Wahrnehmung als »feminin« bei Puppen und Kleidung unterstreicht, kann das Gleiche nicht über die »pinke« Marken- und Primärfarbe von Unternehmen und Produkten wie der Telekom, Foodora, Lyft oder Adobe InDesign gesagt werden.

Abbildung 1.47 *Manche Marken erfüllen die Assoziationen mit der Farbe, andere nicht.*

Eine Primärfarbe nach Attributen und Adjektiven auszusuchen, ist deswegen keine gute Strategie. Wichtiger ist die Differenzierung zum Wettbewerb: Eine blaue Bank fällt nicht auf oder wird sogar mit Wettbewerbern verwechselt. Klarna, ein bankenähnlicher Zahlungsdienstleister, benutzt als Primärfarbe Pink. Der Unterschied zu anderen Firmen der Industrie könnte größer nicht sein. So vereinfachen Unternehmen die Orientierung und stärken nebenbei ihre Marke, weil sie aus der Masse hervorstechen.

Gelungener Transport der Marke | Deine Designs sollten immer klarmachen, bei welcher Marke man sich befindet.

Abbildung 1.48 *McDonald's wiederholt das eigene Farbschema so häufig, dass es nicht zu übersehen ist.*

Das User Interface ist Teil der Marke, genauso wie der Markenname (»McDonald's«), das Logo (das gelbe »M«), die Schriftart (Speedee Font) oder der Slogan (»Ich liebe es«). Die richtige Verwendung von Farben spielt dabei eine große Rolle.

Benutze die gleichen Farben, die auch im Logo vorkommen. Wenn das Logo schwarz-weiß ist, dann entwickele eine neue Primärfarbe. Diese sollte sich auch an anderen Stellen zeigen: im Werbebanner, bei Social Media oder in der internen Kommunikation. Aber gehe auch nicht zu weit, sondern nutze Farben als Highlights. Ein Button in der Primärfarbe sollte immer die wichtigste Aktion auf einer Seite sein. Je mehr sich die anderen Elemente in der Farbwahl zurückhalten, desto besser kann die Markenfarbe hervortreten.

Harmonische Farben | Nur wenigen Designern gelingt es zielsicher, schnell zueinander passende Farben auszuwählen. Wenn es dir auch so geht, benutze einen der vielen Generatoren für Farbpaletten im Web. Sie suchen dir das richtige Schema aus dem Farbkreis, und du bestimmst, welche Zusammenstellung dein Design braucht. Wenn du dir nicht sicher bist, welchen Farbcode genau du nehmen solltest, helfen sie dir mit Vorschlägen für passende Farbkombinationen weiter.

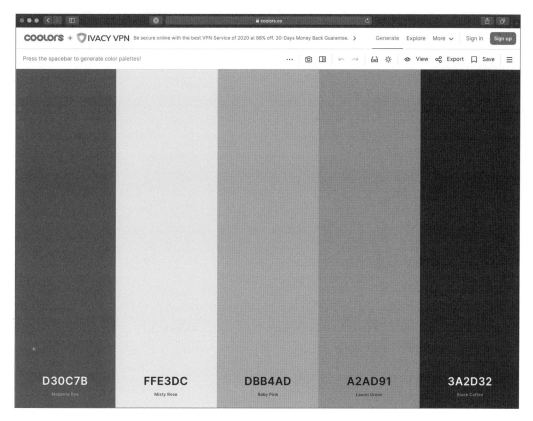

Abbildung 1.49 *Drücke die Leertaste, und erstelle eine neue Palette mit Coolors (https://coolors.co).*

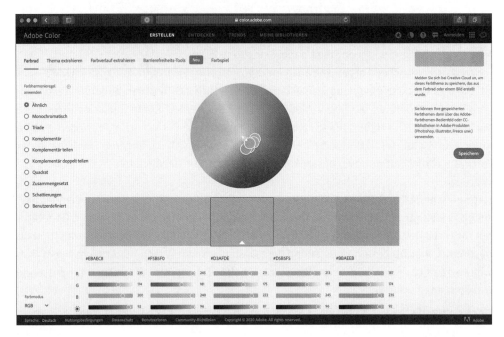

Abbildung 1.50 *Adobe Color CC (https://color.adobe.com) generiert Farbkombinationen nach rechnerischen Modellen.*

Mach Grau zur Farbe | Eigentlich ist Grau keine Farbe – »echtes« Grau hat nämlich eine Sättigung von 0 % und keinen Farbwert. Aber um dein Design angenehmer zu machen, kannst du eine farblich eingefärbte Variante verwenden. Passe die Farbtemperatur deiner Graustufen an, dann wirkt dein Design deutlich harmonischer. Grau kann kühler (Richtung Blau) oder wärmer (Richtung Gelb) wirken. Je nachdem kannst du es also sogar mit deiner Primärfarbe mischen.

Bei den hellsten und dunkelsten Schattierungen solltest du aufpassen und die Sättigung erhöhen, sonst wirken die Farben zu ausgewaschen.

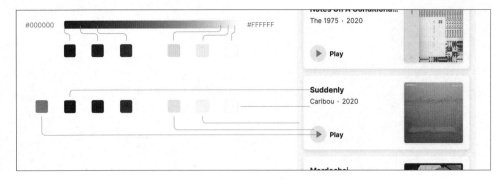

Abbildung 1.51 *Verwende Farben mit wenig Sättigung, anstatt mit Graustufen abzudunkeln.*

EXKURS
Farben finden

Wenden wir uns jetzt einmal ausführlich dem Thema Farbwahl zu. Wenn ein neues Design-Projekt beginnt, ist es auch die Aufgabe der Designer, die »richtigen« Farben zu finden. Wie bei den Schriften ist es alles andere als leicht, sich bei einer unübersichtlich großen Menge an Möglichkeiten und Kombinationen zu entscheiden.

Die Kniffe und Hilfestellungen in diesem Exkurs helfen dir, schneller die passende Farbe zu finden. Mit ein bisschen Übung kannst du auch deinem eigenen gestalterischen Gefühl vertrauen.

Beispiel: Marken- und Primärfarbe | In diesem Beispiel suchen wir nach einer Primärfarbe. Sie repräsentiert die Marke und soll den Betrachtern eine Orientierungshilfe sein. Du brauchst ein Beispiel für solche Farben? Es gibt eine Reihe berühmter Beispiele für starke Markenfarben. Denke einmal an Coca-Cola, Facebook, T-Mobile oder Ikea. Viele Menschen haben dann direkt eine Vorstellung von den Farben, die eine Marke prägen und sogar stellvertretend für sie werden können.

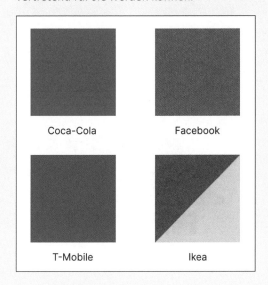

Abbildung 1.52 *Eine Primärfarbe macht auf jedem Screen klar, welches Produkt man gerade vor sich hat – auch bei sparsamem Einsatz.*

Es gibt keinen wissenschaftlichen Weg, um die perfekte Markenfarbe zu finden, aber ein paar gute Inspirationsquellen, die sich für viele Designer bewährt haben. Darunter sind zum Beispiel:

- **Farbpaletten und Sammlungen:** Schau doch zum Beispiel einmal die Websiten von Color Hunt (*https://colorhunt.co/*), Color Claim (*https://vanschneider.com/colors*) oder Coolors (*https://coolors.co*) an. Sie erstellen dir automatisiert Farbpaletten und bieten HEX-Werte für moderne Farben.

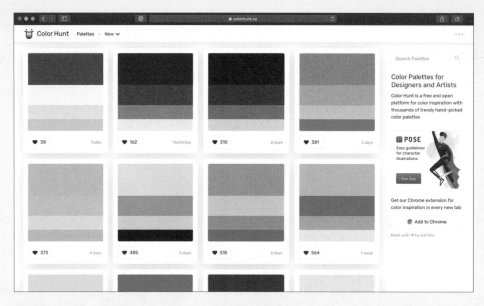

Abbildung 1.53 *Farbpaletten von anderen Designern, für dich aufbereitet. Zum Beispiel auf Color Hunt.*

- **Fotos:** Extrahiere eine Farbpalette aus einem Foto. In Sketch geht das mit dem Plugin Alembic (*https://github.com/awkward/Alembic/*).

Abbildung 1.54 *Die aus dem Bild extrahierte Farbpalette*

- **Markenwerte:** Angenommen, deine Marke hat den Wert »fortschrittlich«. Schau dich um: Welches Objekt in deiner Umwelt oder welche Kunst vertritt diese Werte für dich? Welche Farben haben sie?

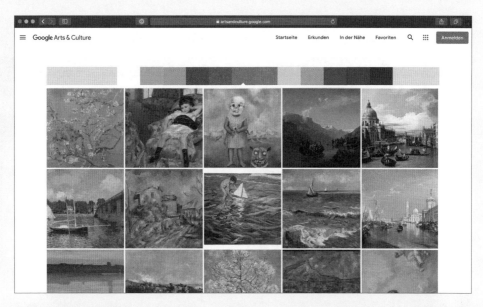

Abbildung 1.55 *Im Google Art Project findest du hochauflösende Bilder von fortschrittlichen und klassischen Künstlern – auch nach Farben sortiert.*

- **Design-Entwürfe:** Schau nach Entwürfen anderer Designer. Auf Seiten wie Dribbble und Behance findest du tausende Ideen für Farben und Inspirationen.

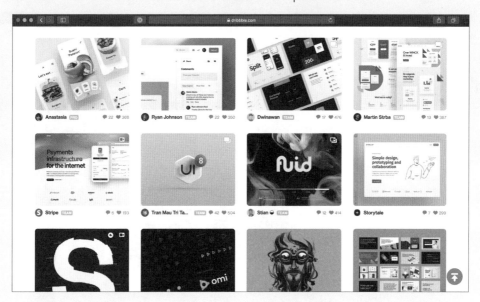

Abbildung 1.56 *Noch mehr Seiten für Inspirationen gibt's in Abschnitt 9.4, »Tools und Downloads«.*

- **Apps und Websites:** Schau dir Apps und Websites an, die dir gefallen. Um Farben zu extrahieren und Farbwerte auszulesen, benutze die Pipette (siehe Abschnitt 4.5.2).

Abbildung 1.57 *Mit der Sketch-Pipette (⌃ctrl⌄ + ⌃C⌄) nimmst du auf deinem Bildschirm Farben auf.*

- **Design-Systeme:** Zum Beispiel Googles Material Design (*https://material.io/resources/color*), Shopify Polaris (*https://polaris.shopify.com/design/colors*) oder Open Color (*https://yeun.github.io/open-color/*) stellen stimmige Farbpaletten bereit.

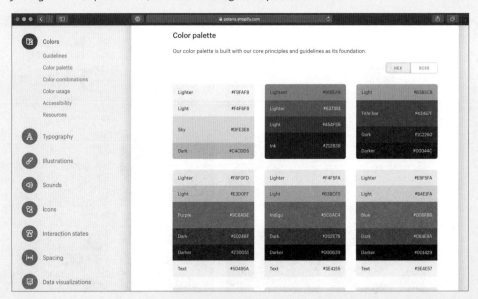

Abbildung 1.58 *Die Farbpalette von Shopify Polaris als Inspiration für passende Farben*

Die richtig ausgewählte Farbe eignet sich gut für Buttons. Sie ist nicht zu hell und nicht zu dunkel, sondern kräftig und ausgeglichen. Jede Farbe verhält sich ein bisschen anders, deswegen ist es schwer, genau zu sagen, wie man die perfekte Variante findet.

Checkliste zur Farbauswahl | Überprüfe deine Farbauswahl noch einmal unter folgenden Gesichtspunkten:

- Kontrast mindestens bei AA (WCAG-Test) auf hellen und dunklen Hintergründen: Teste mit Accessibility-Werkzeugen wie color.review (*https://color.review*).

- Angenehm und positiv als Button-Farbe: Teste mit deinen Nutzern, Kollegen, deinen Freunden und der Familie.

- Unterscheidet sich von Primärfarben der Wettbewerber: Betrachte die Farbpaletten von ähnlichen Produkten.

- Welche Erinnerungen und Emotionen ruft diese Farbe bei Designern und Nutzern wach? Sammle Eindrücke, Beispiele und teste mit deinen Nutzern.

Schattierungen finden | Wähle als Nächstes die hellste und die dunkelste Schattierung deiner Markenfarbe. Die dunkelste Schattierung ist für Text reserviert, die hellste Variante benutzt du für Hintergründe. Um eine neue Schattierung zu finden, behalte den Farbton (Hue) bei, und verändere die Sättigung (Saturation) und relative Helligkeit (Lightness), bis du zufrieden bist.

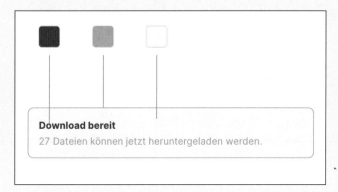

Abbildung 1.59 *Einfache Elemente wie Benachrichtigungen können ein guter Test für deine Schattierungen sein.*

Sobald für deine Primärfarbe die hellste und die dunkelste Schattierung festgelegt ist, füllst du die Zwischenschritte auf. Du brauchst mindestens fünf, wahrscheinlich eher an die zehn Schattierungen für ein vollständiges Design.

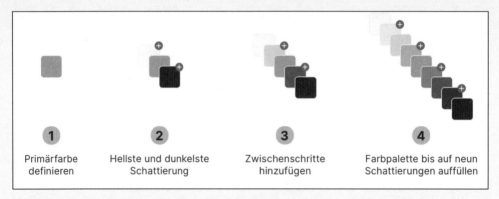

Abbildung 1.60 *In jedem Schritt fügst du neue Farben hinzu, die dir helfen, die gesamte Palette zu entwickeln.*

Die dunkelste Schattierung deiner Primärfarbe nennst du »900«, die hellste »100« und in der Mitte ist deine Primärfarbe mit dem Wert »500«. Dann kommen die Schattierungen mit den Werten »700« und »300« – sie sollten den perfekten Kompromiss aus der Mitte und den Extremen bilden.

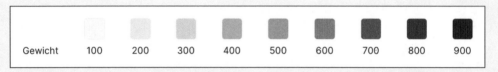

Abbildung 1.61 *Aus den neun Schattierungen kannst du jetzt deine Designs erstellen. Du solltest keine weiteren Schattierungen brauchen.*

Halten wir zum Abschluss noch einmal fest: Wie gesagt, Farben sind Geschmackssache, und jede Farbe verhält sich anders. Wenn du erstmal mit dem Design angefangen hast, wirst du die Farben sicher nochmal ein bisschen anpassen wollen. Versuche aber, auf diese Weise keine neuen Schattierungen hinzuzufügen, sondern halte dich an deine Regeln. Wenn du nicht konsequent mit deinem Farbsystem bist, hast du am Ende vielleicht gar keins. Sketch hilft dir dabei mit den gespeicherten Farben; lies mehr dazu in Abschnitt 4.5, »Farben, Schatten und Effekte«.

1.5   Pixel und Bildschirme

Mit Sketch entwirfst du Apps und Websites, die später auf Bildschirmen zu sehen sind. Alle Bildschirme zeigen mit vielen tausenden Pixeln (Lichtpunkten) ein Bild an. Sie sind sozusagen die Leinwand, auf die wir wie eine Malerin unsere Farben auftragen. Auch wenn deine Designs sonst nicht mehr viele Limitationen haben – der Bildschirm ist die physische Grundlage deiner Ideen. Qualität, Zustand und die Größe des Screens bestimmen, wie deine Design-Ideen wirken und welche Grenzen dir gesetzt sind.

Aber das Internet ist schon seit langem nicht mehr auf einen Desktop-Computer beschränkt, sondern auf allen möglichen Geräten zuhause. Auf Smartphones, Uhren, Tablets, Laptops, Fernsehern, in Autos oder in Kühlschränken gibt es Bildschirme mit Internetanschluss.

In diesem Abschnitt lernst du die wichtigsten Begriffe und das technische Fundament für deine Designs kennen. Wir schauen kurz auf die Probleme mit verschiedenen Bildschirmen und die Konsequenzen für Sketch.

1.5.1   Auflösung, Bildschirmgröße und Pixeldichte

Jeder Bildschirm hat eine Auflösung, die man als Anzahl der Pixel in Breite und Höhe angibt. Wenn du ein iPhone 11 Pro kaufst, dann hat es eine Auflösung von 2.436 × 1.125 Pixeln.

Name
iPhone 11 Pro

Auflösung
2436 × 1125 Pixel

Pixeldichte
458 ppi

Bildschirmdiagonale
5,8 Zoll

Abbildung 1.62 *Die verschiedenen Werte eines Bildschirms und wie sie gemessen werden*

Die Größe des Bildschirms misst man in Zoll in der Diagonalen aus. Viele Laptops haben eine Bildschirmgröße zwischen 13 und 17 Zoll. Um die Schärfe der Auflösung zu benennen, misst man die Anzahl der Pixel pro Zoll aus. Diese Pixeldichte gibt man als ppi (Pixel per Inch) an. Auf Smartphones gibt es Pixeldichten zwischen 72 ppi bei sehr alten Modellen und mehr als 500 ppi bei aktuellen Geräten.

Die Vielfalt an Bildschirmen mit verschiedenen Auflösungen, Größen und Pixeldichten ist so groß, dass es eine Rechengröße gibt: Point. Sie macht es möglich, zwischen den verschiedenen Geräten umzurechnen und nicht den Überblick zu verlieren.

1.5.2   Points – Rechengröße für alle Bildschirme

Die Einführung von Points als rechnerischen Wert hat die unterschiedlichen Bildschirme und Auflösungen vereinheitlicht. Dadurch wurde das Leben von Designern deutlich leichter. Points und Density Pixel sorgen dafür, dass du nicht für alle Bildschirme ein eigenes Design pflegen musst.

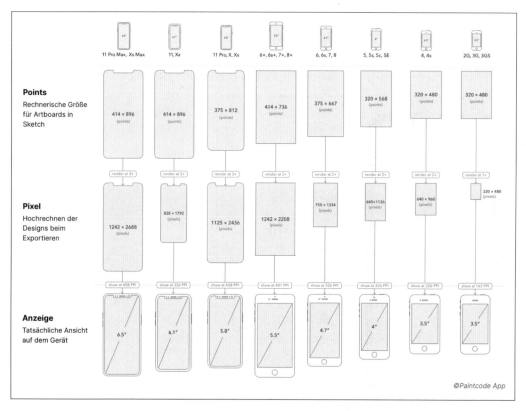

Abbildung 1.63 *In diesem Schema wird der Prozess vom Design zum Gerät gezeigt: designen in Points, hochrechnen auf Pixel und Darstellung auf dem Bildschirm. © Bild via PaintCode (https://www.paintcodeapp.com/news/ ultimate-guide-to-iphone-resolutions)*

Points und Density Pixel

Die Systeme von Apple und Google verwenden verschiedene Begriffe für die rechnerische Größe. Points (pt) gelten für alle Apple-Geräte und Density Pixel (dp) für Googles Android-Welt. Die Bedeutung ist die gleiche, sie werden synonym verwendet.

Alle Bildschirme können jetzt vergleichbar nebeneinander dargestellt werden, auch wenn sie komplett unterschiedliche Abmessungen in Größe, Auflösung oder Pixeldichte haben.

Auch die Design-Elemente wie Schriften und Buttons können so mit wenigen Klicks für andere Geräte angepasst werden oder entsprechen bereits der richtigen Größe für dieses Gerät. Dafür sorgt der Effekt, dass für das menschliche Auge nahe Objekte größer erscheinen als entfernte. Points sorgen dafür, dass du ein klareres Verständnis davon hast, wie groß Bedienelemente auf einem Fernseher, einem Laptop, einer Smartwatch oder einem Smartphone sein müssen.

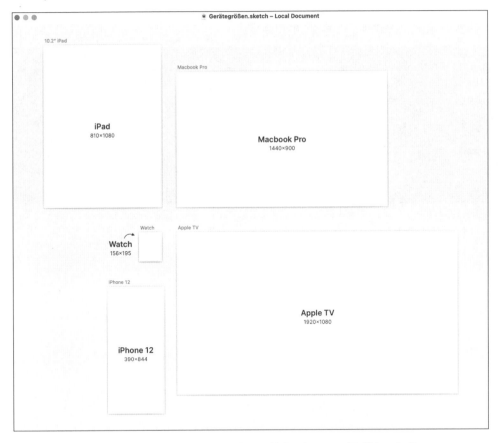

Abbildung 1.64 *Artboards in Sketch berücksichtigen die Pixeldichte der unterschiedlichen Geräte.*

Der letzte Vorteil von Points ist, dass Designer nur noch für wenige Größen gestalten müssen und zwischen den Größen eine gewisse Vergleichbarkeit besteht. Die Berechnung auf die tatsächliche Pixelgröße übernimmt Sketch mit den Export-Einstellungen.

1.5.3   Was bedeutet das fürs Design in Sketch?

Diese Gegebenheiten haben für Sketch weitreichende Konsequenzen. Als Erstes findest du in Sketch den Ausdruck »Pixel« oder die Abkürzung »px« nur noch sehr selten. Das Team selbst überlässt die grundlegende Maßeinheit deiner Interpretation und deinem Projekt. Schriftgrößen oder die Abmessungen eines Rechtecks werden schlicht als Wert ohne Einheit angegeben.

Noch umfassender ist die Entscheidung, alle Designs in Sketch vektorbasiert zu machen. Einfach gesagt bedeutet das, dass alle Formen in Sketch mathematisch berechnet werden und so ohne Qualitätsverlust vergrößerbar sind. So passt sich jedes Element dem Bildschirm an. Dein fertiges Design muss am Ende von Sketch auf die richtige Bildschirmgröße angepasst werden. Für die Retina-Displays der iPhones 4 bis 8 werden alle Werte verdoppelt. Die Dateien tragen deswegen die Bezeichnung »@2x«.

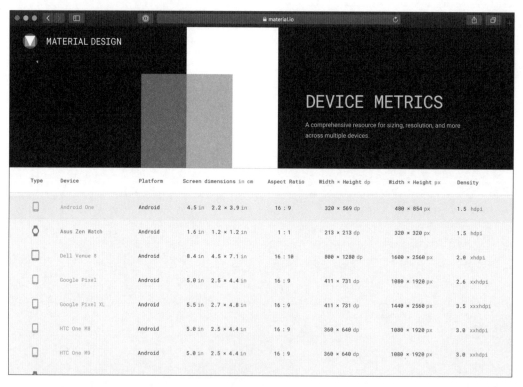

Abbildung 1.65 *Auf der Seite von Google Material Design findest du eine ausführliche Liste von Bildschirmen und Umrechnungen.*

Die meisten Geräte benutzen eine ganze Zahl wie 1x, 2x, 3x oder 4x, um deine Designs auf die richtige Größe zu berechnen. Sei aber vorsichtig bei Sonderfällen wie 1,5x oder 2,5x. Mit diesen Faktoren kann es sein, dass eine Ebene nicht auf eine ganze Zahl an Pixeln berechnet wird. Dabei entsteht ein unschöner Effekt, der die Kanten ausgewaschen und unklar erscheinen lässt. Um dieses Verhalten zu verhindern, sollten deine Strichstärken in ganzen Zahlen durch 2 teilbar sein.

1.6   Projektorganisation: Ordnung halten in Dokumenten und Ordnern

Ob du der einzige Designer bist oder im Team mit anderen Designern arbeitest, macht keinen Unterschied: Ordnung ist das halbe Leben. So schlimm und altklug das im ersten Moment klingt, für deinen Computer und deine Design-Dateien gilt es ganz besonders. Glücklicherweise hat jemand eine Suchfunktion in macOS eingebaut, um wenigstens das Schlimmste zu verhindern. Allerdings durchsucht sie nur die Dateinamen, nicht die Inhalte der Sketch-Dateien. Verlasse dich nicht darauf, dass du alles wiederfindest, sondern lege dir ein System an.

Für fortgeschrittene Designer und Teams können die Tipps in diesem Abschnitt dabei helfen, weniger im Chaos zu versinken. Du lernst, was Ordnung in deinen Dokumenten und Ordnern so wichtig macht. Ich zeige dir ein System, mit dem du deine Dateien sortieren und wiederfinden kannst. Zusätzlich schauen wir auf die Ordnung in Sketch selbst. Dazu gehört die Benennung der Ebenen, die Sortierung und die Aufteilung im gesamten Dokument.

1.6.1   Warum Ordnung wichtig ist

Dieses Buch soll nicht deinen digitalen Kleiderschrank ausmisten, sondern dir langfristig helfen, zu einem erfolgreichen Designer zu werden. Unsere Werkzeuge haben große Stärken, aber Ordnung zu halten gehört zu den größten Schwächen. »Wo war nochmal der Link zu diesem YouTube-Video?« »Die Skizze habe ich 2017 abgespeichert, keine Ahnung, ob es die noch gibt!« — wir sind besser darin, uns Ereignisse zu merken als einen abstrakten Ablageordner.

Abbildung 1.66 *Bitte nicht nachmachen. Ein wichtiger Teil von Ordnung in Design Files ist die eindeutige Benennung.*

Von Anfang an ist es wichtig, strukturiert zu designen und Ordnung in Dokumente und Ordner zu bringen. Gründe für sauberes Arbeiten gibt es viele. Einige davon können viele Designer aus eigener Erfahrung ganz besonders unterstreichen.

- **Dateien und Ideen wiederfinden können:** Eine Datei, die nicht gefunden werden kann, ist wie eine gelöschte Datei. Einmal erarbeitete Dokumente gehen verloren, weil sie in einem Berg von anderen Werken unauffindbar sind.

- **Gemeinsam an einer Datei arbeiten:** Einige dich mit dem Team auf Regeln, wie ihr in Sketch arbeiten wollt. Sonst findet sich keiner in den Dokumenten vom anderen zurecht.

- **Teams wachsen schneller:** Neue Designer verstehen schneller, wie sie dir beim Design helfen können. Ordnung und Strukturen sparen lange Onboardings und sorgen so für schnellere Hilfe.

- **Effektiver mit anderen Teams arbeiten:** Projektmanager und Entwickler verlassen sich auf gleichbleibend gute Design-Qualität. Unordnung in den Design-Dokumenten sollte nicht das Nadelöhr für die Produktentwicklung sein.

- **Strukturen helfen langfristig:** Eingeübte Routinen sichern dich im Stress ab, reduzieren dauerhaft das Fehlerpotential, und du musst dir im Alltag weniger Gedanken um deine Grundlagen machen.

- **In der Ordnung liegt Schönheit:** Das letzte Argument für Ordnung ist ihre Ästhetik. Perfekt sortierte Designs und strukturiert benannte Dateien sind auf jeden Fall etwas für richtige Design-Nerds.

- **Vorsicht bei Sketch-Plugins:** Die Erweiterungen für Sketch sind mächtig und können Probleme für andere Designer verursachen. Entscheidet gemeinsam, welche Plugins ihr benutzen möchtet, und dokumentiert gemeinsam die Versionsnummern.

1.6.2   Ordner und Dateinamen

Die Struktur deiner Ordner und Dateien sollte den Arbeitsprozess reflektieren. In einer Agentur oder bei einem Freelance-Designer mit vielen Kunden gibt es andere Prozesse als für Designer in einem Produkt-Team. Es gibt Teams mit einem gemeinsamen Server, auf den alle zugreifen. Andere arbeiten mit Sketch Cloud oder einer Versionierungs-Software wie Abstract und speichern gar keine Design-Dateien auf den Rechnern. Es kommt also darauf an, in welchem Umfeld du dich gerade befindest.

Effizient bleiben

Erstelle nur Ordner und Strukturen, die du wirklich brauchst.

Wenn du deine ersten Schritte mit Sketch machst, dann ist eine Ordnerstruktur auf deinem Rechner der klassische Weg, um zu starten.

- Erstelle als Erstes einen Ordner mit dem Namen des Unternehmens, für das dein Design sein wird. Hier sammelst du alle Projekte, an denen du arbeitest, nach Plattformen: Android, iOS, Web, Mobile Web. Die Voraussetzung für einen Ordner ist, dass sich die Dateien und Designs unterscheiden. Wenn iOS- und Android-App genau gleich sind, hat eine Unterscheidung keinen Zweck.

- Manche Designer sind gleichzeitig auch für andere Medien zuständig und sollten sie auf dieser Ebene berücksichtigen: Social Media, Online-Marketing, Print.

- Die dritte Gruppe von Ordnern umfasst deinen Workflow: Sketch Libraries, Team, Inspiration, Kunden-Briefing. Besonders die Sketch Libraries brauchen einen festen Ort und Namen, damit sie mit den Designs verknüpft sind.

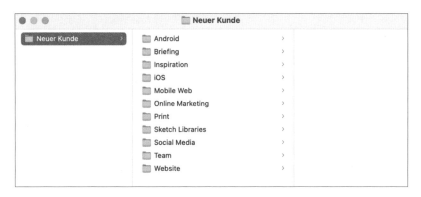

Abbildung 1.67 *So könnte deine Ordnerstruktur jetzt aussehen, wenn du alle Ordner benutzt.*

In den Plattform-Ordnern Android, iOS, Website und Mobile Web erstellst du für jeden Flow einen eigenen Ordner. Für jeden Ordner benutzt du eine feste Benennungsstruktur, die auch für die Sketch-Dateien gilt. Die Namen sollen einheitlich und klar sein, damit du und andere sie mit einer einfachen Suche schnell wiederfinden können.

Platform	User Flow	
[Mobile Web][Suche] Suchfeld, Suchvorschläge, Ergebnisse, Fehlermeldungen.sketch		
	Bereich	Dateiendung

Abbildung 1.68 *Schema für die Benennung von Sketch-Dateien*

Dazu kommen noch zwei Ordner, in denen du die fertigen Designs ablegst (Screens). Hier gibt es auch einen Ordner für alle kleineren Bestandteile, die Entwickler später brauchen (Assets).

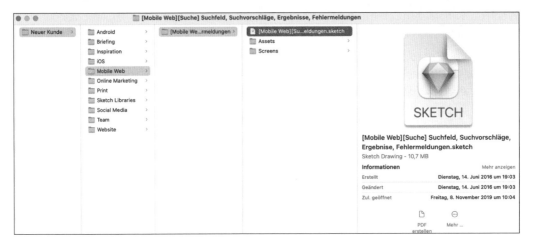

Abbildung 1.69 *Eine Dateistruktur, die einfach zu durchsuchen ist*

In dieser Struktur muss niemand einen geheimen Code- oder Projektnamen kennen, um die Dateien zu finden, die Suche am Mac reicht aus. Sie limitiert das Wachstum für das Produkt nicht, und die Organisation in Flows erlaubt es, immer ein vollständiges Bild von einer abgeschlossenen Aufgabe zu bekommen.

Libraries richtig einsetzen

Diese Struktur setzt voraus, dass du eine Sketch Library mit den wichtigsten Interface-Elementen erstellt hast. Die Dateien dafür liegen im Ordner **Sketch Libraries**. Alles über Libraries besprechen wir später in Abschnitt 5.3.

1.6.3   Sketch-Dokumente sauber halten

Für dich und deine Kollegen solltest du sauber in den Dokumenten arbeiten. In Sketch ist es nämlich gar nicht einfach, genau das richtige Element zu finden, wenn drei Versionen existieren, die sich nur in kleinsten Details unterscheiden.

Die Master-Seite | Sketch gruppiert deine Designs nach Seiten, die du selbst benennen kannst. Erstelle in jeder Sketch-Datei eine Seite, die du »Master« nennst. Sie enthält den klar beschriebenen Prozess in deiner Website oder App, der sich im Dateinamen widerspiegelt. Wenn du diesen »Flow« überarbeitest und das Design anpasst, dann erstelle dafür in dem Dokument eine eigene Seite. Du könntest es »Workboard« nennen und dort alle Veränderungen ausprobieren, bis du zufrieden bist. Solange die Änderungen nicht als fertiges Design von einem Projektmanager oder deinem Team abgenommen wurden, ersetze keine Elemente auf der Master-Seite.

Artboards anordnen und benennen | Wie gesagt: In einem Sketch-Dokument ist nur ein einziger Workflow abgebildet. Aber auch mit dieser Einschränkung sammeln sich schnell ein paar dutzend Artboards mit unterschiedlichen Designs. Artboards gruppieren Elemente in deinem Design und ordnen sie auf einem virtuellen Bildschirm an. Ordne sie in einem festen Raster an, damit ihre Position im Prozess klar wird. Jede Zeile ist ein neuer Flow oder eine eigene Variante. Von links nach rechts liest du die Schritte ab, die es braucht, um einen Flow zu erledigen.

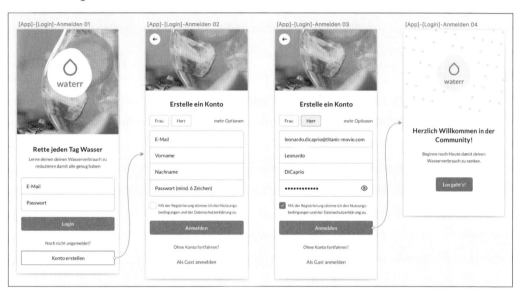

Abbildung 1.70 *Gib dem Design eine Struktur, nach der du dich richten kannst. Zum Beispiel gleichmäßige Abstände zwischen den Artboards.*

Auf dem ersten Artboard einer Zeile schreibst du den Namen des Flows. Wenn dein Team mit einer Projektmanagement-Software wie Jira oder Asana arbeitet, kannst du im Namen des ersten Artboards einen Referenzcode zu dem Ticket eintragen. Für die Artboards benutze das Schema der Sketch-Datei, und hänge eine Zahl an, damit der Ablauf auch ohne Sketch sichtbar wird.

Abbildung 1.71 *Schema für die Benennung von Artboards*

Um alle Artboards in einem perfekten Raster zu ordnen, kannst du die Smart-Distribute-Funktion (Abschnitt 3.4, »Ebenen ausrichten, bewegen und verteilen«) benutzen oder dir vom Plugin Artboard Manager (*https://github.com/bomberstudios/artboard-manager*) die Arbeit abnehmen lassen.

Ebenen benennen | Ebenen zu benennen ist eine aufwändige Arbeit. Am besten vergibst du einen eindeutigen Namen jedes Mal, wenn du eine neue Ebene erstellst. Für Textebenen übernimmt Sketch einen Teil der Arbeit und nutzt die ersten Zeichen in der Textebene als Namen. Wenn du eine Ebene duplizierst, fügt das Programm außerdem den Text »Copy {Zahl}« hinzu.

Bevor dich diese Arbeit aufhält, lass sie bleiben. Nimm dir aber am Ende nochmal Zeit, um über deine Designs zu schauen. In einer kleinen Qualitätskontrolle kannst du dir so sicher sein, dass alles stimmt und bereit für die nächsten Schritte ist. Auch die Hinweise von Sketch Assistants (Abschnitt 5.7) können dir helfen, eine gute Benennung zu finden.

Abbildung 1.72 *Ebenenbenennung in Sketch am Beispiel des Posting-Dialogs auf LinkedIn*

Teil dessen sollte auch die Sortierung deiner Ebenen in der Ebenenliste sein. Die erste Ebene befindet sich im oberen Bereich des Artboards. Zur Sortierung benutzt du am besten Plug-ins wie Automate Sketch (Anleitung in Abschnitt 6.2).

Stile und Symbole sortieren | Erste Regel für eine gut aufgeräumte Sketch-Datei ist, dass alle Ebenen mit einem Ebenenstil und alle Texte mit einem Textstil verknüpft sind. Gespeicherte Farben und Stile stellen sicher, dass gleiche Ebenen gleich aussehen. Ebenen, die noch keinen Stil haben, findest du mit dem Plugin Sketch Styler (*https://github.com/oodesign/sketch-styler*) (kostenpflichtig).

Symbole und Stile in deinem Dokument sollten eindeutig und einheitlich benannt werden. Deine Namen und Schemata sollten sich an deinem Design orientieren. Für die Library von Apples iOS UI haben die Designer die Benennungsschemata in Abbildung 1.73 entwickelt.

	Stil	Hintergrundfarbe
Textstile	**Body/Default/Light/Secondary Label Color**	
	Schnitt	Priorität

Abbildung 1.73 *Nach diesem Schema benennt Apple die Textstile in der iOS UI Library.*

	System	Hintergrundfarbe
Ebenenstile	**iOS System Materials/Backgrounds/Dark/Chrome (Tab or Toolbar)**	
	Verwendung	Farbname

Abbildung 1.74 *Beispielschema für Ebenenstile von Apple iOS UI*

Die zweite Regel ist, dass alle wiederverwendeten Ebenen und Objekte als Symbol vorliegen und sie gut sortiert auf der Symbols-Seite oder in einer Library wiederzufinden sind. Bei Letzterem kannst du dir von einem Plugin namens Symbol Organizer (*https://github.com/sonburn/ symbol-organizer*) helfen lassen. Es gruppiert die Symbole auf der Seite nach Namen und Größe.

Du kannst dich bei der Benennung von Symbolen grob am Vorschlag vom Atomic-Design-Ansatz (*https://atomicdesign.bradfrost.com/table-of-contents/*) orientieren. Ein Beispiel findest du in den Symbolen der Apple iOS UI Library.

	Organismus	Atom
Symbole	**Controls/Buttons/Apple Pay/Buy with Pay**	
	Molekül	Variante

Abbildung 1.75 *Schema für die Benennung von Symbolen*

1.6.4   Zusammenfassung und Ausblick

Mit den Hinweisen aus diesem und den vorherigen Abschnitten hast du eine ganze Menge Material bekommen, das dich für deine Design-Abenteuer ausrüsten soll. Du hast die typischen Fehler kennengelernt und ein paar Ansätze für Lösungen gesehen. Deine Dateien haben eine Ordnung und Struktur bekommen, und du weißt, wie Pixel und Bildschirme mit Sketch zusammenhängen. In den vorherigen Abschnitten ging es ums Design-Basiswissen. Unter Vernachlässigung der meisten theoretischen Grundlagen gab es Tipps zu Layouts, Farben und Typografie. Ganz am Anfang standen die Frage, was Design eigentlich ist, und der Appell, dass du etwas daraus machen musst.

In den nächsten Kapiteln tauchen wir ganz konkret in die Bedienung und die Werkzeuge von Sketch ein. Plugins und Praxisteil warten auch noch auf dich – also los geht's!

Kapitel 2
Benutzeroberfläche

2.1   Das Sketch-Fenster

Du hast Sketch heruntergeladen und installiert? Dann können wir ja loslegen. In diesem Abschnitt lernst du, wie das Sketch-Fenster aufgeteilt ist und wo welche Funktionen sind.

2.1.1   Das Willkommens- und Dokumentenfenster

Beim Öffnen begrüßt dich Sketch mit einem Willkommensfenster. Es hilft dir, einen schnellen Überblick über deine Sketch-Dokumente zu bekommen. Um mit einem neuen Projekt zu starten, klicke doppelt auf **New Document**.

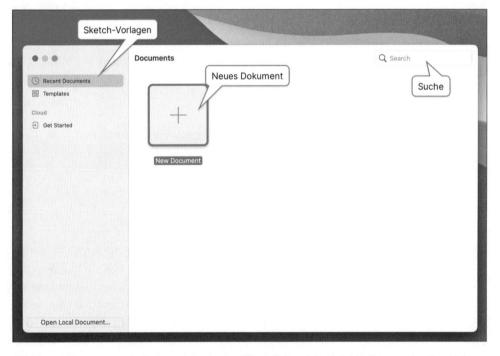

Abbildung 2.1 *Das Documents-Fenster zeigt zuletzt geöffnete Dokumente, Sketch-Vorlagen und weitere Links.*

In der Seitenleiste findest du auch den Bereich **Templates**. Hier hat Sketch ein paar Testdateien hinterlegt, mit denen du die ersten Projekte starten kannst und einzelne Funktionen kennenlernst. Zum Beispiel findest du eine Vorlage für Icon-Design, Prototyping oder Webdesign.

Jedes Mal, wenn du Sketch beendet hast und das Programm öffnest, wirst du den Willkommensdialog sehen. Er hilft dir, zuletzt geöffnete Dokumente zu finden, Vorlagen zu öffnen und zu sehen, was in deinem Team passiert. Um ihn erneut aufzurufen, klicke auf **Window > Documents**.

2.1.2 Sketch beim ersten Öffnen

Ein neues Dokument ist erstmal leer und wartet auf dein Design. Um dir das Sketch-Fenster besser zu zeigen, siehst du unten ein Beispieldesign. Wenn du die gleiche Datei öffnen möchtest, findest du sie in den oben angesprochenen Templates als »iOS App Icon« und unter **File > New from Template > iOS App Icon**.

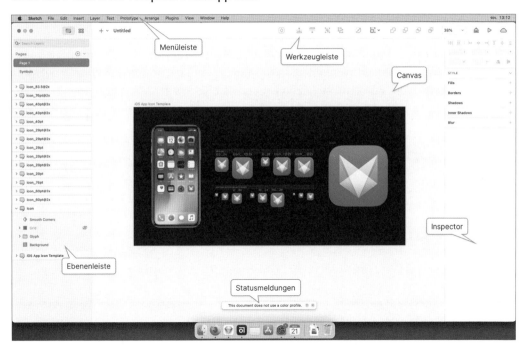

Abbildung 2.2 *Canvas, Werkzeugleiste, Ebenenliste und Inspector bilden das Sketch-Fenster.*

Das Sketch-Fenster ist in mehrere Bereiche geteilt. Wenn du einen der Bereiche gerade nicht siehst, probiere, ihn wieder per Tastenkombination einzublenden.

1. Der **Canvas**: In der Mitte des Fensters ist deine kreative Fläche, auf dem du alle Designs erstellst. Du hast unendlich viel Platz, um zu gestalten. Auf dem Canvas siehst du die Ebenen und Gruppen, aus denen dein Design besteht.

2. Die **Werkzeugleiste**: Über dem Canvas findest du in der Werkzeugleiste eine Auswahl an häufig benutzten Werkzeugen. Passe die Ansicht über das Menü **View > Customize Toolbar...** auf deine Bedürfnisse an. Du blendest sie mit ⌘cmd⌘+⌥alt⌥+⌞T⌟ ein und aus.

3. Die **Ebenenliste**: Jedes Objekt, das du auf dem Canvas findest, ist in der Ebenenliste vermerkt. Sie zeigt die Hierarchie in deinem Dokument an. Die Ebenenliste teilt sich ihren Platz mit der Komponenten-Übersicht. Hier findest du alle Symbole und Stile, die du in deinem Sketch-Dokument verwendest. Du blendest sie mit ⌘cmd⌘+⌥alt⌥+⌞1⌟ ein und aus.

4. Der **Inspector**: Alle Einstellungen und Eigenschaften der ausgewählten Ebene findest du im Inspector auf der rechten Seite des Sketch-Fensters. Du blendest ihn mit ⌘cmd⌘+⌥alt⌥+⌞2⌟ ein und aus.

5. **Statusmeldungen**: Wenn es Nachrichten oder Informationen gibt, dann zeigt Sketch sie hier für dich an. Auch einige Plugins schreiben hier eine Erfolgsmeldung rein.

Die **Menüleiste** ist kein Teil des Fensters, macOS zeigt sie für jedes Programm an. Sie befindet sich als Zeile an der oberen Bildschirmkante. Hier findest du fast alle Funktionen für Sketch strukturiert als Menü. Alle Aktionen und Befehle aus der Menüleiste sind in diesem Buch speziell markiert. Ein Menüeintrag zum Erstellen eines neuen Dokuments sieht so aus: **File > New**.

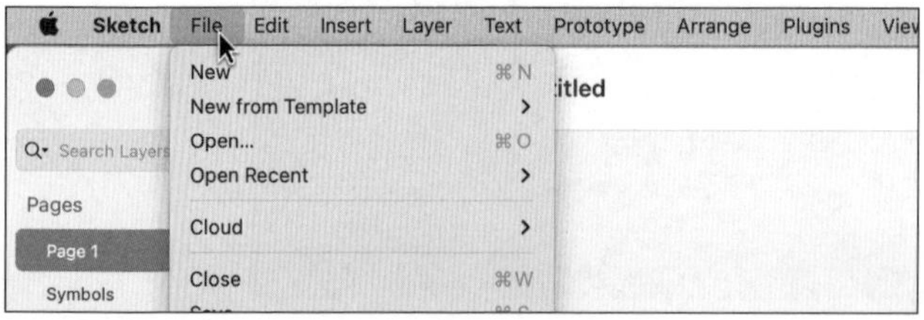

Abbildung 2.3 *In der Menüleiste findest du alle Funktionen von Sketch. Das Format im Text ist **File > New**.*

Alle Bedienelemente ausblenden

Konzentrier dich auf dein Design, oder präsentiere deine Idee. Mit ⌘cmd⌘+⌞.⌟ oder **View > Hide Interface** blendest du Werkzeugleiste, Ebenenliste und Inspector aus.

Seit der ersten Veröffentlichung von Sketch 3 in 2014 hat sich an dieser Aufteilung des Fensters nicht viel geändert. Ich hoffe deswegen, dass Sketch auch für dich noch dasselbe großartige Programm ist wie jetzt gerade.

2.2   Auf dem Canvas designen

Ein neues Sketch-Dokument beginnt mit einer leeren weißen Fläche. Dieser Bereich heißt Canvas und ist die Leinwand für deine Ideen. In diesem Abschnitt lernst du, dich auf ihm zurechtzufinden. Die wichtigsten Befehle dafür sind Zoom und Navigation mit Maus und Tastatur. Lerne zusätzlich, wie du zwischen den Ansichten im Vektormodus und Pixelmodus hin- und herschaltest. Zuletzt liest du, wie Tabs mehrere Sketch-Dokumente in einem Fenster öffnen.

2.2.1   Zoomen und Navigieren

Auf einem unendlich großen Canvas darfst du nicht den Überblick verlieren. Später designst du Websites und Apps mit vielen Ebenen und Gruppen. Der einfachste Weg, alles im Blick zu behalten, ist der Zoom.

Du vergrößerst die Ansicht mit deinem Trackpad durch das Auseinanderziehen von zwei Fingern. Hast du eine Maus angeschlossen, dann halte [cmd] und drehe am Scrollrad. Alternativ gibt es die Tastenkombinationen [cmd]+[+] für Vergrößern und [cmd]+[-] Verkleinern. Es gibt noch eine Möglichkeit zu zoomen. Dafür hältst du [Z] gedrückt und klickst in den Bereich, den du vergrößern möchtest. [alt]+[Z] bei gleichzeitigem Klicken verkleinert die Ansicht.

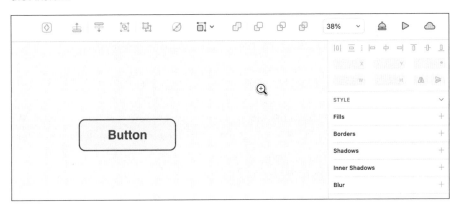

Abbildung 2.4 *Der Mauszeiger verändert sich zu einer Lupe, wenn du die Taste [Z] drückst.*

Eine andere Art zu navigieren ist der Zoom auf die Elemente deines Designs. Sketch richtet sich bei der Zoomstufe dann nach dem ausgewählten Objekt. Diesen Zoom gibt es in vier Varianten.

- [cmd]+[0]: Zoom auf 100 %. Entspricht der Originalgröße deines späteren Designs.
- [cmd]+[1]: Alle Elemente auf dem Canvas anzeigen. Eine »Vogelperspektive« für dein Dokument.

- ⌘+2 : Die Ansicht springt zurück auf die ausgewählte Ebene. Behält die Zoomstufe bei.

- ⌘+3 : Zentriert die ausgewählte Ebene bei 100 % Zoomstufe.

Um dich durch ein Sketch-Dokument zu bewegen, benutzt du auf dem Trackpad beide Finger. Ziehe sie nebeneinanderher, um den Canvas zu verschieben. Ohne Trackpad musst du die Leertaste drücken und dabei mit der Maus klicken und ziehen. Der Mauszeiger ändert sich dann zu einer Hand, die sich am Canvas »festhält«.

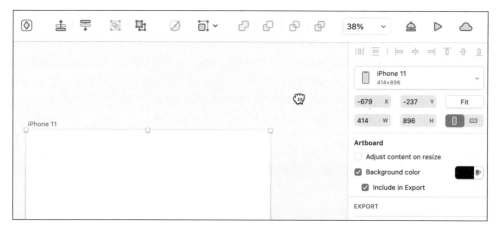

Abbildung 2.5 *Drücke und halte die Leertaste, um den Canvas mit dem Mauszeiger zu verschieben.*

Auch für diese Bewegung gibt es noch ein paar Varianten mit der Tastatur. Benutzt du die Pfeiltasten, ohne eine Ebene ausgewählt zu haben, dann fährt der Canvas schrittweise in die gedrückte Richtung. Hältst du dabei die ⇧-Taste, vergrößern sich die Schritte. Mit ⌘ und den Pfeiltasten ▶ und ▼ springt die Ansicht in einen leeren Bereich auf dem Canvas. Drücke die beiden entgegengesetzten Richtungen ◀ und ▲, und Sketch zeigt dir das »erste« Element auf dem Canvas links oben.

2.2.2   Ansicht auf Pixel umstellen

Sketch ist ein vektorbasiertes Programm, und standardmäßig zeigt es dir alle Elemente im Vektormodus an. Das bedeutet, dass du auch auf der höchsten Zoomstufe keinen Qualitätsverlust wahrnehmen kannst. Der Pixelmodus soll dir ein realistischeres Bild davon geben, wie dein Design einmal auf einem Bildschirm aussehen wird. Das Programm rechnet dafür die Bilder, Schriften und Objekte in eine Rastergrafik um. Um den Pixelmodus zu aktivieren, drücke die Tastenkombination ⌃+P , oder wähle im Menü **View > Canvas > Show Pixels on Zoom**.

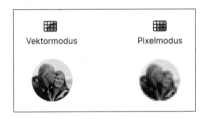

Abbildung 2.6 *Der Pixelmodus simuliert ab einer Zoomstufe von 100 % die Ansicht für einen Bildschirm.*

Um zu verstehen, wie der Pixelmodus und dein späteres Design auf einem Bildschirm aussieht, kannst du auch die App Sketch Mirror installieren. Weitere Informationen zu Pixeln und Bildschirmen findest du in Abschnitt 1.5.

Unabhängig davon, in welchem Modus du designst, zeigt dir Sketch ab einer Zoomstufe von 600 % automatisch ein Pixelraster an. Du deaktivierst diese Ansicht komplett mit ⌃+X oder über das Menü **View > Canvas > Show Pixel Grid on Zoom**.

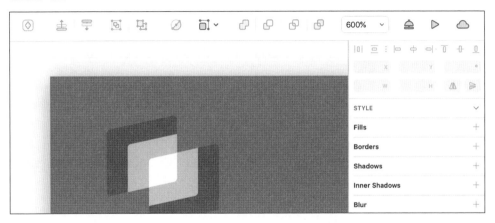

Abbildung 2.7 *Ab Zoomstufe 600 % zeigt Sketch ein feines Pixelraster.*

2.2.3   Tabs: Mehrere Sketch-Dokumente in einem Fenster

Die Idee der Tabs kennst du wahrscheinlich von Webbrowsern, sie ist aber auch in vielen anderen macOS-Apps vorhanden. Zum Beispiel findest du sie in Safari, Apple Mail oder dem Finder. So können mehrere Sketch-Dokumente in einem Fenster geöffnet sein. Um Tabs zu aktivieren, klicke in der Menüleiste **View > Show Tab Bar**.

Abbildung 2.8 *Mit der Tableiste kannst du mehrere Dokumente in einem Fenster sichtbar machen.*

Sketch kann dir sogar alle Tabs in einer Übersicht anzeigen (**View > Show all Tabs**), was dir zusätzliche Übersicht beim Designen mit mehreren Dokumenten bietet.

Abbildung 2.9 *Die Ansicht für alle Tabs zeigt dir eine Vorschau aller geöffneten Dokumente im Sketch-Fenster.*

Um zwischen den Tabs mit der Tastatur zu springen, halte die ⌃ctrl⌄-Taste und drücke auf ⌃→⌄. Mit jedem Druck auf die Taste springt die Ansicht zum nächsten Tab. Wenn du bereits mehrere Tabs offen hast, kannst du die Tableiste nicht wieder ausblenden. Um ein Dokument aus der Tableiste zu entfernen, klicke und ziehe es nach unten. Wenn du loslässt, öffnet Sketch es als eigenes Fenster. Alternativ findest du diesen Befehl in der Menüleiste unter **Window > Move Tab to new Window**. Wenn du alle Sketch-Dokumente als Tabs in einem Fenster zusammenfassen möchtest, klicke auf **Window > Merge all Windows.**

2.3   Die Werkzeugleiste

Über dem Canvas befindet sich die Werkzeugleiste. Sie zeigt dir die wichtigsten Werkzeuge für Sketch. In diesem Abschnitt blicken wir kurz auf die Funktion dieses Bereichs und wie du die Werkzeugleiste für deine Bedürfnisse anpassen kannst.

2.3.1   Alle Tools auf einen Klick

Wenn Sketch zum ersten Mal geöffnet ist, findest du in der Werkzeugleiste eine Vorauswahl von 16 Funktionen. Dieses Standardset beinhaltet wichtige und häufige Tools, die du mit der Maus ansteuern kannst.

Um ein Werkzeug zu benutzen, klicke auf das Icon. Manche der Werkzeuge sind für bestimmte Ebenen und Situationen reserviert und deswegen inaktiv.

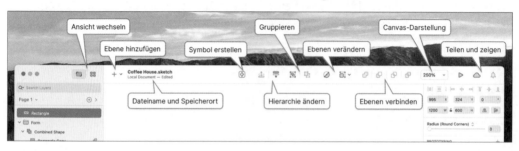

Abbildung 2.10 *Die Werkzeugleiste und ihre Funktionen im Überblick*

Hinter allen Icons in der Werkzeugleiste steckt eine Funktion. Wenn du mehr über ein einzelnes Tool herausfinden möchtest, lies in dem angegebenen Abschnitt nach.

- **Ansicht wechseln:** Wechsel zwischen dem Canvas und einer Ansicht aller Komponenten (siehe Abschnitt 2.4, »Ebenenliste, Dokumentstruktur und Seiten«).

- **Ebene hinzufügen:** Ein Kontextmenü, das dich alle Formen, die es in Sketch gibt, als neue Ebene einfügen lässt (siehe Abschnitt 4.1, »Rechtecke, Kreise und andere Formen«).

- **Symbol erstellen:** Dieses Icon erstellt ein neues Symbol aus deiner Auswahl (Abschnitt 5.2, »Symbole – wiederverwendbare Objekte«).

- **Hierarchie ändern:** Die ausgewählten Ebenen weiter Richtung Vorder- oder Hintergrund bewegen (Abschnitt 3.1, »Ebenen«).

- **Gruppieren:** Fasst Ebenen in einem Ordner zusammen bzw. löst diese Gruppierung auf (Abschnitt 3.3, »Gruppen«).

- **Ebenen verändern:** Das erste Icon ist die Funktion »Edit«, sie erlaubt das detaillierte Bearbeiten von Ebenen. Mehr dazu findest du in Abschnitt 4.6, »Der Bearbeiten-Modus«. Rechts davon ist das Bearbeiten-Menü, das weitere Werkzeuge zum Verändern beinhaltet. Alle Einträge sind im Kapitel 4, »Erstellen und Bearbeiten auf dem Canvas«, genauer beschrieben.

- **Ebenen verbinden:** Diese booleschen Funktionen kombinieren Formen miteinander – sehr praktisch für das Erstellen von Logos und Icons (siehe Abschnitt 4.8, »Maskieren, Kombinieren, Umwandeln – Werkzeuge für Ebenen«).

- **Canvas-Darstellung:** Dieses Menü zeigt das Zoom-Level an (Abschnitt 2.2, »Auf dem Canvas designen«). Die weiteren Optionen im Dropdown sind visuelle Hilfsmittel in Sketch, zum Beispiel Grids, Hilfslinien und Pixelansicht. Mehr in Abschnitt 3.7, »Lineal und Hilfslinien«, und Abschnitt 3.8, »Raster und Layout-Grids erstellen«.

- **Teilen und Zeigen:** Mit einem Klick auf das erste Icon simuliert das Programm ein Gerät und lässt dich durch deine Prototypen klicken (siehe Abschnitt 5.6, »Prototyping – Vorschau deines Designs«). Das Wolken-Symbol daneben beherbergt die Einstellungen zur Sketch Cloud. Lade dein Dokument in die Sketch Cloud und teile es dort mit anderen (Abschnitt 5.8, »Sketch Cloud«). Das Glocken-Symbol zeigt an, ob es Benachrichtigungen für dich gibt.

Werkzeugleiste anpassen | Das Design der Werkzeugleiste ist von anderen Mac-Apps inspiriert. Dementsprechend hast du die Freiheit, sie nach deinen eigenen Bedürfnissen zu gestalten. Mache einen Rechtsklick auf die Leiste, und wähle **Customize Toolbar…** oder klicke im Menü auf **View > Customize Toolbar**.

Wie beim iPhone oder iPad beginnen die Schaltflächen zu wackeln, und mit Klicken und Ziehen ordnest du sie nach deinen Wünschen an.

Unter der Werkzeugleiste hat sich außerdem eine Übersicht aller Tools geöffnet. Hinzufügen ist ganz einfach, indem du draufklickst, gedrückt hältst und ziehst. Auf dem gleichen Weg entfernst du auch Elemente aus der Leiste.

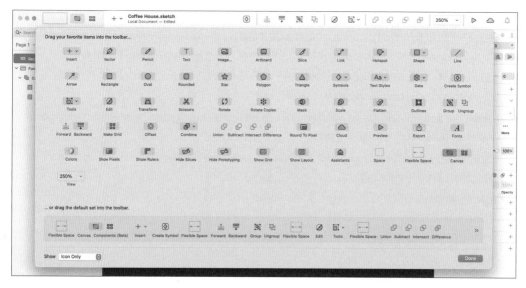

Abbildung 2.11 *Alle Icons für die Werkzeugleiste siehst du mit Klick auf* **View > Customize Toolbar...**

Im unteren Bereich gibt es noch die Möglichkeit, durch Klicken und Ziehen das Standardset wiederherzustellen. In einem kleinen Dropdown links kannst du außerdem einstellen, ob du Icon und Text sehen möchtest, nur den Text oder nur das Icon.

Standardset erweitern – mein Tipp

Zusätzlich zum Standardset kannst du die Funktionen **Assistants**, **Rotate Copies** und **Make Grid** in der Werkzeugleiste benutzen. Auch **Round to Pixel** gehört nicht zum Standardset, ist aber superpraktisch für die Arbeit mit Sketch.

2.4   Ebenenliste, Dokumentstruktur und Seiten

Du hast Glück, denn Sketch-Dateien sind immer so einfach wie möglich gehalten. Auch bei aufwändigen Designs behältst du dadurch den Überblick. Egal ob hunderte Ebenen oder dutzende Artboards – nichts geht verloren. Alles ist sorgfältig in der Ebenenliste auf der linken Seite des Fensters festgehalten.

Lerne in diesem Abschnitt, wie ein Sketch-Dokument aufgebaut ist und wie Seiten funktionieren. Schritt für Schritt lernst du die Ebenenliste kennen, bevor wir zum Schluss noch einen Blick auf die Komponenten-Übersicht werfen.

2.4.1   Die Struktur eines Sketch-Dokuments

Ein Sketch-Dokument fasst alle Elemente deines Designs zusammen. Es beinhaltet eine oder mehrere Seiten. Eine Seite entspricht immer einem Canvas. Auf ihm kannst du mehrere **Artboards** erstellen. Artboards gruppieren deine Elemente wie **Rechtecke, Kreise, Text, Bilder** und **Symbole** zu einem Design. Typischerweise zeigt jede dieser Arbeitsflächen einen Bildschirm oder Zustand deines Designs. Alle Elemente kannst du auch in **Gruppen** organisieren und so strukturieren.

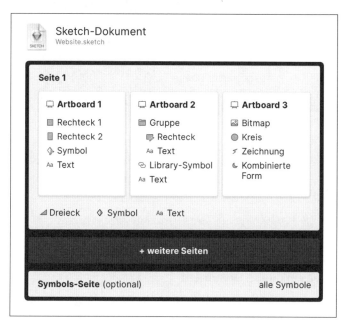

Abbildung 2.12 *Ein Sketch-Dokument beinhaltet alle Informationen deines Designs.*

Kapitel 3, »Ebenen und Bedienung«, widmet sich noch genauer den Details von Ebenen, Gruppen und Artboards. In den nächsten Absätzen geht es erstmal um die Ebenenliste mit ihren Funktionen und Seiten.

2.4.2   Schritt für Schritt durch die Ebenenliste

Den Überblick im Dokument behältst du mit der Ebenenliste auf der linken Seite des Fensters. Alle Seiten, Artboards, Ebenen und Design-Komponenten sind in ihr von oben nach unten hierarchisch angeordnet.

Die Ebenenliste beginnt mit einer Liste aller Seiten, die dein Dokument enthält. Später in diesem Kapitel lernst du, Seiten zu organisieren.

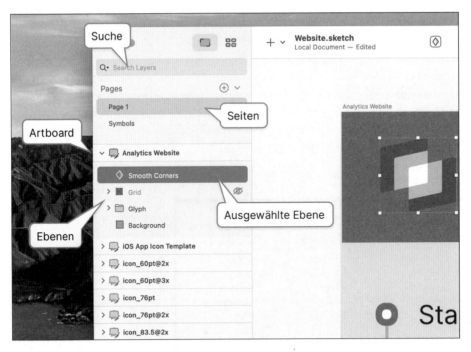

Abbildung 2.13 *Die Ebenenliste zeigt dir alle Elemente in deinem Sketch-Dokument: Seiten, Artboards und Ebenen.*

2.4.3 Seiten – mehrere Canvas in einem Dokument

Neue Dokumente starten immer mit einer neuen Seite. Durch die Seiten hast du mehrere Canvas in einem Sketch-Dokument. Das ist zum Beispiel praktisch, wenn du dein Dokument strukturieren möchtest, zum Beispiel weil du eine zweite Version deiner Idee entwirfst.

Auf jeder Seite kannst du so viele Artboards und Ebenen platzieren, wie du möchtest. Deine erste Seite heißt »Page 1«, und du findest sie ganz oben in deiner Ebenenliste.

Abbildung 2.14 *Die Funktionen für Seiten in der Ebenenliste*

Eine neue Seite erstellst du mit einem Klick auf das kleine Plus in der Ebenenliste. Die beiden anderen Wege für das gleiche Ergebnis sind der Befehl **Insert > New Page** in der Menüleiste und die Tastenkombination [cmd]+[⇧]+[alt]+[N].

Zu einer neuen Seite kommst du auch, wenn du eine existierende Seite duplizierst. Mache dafür einen Rechtsklick auf den Namen, und wähle **Duplicate Page**. Damit dupliziert Sketch auch alle Inhalte dieser Seite. Zwischen zwei Sketch-Dokumenten kannst du Seiten auch durch Verschieben duplizieren. Öffne die andere Datei in einem eigenen Fenster, und ziehe die Seite mit der Maus vom einen ins andere Dokument.

Jede neue Seite wird von Sketch automatisch durchnummeriert (Page 1, Page 2 und so weiter). Für eine bessere Orientierung empfiehlt sich eine eindeutige Benennung. Sie sollte verdeutlichen, welche Designs auf der Seite angelegt sind. Nur so kannst du später nachvollziehen, wo du deine Ideen verwirklicht hast.

Abbildung 2.15 *Drücke* [cmd]+[ctrl]+ *Leertaste, um auf deinem Mac die zusätzlichen Symbole aufzurufen. Zum Beispiel Emojis für den Seitennamen.*

Um eine Seite umzubenennen, klicke doppelt auf den Namen. Ein Tipp bei vielen Seiten: Verwende Emojis, dann ist es fürs Auge einfacher, die Namen auseinanderzuhalten.

Der kleine Pfeil neben dem Plus klappt die Ansicht ein. Dann sind die Seiten über ein Dropdown-Menü an der gleichen Stelle erreichbar. Springe mit der Tastenkombination [fn]+[▲] bzw. [▼] für hoch und runter durch die Liste deiner Seiten. Oder du benutzt einfach den Mauszeiger.

Abbildung 2.16 *Mehrere Seiten in einem Dokument helfen dir Ordnung halten.*

Die Reihenfolge der Seiten hat keine Auswirkungen auf die Hierarchie des Dokuments. Wenn du sie ändern möchtest, klicke auf einen Seitennamen, und ziehe ihn an die neue Position.

Symbols-Seite | Eine besondere Seite sammelt alle Symbole deines Dokuments. Das Programm legt sie für dich an, wenn du ein Symbol erstellst. Alle Symbolvorlagen sind auf dieser Seite abgelegt. Zum Beispiel wechselst du zur Symbols-Seite, wenn du doppelt auf ein Symbol klickst. Dort kannst du die Vorlage bearbeiten.

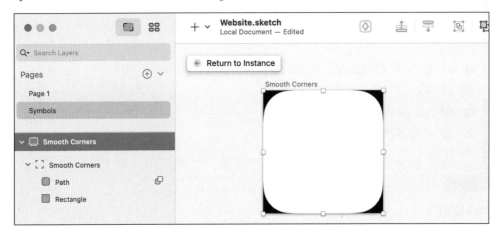

Abbildung 2.17 *Die Vorlage deines Symbols bearbeitest du auf einer eigenen Seite.*

Symbole sind wiederverwendbare Ebenen, die zu den Power-Werkzeugen von Sketch gehören – lies dafür Abschnitt 5.2, »Symbole – wiederverwendbare Objekte«.

Bei den meisten Projekten solltest du die Symbole auf dieser Seite ablegen. Das macht die Wiederverwendung einfacher, und Sketch organisiert deine Datei automatisch. Du kannst dich besser auf dein Design konzentrieren und hast mehr Übersicht.

2.4.4   Ebenen durchsuchen

Unter der Anzeige aller Seiten folgt die Suche für die Ebenen und Artboards auf der ausgewählten Seite. Klickst du auf **Search Layers** und beginnst zu tippen, durchsuchst du alle Namen (Tastenkombination cmd + F). Um die Suche weiter einzugrenzen, klicke auf die Lupe. Dort verstecken sich die Filter für alle Arten von Ebenen. Die Suchergebnisse zeigt Sketch direkt in der Spalte darunter an. Mit einem Klick auf das X hinter dem Suchfeld beendest du die Suche.

Abbildung 2.18 *Nutze die Suche, um Ebenen zu filtern und bestimmte Ebenennamen zu finden.*

2.4.5   Die Ebenenliste

In der Ebenenliste siehst du alle Artboards und Ebenen hierarchisch von »Vordergrund« (oben) nach »Hintergrund« (unten) angeordnet. Jedes Element, das du auf dem Canvas siehst, befindet sich auch hier. Die Ebenenliste schafft nicht nur eine gute Übersicht in deinem Dokument, sondern hat auch ein paar eigene Funktionen.

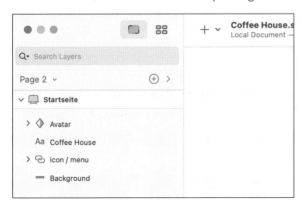

Abbildung 2.19 *In der Liste bestehen Ebenen aus einem Icon und dem frei wählbaren Ebenennamen.*

Jede Ebene ist einem Typen zugeordnet, und dieser ist durch ein Icon vor dem Namen markiert. Eine kleine Besonderheit sind die Zeichenebenen wie Rechtecke, Kreise und Dreiecke. Sketch zeichnet für jede Ebene eine Miniaturversion in die Liste. So kannst du die Einträge in der Liste besser unterscheiden.

Abbildung 2.20 *Jeder Ebenentyp hat in der Ebenenliste ein eigenes Icon.*

Wenn eine Ebene noch weitere Eigenschaften hat, wird das auch an dem Icon vor dem Ebennennamen gezeigt. Alle Einträge in der Liste (ausgenommen Artboards) können zum Beispiel mit dem Prototyping-Pfeil als klickbare Flächen markiert sein. Ein Messer bedeutet, dass diese Ebene für später zum Export markiert ist. Einträge, die violett eingefärbt sind, haben einen Ebenen- oder Textstil. Das bedeutet, dass ihr Aussehen in Sketch gespeichert ist. Manche Symbole wurden mit der Funktion Smart Layout erweitert. Sie verändern automatisch ihre Größe abhängig von ihrem Inhalt. Das Ordner-Logo ersetzt Sketch bei ihnen mit einem Icon, das diese Einstellung reflektiert.

Abbildung 2.21 *Hinweise auf Einstellungen der Ebenen werden zusätzlich hervorgehoben.*

Funktionen in der Ebenenliste – Sperren, Ausblenden und Kombinieren | Fährst du mit dem Mauszeiger über einen Namen in der Liste, dann erscheint ein durchgestrichenes Auge am rechten Ende des Namens. Mit einem Klick auf das Zeichen wird die Ebene ausgeblendet, die Tastenkombination ist ⌘+⇧+H. Die Ebene ist dann nicht mehr sichtbar, aber weiterhin verfügbar. Um sie wieder einzublenden, klicke erneut.

> **Wie funktioniert was in deinem Design**
>
> Ein- und Ausblenden ist einer der einfachsten Wege, um herauszufinden, wie das Dokument aufgebaut ist. Schau, was sich auf dem Canvas verändert, wenn du eine Ebene aus der Liste ausblendest. Klicke dich durch, wenn du ein fremdes Dokument öffnest.

Halte die alt-Taste gedrückt, wenn du über einen Namen in der Liste fährst. Das Auge wird dann zu einem Schloss. Damit sperrst du die Ebene für die Bearbeitung (⌘+⇧+L).

Wenn du ein Schloss in der Ebenenliste siehst, kannst du diese Ebene nicht wie alle anderen markieren, verschieben oder verändern. Um die Sperre wieder aufzuheben, klicke erneut auf das Icon.

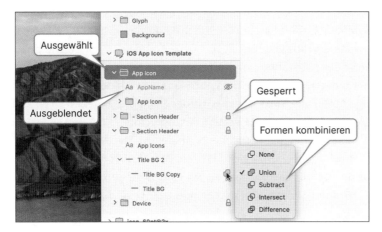

Abbildung 2.22 *Die Zeichen hinter dem Ebenennamen führen verschiedene Aktionen aus.*

Hinter dem Namen eines Elements zeigt das Programm auch die booleschen Operatoren an. Mit einem Klick auf das Zeichen kannst du sie ändern. Mehr darüber in Abschnitt 4.2, »Freies Zeichnen mit Vektoren«.

2.4.6   Die Komponenten-Übersicht

Oben hast du die hierarchische Ebenenstruktur kennengelernt. Wenn du in der Werkzeugleiste auf das zweite Icon bei **Canvas** klickst, dann wechselt das Sketch-Fenster vom Canvas zu einer Komponenten-Übersicht. Hier versteckt sich die Sammlung aller in diesem Dokument gespeicherten Symbole, Text- und Ebenenstile sowie der gespeicherten Farben.

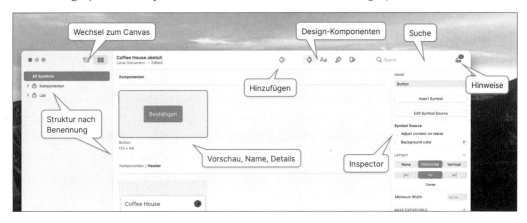

Abbildung 2.23 *In der Komponenten-Übersicht findest du alle verfügbaren Symbole, Stile und Farben.*

Die Werkzeugleiste ist jetzt mit nur noch sehr wenigen Elementen ausgestattet. Rechts sind vier Tabs für die Design-Komponenten, mit denen du die Ansicht steuerst. Symbole, Textstile, Ebenenstile und gespeicherte Farben stehen dort zur Auswahl.

Links von den Komponenten siehst du einen Button, der eine neue Komponente hinzufügt. Wenn du den Tab **Symbols** aktiviert hast, bietet Sketch dir an, das ausgewählte Symbol zu duplizieren. Auf allen anderen Tabs erstellst du eine neue Komponente. Im rechten Bereich siehst du die Hinweise des Assistants, Benachrichtigungen und die Suche, mit der du die aktuell ausgewählten Komponenten durchsuchst. Im Hauptbereich des Fensters siehst du wieder eine dreispaltige Aufteilung. Links ist eine Liste der Elemente, in der Mitte gibt es eine Vorschau und ganz rechts eine angepasste Version des Inspectors.

Mit einem Doppelklick heftet Sketch die Komponente an deinen Mauszeiger und wechselt automatisch wieder zurück zur Canvas-Ansicht. Weitere Befehle und Einstellungen findest du im Inspector auf der rechten Seite. Zum Beispiel kannst du dort den Namen der Komponente ändern. In der Komponenten-Übersicht findest du keine Komponenten aus deinen Libraries.

2.5 Der Inspector

Auf der rechten Seite deines Sketch-Fensters befindet sich der Inspector. Hier findest du alle Eigenschaften deiner ausgewählten Ebene. Abhängig davon, was du gerade ausgewählt hast oder ob du eine Ebene bearbeitest, verändert sich auch der Inhalt im Inspector.

2.5.1 Bearbeiten und Untersuchen in der linken Seitenleiste

Zum Beispiel findest du hier Eigenschaften wie Farben, Ausrichtung und Schriftart. Sketch zeigt alle Optionen und Werkzeuge, die verfügbar sind. Deswegen unterscheidet sich die Ansicht für die einzelnen Ebenentypen und ändert sich abhängig vom Modus. Zum Beispiel siehst du die Positionen und Optionen für Bild- und Vektorbearbeitung nur im Bearbeiten-Modus (Abschnitt 4.6, »Der Bearbeiten-Modus«).

Im Laufe des Buchs lernst du alle Funktionen aus dem Inspector kennen. Jeder Bereich hat ein eigenes Kapitel, in dem du detailliert Möglichkeiten von Sketch kennenlernst. Für jetzt reicht erstmal eine kurze Vorschau zu den Themen, die in den nächsten Kapiteln folgen.

- **Ausrichtung, Position und Größe:** Bestimme, an welcher Achse sich deine Auswahl ausrichtet, an welcher Position sie sich befindet und wie groß sie ist (Abschnitt 3.4, »Ebenen ausrichten, bewegen und verteilen«, und Abschnitt 3.5, »Größe ändern«).

- **Verhalten und Einstellungen:** Lass Sketch steuern, wie sich deine Elemente in verschiedenen Größen verhalten. Weitere Einstellungen sind zum Beispiel Drehungen, Spiegelungen, Deckkraft und Eckenrundung (siehe Abschnitt 3.9, »Resizing – ein Design für alle Geräte«, und Abschnitt 4.7, »Drehen, Spiegeln und Deckkraft – Einstellungen im Inspector«).

- **Aussehen der Ebene:** Alle Farben, Rahmen und Schatten legst du hier fest. Im Inspector steuerst du auch die Ebenen- und Textstile (siehe Abschnitt 4.5, »Farben, Schatten und Effekte«, und Abschnitt 5.1, »Stile für Ebenen und Texte«).

- **Ebenen bearbeiten:** Alle typografischen Eigenschaften und der Bearbeiten-Modus für Bilder und Vektorzeichnungen (siehe Abschnitt 4.3, »Das Text-Werkzeug«, und Abschnitt 4.6, »Der Bearbeiten-Modus«).

- **Weitere Funktionen von Sketch:** Einstellungen für Symbole, Prototyping und zum Teilen mit anderen Designern setzt du auch im Inspector (siehe Abschnitt 5.2, »Symbole – wiederverwendbare Objekte«, Abschnitt 5.6, »Prototyping – Vorschau deines Designs«, und Abschnitt 5.4, »Exportieren«).

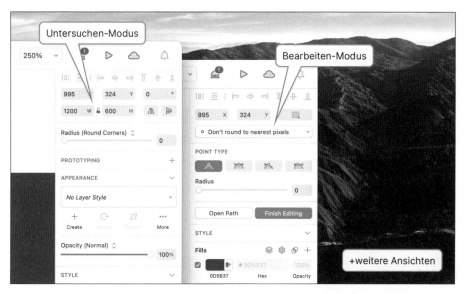

Abbildung 2.24 *Der Inspector auf der rechten Seite des Sketch-Fensters zeigt dir Einstellungen und Bearbeitungsoptionen.*

2.5.2   Zusammenfassung

Mit diesem Überblick zu den Funktionen des Inspectors endet das zweite Kapitel. Du hast gesehen, wie das Sketch-Fenster aufgebaut ist und wie du auf dem Canvas navigierst und designst. Du hast gesehen, wie ein Sketch-Dokument strukturiert ist, und kannst es mit Seiten organisieren.

Im nächsten Kapitel nutzen wir die Funktionen aus Werkzeugleiste und Ebenenliste. Du lernst Ebenen, Artboards und Gruppen genauer kennen und kontrollieren, bevor wir im vierten Kapitel auf dem Canvas designen. Mach dich bereit für ein paar Seiten voller Informationen, Tipps und Anleitungen!

Kapitel 3
Ebenen und Bedienung

3.1   Ebenen

Das Prinzip von Ebenen begegnet dir nicht nur in anderen Programmen, sondern auch in der echten Welt, und vielleicht ist es deswegen so intuitiv. Alles hat seinen eigenen, einzigartigen und eindeutig bestimmbaren Ort. Diese Gedanken übersetzt Sketch auf den Canvas, die unendliche Fläche, auf der dein Design entsteht.

Jedes Element in deinem Design ist für Sketch eine Ebene, die in der Ebenenliste auftaucht. Sie heißen Artboards, Rechtecke, Texte oder Gruppen, können sichtbar und unsichtbar sein, du kannst sie exportieren oder sie mit anderen Ebenen verlinken. Kurz: Ebenen sind die Grundlage deines Designs. Im Laufe des Buchs lernst du alle Ebenenarten kennen und erfährst, wie du sie steuerst, damit dein Design großartig wird. In diesem Kapitel lernst du Ebenen von Anfang an: wie du sie erstellst, auswählst, bewegst und mehr.

3.1.1   Das Ebenen-Modell

Sketch behandelt jedes Element auf dem Canvas wie eine Oberfläche. Du kannst es mit Papier vergleichen. Blickst du von oben auf einen Stapel Papier, siehst du nur das oberste Blatt. Um die Blätter darunter zu sehen, musst du ihre Position ändern.

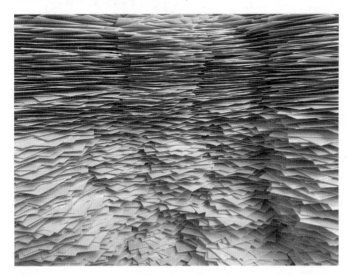

Abbildung 3.1 *Ein Papierstapel wie dieser ist wie ein Sketch-Dokument mit hunderten Ebenen von oben nach unten sortiert. (Bild via Unsplash, https://unsplash.com/photos/ MldQeWmF2_g)*

Diese Hierarchie spiegelt Sketch in der Ebenenliste (Abschnitt 2.4, »Ebenenliste, Dokument-struktur und Seiten«). Wenn zwei oder mehr Ebenen den gleichen Ort auf dem Canvas be-anspruchen, dann ist die hierarchisch darüber liegende Ebene sichtbar.

Abbildung 3.2 *Das Rechteck liegt in der Ebenenliste unter dem Kreis, genau wie auf dem Canvas.*

3.1.2 Neue Ebenen erstellen

Legen wir los mit einer neuen Ebene. Du hast die Wahl zwischen verschiedenen Ebenenty-pen, die du auf deinem Canvas erstellen kannst. Klicke dafür in der Werkzeugleiste auf das Plus-Icon neben dem Dokumentnamen.

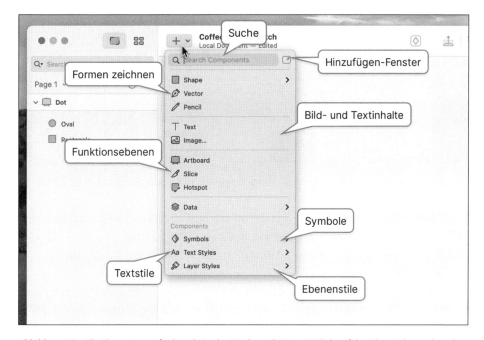

Abbildung 3.3 *Alle Ebenentypen findest du in der Werkzeugleiste mit Klick auf das Pluszeichen neben dem Dateinamen.*

Die Liste der Ebenentypen ist in mehrere Bereiche aufgeteilt. Ganz oben siehst du eine Suche, mit der du Symbole und Stile finden kannst. Das Icon rechts davon öffnet das **Hinzufügen**-Fenster. Es hilft dir bei der Suche nach Design-Komponenten.

Der erste Abschnitt beinhaltet alle Formen und die Zeichenwerkzeuge. Hier sind Rechtecke, Dreiecke und Kreise als eigene Form hinterlegt. Danach folgt ein Abschnitt zu Inhalten. In Sketch kannst du Bilder und Texte als Ebene hinzufügen. Als Drittes siehst du die Funktionsebenen. Das sind zum Beispiel Artboards (sie gruppieren andere Ebenen) und die nicht-sichtbaren Ebenen *Slice* und *Hotspot*. In den nächsten Kapiteln lernst du anhand dieser Liste alle Ebenen zu erstellen und anzupassen.

Im letzten Bereich siehst du die verfügbaren Design-Komponenten: Symbole, Text- und Ebenenstile. Sie stammen entweder aus dem aktuellen Dokument oder sind in einem anderen Sketch-Dokument gespeichert und mit deinem Computer verknüpft.

Hinzufügen-Fenster | Mit einem Druck auf $\boxed{\text{C}}$ öffnet sich das **Hinzufügen**-Fenster. Wie im Dropdown durchsucht es alle verfügbaren Design-Komponenten.

Abbildung 3.4 *Das Hinzufügen-Fenster zeigt dir die Design-Komponenten durchsuchbar mit einer Vorschau.*

Klicke auf die Icons auf der linken Seite, um die unterschiedlichen Bereiche zu durchsuchen. Standardmäßig sind die Symbole ausgewählt. Rechts daneben findest du auch Text- und Ebenenstile sowie die gespeicherten Farben. Unter den Icons stehen die Quellen für die Suchergebnisse als aufklappbare Liste. Rechts daneben gibt es eine Vorschau der Suchergebnisse. Ohne Eingabe in die Suchzeile siehst du hier alle verfügbaren Elemente. Um einen Eintrag auf dem Canvas hinzuzufügen, klicke doppelt. Oder du klickst und ziehst das Element. In beiden Fällen platzierst du es mit einem weiteren Klick.

Wenn das Pin-Icon aktiviert ist, dann bleibt das Fenster nach dem Hinzufügen geöffnet.

3.1.3 Grundlegendes Verhalten in Sketch

Das hier beschriebene Verhalten gilt für alle Ebenen. Egal ob Rechteck, Vektorzeichnung, Text, Bild oder Artboard – sie funktionieren gleich, wenn es ums Bewegen, Auswählen, Umbenennen und Duplizieren geht.

Wenn du eine neue Ebene erstellen möchtest, wählst du das Werkzeug, klickst und ziehst die Ebene in der gewünschten Größe auf.

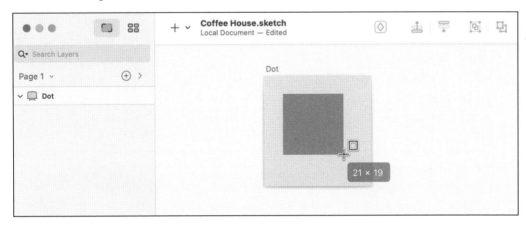

Abbildung 3.5 *Klicken und Ziehen, so erstellst du auf dem Canvas eine neue Ebene. Hier zum Beispiel ein Rechteck.*

Für jeden Ebenentyp hat Sketch ein eigenes Werkzeug. Für Rechtecke, Kreise, Sterne, Text, Prototyping und so weiter. Wenn du ein Werkzeug nicht mehr verwenden möchtest, drücke ⏎ esc , und du bekommst deinen normalen Mauszeiger zurück. In diesem Verhalten unterscheidet sich Sketch von anderen Programmen wie Photoshop. Es kann also sein, dass du dich umgewöhnen musst.

Um eine Ebene umzubenennen, wähle sie aus und drücke cmd + R . Alternativ kannst du auch doppelt auf den Namen in der Ebenenliste klicken.

Kopieren, Einfügen, Duplizieren und Ausschneiden | Zum Kopieren einer oder mehrerer Ebenen drückst du cmd + C ; Einfügen geht mit cmd + V . Sketch wird immer versuchen, die kopierten Ebenen an der Ausgangsposition einzufügen. Außerdem fügt Sketch neue Ebenen immer über der zuletzt ausgewählten Ebene ein. Wenn das nicht möglich ist, dann platziert Sketch sie mittig auf dem ausgewählten Artboard. Wenn du nichts auswählst, landen sie in der Mitte des sichtbaren Bereichs.

Aussehen kopieren und übertragen

Kopiere eine Ebene, und markiere danach eine andere. Wenn du jetzt cmd + alt + V drückst, dann überträgt Sketch alle Einstellungen aus dem Inspector auf die markierte Ebene.

Mit `cmd`+`D` wird Sketch die ausgewählten Ebenen duplizieren und an den gleichen Koordinaten Kopien erzeugen.

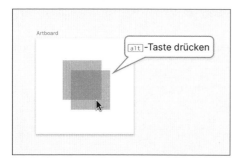

Abbildung 3.6 *Klicken,* `alt` *-Taste halten und ziehen erzeugt eine neue Ebene.*

Im gleichen Abstand duplizieren

Dupliziere die Ebenen mit gehaltener `alt`-Taste und der Maus. Wenn du direkt danach weiter `cmd`+`D` benutzt, erzeugt Sketch die nächsten Kopien im gleichen Abstand.

Beim Ausschneiden (`cmd`+`X`) kopiert Sketch die Ebene in die Zwischenablage und löscht die Ebene aus der Quelle. Zum Einfügen drückst du `cmd`+`V`. Jede Kopie, egal ob Ebene oder Artboard, bekommt einen neuen Ebenennamen mit dem Anhang »Copy« bzw. »Copy 2«. So kannst du deine Ebenen besser voneinander unterscheiden.

Schnell-Export mit der Zwischenablage

Ebenen, die durch Kopieren oder Ausschneiden in deiner Zwischenablage liegen, kannst du in anderen Programmen auf deinem Mac als PNG-Datei wieder einfügen. Drücke dafür einfach `cmd`+`V`.

Letzten Schritt rückgängig machen | Du kennst diesen Befehl wahrscheinlich schon von anderen Mac-Programmen: `cmd`+`Z` macht den letzten Schritt rückgängig. In der Menüleiste heißt der Befehl **Edit > Undo**. Sketch speichert alle Aktionen, die du seit dem letzten Öffnen deiner Datei ausgeführt hast. Je häufiger du also diese Tastenkombination drückst, desto weiter kannst du im Arbeitsverlauf zurückspringen. Solltest du dich einmal vertippt haben und wieder einen Schritt nach »vorne« im Arbeitsverlauf wollen, drücke `cmd`+`⇧`+ `Z` (oder **Edit > Redo**).

Du kannst mit Sketch auch durch ältere Versionen deines Dokuments springen. Eine ausführlichere Erklärung dazu findest du in Abschnitt 7.5, »Versionsverlauf – alte Designs wiederherstellen«.

3.1.4 Ebenen auswählen

Um eine Ebene auszuwählen, klicke sie in der Ebenenliste oder im Inspector an. Artboards wählst du auf dem Canvas mit einem Klick auf den Namen aus.

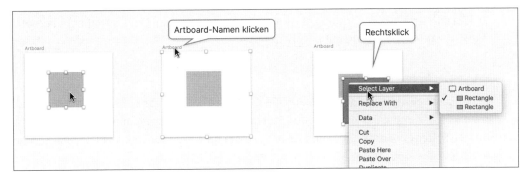

Abbildung 3.7 *Klicke auf eine Ebene, um sie auszuwählen.*

Wenn du eine Ebene markieren möchtest, die unter oder hinter einer anderen Ebene liegt, halte alt gedrückt. Sketch umrahmt die Ebene, bevor du klickst. Wenn viele Ebenen übereinanderliegen, kannst du auch einen Rechtsklick benutzen. Im Kontextmenü findest du ganz oben **Select Layers...** – eine Liste aller Ebenen, die an diesem Punkt liegen.

Mehrere Ebenen auswählen | Mehrere Ebenen wählst du durch Klicken und Ziehen aus. Sketch markiert alle Ebenen, die in diesem Bereich liegen. Hältst du beim Ziehen die alt-Taste, dann werden nur Ebenen berücksichtigt, die komplett im aufgezogenen Bereich liegen.

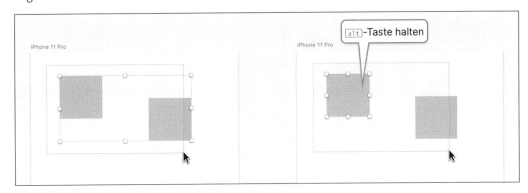

Abbildung 3.8 *Benutze Klicken und Ziehen, um mehrere Ebenen auszuwählen.*

Du kannst deine Auswahl erweitern, wenn du ⇧ drückst. Egal ob du dann einzelne Ebenen anklickst oder wieder eine Auswahl aufziehst, das Programm rechnet sie zu deiner vorherigen Auswahl. Den umgekehrten Effekt erzielst du, wenn du die cmd-Taste drückst. Dann deaktivierst du alle Ebenen im aufgezogenen Bereich.

Einmal alles bitte! | Drücke `cmd`+`A`, um alle Ebenen innerhalb einer Gruppe auszuwählen. Wiederholst du den Befehl, dann werden alle Ebenen auf jedem Artboard ausgewählt. Sketch markiert dann nicht die Artboards, sondern alle anderen Elemente auf deinem Canvas. Mit dieser Tastenkombination kommst du schneller und genauer als mit der Maus ans Ziel. Es passiert einfach zu häufig, dass man dann doch noch ein kleines Element übersieht. Alle Artboards markierst du mit `cmd`+`⇧`+`A`.

3.1.5   Die Reihenfolge ändern

In der Ebenenliste siehst du die Hierarchie deiner Ebenen von ganz oben (im Vordergrund) bis nach ganz unten (im Hintergrund). Sketch legt eine neue Ebene immer über der zuletzt ausgewählten Ebene an. Klicke und ziehe eine oder mehrere Ebenen in der Ebenenliste, und ändere so ihre Reihenfolge.

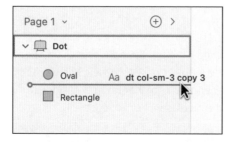

Abbildung 3.9 *Ein blauer Strich in der Liste zeigt, wo du deine Ebene platzierst. Ziehst du die Ebene auf eine Gruppe, fügt Sketch sie dort ein.*

Du kannst diese Aktion auch über die Menüleiste (**Arrange > Bring forward** und **Arrange > Send Backward**) oder mit einem Rechtsklick im Kontextmenü auslösen. Die Befehle heißen dort **Move forward** und **Move backward**.

- In den Vordergrund: `cmd`+`alt`+`ctrl`+`▲`
- Nach vorne: `cmd`+`alt`+`▲`
- In den Hintergrund: `cmd`+`alt`+`ctrl`+`▼`
- Nach hinten: `cmd`+`alt`+`▼`

3.2   Artboards

Wenn man heute Designer fragt, warum sie von Photoshop zu Sketch wechseln, dann gehören Artboards zu den häufigsten Antworten. Sie sind flexibel und erlauben dir eine einfache Übersicht in deinem Design. Sketch hat sie so populär gemacht, dass sogar Adobe Photoshop nachgezogen ist und eine ähnliche Funktion eingeführt hat. Artboards fassen mehrere Elemente wie Rechtecke, Bilder, Texte und Symbole zusammen. In vielen Designs benutzt du sie als virtuellen Bildschirm, um eine Seite oder einen Zustand im Design zu zeigen. Die Zeichenflächen gehören zu den vielseitigsten Objekten in Sketch, und für eine Website erstellst du in einem Dokument nicht selten dutzende von ihnen.

In diesem Abschnitt lernst du die Vorteile und verschiedenen Verwendungszwecke von Artboards kennen. Du lernst, wie du sie erstellst und mit Artboard-Voreinstellungen Geräte simulierst. Dazu kommen die Besonderheiten von Artboards im Inspector.

3.2.1 Vorteile durch Artboards beim Designen

Mehrere Screens und Entwürfe nebeneinander anzuzeigen, war lange Zeit eine schwierige Aufgabe für Designprogramme. Die Idee, verschiedene Zustände und Bildschirmgrößen nebeneinander in einem Dokument zu sehen, machte Artboards populär – und Sketch gleich mit. Anstatt in eigenen Dateien liegen die Entwürfe auf dem gleichen Canvas. Das bedeutet, dass du parallel an mehreren virtuellen Bildschirmen etwas in deinem Design ändern kannst und dabei weiterhin volle Kontrolle behältst.

Weiterer Vorteil der Artboards ist die tiefe Integration in Sketch. Wichtige Funktionen wie Symbole, Resizing, Prototypen und Export sind eng mit ihnen verknüpft. Als Zeichenfläche sind sie ein flexibler Rahmen für deine Ideen und obendrein noch einfach zu steuern.

3.2.2 Ein neues Artboard anlegen

Drücke A oder wähle **Insert > Artboard,** um das Artboard-Werkzeug zu benutzen. Ein neues Artboard fügst du durch Klicken und Ziehen auf dem Canvas hinzu. Nachdem du das Werkzeug benutzt hast, siehst du den normalen Mauszeiger wieder. Um ein weiteres Artboard zu erstellen, musst du mit Druck auf A das Werkzeug erneut auswählen.

Abbildung 3.10 *Drei Schritte zum Artboard: Werkzeug auswählen, klicken, ziehen, loslassen und fertig*

Du kannst dich aber auch für eine gespeicherte Artboardgröße entscheiden. Das geht, wenn du das Werkzeug aktiviert hast und im Inspector rechts nach den Artboardgrößen schaust. Es lohnt sich, dort das Gerät zu suchen, auf dem dein Design später gezeigt werden soll. Sketch hat bereits Dutzende Größen dort hinterlegt, unter anderem für Apple- und Android-Geräte, Social-Media-Plattformen und Papiergrößen. Ein Klick, und das Artboard in der gewünschten Größe erscheint auf dem Canvas.

Abbildung 3.11 *Voreinstellungen für verschiedene Geräte findest du im Inspector.*

Voreinstellungen anlegen | Drücke ⟨A⟩, um im Inspector die Voreinstellungen zu sehen. Am unteren Ende des Inspectors findest du den Button **Create Custom Size...**, mit dem du eine eigene Voreinstellung festlegst. Ein Klick hier, und du kannst einen Namen und die genauen Größen eintragen.

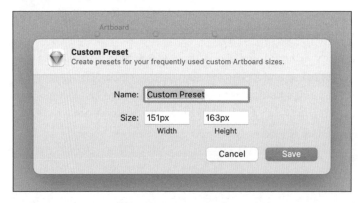

Abbildung 3.12 *Erstelle deine eignen Voreinstellungen mit Name und Größe des Artboards. Du findest sie im Inspector unter dem Punkt* **Custom**.

Artboard-Voreinstellungen sind nicht nur praktisch – sie teilen Sketch auch die Größe für den virtuellen Bildschirm eines klickbaren Prototypen (Abschnitt 5.6.3) mit.

3.2.3   Einstellungen im Inspector

Wähle ein Artboard aus, um die Einstellungen im Inspector zu sehen. Du lernst in diesem Abschnitt nur Funktionen kennen, die allein Artboards haben. Wie du die anderen Einstellungen anpasst, liest du in den Abschnitten zu Ebenen, Position und Größe.

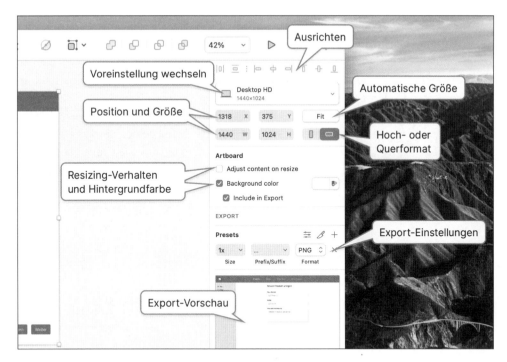

Abbildung 3.13 *Die Einstellungen und Funktionen im Inspector für Artboards*

Artboards können ihre Voreinstellungen wechseln. Das Dropdown ganz oben öffnet die Liste aller Geräte, die Sketch bereits eingespeichert hat. Wähle einen Eintrag und das Artboard ändert die Größe auf die Ausgangsgröße der Voreinstellung. Neben den Angaben zur Position siehst du einen Button **Fit**. Mit einem Klick kannst du hier das Artboard automatisch auf die Größe seiner Inhalte anpassen. Maßgeblich sind alle sichtbaren Pixel, also alle Schatten und Ebenen, die mehr als 1 % Deckkraft haben. Auf der Schaltfläche darunter kannst du das Seitenverhältnis von Hoch- auf Querformat umkehren. So kannst du zum Beispiel die Drehung eines Handys simulieren.

Unter der Überschrift **Artboard** siehst du zwei Optionen zum Resizing-Verhalten und der Hintergrundfarbe. Wie du Resizing einstellst, liest du in Abschnitt 3.9, »Resizing – ein Design für alle Geräte«. Aktiviere diese Option nur, wenn du sie wirklich benutzen möchtest, sonst kann sie dir die Arbeit erschweren.

Darunter findest du die Einstellungen für die Hintergrundfarbe deines Artboards. Ein neues Artboard hat immer einen transparenten Hintergrund – auch wenn Sketch es dir weiß auf dem Canvas anzeigt. Automatisch wird Sketch diese Einstellung auch im Export berücksichtigen. Wenn du das nicht möchtest, dann deaktiviere den Haken bei **Include in Export**.

3.2.4   Die Grundlage für dein Design

In Sketch sind Artboards die Grundlage für dein Projekt. Sketch betont zwar, dass du auch komplett ohne sie designen kannst, de facto sind viele der mächtigsten Funktionen aber an ihre Verwendung gebunden. Welche große Rolle sie später bei deinen Projekten und im Laufe des Buchs spielen, zeigen noch einmal ein paar Beispiele.

Symbole | Wenn du ein Symbol anlegst, speicherst du einen Teil deines Designs als Vorlage für die spätere Verwendung. Sketch legt dafür ein Artboard an, das alle Ebenen beinhaltet. Wenn du die Symbolvorlage verwendest, siehst du alle Ebenen deines Artboards als Symbolinstanz in deinem Design.

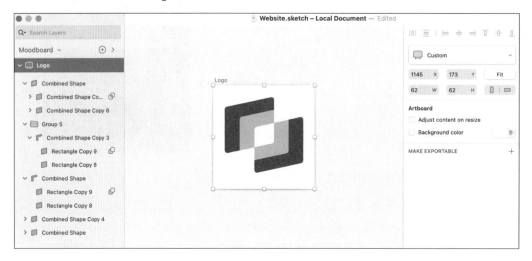

Abbildung 3.14 *Symbolvorlagen werden auf einem Artboard abgelegt.*

Anders als bei normalen Artboards beschneiden sie bei Symbolvorlagen aber nicht den sichtbaren Bereich. Alle Elemente, die auf diesem Artboard liegen, sind auch in einer Symbolinstanz sichtbar. Vorlagen-Artboards haben außerdem zwei weitere Einstellungen für die Hintergrundfarbe. Leg im Inspector fest, ob die Hintergrundfarbe beim Export des Symbols berücksichtigt wird und ob sie auch in den Instanzen des Symbols angezeigt wird. In Abschnitt 5.2, »Symbole – wiederverwendbare Objekte«, kannst du noch mehr darüber lesen.

Prototyping | Wähle ein Artboard aus, und drücke `cmd`+`P`. Dieser Befehl öffnet ein separates Sketch-Fenster, das in einem virtuellen Bildschirm, der »Preview«, dein Design zeigt. Die Größe dieses virtuellen Bildschirms basiert auf der Voreinstellung deines Artboards.

Du siehst die Voreinstellung im Inspector, wenn du ein Artboard auswählst. Veränderst du die Artboardgröße in der Höhe, findest du jetzt hinter der Ursprungsgröße den Hinweis »(resized)« und darunter die Abmessungen der Vorlage.

Abbildung 3.15 *Das Preview-Fenster stellt sich auf die Größe deines Artboards ein. Ohne Artboards keine Prototypen.*

Änderst du die Breite, springt die Anzeige auf **Custom,** und es ist ohne Voreinstellung. Ein solches Artboard wird behandelt wie ein virtueller Bildschirm. Der Vorteil des Scrollens geht verloren. Noch tiefer in dieses Thema tauchst du in Abschnitt 5.6, »Prototyping – Vorschau deines Designs«, ein.

Plugins | Denk daran, dass sich viele Plugins auf Artboards als Basiseinheit von Sketch verlassen. Manchmal setzen sie sogar voraus, dass deine Artboards die voreingestellte Größe eines Bildschirms haben. In Abschnitt 6.6, »Noch mehr Plugins«, findest du eine ausführliche Liste an Plugins. Hier nur ein kleiner Vorgeschmack auf zwei Plugins, die besonders gut mit Artboards zusammenarbeiten.

Sketch Minimap (*https://github.com/abynim/sketch-minimap*) öffnet ein kleines zusätzliches Fenster, das dir deinen Canvas als kleine Karte zeigt. Dort sind alle Artboards als Rechtecke verzeichnet (siehe Abbildung 3.16).

Das andere Plugin löst ein klassisches Problem mit großen Dokumenten: Es ist so einfach, den Überblick zu verlieren und zwischen hunderten Artboards zu versinken. Mit dem Plugin Artboard Manager (*https://github.com/bomberstudios/artboard-manager*) kommt wieder ein bisschen mehr Ordnung in dein Design. Wie eine unsichtbare Hand sortiert es deine Artboards automatisch, so dass sie sich nicht überlappen oder anderweitig in die Quere kommen können.

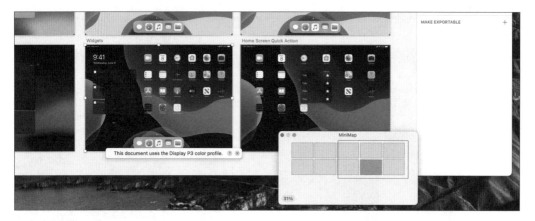

Abbildung 3.16 *Sketch Minimap zeigt dir den Canvas als separates kleines Fenster.*

3.3   Gruppen

Neben Artboards sind Gruppen in Sketch eine hilfreiche Möglichkeit, um mehrere Ebenen zusammenzufassen. So kannst du mehrere Ebenen gleichzeitig bewegen, vergrößern oder ihre Sichtbarkeit umschalten. Du lernst in diesem Abschnitt, wie du Ebenen erstellst und was sie von anderen Ebenen unterscheidet. Es geht um die Einstellungen im Inspector, und wir sehen, warum sie eine wichtige Rolle für deine Designs spielen können.

3.3.1   Ebenen gruppieren

Um eine neue Gruppe zu erstellen, wähle eine oder mehrere Ebenen aus und drücke [cmd]+[G] oder klicke in der Menüleiste auf **Arrange > Group**. Sketch fasst dann deine Ebenen zusammen und zeigt in der Ebenenliste ein Ordner-Symbol.

Abbildung 3.17 *Eine Gruppe mit zwei Ebenen. Wenn du sie auswählst, zeichnet Sketch einen Rahmen um die ganze Gruppe.*

Du kannst Ebenen so häufig ineinander verschachteln, wie du möchtest. Wenn du also einen Ordner in einem Ordner in einem Ordner erstellen willst – kein Problem. Artboards lassen sich durch Gruppen nicht zusammenfassen.

Gruppierung auflösen | Genauso einfach, wie du eine Gruppe erstellst, löst du sie auch wieder auf: Wähle eine oder mehrere Gruppen aus, und drücke ⌘+⇧+G. Alternativ klicke in der Menüleiste **Arrange > Ungroup**. Wenn du die Gruppe löst, bleiben die Ebenen bestehen und werden nicht gelöscht. Direkt nach dem Auflösen sind alle Ebenen, die in der Gruppe waren, markiert. Drückst du noch einmal ⌘+⇧+G, löst Sketch auch alle weiteren Gruppen dieser Auswahl auf. So kannst du schnell tief verschachtelte Gruppen loswerden.

Eine Ebene in einer Gruppe auswählen | Sketch behandelt Gruppen wie eine einzige Ebene, wenn du sie auswählst. Um in einer Gruppe Änderungen vorzunehmen, halte beim Klicken ⌘, und Sketch wird die Gruppe in der Auswahl ignorieren. Alternativ springst du mit einem Doppelklick in die Gruppe und kannst dann die gewünschte Ebene auswählen. Dieser Vorgang spiegelt sich auch in der Ebenenliste. Mit einem Doppelklick zeigt der Ordner seine Inhalte, und du kannst deine Auswahl treffen. Oder du klickst das kleine Dreieck links vom Ordner-Symbol an, um Gruppeninhalte sichtbar zu machen.

Das oben beschriebene Verhalten kannst du in den Sketch-Einstellungen für alle Dokumente ändern. Wenn dir das zu viel ist, dann hast du auch im Inspector die Option **Select Group's Content on Click for new Groups**. Damit fällt der Doppelklick weg, und das Verhalten dreht sich um – du musst dann mit gehaltener ⌘-Taste die Gruppe auswählen.

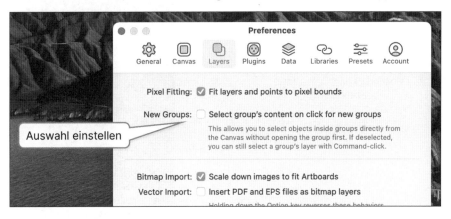

Abbildung 3.18 *Wie du eine Gruppe auswählst, kannst du in den Einstellungen festlegen.*

Ebenen aus einer Gruppe entfernen und ihr hinzufügen | Wenn eine Ebene nicht mehr Teil einer Gruppe sein soll, dann klicke und ziehe sie in der Ebenenliste an eine andere Stelle. Genau umgekehrt gehst du auch bei Ebenen vor, die Teil einer bestehenden Gruppe sein sollen. Klicke und ziehe sie auf den Gruppeneintrag in der Liste. Die neu hinzugefügte Ebene bekommt dann die Regeln (Masken, Stile) der Gruppe übertragen.

3.3.2   Besonderheiten von Gruppen

Es gibt ein paar Besonderheiten, die Gruppen von den anderen Ebenenarten unterscheiden. Zum Beispiel kannst du eine Gruppe nicht über den **Insert**-Button in der Werkzeugleiste hinzufügen, du startest immer mit einer bereits existierenden Ebene. Noch mehr Besonderheiten in unterschiedlichen Situationen umfassen den Inspector, Stile und die Maskieren-Funktion.

Im Inspector | Eine Gruppe kann nicht alle visuellen Eigenschaften haben, die eine normale Ebene hat. Sie hat keine eigene Fläche, dadurch bleiben im Bereich **Style** nur die Einstellungen **Tint** und **Shadows**.

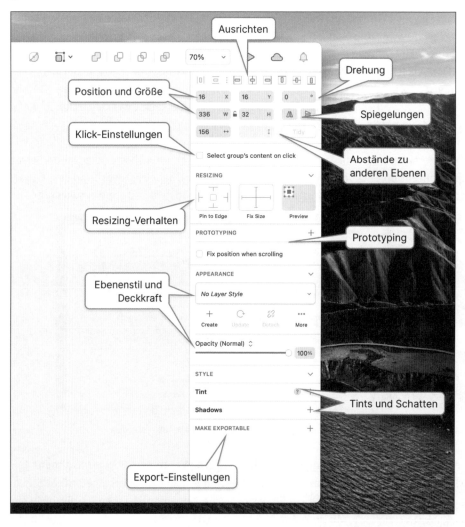

Abbildung 3.19 *So sieht der Inspector aus, wenn du eine Gruppe auswählst.*

Ebenenstile | Der Ebenenstil einer Gruppe überträgt sich nicht auf die enthaltenen Ebenen. Er ist nur mit dem Ordner verknüpft. Wenn er gelöscht wird, ist auch der Ebenenstil verloren. Setzt du für deine Gruppe einen Ebenenstil, übertragen sich nur Deckkraft und Schatten als Eigenschaften auf die Gruppe.

Maskieren | Maskieren ist eine Funktion, die den sichtbaren Bereich einschränkt. Die Form einer Ebene wird als Schablone für andere Ebenen benutzt. Wenn du auf das Icon **Mask** in der Werkzeugleiste klickst, benutzt Sketch automatisch eine Gruppe, um die Maske zusammenzufassen. Sie beinhaltet die maskierten Ebenen und die Maske. Löst du diese Gruppe auf, gilt die Maske auch für alle darüber liegenden Ebenen. Die Gruppe sorgt dafür, dass Maskieren nur für ausgewählte Ebenen gilt.

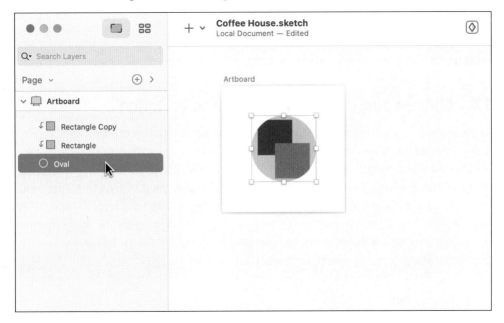

Abbildung 3.20 *Eine Maske »Oval« definiert den sichtbaren Bereich der maskierten Ebenen. Sie gilt nur in ihrer Gruppe.*

Kombinierte Formen | Wenn du zwei oder mehr Ebenen mit booleschen Operatoren (dazu zählen **Kombinieren**, **Abziehen**, **Überlappen** und **Differenz**) zu einem neuen Objekt zusammenfügst, bleiben die Ebenen einzeln erhalten. Sketch erstellt deswegen eine Gruppe mit dem Namen *Combined Shape*, in der du die Hierarchie und die richtigen Operatoren einstellst.

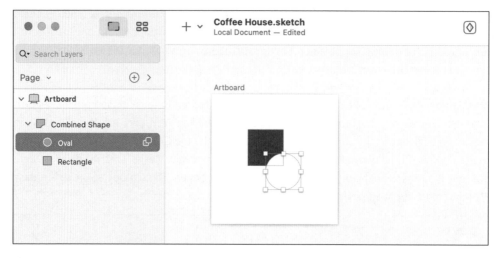

Abbildung 3.21 *Kombinierte Formen werden wie eine Mischung aus Ebene und Gruppe behandelt.*

3.4   Ebenen ausrichten, bewegen und verteilen

Zu den vielleicht grundlegendsten Funktionen, durch die dein Layout entsteht, gehören Bewegen, Messen und Verteilen von Ebenen. Und das Erstaunliche ist, dass dir Sketch auch in solch banalen und einfach erscheinenden Befehlen Superkräfte verleiht. Das Programm unterstützt dich mit Funktionen wie Hilfslinien, Ausrichten und Smart Distribute. So ist es einfach, schnell und pixelgenau deine Designs zu bauen. Dieser Abschnitt zeigt dir, wie du die Position mit dem Inspector bestimmen und verändern kannst. Lerne die Möglichkeiten beim Bewegen, Ausrichten und Verteilen von Ebenen in deinem Sketch-Dokument kennen. So wirst du schneller und genauer deine Ideen umsetzen.

3.4.1   Ausrichten

Die erste Zeile im Inspector hilft dir, deine Ebenen aneinander auszurichten. Die Funktion ist in zwei Bereiche aufgeteilt: Verteilen und Ausrichten. Die beiden Icons auf der linken Seite verteilen drei oder mehr Ebenen gleichmäßig. Alle sechs anderen Optionen helfen dir beim Ausrichten von einer oder mehr Ebenen anhand einer Achse.

Abbildung 3.22 *Die erste Zeile im Inspector ist für die Ausrichten-Werkzeuge reserviert.*

Um die Ausrichten-Werkzeuge zu benutzen, wähle eine oder mehrere Ebenen aus, und klicke auf das entsprechende Icon.

- **Verteilen horizontal und vertikal** (zwei Optionen): Gleicher Abstand zwischen allen ausgewählten Ebenen. Wenn dieser Abstand rechnerisch nicht möglich ist, dann bittet dich Sketch, zu entscheiden: ungleich verteilen oder auf Sub-Pixeln (ungerade Pixelzahlen wie 52,3) platzieren? Die Position des ersten und letzten Elements bleibt erhalten.

- **Ausrichten horizontal und vertikal** (sechs Optionen): Je nach Achse richtet Sketch die Ebenen aus. Wenn eine mittige Ausrichtung rechnerisch nicht möglich ist, wählt Sketch ganze Pixelwerte.

Abbildung 3.23 *Alle acht Wege zum Verteilen und Ausrichten von Ebenen im Überblick*

Wenn du ganz genau hinsiehst, verändern sich die Icons je nachdem, wie viele Ebenen du auswählst.

In Sketch gibt es zwei unterschiedliche Arten auszurichten. Erstens kann sich die Auswahl an sich selbst ausrichten. Dann ist zum Beispiel die Ebene mit der obersten Kante maßgeblich beim Ausrichten nach oben. Oder du richtest die Auswahl am Artboard aus, dann springen alle Ebenen der Auswahl auf die Seite des Artboards.

Wenn du am Artboard ausrichten möchtest, kannst du Sketch zu diesem Verhalten zwingen, indem du die [alt]-Taste drückst. Die Icons ändern sich dann, wie du es in Abbildung 3.24 siehst.

Abbildung 3.24 *An der Auswahl oder dem Artboard ausrichten? Sketch schaltet den Modus automatisch um.*

3.4.2   Ebenen bewegen – Position ändern

Wenn du eine Ebene bewegen möchtest, klicke und ziehe sie an die neue Position. Sketch hilft dir beim Positionieren mit roten Hilfslinien. Sie zeigen dir automatisch Achsen in deinem Design an, nach denen du dein Element ausrichten kannst.

Um ein Artboard zu verschieben, klicke und ziehe den Namen auf dem Canvas. Ansonsten kannst du Artboards genauso bewegen wie alle anderen Ebenen.

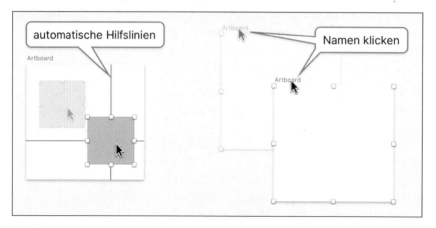

Abbildung 3.25 *Die Methode mit dem Mauszeiger ist großartig, wenn du schnell Ebenen positionieren möchtest, aber eigentlich zu ungenau für pixelgenaues Design.*

Deswegen kannst du eine bereits ausgewählte Ebene auch mit den jeweiligen Pfeiltasten 1 px weit bewegen. Kombiniere die Pfeiltasten mit einer gedrückten ⇧-Taste, und deine Auswahl bewegt sich um 10 px. Halte die Pfeiltasten gedrückt, und deine Ebenen schieben sich in die gewählte Richtung, bis du sie wieder loslässt.

Position im Inspector | Jede Ebene in deinem Design hat eine genaue Position, die du im Inspector am Wert X und Y ablesen kannst. Die Idee ist die gleiche wie bei einem Koordinatensystem aus dem Mathe-Unterricht: Alle Punkte werden mit einem Wert auf der X-Achse (horizontal) und einem Wert auf der Y-Achse (vertikal) eingetragen. Der »Nullpunkt« (X = 0, Y = 0) befindet sich immer in der oberen linken Ecke.

Abbildung 3.26 *Drei Wege, die neue Position im Inspector einzutragen*

Positionierungen kannst du also auch im Inspector einstellen. Klicke zum Beispiel in das Feld X, und trage einen neuen Wert ein. Wenn du nur um einen Punkt nach unten oder oben korrigieren möchtest, klicke auf die kleinen Dreiecke rechts von der Zahl, oder benutze die Pfeiltasten ⬆ oder ⬇.

Das Feld kann aber auch rechnen. Wenn du zum Beispiel eine Ebene auf Position 50 hast, dann schreibe dahinter »/2« und drücke ⏎. Sketch wird die neue Position auf Basis deiner Berechnung auf 25 setzen. Der eleganteste Weg, den Wert zu ändern, beginnt damit, dass du ins Positionsfeld klickst. Klicke dann erneut auf das X, und ziehe den Mauszeiger nach rechts oder links, um den Wert im Feld zu vergrößern oder.zu verkleinern. Dieser Befehl funktioniert auch bei anderen Feldern wie denen für Drehung oder Größe.

3.4.3   Ebenen verteilen mit Smart Distribute

Im Abschnitt zum Ausrichten hast du bereits gesehen, dass Sketch dir hilft, Ebenen gleichmäßig zu verteilen. Diese Funktion wird mit **Smart Distribute** erweitert. Es erlaubt dir, mit wenigen Klicks deine Layouts neu anzuordnen und die Abstände mit einem Wert im Inspector einzustellen. Elemente vertauschst du einfach durch Klicken und Ziehen. Im Inspector findest du **Smart Distribute** direkt unter den Angaben zu Breite und Höhe. Es besteht aus dem horizontalen und vertikalen Abstand und dem Button **Tidy**.

Abbildung 3.27 *Einstellungen für **Smart Distribute** im Inspector*

Gleiche Abstände | Wähle drei oder mehr Ebenen aus. Wenn sie bereits in einer Richtung (links/rechts oder oben/unten) die gleichen Abstände haben, siehst du den Abstand bereits im Inspector eingetragen. Wenn deine Ebenen ungeordnet sind, klicke auf den **Tidy**-Button. Sketch wird jetzt automatisch eine Ordnung in den ausgewählten Objekten herstellen. Die Ebene in der oberen linken Ecke behält ihre Position bei, an ihr richtet Sketch aus. Mit dem ersten Klick erfasst Sketch eine Richtung. Je nach Anordnung der Elemente können auch beide Richtungen erfasst werden. Für die zweite Achse müssen allerdings alle Elemente gleich groß sein.

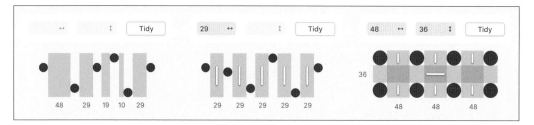

Abbildung 3.28 *Du brauchst zwei Klicks auf den **Tidy**-Button für ein gleichmäßiges Raster.*

Zwischen den Ebenen kannst du an den länglichen Griffen ziehen. So veränderst du den Abstand der Ebenen gleichmäßig von Hand. Diese Steuerung funktioniert in beide Richtungen, so dass du schnell Ordnung in deine Designs bringst.

Neu anordnen | Wählst du mehrere Ebenen oder Artboards mit dem gleichen Abstand aus, kannst du ihre Position tauschen. Klicke auf die runden Griffe in der Mitte der Ebene. Halte und ziehe deine Ebene in die neue Position, und lasse sie dort los.

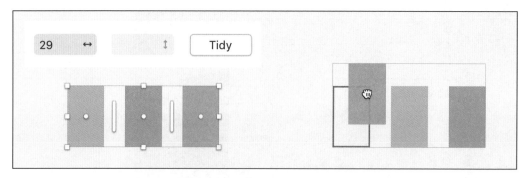

Abbildung 3.29 *Ziehe eine Ebene am runden Griff in eine neue Position.*

Das gezogene Element verdrängt die anderen Elemente auf die erkannten Positionen. In einer Liste setzt du so ein Element an die erste Position, während alle anderen eine Position nach hinten rutschen. Bei nur zwei ausgewählten Elementen wird die Position getauscht.

Verteilen und Duplizieren kombinieren

Wähle zwei oder mehr Ebenen aus, und Sketch zeigt einen zusätzlichen Griff an der unteren rechten Ecke der Auswahl an. Klicke und ziehe hier, um die Auswahl schnell zu duplizieren und im gleichen Abstand auf dem Canvas zu verteilen.

3.5 Größe ändern

Vergrößern und Verkleinern sind zwei simple Funktionen, die du beim Designen sicherlich häufig brauchst. Du hast in Sketch die volle Kontrolle über jede Ebene und kannst die Größe nach deinen Wünschen anpassen, egal ob Text, Rechteck oder Artboard.

In diesem Abschnitt lernst du, wie du schnell zum gewünschten Ergebnis kommst und wo du Abkürzungen benutzen kannst. Die Größe zu ändern ist eine Standardaufgabe; hier lernst du die richtige Bedienung für alle Situationen kennen.

3.5.1 Vergrößern und Verkleinern

Wenn du eine Ebene ausgewählt hast, erscheinen an Seiten und Ecken acht quadratische Griffe. Klicke und ziehe an einem dieser Griffe, dann vergrößert oder verkleinert sich die Ebene. Der Mauszeiger ändert sich zu einem Doppelpfeil, der bereits die Richtungen anzeigt.

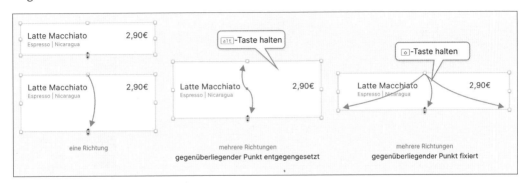

Abbildung 3.30 *Ziehe die ausgewählte weiße Fläche an einem der quadratischen Griffe zum Vergrößern und Verkleinern.*

Du hast zwei erweiterte Optionen, um mit der Maus die Größe einer Ebene zu verändern. Wenn du die ⎇-Taste drückst, bewegt sich der gegenüberliegende Punkt in die entgegengesetzte Richtung. Oder du hältst die ⇧-Taste und Sketch fixiert den gegenüberliegen Punkt, während sich alle anderen Punkte mitbewegen.

Texte vergrößern | Sketch trennt die Ebenengröße von den Ebeneninhalten. Wenn du an den Griffen einer Textebene ziehst, veränderst du den Bereich, in dem der Text angezeigt wird.

Die Schriftgröße gehört zu den Inhalten und Einstellungen, du kannst sie nicht auf dem gleichen Weg wie die Ebenengröße ändern. Um sie zu verändern, trage im Inspector einen neuen Wert im Abschnitt **Text** ein.

Abbildung 3.31 *Textebenen passen beim Vergrößern nur den sichtbaren Bereich an, nicht die Größe der Inhalte.*

3.5.2   Größen im Inspector ändern

Die Felder für Größe sind im Inspector mit den Buchstaben *W* für Breite (Width) und *H* für Höhe (Height) markiert. Klicke in ein Feld, und trage die Größe mit der Tastatur ein.

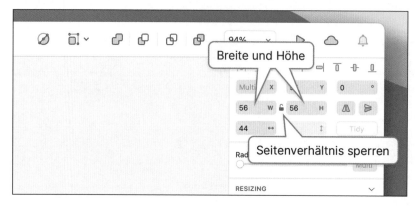

Abbildung 3.32 *Diese Felder zeigen die Größe deiner Ebene im Inspector. Klicke auf das Schloss, um das Seitenverhältnis zu sperren.*

Zwischen den beiden Werten befindet sich ein Schloss-Icon. Wenn es geschlossen ist, dann behält Sketch das Seitenverhältnis bei. Klicke darauf, um diesen Modus zu verändern. Wenn du eine neue Ebene erstellst und dabei die ⬆-Taste gedrückt hältst, ist das Seitenverhältnis automatisch gesperrt.

Oben hast du schon gesehen, dass die Felder im Inspector kleine Rechnungen ausführen können. In den Feldern *X* und *Y* kannst du zusätzlich mit einem Buchstaben hinter der Zahl auch die Richtung bestimmen, in die sich die Ebenengröße verändern soll.

- *l* (links)
- *r* (rechts – Standard)
- *t* (oben)
- *b* (unten)
- *c* oder *m* (aus der Mitte)

Prozentrechnung für Ebenengrößen

Wenn du ins Feld einen Prozentwert einträgst, errechnet Sketch die neue Größe im Verhältnis zum Artboard. Angenommen, du hast ein Artboard mit einer Breite von 375 und gibst der Ebene eine Breite von 100 px, dann verändert das Programm sie auf 375 px Breite.

3.5.3 Skalieren – Ebenengröße errechnen

Eine besondere Unterscheidung trifft Sketch zwischen Skalieren und Vergrößern. Wenn du deine Ebene wie oben beschrieben an den Griffen vergrößerst, behalten alle Stile (Kantenrundung, Konturen oder Schatten) ihre Größe.

Die Alternative ist der Befehl **Scale**. Mit ihm kannst du die Ebene mit `cmd`+`K` (oder **Layer > Transform > Scale...**) auch vergrößern. Allerdings berechnet Sketch dann alle Werte neu – auch die Textgrößen, Kantenrundungen, Strichstärken und Schatten.

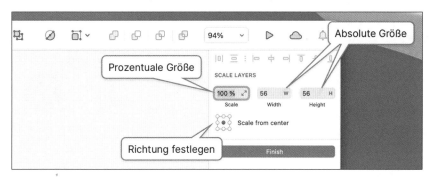

Abbildung 3.33 *Stelle im Skalieren-Dialogfenster ein, wie groß deine Ebene werden soll.*

In dem Menü legst du fest, um wie viel Prozent oder auf welche Pixelgröße Sketch die Ebene verändern soll. Du findest dort auch eine Matrix mit neun Punkten. Der dunkle Punkt zeigt an, aus welcher Richtung Sketch die neue Größe anwendet. Ist der Punkt in der Mitte, dann vergrößert oder verkleinert sich die Ebene zu allen Seiten gleich. Ein Punkt in der oberen linken Ecke würde bedeuten, dass dieser Ort fixiert ist und die Ebene nach rechts unten wächst oder schrumpft.

Das Seitenverhältnis bleibt beim Skalieren immer bestehen. Während die neue Größe auf ganze Pixel gerundet wird, können die neuberechneten Werte wie Schriftgröße, Position und Strichstärke Nachkommastellen haben.

Genaue Pixelwerte herstellen

Benutze den Befehl **Round to Pixel** (**Arrange > Round to Pixel**), um nach der Berechnung die Nachkommastellen wieder auf ganze Zahlen zu glätten. Du sorgst dadurch für eine schärfere Darstellung auf dem Zielbildschirm.

3.6   Abstände messen

Zu Beginn eines neuen Projekts gibt es keinen Grund, pixelgenau zu überlegen, wo welche Elemente entstehen sollen. Sobald du deine Skizzen aber genauer gestaltest, brauchst du zuverlässige Werkzeuge, die dir beim Messen helfen. In Sketch kannst du immer ohne großen Aufwand Abstände zu anderen Ebenen anzeigen lassen und dadurch pixelgenau gestalten. Du brauchst dieses Wissen, um die richtigen Entscheidungen für dein Design zu treffen.

Lerne in diesem Abschnitt, wie du Abstände zwischen Ebenen mit dem Mauszeiger misst und wie die beiden automatischen Assistenten für Hilfslinien und Einrasten funktionieren.

3.6.1   Mit dem Mauszeiger ausmessen

Markiere eine Ebene, von der aus du messen möchtest. Halte die `alt`-Taste gedrückt, und fahre mit der Maus über die Elemente, zu denen du den Abstand messen möchtest. Wenn du eine Ebene innerhalb einer Gruppe messen möchtest, drücke `alt` und `cmd`.

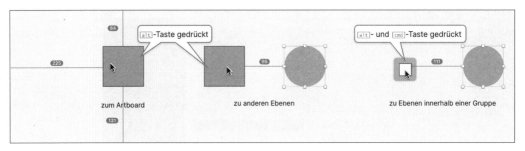

Abbildung 3.34 *Drücke `alt`, und fahre mit der Maus über die Ebenen, die du ausmessen möchtest.*

Zu Textebenen kann Sketch einen weiteren Wert messen. Drücke `alt`- und `ctrl`-Taste, dann siehst du die Abstände zur Grundlinie. Auf ihr befinden sich die unteren Enden der Buchstaben.

Abbildung 3.35 *Zur Grundlinie von Texten misst du mit gedrückter `alt`- und `ctrl`-Taste.*

Für Sketch ist entscheidend, von welcher Ebene der Abstand gemessen wird. Wenn du einen Wert nicht angezeigt bekommst, probiere es mit der Auswahl andersherum. Die

Messwerte kannst du dir auch noch anzeigen lassen, während du andere Befehle mit der Tastatur ausführst. Wichtig ist wieder, dass der Mauszeiger auf die Ebene zeigt und die ⌐alt⌐-Taste gedrückt ist.

3.6.2   Schlaue Hilfslinien und automatisches Einrasten

Du musst nicht die ganze Arbeit beim Messen selbst machen. Schon wenn du eine Ebene bewegst, zeigt dir Sketch mehrere Hilfen beim Positionieren an. So wird es einfacher, Sketch allein mit der Maus zu bedienen.

Zum Beispiel unterstützt dich Sketch beim Positionieren in Reihen. Zwei oder mehr Ebenen mit gleichem Abstand erkennt das Programm als Reihe und hilft dir, die nächste Ebene im gleichen Abstand zu positionieren. Oder du vergrößerst eine Ebene. Dann misst das Programm für dich die Größen von anderen Elementen aus und teilt dir mit automatischen Hilfslinien mit, dass du diese Größe in deinem Layout bereits verwendet hast. Die Bewegung stockt dabei ein wenig und macht es schwieriger, den nächsten Wert zu benutzen. Der Mauszeiger rastet quasi an den relevanten Stellen und Größen ein.

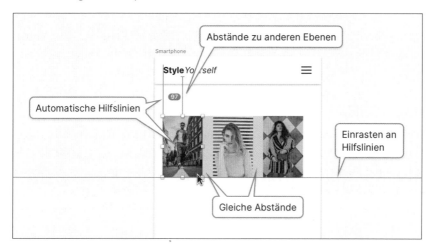

Abbildung 3.36 *Verschiedene automatische Hilfen, mit denen Sketch die Positionierung von Ebenen einfacher macht*

3.7   Lineal und Hilfslinien

Ob du gerade erst anfängst mit Sketch oder bereits langjährige Design-Erfahrung hast: Lineal und Hilfslinien sind zuverlässige Hilfen für die genaue Umsetzung deiner Ideen. Beide Werkzeuge helfen dir beim Ausmessen und Ausrichten deiner Designs. In diesem Abschnitt lernst du ihre Bedienung und Funktion kennen.

3.7.1   Das Lineal

Mit den Linealen kannst du genau bestimmen, wo auf dem Canvas eine Ebene oder ein Artboard liegt. Standardmäßig sind sie ausgeblendet, aber mit $\boxed{ctrl}$+$\boxed{R}$ (oder **View > Canvas > Show Rulers**) blendest du sie ein. Sie zeigen die Position auf dem Canvas an, aber du brauchst sie hauptsächlich, um Hilfslinien einzuzeichnen.

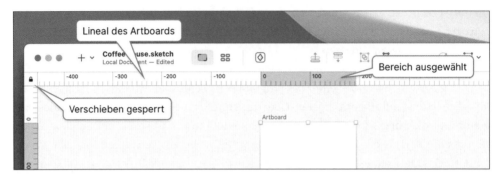

Abbildung 3.37 *Die Funktionen des Lineals auf einen Blick: messen, sperren und ausgewählten Bereich anzeigen*

Das Lineal zeigt die Koordinaten des ausgewählten Elements. Zunächst ist das Verschieben gesperrt. Mit einem Klick auf das Schloss-Icon kannst du es entsperren. Klicke und ziehe dann auf dem Lineal, um die Positionswerte aller Elemente zu verändern.

3.7.2   Hilfslinien – einfaches Ausrichten

Diese Linien helfen dir zusätzlich zu einem Layout-Grid (Abschnitt 3.8, »Raster und Layout-Grids erstellen«), die richtige Position für ein Element zu finden. Aktiviere dafür die Lineale (**View > Canvas > Show Rulers**). Fahre über das Lineal, und du siehst eine Vorschau deiner Hilfslinie; mit einem Klick ist sie aktiviert.

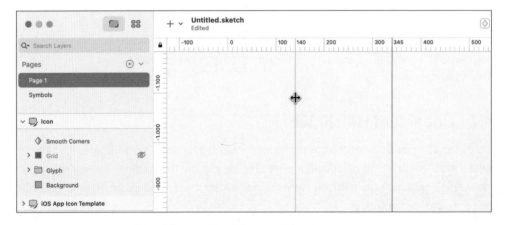

Abbildung 3.38 *Mit einem Klick auf das Lineal fügst du eine Hilfslinie hinzu.*

Solange du Hilfslinien anzeigst, kannst du beim Ausmessen auf sie Bezug nehmen. Sketch wird Elemente auch automatisch an ihnen ausrichten, wenn du sie mit dem Mauszeiger verschiebst.

Wenn du eine Hilfslinie selbst verschieben möchtest, klicke und ziehe an ihr innerhalb des Lineals. Ziehst du sie aus dem Canvas, verändert sich dein Mauszeiger, und du löschst sie durch Loslassen.

3.8 Raster und Layout-Grids erstellen

Grids bringen eine Struktur in dein Design. Sie helfen dir, einen visuellen Rhythmus für dein Design zu entwickeln. Ihr Ursprung liegt im analogen Printdesign, wo sie beim Vereinheitlichen der Seiten halfen. In Sketch gibt es zwei unterschiedliche Grids, aus denen du wählen kannst. Das erste ist ein gleichmäßiges Raster, das du wie ein Millimeterpapier auf dein Design legen kannst. Etwas komplexer sind Layout-Grids, die deine Artboards in senkrechte Spalten und waagrechte Zeilen aufteilen.

Lerne in diesem Abschnitt, wie du Raster und Layout-Grids einstellst und wie sie dir im Design helfen können. Der Vorgang ist nicht kompliziert, aber benötigt ein wenig Aufmerksamkeit.

3.8.1 Raster anlegen

Um ein einfaches Raster anzulegen, wähle im Menü **View > Canvas > Grid Settings…** Es öffnet sich ein Dialogfenster, in dem du Einstellungen zur Größe des Grids und zu Zwischenlinien treffen kannst. Außerdem stellst du die Linienfarben ein und ob du diese Werte zum Standard machen möchtest.

Wenn du Artboards auswählst, gilt das Raster nur für die Auswahl. Wählst du kein Artboard aus, gilt es für alle Zeichenflächen auf dieser Seite.

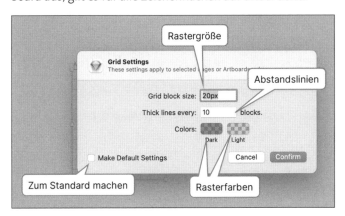

Abbildung 3.39 *Die Grid-Einstellungen teilen dein Design in Quadrate auf, die bei der Positionierung helfen können.*

Wenige Designer arbeiten gleich zu Beginn streng nach Raster. Meistens benutzt du diese Hilfe später im Design-Prozess, um Layouts den letzten Schliff zu geben. Zum Ein- und Ausblenden des Rasters drücke ⌃ctrl + G .

3.8.2   Layout-Grids

Deutlich komplexer sind die Layout-Grids, sie teilen dein Design in gleichmäßige Zeilen und Spalten. Öffne die Einstellungen für Layout-Grids mit **View > Canvas > Layout Settings**. Sketch öffnet ein Dialogfenster, in dem du alle Einstellungen vornehmen kannst. Folge den Beispielen auf den nächsten Seiten, um schnell nachzuvollziehen, welche Felder wie funktionieren.

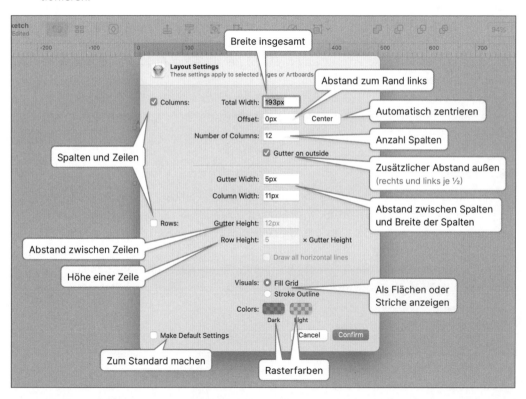

Abbildung 3.40 *Die Einstellungen für Layout-Grids in Sketch sind ein bisschen komplizierter, ich weiß.*

Ein- und ausblenden kannst du dein Layout-Grid mit ⌃ctrl + L .

⌞⌝
Layout für Artboards und Canvas

Alle Layout-Grids beziehen sich auf Artboards. Für den Canvas gibt es diese Einstellung nur, wenn kein Artboard dort angelegt ist.

SCHRITT FÜR SCHRITT

Layout-Grid erstellen und verstehen

Lass uns gemeinsam ein Layout-Grid erstellen. Dafür nimmst du ein Artboard in der Größe eines iPhone 6/7/8 (Maße 375 × 667). Wenn du einen Schutzbereich von 15 rechts und links vom Bildschirmrand berechnest (2 × 15 = 30), bleiben noch 345 zum Verteilen. Das Grid wird also insgesamt eine Breite von 345 px haben.

1 Layout Settings

Als **Offset** trage 0 px ein und drücke den Button **Center**. Wir wollen sechs Spalten à 50 (6 × 50 px = 300 px). Trage bei **Column width** »50px« ein. Dazwischen gibt es fünf gleich große Abstände. Die verbleibenden 45 px teilen wir also durch fünf (45 px / 5 – 9 px). Du kannst bei **Gutter Width** einen Abstand von 9 px eintragen. Deaktiviere den Haken **Gutter on outside,** und klicke dann auf **Confirm**.

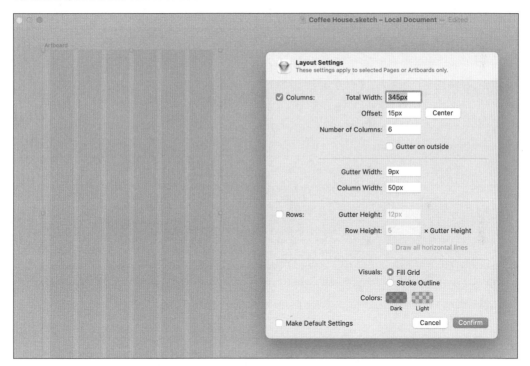

Abbildung 3.41 *So ungefähr sollte dein Layout-Grid jetzt aussehen.*

2 Zeileneinstellungen

Für das Reihen-Layout solltest du deine Schrift und Schriftgröße für den Haupttext bereits kennen. Es sollte sich nämlich nach dem normalen Zeilenabstand deines Fließtexts ausrichten. Leider ist der Prozess etwas kompliziert, weil nicht alle Werte direkt ersichtlich oder übertragbar sind.

Beginne mit dem Zeilenabstand für deinen Text. (Zum Beispiel nimmst du das 1,5-Fache der Schriftgröße 16. Trage in das Feld **Line Height** im Inspector also den Wert 24 ein. Die Berechnung ist 16 × 1,5 = 24).

Um die Werte für die Zeileneinstellungen des Layouts zu finden, teilst du den Abstand wieder durch zwei (24 × 0,5 = 12). Das Ergebnis dieser Berechnung ist die **Gutter Height**: 12. Den Wert **Row Height** belässt du bei 1. Wenn du möchtest, setze den Haken bei **Draw all horizontal lines** und klicke auf **Confirm**. Das Ergebnis siehst du in Abbildung 3.42.

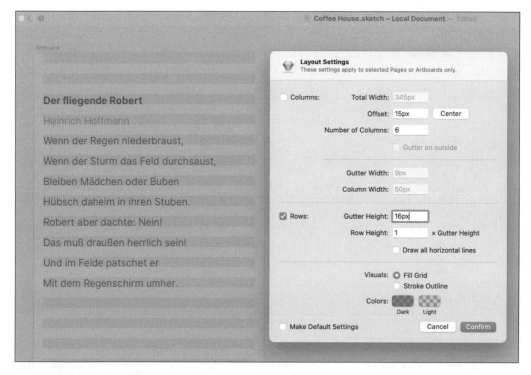

Abbildung 3.42 *Einstellungen für die Zeilen im Layout-Grid*

Ganze, gerade Zahlen in den Layout Settings

Dieses Beispiel funktioniert, weil es sich mit ganzen, geraden Zahlen ausrechnen lässt. Sobald du allerdings eine Line Height von 25 hast, bekommt Sketch Probleme. Die Hälfte von 25 ist 12,5 (25 × 0,5 = 12,5), aber das Programm erlaubt nur ganze Zahlen.

Versuche einmal, selbst ein Layout-Grid anzulegen, oder benutze eins aus dieser Tabelle. Du findest Beispiele für den Bereich *Columns* in jeder Gerätekategorie: Smartphones, Tablet und Desktop.

Bildschirme →							Tablet	Desktop
Smartphones								
Artboardgröße	360×720		375×667		414×896		1024×768	1440×900
Name	Google Pixel 3		iPhone 8		iPhone 11 Pro		iPad Retina	MacBook Pro 13"
Einstellungen in Sketch ↓								
Columns								
Total Width	336px	656px	345px	650px	384px	869px	930px	1110px
Offset	12px	32px	0	0	0	0	47px	165px
Number of Columns	8	10	6	6	6	6	12	12
Gutter on outside	ja	ja	nein	nein	nein	nein	nein	nein
Gutter Width	18px	24px	9px	10px	12px	8px	30px	30px
Column Width	24px	42px	50px	100px	54px	128px	50px	65px

Abbildung 3.43 *Trage die Werte von oben nach unten in die Sketch-Einstellungen ein.*

3.9   Resizing – ein Design für alle Geräte

Einzelne Artboard- und Ebenengrößen zu verändern ist eine sehr zeitaufwändige Tätigkeit. Zum Beispiel wenn du möchtest, dass ein Listeneintrag aus einem eigentlich fertigen Design ein paar Punkte breiter ist. Bis du alle Ebenen angepasst hast, musst du viel hin- und herschieben auf dem Canvas, bis alles wieder so passt wie vorher.

Die Funktion **Resizing** beschleunigt diesen Vorgang und kann ihn teilweise automatisieren. Sie stellt das Verhalten bei Größenveränderung individuell für jede Ebene ein. Dadurch verändern sich die Ebenen abhängig von der Größe des Artboards oder ihrer übergeordneten Gruppe. Du musst dann keine Ebenen mehr anpassen, Sketch übernimmt die Arbeit für dich. Es hält Abstände zu den Seiten und behält die Größe in die waagerechte und senkrechte Richtung bei.

Lerne in diesem Abschnitt die Funktionen und Möglichkeiten von Resizing im Detail kennen. Du siehst, wie du Elemente an den Seiten anheftest oder die Größe beibehältst. Ein bisschen aufwändiger wird es, wenn wir Resizing-Ebenen verschachteln, um noch komplexere Objekte zu bauen.

3.9.1   Resizing-Einstellungen im Inspector

Wähle eine Ebene aus, und schaue im Inspector nach dem Abschnitt **Resizing**. Die einzige Bedingung für Sketch ist, dass deine Ebene auf einem Artboard liegt oder Teil einer Gruppe ist.

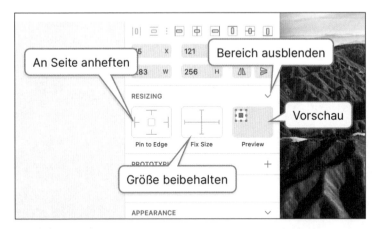

Abbildung 3.44 *Im Inspector stellst du das Resizing ein; so machst du deine Designs für verschiedene Bildschirmgrößen bereit.*

Um eine Einstellung zu aktivieren, reicht ein einfacher Klick auf einen Strich. Aktive Einstellungen sind blau markiert. Ein Klick in die Mitte der weißen Felder aktiviert oder deaktiviert alle Optionen gleichzeitig.

Der Resizing-Bereich im Inspector ist in drei Spalten aufgeteilt. In der ersten siehst du die Einstellungen zum Anheften an die Seiten (**Pin to Edge**). Die zweite zeigt ein Kreuz – dort stellst du ein, ob die Ebene ihre Größe beibehält (**Fix Size**). Drittens siehst du eine Vorschau darüber, wie sich deine Ebene verhält (**Preview**). Sie ist animiert, sobald du mit dem Mauszeiger über die Grafik fährst. Du solltest wissen, dass Resizing immer abhängig von einem Bezugssystem (Artboard oder Gruppe) ist. Die Einstellungen werden nur sichtbar, wenn du die Abmessungen änderst. Um zu testen, ob deine Ebenen sich wie gewünscht verhalten, musst du wahrscheinlich ein paarmal hin und her schalten.

Anheften und Größe beibehalten beeinflussen sich gegenseitig. Je nachdem, welche Einstellungen du im einen Feld gewählt hast, kann es sein, dass im anderen nicht alle Optionen möglich sind. Schau am Ende dieses Abschnitts auf den Resizing-Spickzettel, um deine Kombinationen zu finden.

Starte mit der kleinsten Version

Wenn du Resizing verwendest, lege deine Einstellungen immer an der kompaktesten Variante fest. Die Funktion ist gut beim Vergrößern, das Verkleinern bereitet Sketch eher Probleme.

An den Seiten anheften | Die erste Resizing-Einstellung ist **Pin to Edge**. Sie hält deine Ebene immer auf dem gleichen Abstand zu der blau markierten Seite. Es gibt vier einfache Einstellungen: oben, rechts, unten und links. Du kannst eine Ebene an mehreren Seiten gleichzeitig anheften. Für mehr Beispiele schaue am Ende dieses Abschnitts nach.

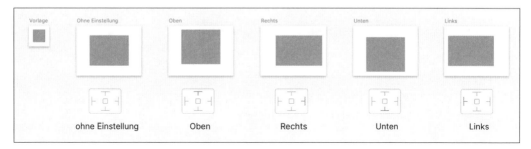

Abbildung 3.45 *Fünf Beispiele für die Verwendung von **Pin to Edge***

Größe beibehalten | Die zweite Option beim Resizing ist **Fix Size**. Sie legt fest, ob die Ebene in diese Richtung ihre Größe beibehält oder mitwächst. Hast du keine Einstellung zum Beibehalten der Größe gesetzt, wird Sketch sie im gleichen Verhältnis vergrößern und verkleinern wie die Gruppe oder das Artboard. Du hast drei Einstellungen zur Wahl: waagerechte Achse, senkrechte Achse oder beide.

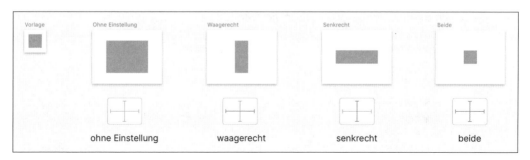

Abbildung 3.46 *Für **Fix Size** gibt es vier einfache Beispiele.*

3.9.2   Komponenten verschachteln

Ein kleines Praxisbeispiel zeigt, wie du mit Resizing ganze Design-Komponenten steuerst. Wenn du unterschiedliche Verhalten innerhalb eines Objekts festlegen möchtest, kannst du deine Komponenten verschachteln. Gruppiere dafür mit ⌘+G die Ebenen, die ein eigenes Verhalten haben sollen. Du kannst Ebenen so tief verschachteln, wie du möchtest, deine Objekte können also so komplex werden, wie du willst.

Du beginnst mit einem Listeneintrag, bestehend aus einer Checkbox, einem Texteintrag und einem Etikett (das wiederum aus dem Hintergrund und dem Text besteht). Damit sich das Etikett richtig verhält, gruppiere es und fixiere es an der rechten Seite und in beiden

Größenachsen. Die Checkbox soll ihre Größe nicht verändern (waagerecht und senkrecht sperren) und an der linken Seite und oberen Seite fixiert werden.

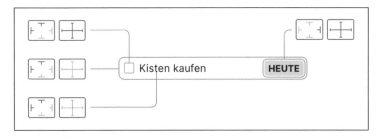

Abbildung 3.47 *Die vier Einstellungen für das Listenelement*

Beim Text ist die Höhe schon durch den Textmodus (**Auto Width**) definiert. In diesem Fall heißt das, dass er sich immer in einer Zeile fortsetzt und nicht höher werden kann. Stell zusätzlich ein, dass die Ebene an der oberen und linken Seite angeheftet wird. Zum Schluss gruppierst du Etikett-Gruppe, Checkbox und Text. Dann gibst du der Gruppe eigene Einstellungen: an der linken und oberen Seite anheften. Anheften nach unten ist in diesem Beispiel nicht wichtig, du kannst es aber aktivieren (gilt auch für Texteintrag und Checkbox).

Übertragen auf eine größere Design-Komponente siehst du, wie sich auch die Überschrift und der Trennstrich verhalten müssen. Es empfiehlt sich, alle Elemente mit Resizing-Einstellungen zu versehen, bevor du tatsächlich vergrößerst.

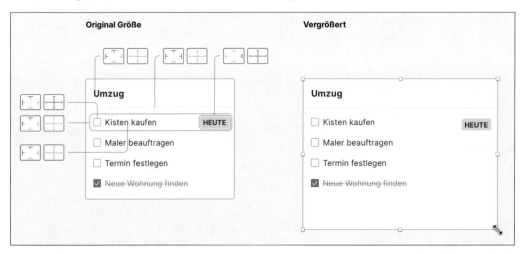

Abbildung 3.48 *Eine Gruppe in einer Gruppe in einer Gruppe – jede Ebene hat eigene Einstellungen.*

Wenn es sich hier um ein echtes Design handeln würde, solltest du für die Listenelemente ein eigenes Symbol anlegen.

Während des gesamten Prozesses solltest du ausprobieren, ob sich dein Design beim Vergrößern genauso verhält wie im Beispiel. Springe dann immer mit ⌘+Z zurück, um weiter an den Einstellungen zu arbeiten.

Mehr Resizing-Beispiele

Resizing kommt nochmal ausführlich im Praxisbeispiel in Abschnitt 8.2, »Landingpage als Responsive Design entwerfen«, zum Einsatz. Dort benutzt du das Werkzeug, um aus einer Website für Smartphones Varianten für Tablet und Desktop abzuleiten.

3.9.3 Bonus: Alle Resizing-Einstellungen

Am Anfang findest du es vielleicht schwer, die richtige Kombination zu finden, damit sich deine Ebenen beim Vergrößern so verhalten, wie du es dir wünschst. Am meisten lernst du, indem du es selbst ausprobierst. Wenn du dafür die Zeit nicht hast, kann dir dieser Spickzettel weiterhelfen.

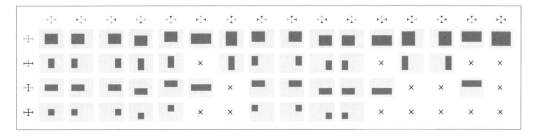

Abbildung 3.49 *Finde deine passende Resizing-Einstellung. Einige Kombinationen sind nicht möglich, weil sie sich logisch widersprechen würden.*

Kapitel 4
Erstellen und Bearbeiten auf dem Canvas

Im vorangegangenen Kapitel zu Ebenen und Bedienung hast du schon viele Einstellungen kennengelernt, die du jetzt vielleicht in der Praxis umsetzen möchtest.

Auf den nächsten Seiten lernst du deswegen ausführlich die Werkzeuge für dein Design kennen. Es geht los mit den Basisformen wie Rechtecken, Kreisen und Dreiecken. Im darauffolgenden Abschnitt probierst du das Vektor-Werkzeug aus – es eignet sich zum Beispiel super zum Zeichnen von eigenen Formen. Den Abschluss des ersten Teils dieses Kapitels bilden das Text-Werkzeug und eine ausführliche Anleitung zum Einfügen von Bildern.

Der zweite Teil des Kapitels ist eine vierteilige Serie zum Bearbeiten von Ebenen. Es geht hauptsächlich um die vielen Optionen im Inspector und in der Werkzeugleiste. Zum Beispiel gehören Farben, Schatten und die vielen Einstellungen dazu, um Formen zu verändern. Dort kannst du auch alles zum Maskieren und Kombinieren von Ebenen mit booleschen Operatoren lesen.

Die nächsten Seiten beschreiben viele der Kernfunktionen von Sketch. Nimm dir ein bisschen Zeit und Ruhe, um alles auszuprobieren, damit du später alles anwenden kannst.

4.1   Rechtecke, Kreise und andere Formen

»Well, circles and ovals are good, but how about drawing rectangles with rounded corners? (...) Rectangles with rounded corners are everywhere! Just look around this room!« – Steve Jobs

Das Zitat stammt aus einer Geschichte, die Andy Hertzfeld, ein ehemaliger Entwickler bei Apple, der Website folklore.org erzählt hat. Steve Jobs zeigt darin seinem Team, wie sehr echte Welt und Design auf dem Computer zusammenhängen. Benutze auch du die gleiche Methode, und schau dir die Welt um dich herum ganz genau an. Vieles besteht nur aus wenigen Formen, die immer wieder neu kombiniert werden. Diese Buchseite ist rechteckig, dein Smartphone ist rechteckig mit abgerundeten Ecken, und Steckdosen haben eine runde Form.

Wenn du deine Ideen mit Sketch umsetzt, dann kommst du an Formen nicht vorbei. Sie sind die einfachsten visuellen Bestandteile für jedes Design: Rechtecke, Kreise, Dreiecke oder die oben genannten »round rectangles«.

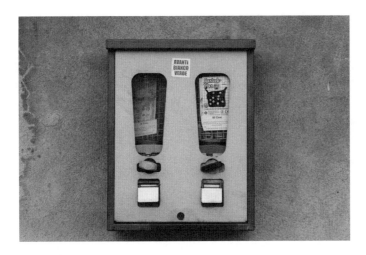

Abbildung 4.1 *Lass dich von den Formen in deiner Umwelt inspirieren. © Unsplash.com*

Für Sketch sind Formen sogenannte Vektorzeichnungen. Das heißt, dass jede Form aus miteinander verbundenen Punkten besteht. In diesem Abschnitt lernst du alle Formen kennen, die Sketch mit einem eigenen Werkzeug zeichnen kann. Wir beginnen bei den Standards: Rechtecke und Kreise. Danach kommen die komplizierteren Formen wie Pfeile, Sterne oder Vielecke. Zum Schluss folgt noch ein Weg, Formen aus dem SVG-Dateiformat in Sketch zu importieren.

4.1.1   Eine neue Form erstellen

Formen in Sketch zu erstellen ist einfach. Das Prinzip ist fast immer gleich, die wenigen Abweichungen sind in den einzelnen Abschnitten hervorgehoben. Klicke zum Erstellen einer neuen Form auf **Insert > Shape**. Sketch listet die acht verschiedenen Formen auf: Rechteck, Kreis, abgerundetes Rechteck, Linie, Pfeil, Dreieck, Stern und Polygon.

Abbildung 4.2 *Alle Formen findest du zum Beispiel in der Werkzeugleiste. Alternativ kannst du die Buchstaben hinter den ersten vier Formen drücken.*

Sobald du dich durch Klicken für eine Form entschieden hast, verändert sich der Mauszeiger auf dem Canvas. Klicke, halte und ziehe deine Form auf dem Canvas. Bevor du die Maustaste loslässt, zeigt dir Sketch eine Vorschau der neuen Form.

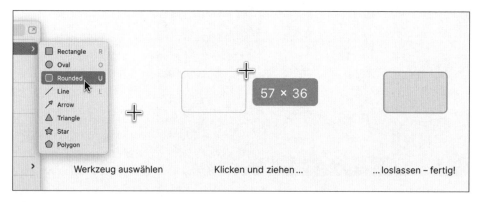

Abbildung 4.3 *Diese drei Schritte gelten für alle Formen: 1. auswählen, 2. klicken und ziehen, 3. loslassen – und fertig.*

Jede neue Form ist auch eine neue Ebene und bekommt einen eigenen Eintrag in der Ebenenliste. Sketch benennt die neue Ebene automatisch nach dem Form-Werkzeug. Eine Ebene, die mit dem Rechteck-Werkzeug erstellt wurde, heißt zum Beispiel »Rectangle«.

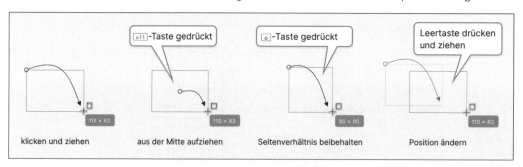

Abbildung 4.4 *Drücke eine Taste, und nutze die zusätzlichen Optionen beim Erstellen von Formen.*

Bei gedrückter [alt]-Taste entsteht deine Form von einem imaginären Mittelpunkt aus. Alle Seiten entfernen sich von diesem unsichtbaren Punkt.

Hältst du beim Erstellen die Taste [⇧], dann sind beide Seiten, Höhe und Breite, genau gleich lang. Sketch speichert diese Einstellung für diese Form ab und zeigt ein Schloss zwischen Höhe und Breite im Inspector. Es zeigt an, dass das Seitenverhältnis fixiert ist und jede Größenveränderung auf Länge und Breite angewendet wird. Mit einem Klick auf das Schloss kannst du diese Einstellung auflösen.

Du merkst beim Erstellen, dass deine Form noch nicht am richtigen Ort ist? Dann halte die Leertaste gedrückt, und zieh mit der Maus deine Form an die richtige Stelle.

4.1.2   Acht Formen im Überblick

Sketch bietet dir acht Werkzeuge an, um Formen zu erstellen. Die meisten Einstellungen sind für alle gleich – wenn es Ausnahmen gibt, sind sie beschrieben. Welche Formen du am häufigsten benutzt, hängt von deinem Projekt ab. Für Apps und Websites brauchst du hauptsächlich Rechtecke und Kreise, aber deiner Kreativität sind keine Grenzen gesetzt.

Rechteck und Quadrat | Ein neues Rechteck erstellst du, wenn du R drückst und dann auf dem Canvas klickst und ziehst. Der Mauszeiger verändert sich zu einem Kreuz mit einem kleinen Rechteck. Halte beim Klicken und Ziehen die Taste ⇧, um ein Rechteck mit gleich langen Seiten zu erstellen (ein Quadrat). Rechtecke haben je einen Vektorpunkt an jeder der vier Ecken.

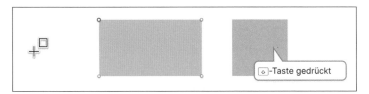

Abbildung 4.5 *Ein Rechteck und Quadrat aufziehen*

Ellipsen und Kreise | Eine runde Form erstellst du mit O oder mit Klick auf **Insert > Shape > Oval**. Du klickst und ziehst dann deine neue Ellipse auf. Bei einer runden Form verändert sich dein Mauszeiger zu einem Kreuz mit einem kleinen Kreis. Hältst du hierbei ⇧, erzeugst du einen perfekten, gleichmäßigen Kreis. Kreise haben vier Vektorpunkte, die wie das Ziffernblatt auf einer Uhr angeordnet sind: oben, rechts, unten und links.

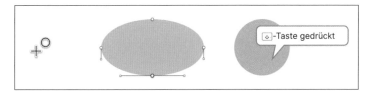

Abbildung 4.6 *Ellipse und Kreis aufziehen*

Rechteck mit abgerundeten Ecken | Diese Form erstellst du mit U. Am Mauszeiger ist ein kleines abgerundetes Rechteck zu sehen. Die Eckenrundung übernimmt Sketch vom letzten Rechteck, das du erstellt hast. Der kleinste Wert ist eine Eckenrundung von 1. Halte ⇧, wenn du klickst und ziehst, um ein Quadrat mit abgerundeten Ecken zu erstellen. Du kannst die Eckenrundung nachträglich auch im Inspector ändern. Die Vektorpunkte sind wie bei einem Rechteck verteilt – je einer an den vier Ecken.

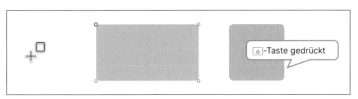

Abbildung 4.7 *Rechteck mit abgerundeten Ecken aufziehen*

Wenn du die Eckenrundung anpassen möchtest, dann kannst du das im Inspector im Bereich **Radius** machen. Mehr über die Eckenrundung liest du auch in Abschnitt 4.7, »Drehen, Spiegeln und Deckkraft – Einstellungen im Inspector«.

Linie | Mit ⌊L⌋ wählst du das Linien-Werkzeug aus. Klicke und halte, um eine Linie von einem Start- zum Endpunkt zu zeichnen. Der Mauszeiger wird zu einem Kreuz. Sketch misst die Länge der Linie aus und zeigt sie dir zusätzlich im Inspector an. Start und Ende sind dort auch mit den genauen X- und Y-Koordinaten verzeichnet. Linienpunkte enden immer auf halben Pixelwerten. Nur so können Linien von 1 px Stärke scharf auf einem Bildschirm dargestellt werden.

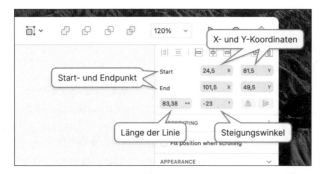

Abbildung 4.8 *Linien aufziehen*

Halte beim Erstellen ⌊⇧⌋ gedrückt, um die Linie genau in der Waagerechten, Senkrechten oder im 45°-Winkel zu zeichnen. Ob es sich wirklich ganz genau um einen 45°-Winkel handelt, ist abhängig vom Pixelraster. Es gibt Koordinaten vor, an denen die Linie endet, und steuert dadurch, ob wirklich ganz genau 45° möglich sind. Wenn das Pixelraster diese Position nicht zulässt, verschiebt Sketch den Endpunkt an eine Stelle, die dem Winkel am nächsten kommt.

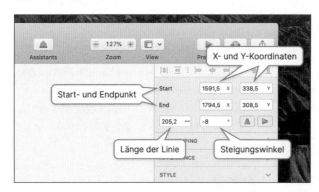

Abbildung 4.9 *Einstellungen zu den Linien*

Im Gegensatz zu den anderen Formen ist bei Linien keine Füllfarbe sichtbar. Sie benutzen die Einstellungen von Rahmenfarben.

> **Linien und Rechtecke im Vergleich**
>
> Sketch misst Rechtecke und Linien unterschiedlich aus. Ohne ganz genau in die Details zu gehen: Es kann sein, dass du mit einem Rechteck genauer designen kannst als mit einer Linie.

Pfeil | Klicke auf **Insert > Shape > Arrow,** und du zeichnest einen Pfeil. Pfeile haben die gleichen Eigenschaften wie Linien und werden genauso erstellt. Bei diesem Werkzeug trickst Sketch ein bisschen: Ein Pfeil ist eine Linie, die an einem Ende ein Dreieck zeigt. Allerdings hast du keine direkte Kontrolle über die Größe des Pfeildreiecks. Stattdessen beeinflusst die Stärke deiner Linie die Größe der Spitze.

Pfeile kannst du schnell einsetzen, wenn es nicht um pixelgenaues Design geht, zum Beispiel bei Vermerken, Hinweisen und in Präsentationen. Sobald du aber in einem Website-Design einen Pfeil als Gestaltungselement brauchst, ist das Werkzeug unbrauchbar. Es ist zu ungenau und kann in dieser Form nicht in Code umgesetzt werden.

Abbildung 4.10 *Pfeile erstellen*

Dreieck | Mit **Insert > Shape > Triangle** wählst du das Dreieck-Werkzeug. Am Mauszeiger zeigt Sketch ein Dreieck. Wenn du ein neues Dreieck zeichnest, zeigt eine Spitze nach oben, und zwei der drei Seiten sind gleich lang. Für die Mathe-Nerds: Sketch zeichnet immer ein gleichschenkliges Dreieck.

Hältst du ⌂ beim Aufziehen, wird Sketch den Rahmen um das Dreieck quadratisch machen. Ein gleichseitiges Dreieck kannst du nicht einfach so mit Sketch zeichnen. Du müsstest selbst nachrechnen und die Vektorpunkte entsprechend verteilen.

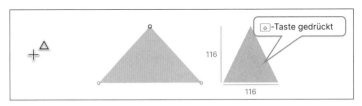

Abbildung 4.11 *Ein Dreieck aufziehen*

Stern | Sterne erstellst du nicht anders als die anderen Formen (**Insert > Shape > Star**). Der Mauszeiger zeigt mit ausgewähltem Werkzeug ein kleines Stern-Icon. Der Standard ist ein fünfzackiger Stern.

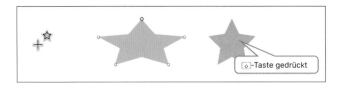

Abbildung 4.12 *Einen Stern aufziehen*

Die Anzahl der Zacken und die Position der inneren Punkte steuerst du im Inspector mit zwei Schiebereglern. **Radius** gibt an, wie weit sie zum Mittelpunkt zeigen. Der Regler **Points** steuert die Anzahl der Zacken, das Spektrum reicht von mindestens 3 bis maximal 50.

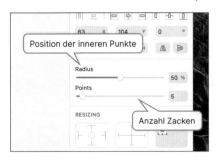

Abbildung 4.13 *Im Inspector sind zwei Schieberegler, mit denen du Sterne schnell verändern kannst.*

Bei einem Wert von 100 % liegen innere Punkte und Sternenzacken gleich weit vom Mittelpunkt des Sterns entfernt. Stellst du den Schieberegler Richtung 0 %, werden sich die inneren Punkte immer weiter auf den Mittelpunkt zubewegen.

Vieleck | Die letzte Form, die Sketch als eigenes Zeichenwerkzeug bereitstellt, ist das Vieleck (**Insert > Shape > Polygon**). Am Mauszeiger siehst du ein kleines Polygon, wenn das Werkzeug ausgewählt ist.

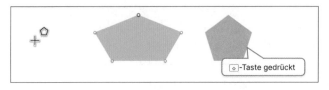

Abbildung 4.14 *Ein Polygon aufziehen*

Ähnlich wie beim Stern kannst du ein Vieleck über einen Schieberegler im Inspector verändern. Ziehe daran, um die Seitenanzahl zwischen 4 und 10 zu ziehen.

Abbildung 4.15 *Voreingestellt sind fünf Seiten, bei mindestens 4 und maximal 10 Seiten*

4.1.3   Neue Formen mit SVG-Code hinzufügen

Anstatt eine Form komplett neu anzulegen, kannst du auch den Code einer SVG-Datei einfügen. SVG-Dateien (für Scalable Vector Graphics) sind Bilddateien, die über einen Textcode eine Form beschreiben. Probiere es selbst mal aus, ihn zu lesen – es ist eigentlich nicht schwer, wenn du nach Begriffen und Kurzformen suchst, die du bereits kennst: zum Beispiel »width« und »height« für Breite und Höhe oder »rect« für Rectangle, also Rechteck.

```
<?xml version="1.0" encoding="UTF-8"?>
<svg width="90px" height="90px" viewBox="0 0 90 90" version="1.1"
  xmlns="http://www.w3.org/2000/svg"
  xmlns:xlink="http://www.w3.org/1999/xlink">
    <title>Rechteck</title>
    <g id="Sketch Handbuch" stroke="none" stroke-width="1"
      fill="none" fill-rule="evenodd">
        <rect id="Rectangle" fill="#4A90E2" x="0" y="0" width="90"
          height="90"></rect>
    </g>
</svg>
```

Jedenfalls kannst du diesen Code mit cmd + V einfügen, und Sketch wird die Formen darin automatisch erkennen und als Ebenen anlegen. Manche Logos von Unternehmen gibt es auf Wikipedia als SVG-Datei zum Herunterladen. Wenn du sie in Sketch einfügst, kannst du sie nach deinen Wünschen bearbeiten, einfärben und auf deinem Rechner speichern. Wenn alles funktioniert hat, dann fasst das Programm sie in einem Ordner zusammen. Entweder er trägt dann den Namen des SVG-Objekts oder heißt einfach »Group«.

Abbildung 4.16 *Links der Code der Formen als SVG – rechts das gleiche Objekt in Sketch*

Stille Post mit Designs

Du kannst aus Sketch auch SVG-Code erzeugen (**Edit > Copy SVG Code**) und ihn als Text zum Beispiel per E-Mail verschicken. Die empfangende Person würde den Code wieder in Sketch einfügen und fertig.

4.2   Freies Zeichnen mit Vektoren

Zeichnungen und Illustrationen wären in digitalen Programmen ohne Vektor-Werkzeuge nicht möglich. So einfach sich in der echten Welt Bleistift, Zettel und Radiergummi benutzen lassen, so schwer ist es manchmal, sie in die digitale Welt zu übertragen. Es gibt verschiedene Wege, in Sketch neue Formen zu erstellen, aber das Vektor-Werkzeug ist bei weitem das vielseitigste. Es ist auch für Einsteiger gut zu bedienen und macht die Arbeit mit Vektoren sinnvoll und übersichtlich.

Wir schauen in diesem Kapitel kurz an, wie du mit dem Vektor-Werkzeug neue Formen zeichnest. Am Anfang steht eine kurzgehaltene allgemeine Einleitung zu Vektorzeichnungen, und am Ende lernst du das Bleistift-Werkzeug kennen.

4.2.1   Was sind Vektorzeichnungen?

Egal ob Rechteck oder Kreis — jede Form, die du mit Sketch erstellst, kannst du frei bearbeiten und verändern. Alle Ebenen sind Vektorzeichnungen, die durch Punkte miteinander verbunden sind. Diese Vektorpunkte erscheinen als runde Griffe an den Ecken und Rundungen, wenn du sie auswählst und ⏎ drückst.

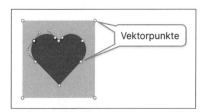

Abbildung 4.17 *Die kleinen runden Griffe an den Ecken und Rundungen sind Vektorpunkte.*

Jeder Punkt hat eine eigene Position, die als Koordinate auf der X- und Y-Achse festgehalten ist. Klicke einen Vektorpunkt an, dann findest du diese Werte im Inspector. Die unsichtbare Linie, die alle Punkte verbindet, nennt man **Pfad**. Das Vektor-Werkzeug heißt deswegen manchmal auch Pfad-Werkzeug. Der Bereich zwischen zwei Punkten heißt **Segment**. Zusammen mit dem Pfad ergeben die Punkte die **Form**. Du kannst sie entweder mit einem eigenen Werkzeug (Rechteck, Kreis, Dreieck) oder dem Vektor-Werkzeug erstellen.

Bézier-Griffe | Zu den Vektorpunkten gehören die Bézier-Griffe. Sie sind an den langen Linien befestigt, die durch die Vektorpunkte laufen. Die Bézier-Griffe steuern die Krümmung einer Linie.

Wenn ein Punkt keine Griffe hat, kann das zwei Gründe haben. Entweder er ist nicht ausgewählt (dann blendet Sketch die Griffe aus) oder der Vektorpunkt steuert keine Krümmung. Die angrenzenden Punkte können allerdings ihre Bézier-Griffe zeigen, wenn von ihnen eine Krümmung in Richtung des ausgewählten Punkts ausgeht.

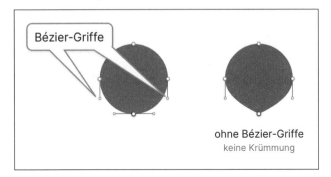

Abbildung 4.18 *Ohne Bézier-Griffe kannst du Sketch nicht mitteilen, wie die Form gekrümmt ist.*

Okay, genug der Theorie. Das Vektor-Thema und Bézier-Griffe begegnen dir erneut in Abschnitt 4.6, »Der Bearbeiten-Modus«. Beginnen wir mit dem Zeichnen von Vektoren.

4.2.2   Eine neue Form zeichnen

Um eine neue Form zu zeichnen, drücke V oder wähle im Menü **Insert > Vector**.

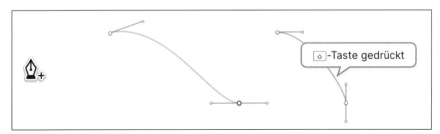

Abbildung 4.19 *Eine Form aufziehen*

Dein Mauszeiger verändert sich zu der Spitze eines Füllers und zeigt daran ein kleines Plus an. Du siehst vielleicht schon, dass ein Vektorpunkt an der Spitze bereit zum Platzieren ist. Es kann sein, dass du bereits die roten Hilfslinien von Sketch siehst, bevor du mit dem Zeichnen beginnst. Damit möchte das Programm dir dabei helfen, den ersten Punkt zu platzieren.

Vektorpunkte platzieren | Klicken und Halten hat beim Vektor-Werkzeug eine besondere Bedeutung. Sketch setzt dann einen Punkt beim Klick und zieht einen Bézier-Griff mit dem Mauszeiger mit, bis du loslässt. Ein einfacher Klick auf dem Canvas heißt, dass dieser Punkt zum vorherigen und zum nächsten keine Krümmung weitergibt.

143

Halte beim Klicken und Ziehen die ⌂-Taste, dann rasten die Bézier-Griffe bei 0° und 90° ein. Sie ziehen also immer waagerechte, senkrechte oder diagonale Linien. Einfach klicken und ⌂ drücken funktioniert genauso. Dann richtet sich der Pfad selbst nach den vorgenannten Winkeln.

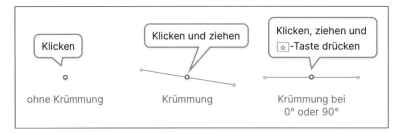

Abbildung 4.20
Beim Vektor-Werkzeug ist der Unterschied beim Klicken wichtig für die Kontrolle der Zeichenform.

Wenn du den letzten Vektorpunkt löschen möchtest, benutze die Taste ←. Du beendest das Vektor-Werkzeug durch Drücken von ↵.

SCHRITT FÜR SCHRITT
Zahlen zeichnen

Um ein bisschen Übung mit dem Vektor-Werkzeug zu bekommen, zeichnen wir zwei einfache Formen. Wir malen die Ziffern 2 und 5 nach.

1 Form 2 aufziehen
Aktiviere das Vektor-Werkzeug mit V oder im Menü unter **Insert > Vector**. Zeichne als Erstes die Ziffer 2, und beginne oben an der Rundung. Klicke und ziehe mit gedrückter ⌂-Taste etwa 20 Pixel nach rechts und lass los. Wenn du einen Vektorpunkt mit zwei Griffen hast – perfekt.

Den zweiten Punkt setzt du per Mausklick ungefähr 20 Pixel weit direkt unter den ersten. Drücke dann wieder ⌂, und fahre mit dem Mauszeiger nach rechts, um den letzten Punkt ungefähr bis unter die weiteste Stelle der Rundung zu setzen. Beende das Vektor-Werkzeug mit ↵.

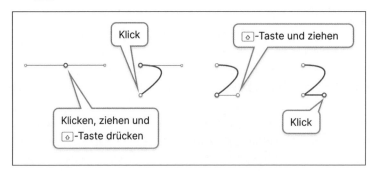

Abbildung 4.21
Mit vier Schritten zur Ziffer 2

2 Form 5 aufziehen

Die Ziffer 5 beginnen wir unten am Haken. Klicke und ziehe den Mauszeiger um ein paar Pixel (ca. 10–15) leicht schräg nach rechts. Siehst du einen Punkt mit zwei Bézier-Griffen, dann klicke ungefähr 10 Pixel über den ersten Punkt (ohne zu ziehen). So entsteht eine Kurve zwischen den beiden Punkten.

Klicke vier Pixel über dem letzten Punkt, und halte dabei die ⌂-Taste, damit die Linie gerade ist. Mit dem letzten Klick zeichnest du den Strich über dem Bogen nach rechts; dabei kannst du wieder die ⌂-Taste drücken. Drücke am Ende ↵, um das Werkzeug zu verlassen.

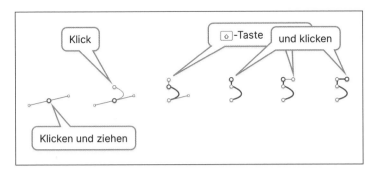

Abbildung 4.22 *Sechs Schritte, um die Ziffer 5 zu schreiben*

4.2.3   Vektoren im Inspector

Es ist super, wenn du schon ein bisschen Übung mit dem Vektor-Werkzeug hast. Mit diesem Tool kannst du auf dem Canvas sehr viel Spaß beim Zeichnen und Illustrieren haben. Während du einen neuen Vektor zeichnest, gibt der Inspector dir zusätzliche Informationen zu deiner neuen Form.

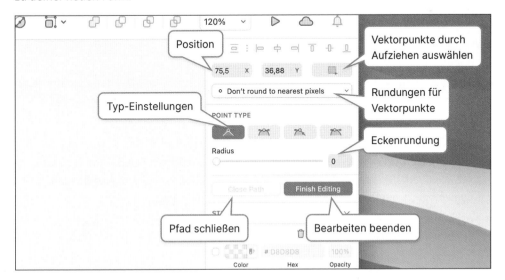

Abbildung 4.23 *Setze dir direkt die richtigen Einstellungen im Inspector, um doppelte Arbeit zu vermeiden.*

Jeder neu gezeichnete Vektorpunkt hat eine eigene Position, die ganz oben im Inspector mit X- und Y-Wert notiert ist. Rechts davon gibt es einen Button für die Auswahl mehrerer Vektorpunkte. Aktiviere ihn, damit du auf dem Canvas klicken und ziehen kannst. Alle in dem Feld enthaltenen Punkte sind dann ausgewählt. Schaue auch auf das Dropdown-Menü in der nächsten Zeile. Es stellt ein, auf welche Art du neue Vektorpunkte in dieser Form platzierst. Normalerweise steht es auf »nicht runden« (**Don't round to nearest Pixels**). Das bedeutet, dass jeder Pixelwert akzeptiert wird. Die anderen Optionen sind »auf halbe Pixel runden« oder »auf ganze Pixel runden«.

Welche dieser Einstellungen du haben möchtest, hängt von deiner Zeichnung ab. Ganze oder halbe Pixel sind sehr wünschenswert, wenn du in einem strengen Raster designst. Allerdings musst du mit einer geringeren Detailtiefe rechnen, weil die letzten beiden Einstellungen dich stark einschränken. Du kannst dann nicht mehr überall einen Vektorpunkt setzen.

Die vier Vektorpunkt-Typen | Sketch kennt vier verschiedene Vektorpunkt-Typen, die du im Inspector einstellst. Die Punkte selbst sind gleich, aber die Bézier-Griffe an ihnen sind anders eingestellt. Zwei der vier kennst du bereits aus dem Praxisbeispiel: Gerade Punkte erstellst du mit einem einfachen Klick, gespiegelte Punkte durch Klicken und Ziehen.

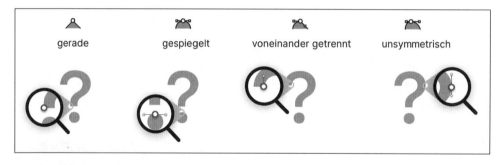

Abbildung 4.24 *In aufwändigen Formen findest du jeden Vektorpunkt-Typ.*

- **Straight** – Gerade: Eine Ecke ohne Bézier-Griffe überträgt keine Krümmung auf den Pfad. Nur diesen Punkten kannst du später im Inspector auch eine Eckenrundung geben.

- **Mirrored** – Gespiegelt: Ein solcher Punkt hat zwei Bézier-Griffe, die im gleichen Winkel zum Punkt stehen und gleich weit vom Vektorpunkt entfernt sind.

- **Disconnected** – Voneinander getrennt: Wenn dein Punkt zwei Bézier-Griffe hat, die in keinerlei Verhältnis zueinander stehen, gibt Sketch ihnen den Typ **Disconnected**. So ist auch möglich, nur einen Bézier-Griff an einem Punkt zu haben.

- **Asymmetric** – Unsymmetrisch: Diese Bézier-Griffe befinden sich noch im gleichen Winkel zum Vektorpunkt, aber nicht im gleichen Abstand.

Klicke doppelt auf den Vektorpunkt, und dein Punkt wechselt mit jedem weiteren Doppelklick zwischen **Mirrored** und **Straight**.

Du kannst jeden Punkt in einen anderen Typ umwandeln. Wähle dafür einen Punkt aus (halte ⬆, um mehrere auszuwählen), und klicke im Inspector auf den Typ, in den du umwandeln möchtest.

Tastenkombinationen für Vektorpunkt-Typen

Vektorpunkt-Typen sind durchnummeriert. Drückst du ⬚1, änderst du den Typ auf »Gerade«, bei ⬚2 auf »Gespiegelt«, ⬚3 stellt »Voneinander getrennt« ein und ⬚4 ändert zu »Unsymmetrisch«.

Formen öffnen, schließen und Bearbeiten beenden | Sketch unterscheidet offene und geschlossene Formen. Nur wenn sich Start und Ende treffen, ist eine Form geschlossen. Um diese Verbindung aufzuheben, kannst du eine Form öffnen und schließen. Dafür reicht ein Klick auf den Button **Open Path**.

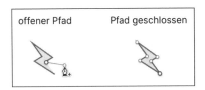

Abbildung 4.25 *Bei geschlossenen Pfaden ist der erste und letzte Vektorpfad verbunden.*

Wenn du einen Pfad öffnest, löscht Sketch das letzte Segment deiner Form und schafft dadurch wieder zwei offene Punkte, an denen du ansetzen kannst. Um einen Pfad zu schließen, klickst du den anderen offenen Punkt an oder drückst den Button **Close Path** im Inspector.

Während du eine neue Form erstellst, kannst du mit Klick auf den Button **Finish Editing** das Bearbeiten beenden. Alternativ drücke auf ⌐esc⌐. Zwei oder mehr offene Pfade kannst du mit dem Befehl **Layer > Path > Join** zusammenfügen. Es verbinden sich daraufhin die beiden nächstgelegenen Punkte zu einem gemeinsamen Pfad.

4.2.4   Das Bleistift-Werkzeug

Echte Bleistifte sind einfache Werkzeuge, mit denen du vielseitig deine Ideen niederschreiben kannst. Das Bleistift-Tool von Sketch ist ganz ähnlich einfach und vielseitig. Wähle es aus, wenn du frei zeichnen möchtest oder eine Skizze für dein späteres Design erstellst.

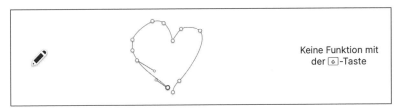

Abbildung 4.26 *Der Bleistift im Einsatz*

Du aktivierst es durch Drücken der Taste $\boxed{P}$ oder über das Menü **Insert > Pencil**. Dein Mauszeiger wird dann zu einem kleinen Bleistift. Klicke und ziehe wie bei den anderen Formen über den Canvas. Jedes Mal, wenn du die Maus loslässt entsteht eine Ebene aus dem gezogenen Strich. Sketch bearbeitet sie nach und wandelt sie in viele Vektorpunkte um. Die Rundungen sind deswegen leicht angepasst.

Nur wenn sich Start- und Endpunkt treffen, verbindet Sketch die Zeichnung zu einer Fläche. Sonst behandelt Sketch die neue Form wie eine Linie. Liegen Start- und Endpunkt nah beieinander, wird Sketch die Form automatisch schließen.

4.3   Das Text-Werkzeug

Texte sind die wichtigste Informationsquelle in deinen Designs. Nutzer kommen auf eine Website für deren Inhalte, und diese bestehen (je nach Typ der Seite) zu einem großen Teil aus Texten. Weil sie eine so zentrale Rolle für Websites und Apps spielen, willst du genaue Kontrolle über das Aussehen haben.

Das Text-Werkzeug ist deswegen auch einfach zu bedienen und bringt die komplizierten Einstellungen in eine einfache Benutzeroberfläche. Ein paar Profi-Werkzeuge gibt es auch, aber in diesem Kapitel liegt der Schwerpunkt auf dem Erstellen und Gestalten von Text. Erst zum Ende findest du ein paar Spezialinformationen und Kniffe, aber 90 % der Probleme kannst du schnell lösen.

4.3.1   Text erstellen

Mit einem Druck auf $\boxed{T}$ wählst du das Text-Werkzeug. Alternativ nutze die Werkzeugleiste oder Menüleiste mit Klick auf den Eintrag **Insert > Text**. Klicke und ziehe mit der Maus, und erstelle so eine neue Textebene von der gewünschten Größe. Oder du klickst einmal, und Sketch erstellt eigenständig ein Textfeld.

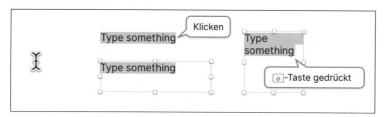

Abbildung 4.27 *Text erstellen*

Neue Textebenen begrüßen dich immer mit einem »Type something«, das du überschreibst, sobald du zu tippen beginnst. Textebenen sind niemals leer, du musst ein Zeichen eingeben. Wenn du alle Inhalte aus einer Textebene löschst, wird Sketch auch den Rahmen löschen. Auch die Eingabe von einem Leerzeichen oder Tab reicht nicht aus, um eine Textebene beizubehalten.

4.3.2 Texteinstellungen Schritt für Schritt

Für deine Texte hat Sketch einige Optionen und Einstellungen im Inspector vorbereitet. In den nächsten Absätzen lernst du sie Schritt für Schritt kennen. Designer jeder Erfahrungsstufe werden in diesem Menü fündig.

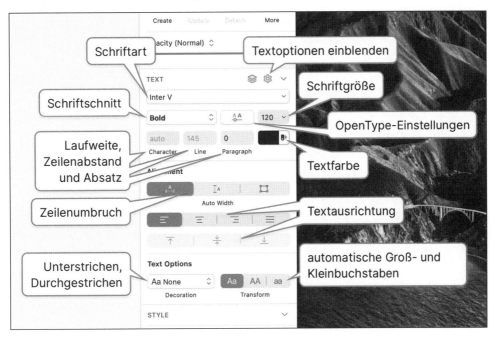

Abbildung 4.28 *Die umfangreichen Einstellungen für Texte im Inspector*

Sketch kann für eine Textebene nur ein Aussehen speichern. Es ist nur auf Umwegen und eingeschränkt möglich, andere Farben oder Schriftschnitte zu verwenden. Diese Information ist wichtig, wenn du gewohnt bist, mehrere Formatierungen in einer Textebene zu verwenden, zum Beispiel bei einer Nachrichtenwebsite, die einen Link im Haupttext hat.

Wenn du auf die Verwendung von verschiedenem Aussehen in einer Textebene nicht verzichten kannst oder möchtest, dann füge erst den gesamten Text in der Formatierung des ersten Buchstabens ein. Dann musst du den Text separat markieren, und dann kannst du ihn anders einstellen. In diesem Fall kannst du alle Einstellungen im Inspector anpassen. Sobald du etwas an den Werten für die ganze Ebene änderst, gehen die individuellen Einstellungen verloren.

Schriftart ändern | Die erste Schaltfläche im Inspector zeigt die Schriftart, die diese Ebene hat. Ein Klick, und du siehst eine durchsuchbare Liste aller Schriften, die auf deinem Mac installiert sind. Mit dieser Übersicht bekommst du außerdem eine Vorschau des Schriftbildes. Das kleine Menü durchsucht deine Schriftsammlung, sobald du zu schreiben beginnst.

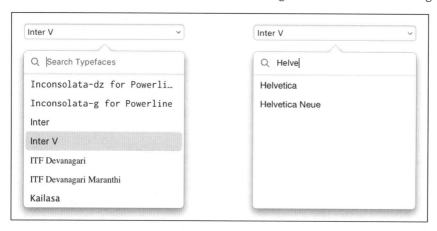

Abbildung 4.29 *Beginne zu tippen, und durchsuche deine Schriftsammlung.*

Einbetten und ersetzen | Alle im Dokument verwendeten Schriften kannst du in deine Sketch-Datei einbetten. Das bedeutet, dass sie für jeden verfügbar sind, der die Datei öffnet.

Um eine Schrift zum Dokument hinzuzufügen, klicke auf **Text > Document fonts…** Es öffnet sich eine Liste aller Schriften in deiner Datei. Hinter jedem Eintrag findest du ein Dropdown, mit dem du entscheiden kannst, ob diese Schrift in dem Dokument gespeichert werden soll oder nicht.

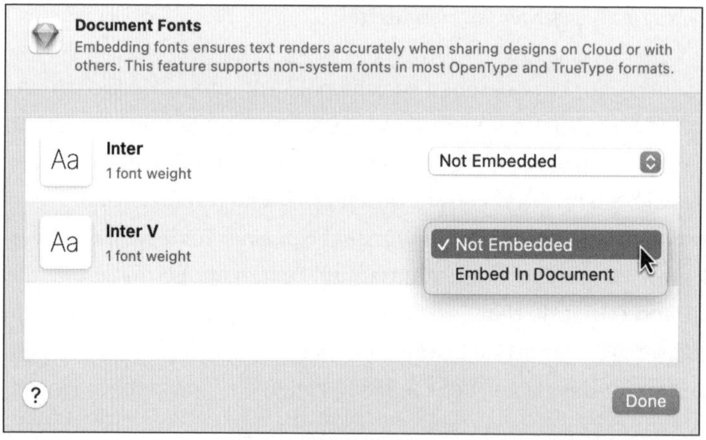

Abbildung 4.30 *Im Dialog ersetzt du fehlende Schriftarten und bettest existierende in deine Datei ein.*

Wenn eine Schriftart nicht auf deinem Rechner installiert ist, warnt dich Sketch schon beim Öffnen mit einem Dialog. Darin bittet das Programm dich darum, einen Ersatz für alle betroffenen Ebenen zu definieren. Du kannst sowohl die Schriftart als auch den neuen Schriftschnitt festlegen.

Rechte für eingebettete Schriften

Du solltest unbedingt prüfen, ob deine Lizenz für die Schrift diese Verwendung in ihren Geschäftsbedingungen erlaubt. Dir könnte zum Beispiel vorgeworfen werden, dass du die Schrift unerlaubt weitervertreibst. Vorm Einbetten musst du diese Verwendung bestätigen.

Fett, kursiv und mehr Formatierungen | Zu jeder Schriftart gehört auch ein Schriftschnitt. Das ist der Überbegriff für verschiedene Strichstärken deiner Schriftart wie Light, Regular oder Bold, aber auch kursive Schriftschnitte gehören dazu.

Wähle mit einem Klick auf die Schaltfläche unter der Schriftart deinen Schriftschnitt aus. Wie bei der Font-Auswahl siehst du alle Schnitte direkt als Vorschau. Du kannst die Tastenkombinationen cmd + B benutzen, um den markierten Text oder die ganze Textebene fett zu setzen (B wie *bold*). Das Gleiche gilt für cmd + I, mit dem du den Text kursiv setzt (i von *italic*), vorausgesetzt, du hast diese Schriftart installiert. Genauso kannst du mit cmd + U Text unterstreichen (U wie *underlined*).

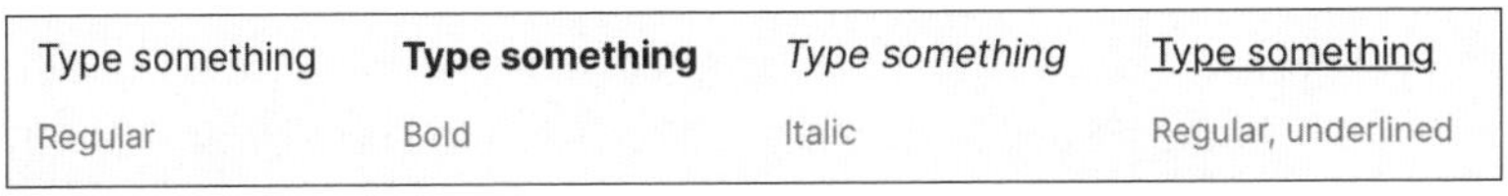

Type something	**Type something**	*Type something*	Type something
Regular	Bold	Italic	Regular, underlined

Abbildung 4.31 *Drückst du die Kombination für einen dieser Schriftschnitte erneut, kehrt Sketch zu Regular zurück. Du kannst sie auch kombinieren.*

Schriftgröße | Du kannst die Schriftgröße nicht auf dem Canvas ändern, indem du die Ebene vergrößerst, sondern musst im Inspector den Wert anpassen. Das Feld dafür befindet sich rechts vom Schriftschnitt. Eine gute Schriftgröße für Websites und Apps liegt zwischen 16 und 20.

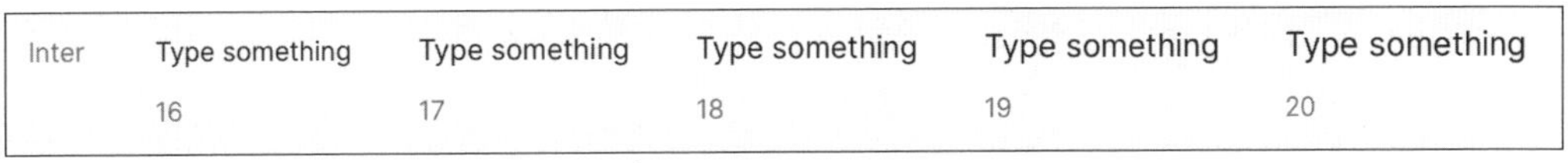

Inter	Type something	Type something	Type something	Type something	Type something
	16	17	18	19	20

Abbildung 4.32 *Von klein nach groß: gute Schriftgrößen für digitales Design*

Es gibt auch Tastenkombinationen zum Vergrößern und Verkleinern von Text. Leider funktioniert im deutschen Tastaturlayout nur das voreingestellte cmd + alt + - für **Text verkleinern**. **Text vergrössern** könntest du in den macOS-Einstellungen mit cmd + alt + + festlegen. Wie das geht, liest du in Abschnitt 7.3, »Tastenkombinationen«.

Abstände im Text | Die nächste Zeile im Inspector zeigt drei weitere Werte, die mit **Charac-ter**, **Line** und **Paragraph** betitelt sind. Mit ihnen bestimmst du die Abstände im Text und be-einflusst dadurch entscheidend die Lesbarkeit deiner Inhalte.

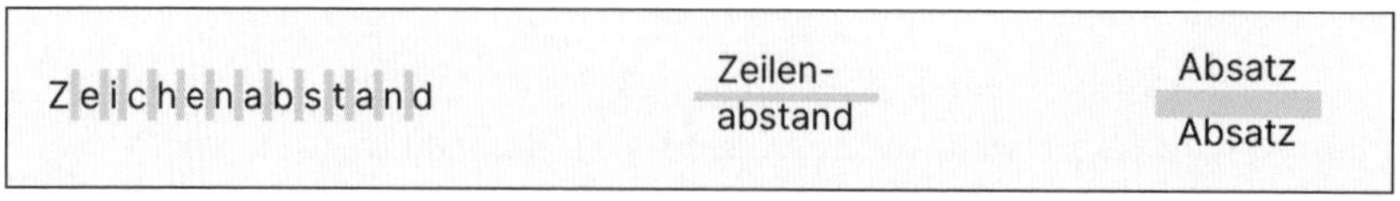

Abbildung 4.33 *Die drei Einstellungen für Abstände im Text regeln Absatz-, Zeichen- und Zeilenabstand.*

- **Character** – Zeichenabstand: Bestimmt den Abstand der Buchstaben innerhalb eines Wortes. Löschst du den eingetragenen Wert, regelt Sketch den Wert automatisch. Tas-tenkombinationen: ⎈ctrl + ⎇alt + T verringert den Abstand, ⎈ctrl + ⎇alt + L ver-größert den Abstand.

- **Line** – Zeilenabstand: Der Abstand zwischen mehreren Zeilen in einem Absatz. Die Stan-dardeinstellung ist ein gerundeter Wert von ungefähr 1,5 der Schriftgröße. Trägst du »0« ein, dann übernimmt Sketch den Abstand wieder.

- **Paragraph** – Absatz: Diese Distanz fügt Sketch nach einem Absatz ein.

Die Werte **Character** und **Line** kann Sketch selbstständig errechnen und auf die Schriftgröße anpassen. So bleibt die Darstellung deines Texts gleichmäßig – egal ob bei Schriftgröße 16 oder 48.

Bevor du aber zu sehr auf Sketch vertraust, solltest du diese Werte kontrollieren und ge-gebenenfalls anpassen. Große Schriftgrößen müssen nicht den gleichen Zeichenabstand haben wie kleine, um lesbar zu bleiben. Das Gleiche gilt für Zeilenabstände; sie haben au-ßerdem die Schwäche, durch automatische Rundung nicht exakt genug berechnet zu sein.

Schriftfarbe | Um die Schriftfarbe zu ändern, klicke auf die Fläche rechts neben **Paragraph**. Es öffnet sich ein Popover, mit dem du die Farbe auswählst. Dieser Farbwähler ist genauer in Abschnitt 4.5, »Farben, Schatten und Effekte«, beschrieben.

Klicke in die Fläche, um eine Farbe auszuwählen. An den Schiebereglern kannst du den Farbwert verstellen und darunter einen Farbcode im HEX-Format eingeben. Um das Pop-over wieder zu verlassen, klicke außerhalb oder drücke esc .

Versteckte Funktionen beim Färben
Ändere die Farbe im Abschnitt **Style**. Eine Farbe, die du auf diesem Weg setzt, überschreibt den Wert im Abschnitt **Text**. Du kannst außerdem alle Optionen ausnutzen, die Sketch für Füllungen bietet; dazu gehö-ren zum Beispiel Verläufe oder Hintergrundbilder.

Abbildung 4.34 *Mit dem Farbwähler legst du deine Auswahl fest.*

Zeilenumbruch, Satz und Ausrichtung | Sketch möchte ganz genau wissen, wie sich der Text in der Ebene verhalten soll. Die nächsten drei Zeilen im Bereich **Alignment** sind die Einstellungen für Zeilenumbruch, Satz und Ausrichtung. Der Zeilenumbruch regelt, ob ein Text mehrere Reihen hat. Als Textmodus bestimmt diese Einstellung auch, wie sich die Ebenenmaße und Inhalte zueinander verhalten.

Abbildung 4.35 *Wähle aus einer der drei Zeilenumbruch-Einstellungen in Sketch.*

- **Auto Width** – kein automatischer Zeilenumbruch: Die Ebene wächst in der Breite mit dem Text, mit dem Effekt, dass dein Text immer in einer Zeile bleibt. Dies ist der Standardmodus, wenn du eine Textebene mit einem Klick auf den Canvas erzeugst.
- **Auto Height** – Zeilenumbruch automatisch passend: Du legst die Breite fest, dann wird der Text automatisch dort in eine neue Zeile umbrechen. In der Konsequenz wächst die Ebene in der Höhe. Diesen Modus haben Textebenen, wenn du sie beim Erstellen durch Klicken und Ziehen erstellst.

- **Fixed Width** – Zeilenumbruch ohne Anpassung: Der Text wird innerhalb der Ebenenmaße automatisch umbrechen, aber abgeschnitten, wenn er mehr Platz einnimmt, als die Maße es zulassen.

Wenn du Textebenen in der Größe veränderst, kann es sein, dass du dadurch auch den Textmodus änderst. Diese Einstellung ist auch dafür verantwortlich, dass du an manchen Textebenen zwei quadratische Griffe siehst (**Auto Width**) und an manchen acht Griffe verändern kannst (**Auto Height** und **Fixed Width**).

> **Darstellung und Textmodus**
>
> Der Textmodus bestimmt auch über das Verhalten deiner Textebenen in Smart Layout und bei Symbol Overrides. Wenn sich deine Ebenen nicht so verhalten, wie du es dir wünschst, findest du vielleicht hier den Fehler.

Die zweite Zeile bestimmt den Satz deines Texts. Die Optionen sind die gängigen, die du aus jedem Textbearbeitungsprogramm kennst: linksbündig, zentriert, rechtsbündig und Blocksatz. Die Tastenkombinationen, die Sketch dafür benutzt, sind: linksbündig `cmd`+`alt`+`8`, rechtsbündig `cmd`+`alt`+`9`, zentriert `cmd`+`alt`+`7`. Der Blocksatz hat keine voreingestellte Tastenkombination.

Abbildung 4.36 *Einstellungen zum Satz deiner Texte: linksbündig, zentriert, rechtsbündig und Blocksatz*

In der dritten Zeile siehst du die vertikale Ausrichtung deines Texts in der Ebene. Du kannst Text an der oberen Kante, in der Mitte oder am unteren Ende ausrichten. Diese Zeile wird nur aktiv, wenn dein Zeilenumbruch auf **fixed** steht. Bei den beiden anderen Textmodi ist die Ausrichtung automatisch auf oben gestellt.

Abbildung 4.37 *Die drei Einstellungen zur vertikalen Ausrichtung sind nur bei Zeilenumbruch ohne Anpassung möglich.*

Decoration und Transform | Diese beiden Einstellungen sind im Inspector meistens versteckt – aktiviere sie mit einem Klick auf das Zahnrad-Symbol. Du brauchst sie wahrscheinlich nicht häufig, aber es ist gut, sie einmal gesehen zu haben.

- **Decoration** steuert das Unterstreichen und Durchstreichen. Das Dropdown-Menü ist sehr einfach gehalten, und du hast hier keine weiteren Optionen, um die Strichfarbe oder -stärke zu ändern.

Abbildung 4.38 *Beim Unterstreichen kann berücksichtigt werden, dass ein Buchstabe wie »g« Unterlängen hat.*

- **Transform** verändert den Text vom normalen Modus »Groß- und Kleinschreibung« zu »nur Großbuchstaben« oder »nur Kleinbuchstaben«. Diese Einstellung ist praktisch, weil du so automatisch wechseln kannst, ohne dass deine Eingabe verändert wird. Sketch merkt sich nämlich, ob du einen Buchstaben groß- oder kleingeschrieben hast, und verändert die Zeichen dann automatisch.

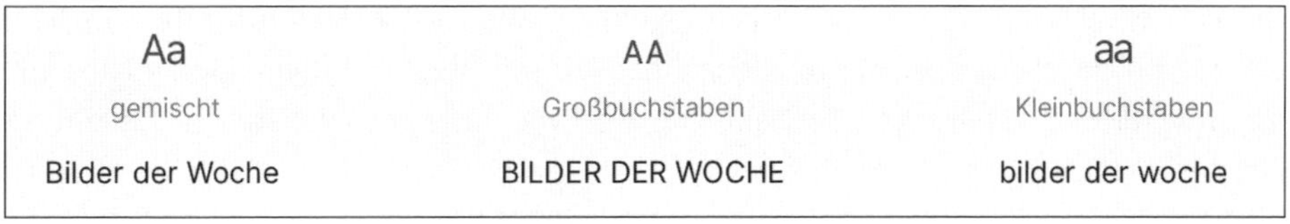

Aa	AA	aa
gemischt	Großbuchstaben	Kleinbuchstaben
Bilder der Woche	BILDER DER WOCHE	bilder der woche

Abbildung 4.39 *Text transformieren von gemischter Schreibweise zu nur Groß- oder nur Kleinbuchstaben*

Schatten und Rahmen | Für Texte kannst du auch Schatten und Konturen anwenden. Die Einstellungen dafür setzt du nicht mehr im Bereich **Text**, sondern bei **Style** im Inspector. Klicke auf das kleine Plus neben **Border** oder **Shadow**, um eine der Varianten zu aktivieren.

Abbildung 4.40 *Rahmenlinie und Schatten legen sich um den Text, nicht um die Textebene.*

Die Optionen dafür findest du nochmal genauer in Abschnitt 4.5, »Farben, Schatten und Effekte«, erklärt (Schatten und Rahmen sind für alle Ebenen gleich). Sketch erkennt die Form des Texts und legt die Schatten und Rahmen um die Zeichen.

Textstil übernehmen | Du kannst alle der obigen Einstellungen auch auf einmal mit einem Textstil speichern. Es gibt einen ausführlichen Abschnitt 5.1, »Stile für Ebenen und Texte«.

Eine neu angelegte Ebene hat keinen Stil vordefiniert. Klicke auf die Schaltfläche **No Text Style,** um dir alle verfügbaren Stile anzeigen zu lassen und sie zu durchsuchen. Auch die Stile aus den verknüpften Libraries findest du hier. Mit einem Klick auf einen Stil übernimmt die Ebene alle seine Eigenschaften.

Abbildung 4.41 *Textstile übertragen und verwalten gemeinsam Einstellungen von anderen Texten.*

4.3.3   Profi-Funktionen mit dem Text-Werkzeug

Die Einstellungen im Inspector decken eigentlich alle Möglichkeiten für Text-Design ab, wenn du nicht etwas sehr Ausgefallenes machen möchtest. Für alle anderen Fälle gibt es die erweiterten Einstellungen. Sie helfen dir, die Typografie noch genauer zu steuern – zum Beispiel mit OpenType.

Wenn du viel mit anderer Apple-Software arbeitest, dann kann dir Richtext-Kopieren helfen, direkt den richtigen Style in Sketch zu benutzen. Oder du möchtest ein ganz bestimmtes Aussehen und Format deiner Texte, dann kannst du Text auf Pfade legen und dadurch ihre Form ändern.

Typografische Einstellungen mit und ohne OpenType | Wenn du volle Kontrolle über alle typografischen Feinheiten deines Texts haben möchtest, dann ist Sketch das richtige Programm für dich. Es unterstützt nämlich Optionen von OpenType-Schriften, einem gemeinsamen Standard von Apple, Google, Adobe und Microsoft. Dazu gehören unter anderem die variablen Schriftoptionen.

Wenn deine Schrift diese Einstellung unterstützt, kannst du stufenlos einige Einstellungen an deiner Schrift ändern. Für die Grafiken dieses Buchs siehst du die gemeinfreie Schrift »Inter V«. Das ist eine Schriftfamilie, die die stufenlose Änderung der Buchstabenstärke (**Weight**) und -krümmung (**Slant**) erlaubt. Sketch erkennt diese Optionen und zeigt sie dir im Inspector als Popover an. Welche Angaben im Inspector änderbar sind, hängt von der Schriftart ab.

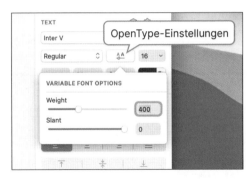

Abbildung 4.42 *OpenType-Einstellungen für variable Schriften zeigt Sketch als Popover an.*

Schriften untersuchen

Wenn du vor der Installation einer Schrift wissen möchtest, welche Funktionen sie unterstützt, kannst du die Website Wakamai Fondue (*http://wakamaifondue.com*) benutzen. Diese Website untersucht Schriften direkt auf deinem Rechner; die Betreiber versprechen, keine Daten auf ihre Server zu laden.

Außerdem gibt es in der Menüleiste unter **Text > OpenType Features** viele kleine Funktionen, die du nicht variabel, sondern für die ganze Ebene festlegst. Auch hier hängt es ganz von der Schrift ab, wie komplex das Menü wird und welche Optionen du hast. Wieder das Beispiel »Inter V«: Ligaturen, Ziffernabstand, vertikale Position, typografische Extras, verschiedene Stile und fünf weitere Optionen sind in der Version 3.013 verfügbar. Wenn du also ein Design mit vielen besonderen Einstellungen planst, suche dir die passenden Schriftarten heraus.

Abbildung 4.43 *Beim Typolexikon kannst du einige der Begriffe nachschlagen, wenn sie dir unklar sind.*

Wenn du eine der Optionen für die Schriften häufiger brauchst, solltest du dir eine eigene Tastenkombination dafür erstellen. Wie du dafür vorgehst, liest du in Abschnitt 7.3, »Tastenkombinationen«.

Lexikon für typografische Begriffe

Es ist überhaupt nicht schlimm, wenn du dich mit den ganzen Begriffen noch nicht auskennst. Schlage sie nach – zum Beispiel beim Typolexikon (*http://typolexikon.de*).

Richtext einfügen | Kopieren (cmd+C) und Einfügen (cmd+V) sollten jetzt schon zu einem universellen Werkzeug für dich geworden sein. Was Text angeht, kann Sketch aber noch mehr – mit »Richtext einfügen«.

Das heißt, dass du Text mit allen typografischen Einstellungen aus einer anderen App kopieren und in Sketch einfügen kannst. Wenn du einen Text markierst, kopiere ihn. Beim Einfügen in Sketch drücke cmd+⇧+alt+V (**Edit > Paste > Paste as Rich text**), und Sketch benutzt alle Informationen, um die Schrift so darzustellen, wie du sie kopiert hast.

Abbildung 4.44 *Als Richtext fügt Sketch Text mit allen typografischen Einstellungen ein.*

Allerdings muss dafür auch das Ausgangsprogramm diese Informationen bereitstellen, und Sketch muss sie lesen können. Verlässlich funktioniert das Kopieren von Richtext aus den von Apple programmierten Anwendungen – zum Beispiel Safari, Mail und Pages. Apps wie Firefox und Chrome unterstützen diese Funktion nicht.

Text auf Pfad ablegen | Normalerweise ist die Grundlinie deiner Texte eine einfache gerade Linie. Wenn du aber mit dem Vektor-Werkzeug einen Pfad erzeugst, kannst du diesen Pfad als Grundlinie für deinen Text benutzen.

Um einen Text auf einem Vektorpfad abzulegen, muss deine Textebene in der Ebenenliste über dem Pfad liegen. Wähle die Textebene und den Pfad aus, und in der Menüleiste findest du **Text > Text on Path**. Jetzt kannst du diese Textebene auf den Pfad ziehen und siehst, wie die Grundlinie einrastet.

Der Vektor kann jede Form haben, wenn du ihn als Grundlinie für deinen Text benutzen möchtest. Löse den Text wieder, indem du die Ebene auswählst und in der Menüleiste erneut **Text > Text on Path** anklickst.

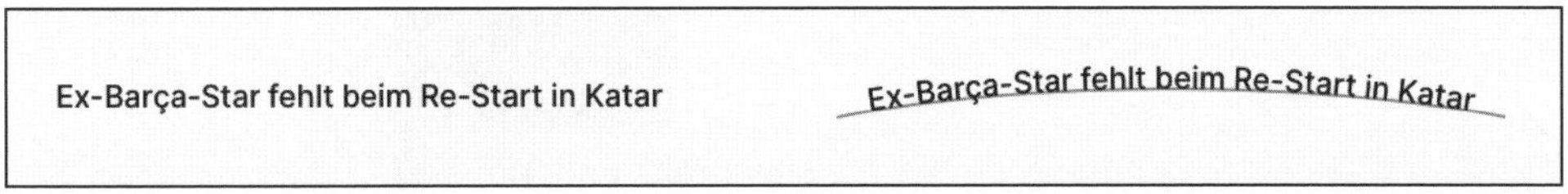

Ex-Barça-Star fehlt beim Re-Start in Katar   Ex-Barça-Star fehlt beim Re-Start in Katar

Abbildung 4.45 *Bestimme selbst, welche Form der Vektor hat, wenn du ihn als Grundlinie für deinen Text benutzt.*

4.4   Bilder und Bitmaps einfügen

Als Tool für digitales Design unterstützt Sketch alle Schritte, die dein Projekt von der Idee bis zu Umsetzung geht. Du beginnst mit ersten Skizzen, sammelst Inspirationen, machst das fertige Design, oder ein Entwickler setzt es in Code um. In dem Prozess durchläuft die Idee viele Transformationen, die Sketch begleitet. Diese Vielseitigkeit erreicht Sketch, weil alle Ebenen auf Vektoren basieren.

Ob Profilbilder, Nachrichten oder die Bilder in einem sozialen Netzwerk: Nach Textebenen sind Bilder der zweite Ebenentyp, der für Inhalte in deinem Design sorgt. Für Sketch sind Bilder in erster Linie Inhalte, die bereits retuschiert und sozusagen fertig eingebaut werden. Das unterscheidet das Programm von Photoshop und ist darüber hinaus ein Hinweis darauf, dass Sketch kein Programm zur Bildbearbeitung ist.

In diesem Kapitel lernst du die beiden Wege kennen, wie du Bilder einfügen kannst, und die Konsequenzen, die sie für die Optionen zur Bildbearbeitung haben. Entweder du fügst eine Bilddatei als eigene Ebene ein oder als Inhalt einer Form.

4.4.1   Bilder als eigene Ebene hinzufügen

Um ein Bild als eigene Ebene einzufügen, klicke im Menü auf **Insert > Image**... Nach dem Klick wirst du gebeten, die Bilddateien von deinem Rechner auszuwählen. Bestätige deine

Auswahl mit **Open**. Ein einfacherer Weg ist, mit der Maus die Bilder zu markieren und sie direkt aus dem Finder auf den Canvas zu ziehen.

Du kannst auch Bilder aus der Zwischenablage einfügen (mit ⌘ cmd + V) oder sie direkt aus einem anderen Programm in Sketch ziehen. In den meisten Fällen geht das zum Beispiel auch aus deinem Webbrowser.

Jedes Bild, das du in Sketch einfügst, bekommt in der Ebenenliste einen Eintrag. Entweder es trägt den Dateinamen als Ebenennamen, oder Sketch vergibt automatisch den Namen »Bitmap«. Das Seitenverhältnis bei Bildern ist automatisch gesperrt. Klicke im Inspector zwischen Breite und Höhe, um es zu entsperren. Sketch sucht bereits automatisch nach den »richtigen« Abmessungen für das Bild. Es passt zum Beispiel die Ebenengröße an das Artboard an, auf dem es abgelegt wird.

Wenn du wieder zurück zu den Originalabmessungen deines Bildes möchtest, musst du nicht lange suchen. Klicke im Inspector auf den Button **Original Size,** um zurückzuspringen.

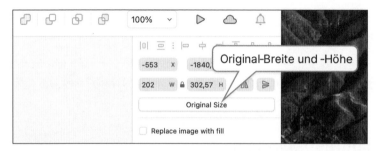

Abbildung 4.46 *Ein Klick auf* **Original Size,** *und das Programm passt das Bild auf die Ursprungsgröße an.*

Den sichtbaren Bereich deines Bildes kannst du mit Masken verändern (Abschnitt 4.8, »Maskieren, Kombinieren, Umwandeln – Werkzeuge für Ebenen«) oder indem du den Bereich im Bearbeiten-Modus entfernst (Abschnitt 4.6, »Der Bearbeiten-Modus«).

Unterstützte Dateitypen beim Einfügen | Sketch unterstützt die folgenden Dateitypen: JPG, PNG, TIFF, WEBP und GIF. Bei PDF-Dateien wandelt Sketch jede Seite in ein Artboard um und übernimmt alle Ebenen, soweit es geht. Die Dateiformate PSD und AI kann Sketch auch einfügen, allerdings ohne die dort angelegten Ebenen. Wenn du eine Photoshop-Datei in ein Sketch-Dokument umwandeln möchtest, dann kannst du dich an diesen Webservice von Avocode (*https://avocode.com/convert-psd-to-sketch*) wenden.

Dateigrößen reduzieren | Um die Dateigröße für eine einzelne Ebene zu reduzieren, klicke auf **Layer > Image > Minimize File Size**. Dieser Vorgang optimiert die Bildqualität aller eingefügten Bitmaps. Je nachdem, wie hochauflösend du die Bildebenen eingefügt hast, kann Sketch dadurch Speicherplatz sparen und insgesamt beschleunigt werden.

Abbildung 4.47 *Diese Einsparung ist vergleichsweise klein. Kannst du mehr bei deinen Bildern erreichen?*

Du brauchst diese Funktion manchmal, weil Sketch nach dem Einfügen als Ebene die Bilddatei in dem Dokument mitspeichert. Auf diese Weise musst du dir keine Gedanken über die Verknüpfung mit der Bildquelle machen, um sie weiterzuverwenden. Die Sketch-Datei kann auf jedem anderen Computer geöffnet werden, die enthaltenen Bilder liegen alle vor.

Dieses Vorgehen bedeutet aber auch, dass sich besonders hochauflösende Bilder mit großen Dateigrößen direkt auf den reservierten Speicherplatz deiner Sketch-Datei auswirken. Auch wenn du ein Bild auf dem Canvas verkleinerst, bleibt die ursprüngliche Auflösung im Sketch-Dokument erhalten.

Alle Bilder optimieren

Um alle Bilder in deiner Datei zu optimieren, klicke auf **File > Reduce File Size**. Der Vorgang ist gleich, das Einsparpotential aber deutlich größer.

Eingefügtes Bild ersetzen | Nur Bildebenen können direkt durch ein neues Bild ersetzt werden. Die Bilder müssen dafür nicht die gleichen Abmessungen haben. Klickst du auf **Layer > Image > Replace…**, öffnet sich ein Fenster, in dem du deinen Mac durchsuchst und eine neue Datei auswählst. Wenn dein neues Bild nicht die gleichen Abmessungen wie das alte hat, behält Sketch mindestens die Position des alten Bildes bei.

Abbildung 4.48 *Durchsuche deinen Mac nach einem Bild, das du einsetzen möchtest.*

Farben anpassen | Um die Farben eines Bildes anzupassen, musst du nicht in den Bearbeiten-Modus wechseln. Du kannst die vier Werte Farbton, Sättigung, Helligkeit und Kontrast einzeln mit Slidern im Inspector regeln.

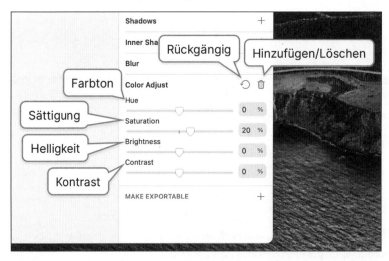

Abbildung 4.49 *Klicke und ziehe an den vier Reglern im Inspector, um die Farbe anzupassen.*

Du findest die vier Einstellungen im Inspector unter **Color Adjust**. Beginne die Bearbeitung, indem du auf das Plus-Icon klickst. Alle Schieberegler bilden ein Spektrum von –100 % bis +100 % ab. Klicke auf den Pfeil über den Einstellungen, um wieder auf den letzten Wert zurückzusetzen.

4.4.2   Bilder als Inhalt einer Form

Oben hast du gelernt, wie du Bilder als eigene Ebene einfügst und dann veränderst. Sketch behandelt diese Ebenen anders als Formen, weil sie vollständig pixelbasiert sind. Der zweite Weg, Bilder in Sketch einzufügen, ist als Inhalt einer beliebigen Form. Klicke dafür auf den Farbwähler im Inspector. Als fünfte Möglichkeit findest du dort **Pattern Fill**.

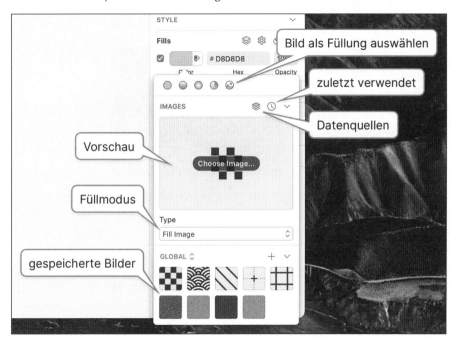

Abbildung 4.50 *Bild in eine Form einfüllen*

Um nun ein Bild in die Form einzufügen, ziehe deine Bilddatei auf den geöffneten Farbwähler, oder klicke auf das Feld mit der Vorschau.

Plugin-Tipp: Clipboard Fill

Lade und installiere dir das Plugin Clipboard Fill. Es hilft dir, Bilder aus deiner Zwischenablage in eine Form einzufügen. Du brauchst dann nur noch das Tastaturkürzel ⎈ctrl+⎇alt+Ⓥ oder den Befehl **Plugins > Clipboard Fill > Clipboard Fill.**

Mit einer Datenquelle verknüpfen | Anstatt von Hand ein Bild einzufügen, kannst du die Form auch mit einer Datenquelle verknüpfen. Dann wird Sketch ein zufälliges Bild aus ihr einfügen. Klicke dafür auf das kleine Zeichen für Datenquellen.

Abbildung 4.51 *Wähle aus verschiedenen Datenquellen – zum Beispiel den vorinstallierten Gesichtern.*

Mehr über die Funktion *echte Daten* liest du in Abschnitt 5.5, »Data – zufällige Texte und Bilder« nach.

Klicke auf das Uhr-Icon im Farbwähler, und du siehst die zuletzt verwendeten und häufigsten Bilder in deinem Dokument. Wenn du möchtest, überträgt Sketch die Bildinhalte mit einem Klick auf die ausgewählte Ebene. Bilder, die als eigene Ebene eingefügt wurden, kannst du nicht mit einer Datenquelle verknüpfen.

Füllmodus für Bilder einstellen | Eine Form, die ein Bild als Füllung hat, kannst du wie jede andere Form bearbeiten. Wenn du die Positionierung des Bildes innerhalb der Form ändern möchtest, dann musst du den Füllmodus ändern. Die Einstellung dafür ist direkt im Inspector sichtbar, wenn du ein Bild eingefügt hast. Alternativ findest du sie auch im Farbwähler unter dem Bild positioniert. Es gibt vier Optionen:

- Füllen: **Fill** behält das Seitenverhältnis bei und füllt über die gesamte verfügbare Fläche.
- Passend: **Fit** behält das Seitenverhältnis bei und orientiert sich an der längsten Seite.
- Ziehen: **Stretch** passt das Bild dem Rahmen an.
- Kacheln: **Tile** wiederholt das Bild in der Originalgröße.

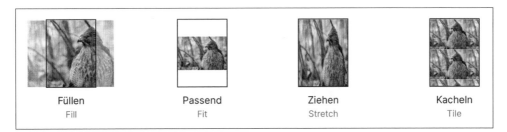

Abbildung 4.52 *Die unterschiedlichen Füllmodi ändern Ansicht und Ausschnitt des Bildes.*

Muster und gespeicherte Bilder | Unter der Bildauswahl siehst du noch einen Bereich, in dem du Bilder speichern kannst. Sketch hat bereits ein paar Muster und Kacheln eingefügt. Um dein eigenes Bild in die Sammlung aufzunehmen, klicke auf das Plus-Zeichen. Wenn du in diesem Bereich klickst und ziehst, kannst du die Reihenfolge der Bilder ändern.

Abbildung 4.53 *Plus klicken und das Bild für ein Dokument oder alle Sketch-Dokumente als Voreinstellung speichern*

4.4.3 Zwischenfazit

Mit diesem Abschnitt endet unsere Reise durch die Ebenentypen. Du hast alle Formen gesehen, Vektoren gezeichnet und die Inhaltsebenen Text und Bild kennengelernt.

In den nächsten Abschnitten geht es nun vor allem darum, wie du deine Ebenen bearbeiten kannst. Als Erstes sind Farben, Verläufe, Schatten und Effekte dran. Dann steht der Bearbeiten-Modus für verschiedene Ebenen im Fokus – unter anderem für Bilder und Vektoren. Du lernst dann, Elemente zu spiegeln und zu drehen, und schließlich dreht sich alles um Werkzeuge zum Maskieren und Kombinieren von Formen. Am Ende des Kapitels hast du dann alle Werkzeuge im Inspector kennengelernt und bist bereit für die Powerfunktionen von Sketch.

4.5 Farben, Schatten und Effekte

Farben machen unser Leben und deine Designs bunt, und du hast im Grundlagen-Kapitel bereits über ihre Schlüsselrolle im Design gelesen. Sketch versucht den Umgang mit Farben so einfach wie möglich zu halten. Deswegen gibt es für Füllungen, Rahmen und Verläufe ein Auswahlwerkzeug – den Farbwähler.

In diesem Abschnitt lernst du viel über den Abschnitt **Style** im Inspector und wie er funktioniert. Du siehst, wie man Farben auswählt, anwendet, speichert und teilt. Wir sprechen über den Mischmodus und benutzen das eingebaute Suchen-und-Ersetzen-Werkzeug für Farben. Danach gehen wir durch die einzelnen Möglichkeiten, Farbe in Sketch einzusetzen: Füllungen, Rahmen, Schatten. Zum Ende lernst du noch die Unschärfe-Effekte kennen. Es gibt viel zu entdecken, also legen wir los!

4.5.1 Farben im Inspector

Du hast den Inspector und ein paar der Funktionen schon in anderen Kapiteln kennengelernt. Die Seitenleiste bündelt alle Informationen und fasst sie auf kleinem Raum zusammen. Einige der Elemente beim Farbenwählen wiederholen sich immer wieder, hier sind sie zusammengefasst.

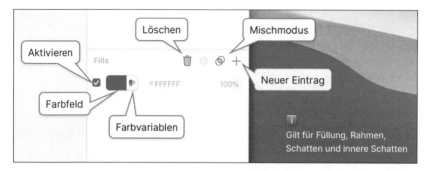

Abbildung 4.54 *Diese sechs Schaltflächen findest du immer wieder, wenn du Farben auswählst.*

Um eine Farbe hinzuzufügen, klicke auf das Plus-Icon. Es öffnet eine Zeile, die aus einer Checkbox und einem Farbfeld besteht.

Du kannst einer Ebene nicht nur eine, sondern viele Farben geben. Klicke auf das Plus-Icon, und eine neue Zeile entsteht über der alten. Genau wie Ebenen sind Farben von Vordergrund (oben) nach Hintergrund (unten) angeordnet. Jede Farbe kannst du einzeln steuern und verändern.

Um bei mehreren Einträgen die Reihenfolge zu tauschen, klicke und ziehe die Zeile am Farbfeld in die gewünschte Position.

Links vom Plus siehst du zwei Kreise, die sich überschneiden. Dieses Icon öffnet die Mischmodus-Optionen als Liste. Wähle hier aus, wie sich diese Farbe mit den darunterliegenden Ebenen und Farben mischt. Ist ein anderer Modus als **Normal** ausgewählt, leuchtet das Icon blau. Dazu, welche Modi es gibt und wie sie sich verhalten, liest du gleich mehr.

Über der Zeile mit dem Farbeintrag siehst du ein Mülltonnen-Icon, das den obersten deaktivierten Eintrag in der Liste löscht. Es wird nur sichtbar, wenn ein Eintrag deaktiviert ist. Ein anderer Weg, eine Farbe zu löschen, ist, das Farbfeld anzuklicken, zu ziehen und auf dem Canvas loszulassen.

Die Checkbox am Anfang der Zeile bestimmt, ob die Zeile aktiv ist. Bei Füllfarben kannst du sie mit der Taste F ein- und ausschalten, für Rahmenfarben drückst du B. Klicke auf das Farbfeld, um den Farbwähler zu öffnen. Wenn du außerhalb des Farbwählers klickst, schließt er sich wieder. Direkt am Farbfeld ist ein kleines Zeichen für die Farbvariablen. Klicke hier, um aus den gespeicherten Farben auszuwählen.

Standardfarben verändern

Für jede neue Ebene sind in Sketch Standardfarben eingestellt. Du kannst diese Voreinstellung mit den Werten der ausgewählten Ebene überschreiben. Wähle dafür **Layer > Style > Set as default Style** in der Menüleiste. Alle Ebenen, die du danach in Sketch erstellst, haben dann diesen Stil (inklusive Deckkraft).

4.5.2   Der Farbwähler

Klicke auf das Farbfeld, um den Farbwähler zu sehen. Er ist das zentrale Element, wenn es darum geht, eine Farbe auszuwählen und zu verwalten. Du siehst hier alle Details wie Einstellungen der Farbwerte und die gespeicherten Farben. Aber gehen wir den Farbwähler von oben nach unten durch.

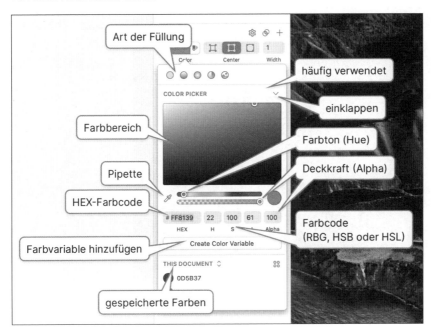

Abbildung 4.55 *Auch wenn der Farbwähler hier unübersichtlich erscheint, in der Handhabung ist er schnell verständlich.*

Wenn du eine Farbe als Füllung (**Fill**) oder für den Rahmen (**Border**) setzt, dann kannst du die Art der Füllung wählen. Fünf Icons zeigen dir die Möglichkeiten an: einzelne Farbe, linearer Verlauf, kreisförmiger Verlauf, winkelförmiger Verlauf und Bild. Über den letzten Reiter hast du bereits in Abschnitt 4.4, »Bilder und Bitmaps einfügen«, gelesen, später in diesem Abschnitt lernst du die einzelnen Füllungen und Verläufe kennen.

Der Farbbereich zeigt dir einen Ausschnitt des gesamten Spektrums. Oben links ist ganz hell ohne Farbe, unten rechts ganz dunkel mit viel Farbe. Er ist nach dem sogenannten HSB-Modell aufgebaut. Die Abkürzung steht für die englischen Begriffe für Farbton (H, Hue), Sättigung (S, Saturation) und Helligkeit (B, Brightness).

Rechts über dem Farbbereich befindet sich ein Uhr-Icon, das per Klick die am häufigsten verwendeten Farben in deinem Dokument anzeigt. Eine praktische Hilfe, wenn du nicht selbst suchen willst.

Um irgendeine Farbe vom Bildschirm zu nehmen, klicke auf die Pipette. Dein Mauszeiger ist dann eine große Lupe, mit der du nach einer Farbe suchen kannst. Die Steuerung ist ein bisschen gewöhnungsbedürftig, die Tastenkombination ⌃ctrl⌄+⌃C⌄ ist der schnellste Weg. Dann verwandelt sich der Mauszeiger in ein Werkzeug, mit dem du die Farbe des Bildschirm-Pixels aufnimmst.

Abbildung 4.56 *Benutze die Pipette, um Farben von deinem Bildschirm in Sketch zu verwenden.*

Rechts davon befinden sich zwei Slider. Der obere stellt den Farbton (Hue) ein und lässt dich so stufenlos durch das ganze Spektrum gleiten. Darunter stellst du die Deckkraft ein. Der Wert ist als »Alpha« auch in der Zeile darunter zu lesen. In dem Kreis daneben ist die ausgewählte Farbe erneut als Vorschau sichtbar.

Praktisch fürs digitale Design ist es, Farben als HEX-Wert anzugeben. Sie beginnen mit einem Doppelkreuz (#), danach folgt ein sechsstelliger Code. Je zwei Stellen stehen für einen Wert von 0 bis 255 aus dem RGB-Farbmodell. Der HEX-Farbcode und die drei rechts davon stehenden Werte bezeichnen genau die gleiche Farbe, nur in anderen Formaten. Wie du diese drei Felder einstellen möchtest, kannst du selbst entscheiden. Sketch zeigt dir am Anfang den RGB-Farbcode, besser ist der HSL-Farbraum. Klicke dafür auf einen der Buchstaben, und wähle einen Eintrag aus dem Dropdown-Menü. Als dritte Möglichkeit steht HSB zur Auswahl.

Zum Schluss siehst du einen Button, mit dem du die aktuellen Werte als Farbvariable abspeichern kannst.

Unter dem Trennstrich haben die gespeicherten Farben ihren Platz. Sie sind einen genaueren Blick wert, deswegen kannst du direkt im nächsten Abschnitt mehr über sie erfahren.

Farbvariablen speichern und organisieren | Um ein einheitliches Aussehen deiner Designs zu erreichen, kannst du Farben speichern und so immer wieder verwenden. Die gespeicherten Farben funktionieren dabei genau wie ein Ebenen- oder Textstil. Du findest sie in der Komponenten-Übersicht, und Änderungen an der Vorlage übertragen sich an alle verknüpften Instanzen. Die gespeicherten Farben sind als letzter Abschnitt im Farbwähler sichtbar.

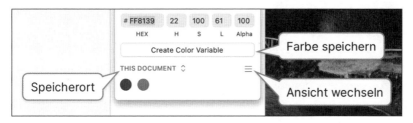

Abbildung 4.57 *Farben speicherst du für dein Dokument im Farbwähler.*

Es gibt zwei unterschiedliche Speicherorte für Farben: in dem aktuellen Dokument oder in einer bereits aktivierten Library. Farben, die du in einer Library gespeichert hast, können von allen Teilnehmern verwendet werden. Speichere die aktuelle Farbe mit einem Klick auf den Button **Create Color Variable**.

Ein eindeutiger Name für einen Farbcode erleichtert die Kommunikation mit anderen Designern. Um den Namen einer Farbe zu ändern, mache einen Rechtsklick auf die Farbe, und wähle **Edit Color Variable**.

Du findest im Kontextmenü per Rechtsklick noch weitere Optionen, zum Beispiel um die Farbe zu verschieben oder zu löschen. Außerdem kannst du direkt aus Sketch den Farbwert in fünf verschiedenen Formaten kopieren (HEX, RGB, HSL, Objective-C und Swift).

Farbvariablen und Verläufe

Das Speichern und Organisieren beschränkt sich aktuell noch auf Farben. Verläufe kannst du als Voreinstellung festhalten; für sie fehlt die zentrale Kontrolle über die Komponenten-Übersicht.

Farben suchen und ersetzen | Schon bei einer kleinen Zahl an Ebenen kann es sich lohnen, Farben mit der Suchen-und-Ersetzen-Funktion zu ändern. Sketch erfasst dann alle Ebenen mit der gewählten Farbe und tauscht sie durch einen neuen Wert aus. Klicke dafür auf **Edit > Find and Replace Color...** oder drücke ⌘+⌥+F.

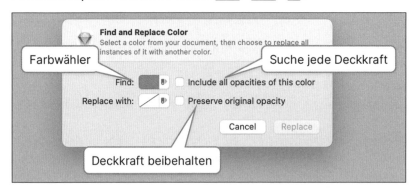

Abbildung 4.58 *Das Dialogfenster für Suchen und Ersetzen*

Als Erstes wählst du die Farbe aus, die du ersetzen möchtest. Sketch zeigt dir eine Liste aller Farben und wie häufig diese im gesamten Dokument vorkommen. So siehst du zum Beispiel »72 Text Layers, Fills and Borders«. Aus dem zweiten Farbfeld wählst du die neue Farbe aus. Es öffnet sich der Farbwähler – inklusive aller Dokumentfarben. Wenn du deine Auswahl getroffen hast, klicke **Replace,** und die Änderung tritt in deinem ganzen Dokument in Kraft.

Zwei zusätzliche Optionen hast du noch, um den Vorgang genauer zu steuern. Der erste Haken bewirkt, dass die Farbe auch ausgewählt wird, wenn sie den gleichen HEX-Code, aber eine andere Deckkraft hat. Zweitens kannst du festlegen ob diese Deckkraft beim Überschreiben beibehalten werden soll oder nicht. Du kannst **Find and Replace Color** übrigens nur auf dein gesamtes Dokument anwenden. Sketch ändert mit diesem Befehl auch Symbole und Ebenenstile. Library-Symbole sind von den Änderungen ausgenommen.

Effekte mit dem Mischmodus einstellen | Jede Farbe kann unterschiedlich mit den darunter liegenden Ebenen angezeigt werden. Im Standardverhalten vermischt Sketch Farben nicht miteinander.

Abbildung 4.59 *Alle 18 Mischmodi aus Sketch auf einen Blick. Zum Vergleich oben rechts der Vordergrund mit 50 % Deckkraft.*

Die einzelnen Bestandteile von Farbwerten lassen sich aber miteinander verrechnen, und im Mischmodus kannst du einstellen, wie diese Berechnung erfolgen soll. Folgende Optionen kannst du im Mischmodus einstellen:

- **Normal**: Die Farbwerte werden nicht miteinander verrechnet.
- Abdunkeln – **Darken**: Vergleicht, welcher Pixel dunkler ist und übernimmt diesen.
- Multiplizieren – **Multiply**: Die Funktion errechnet einen neuen Farbwert durch Multiplizieren der Werte.
- Farbig nachbelichten – **Color Burn**: Erhöht den Kontrast der Farben.
- Aufhellen – **Lighten**: Zeigt die jeweils hellere Farbe an.
- Negativ multiplizieren – **Screen**: Errechnet einen neuen Wert durch Multiplikation der Negativ-Farben.
- Farbig abwedeln – **Color Dodge**: Verringert den Kontrast zwischen Ausgangs- und Mischfarbe.
- Ineinanderkopieren – **Overlay**: Helle Farben werden multipliziert, dunkle Farben mit der Negativ-Farbe multipliziert.
- Weiches Licht – **Soft Light**: Eine abgeschwächte Variante vom Ineinanderkopieren.
- Hartes Licht – **Hard Light**: Kräftigere Variante vom Ineinanderkopieren.
- Differenz – **Difference**: Errechnet einen neuen Helligkeitswert, Mischen mit Weiß kehrt die Farben um.
- Ausschluss – **Exclusion**: Wie Differenz, aber mit weniger starkem Kontrast.
- Farbton – **Hue**: Eine neue Farbe aus Leuchtkraft und Sättigung der Ausgangsfarbe mit dem Farbton der Mischfarbe.
- Sättigung – **Saturation**: Die neue Farbe besteht aus Leuchtkraft und Farbton der Ausgangsfarbe mit der Sättigung der Mischfarbe.
- Farbe – **Color**: Leuchtkraft und Farbton werden zu einer neuen Farbe kombiniert.
- Leuchtkraft – **Luminosity**: Eine neue Farbe aus Farbton und Sättigung der Ausgangsfarbe mit der Leuchtkraft der Mischfarbe.
- Plus dunkler – **Plus darker**: Die Pixelwerte werden voneinander subtrahiert. Alle Werte über 1 werden schwarz dargestellt.
- Plus heller – **Plus lighter**: Die Pixelwerte werden miteinander addiert. Alle Werte über 1 werden weiß dargestellt.

Mit dem Mischmodus kannst du viele spannende Effekte erzielen, die dein Design von anderen abheben. Bislang sieht man diese Effekte nur selten auf reichweitenstarken Websites oder in Apps. Das kann auch daran liegen, dass sie zusätzliche Rechenkapazität vom anzeigenden Gerät verlangen. Die Effekte sind vergleichsweise verspielt und fallen stark auf; vielleicht gehen Designer deswegen so vorsichtig mit ihnen um.

4.5.3   Ebenen füllen

Alle Funktionen zum Füllen einer Ebene findest du im oben beschriebenen Farbwähler. Klicke auf das Farbfeld, und wähle deine Farbe aus – fertig. Neben dem Farbfeld im Inspector zeigt Sketch zwei Einstellungen aus dem Farbwähler. Sie verändern sich je nach Art der Füllung (Farbe, Verlauf oder Bild).

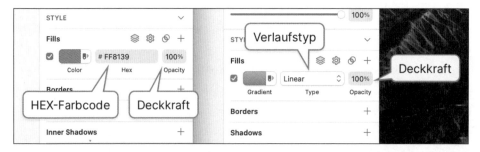

Abbildung 4.60 *Links die Einstellungen im Inspector mit einer Farbe, rechts mit einem Verlauf*

Bei einer Farbe zeigen sie den HEX-Code und die Deckkraft. So hast du ohne die Komplexität des Farbwählers auf wichtige Eigenschaften deiner Farbe Zugriff. Füllst du die Ebene mit einem Verlauf, dann zeigt Sketch statt des HEX-Farbcodes die Art des Verlaufs als Dropdown-Menü.

Wenn eine Form nicht geschlossen ist, sich also der erste und letzte Vektorpunkt nicht treffen, kannst du die Ebene trotzdem füllen. Sketch zieht dann eine gerade Linie zwischen dem ersten und letzten Punkt.

4.5.4   Verläufe hinzufügen

Da du nun über Füllfarben Bescheid weißt, geht es jetzt um Verläufe. Nach ein paar Jahren »Flat Design« sind Verläufe 2020 (und darüber hinaus) wieder schwer in Mode. Die Trends heißen »Neomorphism« oder »3D Realism«.

Das Auge kennt Verläufe aus unserer Umwelt – keine Oberfläche ist ohne Farbveränderung. Sie eignen sich deswegen sehr gut, um Lichteinfall, Schatten und Tiefe auf einem Bildschirm zu simulieren. Wahrscheinlich interessierst du dich also brennend fürs Zeichnen und Einstellen von Verläufen. Hier bist du genau richtig.

Abbildung 4.61 *Icons in macOS Big Sur benutzen Verläufe, um Icons Tiefe zu verleihen. Datei via Sketch App Sources (https://www.sketchappsources.com/free-source/4495-messages-icon-big-sur-sketch-freebie-resource.html)*

Verläufe zeichnen | Klicke auf die Vorschau im Inspector und dann auf einen der drei Verläufe (linear, kreisförmig oder winkelförmig), die Sketch dir anbietet. Der Farbwähler bekommt dann eine weitere Zeile, in der du die Farben deines Verlaufs auswählst.

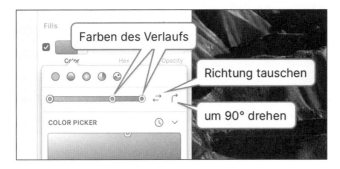

Abbildung 4.62 *Einstellungen für die Verläufe*

Klicke auf dem Schieberegler, um die Farbe zu verändern. Wenn du mehr als zwei Farben in deinem Verlauf haben möchtest, klicke einfach auf den farbigen Streifen, um einen neuen Punkt zu erstellen. Um eine Farbe zu löschen, drücke ⌫ . Die Farbauswahl zeichnet Sketch in deine Ebene. Auch auf dem Canvas siehst du die Verlaufslinie und kannst durch Klicken Punkte hinzufügen.

173

Rechts neben den Farben des Verlaufs sind zwei Icons, die beim Ausrichten des Verlaufs helfen. Ein Klick auf die gegenlaufenden Pfeile tauscht die Richtung der Farben. Das Pfeil-Icon rechts daneben dreht den Verlauf um 90°.

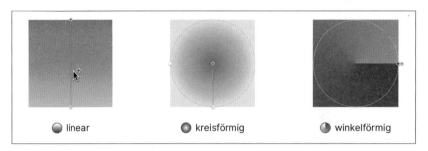

Abbildung 4.63 *Verlauf linear, kreisförmig und winkelförmig*

Drei Verlaufsarten bietet dir Sketch im Farbwähler an:

1. Bei einem **linearen Verlauf** zeigt Sketch auf dem Canvas eine Linie in deinem Element. Klicke und ziehe an den Punkten – so stellst du die Richtung und Länge deines Verlaufs ein. Auf dem Canvas unterstützt dich Sketch mit Hilfslinien; so findest du relevante Punkte, an denen du den Verlauf ausrichten kannst.

2. **Kreisförmige Verläufe** zeigen auf dem Canvas noch einen dritten Punkt an, der keine Farbe steuert, sondern die Form des Kreises. Um besser nachzuvollziehen, wie sich dein Verlauf ausdehnt, zeichnet Sketch eine Ellipse durch diesen Steuerungspunkt und den äußeren Farbpunkt.

3. Die dritte Art Verlauf, der **winkelförmige Verlauf**, platziert alle Farbpunkte auf einem Kreis. Aus dem Mittelpunkt dieses Kreises mischen sich die Farben dann miteinander. Dieser Verlauf taucht zum Beispiel im Design von Radaren auf, wie im Icon der »Finde mein iPhone«-App (bis 2019).

Verläufe bearbeiten für Fortgeschrittene | Wenn du drei oder mehr Farben in einem Verlauf hast, kannst du mit Tastendruck deine Farbpunkte steuern. Jede der Tasten von 1 bis 0 positioniert einen dritten Farbpunkt an einer bestimmten Prozentzahl, zum Beispiel 3 für 30 % (gesehen von links nach rechts). Die Pfeiltasten bewegen einen Punkt um 1 %; hältst du parallel ⇧ und drückst eine Pfeiltaste, bewegt sich der Punkt um 10 %.

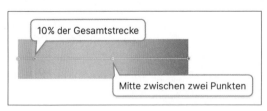

Abbildung 4.64 *Mit Tastenkürzeln kannst du die Punkte in deinem Verlauf exakt steuern.*

Drücke ⇪+⓪, und ein Punkt platziert sich genau zwischen zwei benachbarten Punkten. Du springst vom einen Farbpunkt zum anderen mit ⇥.

4.5.5 Bilder als Füllung

Die letzte Option für eine Füllung sind pixelbasierte Dateien. Um ein Bild als Füllung zu nehmen, wähle es im Finder aus und ziehe es auf den geöffneten Farbwähler. Eine ausführliche Beschreibung zu Bildern als Füllung findest du in Abschnitt 4.4, »Bilder und Bitmaps einfügen«.

4.5.6 Rahmen

Für Sketch sind Rahmen (»Borders«) ein Strich auf oder an dem Vektorpfad der Form. Im Inspector findest du die Einstellungen dafür direkt unter den Füllungen; einen Rahmen fügst du mit Klick auf das Plus-Icon hinzu. Drücke Ⓑ, um alle Rahmen einer Ebene ein- und auszuschalten.

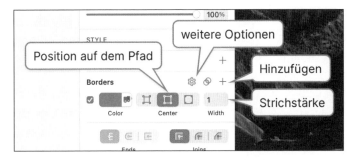

Abbildung 4.65 *Im Inspector sind vier Einstellungen für Rahmen möglich: Position auf dem Pfad, Strichstärke, Hinzufügen und weitere Optionen.*

Genau wie bei den Füllungen kannst du auch mehrere Rahmen auf eine Ebene anwenden. Klicke dafür auf das Plus-Zeichen auf der rechten Seite. Der einzige Unterschied ist, dass dir Bilder als Füllung nicht zur Auswahl stehen. Ansonsten bleibt der Farbwähler gleich.

Position auf dem Pfad und Rahmenbreite | Rechts neben dem Farbfeld findest du zwei weitere Optionen, mit denen du Rahmen veränderst. Erstens legst du fest, welche Position Sketch für den Rahmen benutzen soll. Du wählst, ober er innerhalb der Form, außerhalb der Form oder gleichmäßig inner- und außerhalb der Form positioniert werden soll. Rechts davon ist ein Eingabefeld für die Strichstärke, die dein Rahmen haben soll.

Nur wenn sich Anfangs- und Endpunkt einer Form treffen (geschlossene Form), kannst du die Rahmenposition einstellen. Bei offenen Formen ist der Rahmen immer zentriert.

Diese Einstellungen beeinflussen nicht nur dein Design, sondern sollten auch mit den Entwicklern abgesprochen werden, damit du pixelgenau designst.

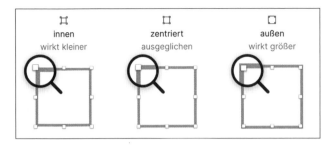

Abbildung 4.66 *Die Rahmenposition wirkt sich aufs Messen und die Größenwahrnehmung aus.*

Rahmen richtig positionieren

Je nach Programmiersprache gibt es für Rahmen unterschiedliche Verhaltens- und Messweisen. Das Sketch-Team selbst empfiehlt, Rahmen an der Innenseite zu positionieren, dann kannst du am zuverlässigsten die Abstände zu anderen Ebenen messen. Prüfe für dein Projekt, wie du vorgehen möchtest.

Wichtig ist, dass Sketch die Rahmenbreite beim Messen ignoriert. Im Box-Modell von CSS wird die Rahmenbreite aber zur Gesamtgröße addiert. So können unterschiedliche Auffassungen entstehen, was das richtige Design ist.

Ganz praktisch relevant wird diese Einstellung zum Beispiel beim Export von Sketch in SVG. In diesem Dateiformat gibt es nur zentrierte Rahmen. Beim Export muss Sketch diese Linien nachzeichnen, damit das Ergebnis genauso aussieht wie auf dem Canvas. Auf dieses Problem angesprochen, sagt Sketch-Co-Gründer Pieter Omvlee im Interview: »*Am Ende muss man auswählen, was für Sketch am besten funktioniert. So können wir den Benutzern helfen, es in ihre spezifischen Umgebungen zu übersetzen.*«

Rahmen individuell anpassen | Mit einem Klick auf das Zahnrad-Symbol findest du vier Optionen, mit denen du Rahmen noch detaillierter steuerst.

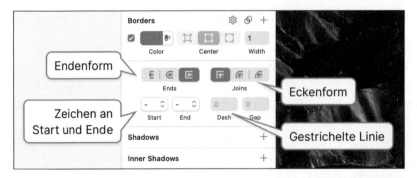

Abbildung 4.67 *Klicke auf das Zahnrad, um Endenform, Eckenform, Zeichen an Start und Ende und eine gestrichelte Linie einzustellen.*

Hier bestimmst du die Endenform, legst also fest, wo die Zeichnung deiner Linie endet: entweder direkt am Vektorpunkt, hinter dem Vektorpunkt oder abgerundet nach dem Vektorpunkt. Direkt daneben stellst du ein, wie die Eckenformen der Verbindungspunkte aussehen. Sketch bietet dir die Optionen eckig, abgerundet oder in der Art einer Fasenverbindung an.

Beim Pfeil-Werkzeug hast du schon gesehen, dass Linien verschiedene End- und Anfangspunkte haben können. Die Einstellungen zu Start und Ende lassen dich diese Zeichen selbst aussuchen. Du hast vier verschiedene Zeichen zur Auswahl, die du in je zwei Varianten vorfindest. Wenn du einen Pfeil zeichnest, ist das Pfeil-Zeichen am Endpunkt bereits ausgewählt. Bei allen anderen Linien und Vektorzeichnungen ist der Standard, kein Zeichen zu zeigen. Die Wahl fällt zwischen Quadrat, Kreis, Dreieck und einem senkrechten Strich.

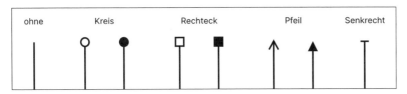

Abbildung 4.68 *Die Endungen für Rahmen: ohne, Kreis, Rechteck, Pfeil und senkrechter Strich*

Rahmen müssen nicht aus einer durchgängigen Linie bestehen, sondern können gestrichelt werden. Mit den Werten **Dash** und **Gap** legst du die genauen Werte dafür fest. **Dash** bestimmt die Menge an Strichen über die gesamte Länge des Rahmens und **Gap** den Abstand zwischen den Strichen.

Dash und Gap

Mit diesen Optionen kannst du eine gepunktete Linie erzeugen. Setze die Linienendung auf **Abgerundet** und den Wert **Dash** auf 0. Mit **Gap** bestimmst du dann die Abstände der Punkte.

4.5.7   Schatten

Sketch unterteilt Schatten zwar in zwei Unterkategorien, in der Bedienung sind sie allerdings genau gleich. Entweder deine Ebene wirft einen Schatten nach außen und erzeugt so den optischen Effekt eines Abstands zum Hintergrund. Oder der Schatten fällt nach innen und bewirkt, dass die Ebene wie eine Vertiefung wirkt.

Um einer neu gezeichneten Form einen Schatten hinzuzufügen, klicke auf das Plus-Icon auf der rechten Seite (siehe Abbildung 4.69). Mit einem Klick auf das Farbfeld wählst du die Farbe und Deckkraft aus. Hierfür öffnet sich der Farbwähler. Wie genau der Schatten aussieht, steuerst du mit den drei Feldern hinter der Farbe. Mit X und Y stellst du die Richtung ein, die der Schatten von der Form abweichen soll. Du darfst auch negative Werte verwenden. Jeder Schatten ist wie ein Verlauf von einer Farbe hin zu keiner Deckkraft. Deswegen musst du nur zwei weitere Werte einstellen: wie stark die Farbe verwischt (**Blur**) und wie viel größer der Schatten als die Form ist (**Spread**).

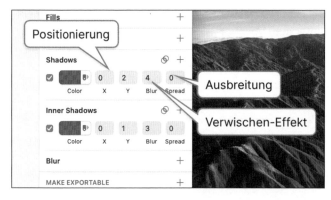

Abbildung 4.69 *Positionierung, Ausbreitung und Verwischen-Effekt – diese drei Einstellungen sind für Schatten und innere Schatten gleich.*

4.5.8   Unschärfe erzeugen mit Blur-Effekten

Ganz unten im Inspector sind die Optionen für Effekte, die deine Ebenen unscharf erscheinen lassen. Für Formen hast du vier verschiedene Effekte zur Auswahl. Als Bitmap eingefügte Bilder sind vom letzten Effekt, dem Background Blur, ausgenommen.

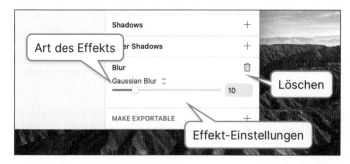

Abbildung 4.70 *Wähle im Inspector den Effekt, und setze die passenden Einstellungen.*

Klicke auf den Namen des aktuellen Effekts, um zu wechseln. Sketch hat vier zur Auswahl: Verschwimmen, Bewegungsunschärfe, Zoom-Unschärfe und Hintergrund-Unschärfe. Die Effekte haben unterschiedliche Einstellungen, die du mit den Slidern einstellst, zum Beispiel, wie stark die Ebene verschwommen sein soll.

Abbildung 4.71 *Vier Unschärfe-Effekte in Sketch kannst du auf eine Ebene anwenden.*

- Der erste Effekt ist Verschwimmen – **Gaussian Blur –**, du kennst ihn vielleicht aus anderen Programmen als »Gaußscher Weichzeichner«. Er bewirkt, dass sich die Pixel in alle Richtungen gleichmäßig ausbreiten und mit den benachbarten Pixeln verschwimmen. Mit dem Schieberegler steuerst du, wie stark verschwommen die Ebene sein soll.

Hintergrundleuchten mit Gaussian Blur

Probiere einmal Folgendes aus. Dupliziere eine Bildebene, und wende auf die im Hintergrund liegende Ebene den Effekt »Verschwimmen« an. Der Schatten wirkt dann realistischer – wie bei einem Fernseher mit Hintergrundbeleuchtung.

- Die Bewegungsunschärfe – **Motion Blur –** lässt alle Bildpunkte der ausgewählten Ebene in eine bestimmte Richtung verschwimmen. Dadurch simuliert Sketch die Bewegung eines Objekts. Du kannst wieder einstellen, wie verschwommen die Auswahl sein soll, und außerdem den Winkel festlegen, in dem die Pixel verändert werden.

- Mit der Zoom-Unschärfe – **Zoom –** nimmt der Grad an Verschwommenheit zu, je weiter die Pixel von einem definierten Punkt entfernt sind. Dadurch erscheint ein Bereich deiner Ebene wie mit starkem Zoom bei einer Kamera. Wieder legst du mit dem Slider fest, wie sehr die Pixel verschwimmen, und mit einem Klick auf **Edit Origin** wählst du den Fokuspunkt aus.

- Die Hintergrund-Unschärfe – **Background Blur –** stellt ein Milchglas nach. Apples Betriebssysteme macOS, iOS und iPadOS verwenden ihn häufig. Er betrifft nicht nur die Ebene selbst, sondern auch die dahinter liegenden Ebenen. Für die besten Ergebnisse sollte die Füllung der Ebene transparent sein und eine helle Farbe haben. Den Grad der Verschwommenheit steuerst du per Slider. Der zweite Regler legt fest, wie stark der Hintergrund an Sättigung verliert.

Effekte und Rechenkapazität

Die Effekte gehören zu den aufwändigsten Aufgaben, die Sketch deinem Mac stellt. Viele großflächig angewendete Effekte können die Arbeitsgeschwindigkeit deutlich senken. Das gilt insbesondere für die Hintergrund-Unschärfe, die viel Prozessorleistung und Arbeitsspeicher erfordert.

4.5.9   Tints – neue Farben für Symbole und Gruppen

Sketch macht es leicht, einer Ebene die richtige Farbe zu geben. Du hast Funktionen wie die gespeicherten oder häufig benutzten Farben im Farbwähler kennengelernt – sie helfen dir beim Designen.

Anders sieht das bei Gruppen und Symbolen aus. Es kann sehr aufwändig sein, sich bis auf die richtige Ebene zu klicken, die Werte anzupassen und den Vorgang dann mehrfach zu wiederholen. Die Lösung für dieses Problem nennt Sketch **Tints** (Einfärben). Es erlaubt dir, für eine Gruppe oder ein Symbol eine einzige Farbe zu setzen und damit alle Farben zu überschreiben. Tints respektieren die Deckkraft der zuvor gesetzten Farbwerte. Wenn du den Tint deaktivierst, kehrst du zur Ursprungsversion zurück.

Abbildung 4.72 *Schon beim Zeichnen kannst du deine Icons für die Verwendung mit Tints optimieren.*

Besonders geeignet sind Tints für einfarbig gestaltete Icons. Mehrfarbige Gruppen und Symbole kannst du mit Tints zwar auch anpassen, aber du solltest prüfen, ob es nicht einen besseren Weg gibt, bei ihnen Farben zu ändern.

Im Inspector sind Tints ziemlich unspektakulär, wenn du mit der Verwendung von Farben vertraut bist. Klicke auf das Plus, um einen Tint hinzuzufügen. Eine Gruppe kann nur eine Farbe als Tint haben, Verläufe oder Bilder sind als Tint nicht möglich.

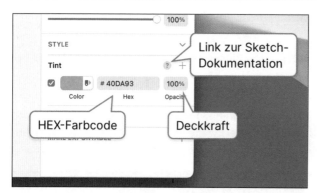

Abbildung 4.73 *Im Inspector sehen Tints genauso aus wie Füllungen. Du findest dort den HEX-Code, die Deckkraft und einen Link zur Sketch-Dokumentation.*

Ansonsten siehst du im Inspector die gleichen Einstellungen wie bei Füllungen. Neben dem Farbfeld steht der HEX-Farbcode und die Deckkraft. Das Fragezeichen-Symbol in der Kopfleiste ist ein Weblink zur Sketch-Dokumentation.

Tints kannst du einfach so auf Symbole anwenden. Standardmäßig überschreiben sie dann alle Farbwerte. Um genauer zu kontrollieren, welche Teile des Symbols ihre Farbe ändern sollen, leg die Einstellung schon in der Symbolvorlage an.

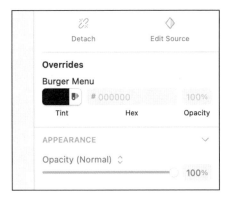

Abbildung 4.74 *Steuere die Tints in einem verschachtelten Symbol.*

4.6   Der Bearbeiten-Modus

Dieser Abschnitt ist der zweite Teil der vierteiligen Reihe rund ums Bearbeiten und Verändern in Sketch. Hier geht es um den Bearbeiten-Modus. Ebenen und Vektorzeichnungen ermöglichen dir, pixelgenaue Veränderungen vorzunehmen, die über Farben und Effekte hinausgehen. Du lernst hier auch die Bildbearbeitung in Sketch kennen.

Sketch ist stark von der Apple-Ästhetik geprägt. In einem Interview sagte Sketch-Co-Gründer Emanuel Sá, dass Sketch sich anfühlen sollte, als sei es von Apple selbst gestaltet und entwickelt worden (»*How would Apple design an app for designers?*« – *Emanuel Sá, Sketch-Co-Gründer*). Eine Software, die von Buttons, Untermenüs und Schaltflächen dominiert wird, passte nicht zu dieser Vision.

Der Bearbeiten-Modus ist die versteckte, zweite Seite des Inspectors. Sie ist nur aktiv, wenn du Vektoren und Bilder bearbeitest. So versucht das Programm, komplexe Vorgänge auf die wichtigsten Bestandteile zu reduzieren und dabei alle Möglichkeiten zu erhalten.

In diesem Abschnitt lernst du, wie der Bearbeiten-Modus funktioniert. Lerne Vektorpunkte zu bewegen und Bilder zu bearbeiten. Dabei kommen auch die kleinen, nützlichen Funktionen nicht zu kurz. Zum Schluss blicken wir noch auf fortgeschrittene Optionen wie das Umwandeln von Pfaden.

4.6.1   Vektoren im Bearbeiten-Modus

In Abschnitt 4.2, »Freies Zeichnen mit Vektoren«, hast du schon die wichtigsten Begriffe zu diesem Thema kennengelernt. Die Kurzfassung ist: Jede Form in Sketch besteht aus Vektorpunkten, die du verändern kannst. Bézier-Griffe kontrollieren an den Punkten, wie die Ebene geformt ist. Der Bearbeiten-Modus gilt für alle Formen und Vektoren gleich. Um den Bearbeiten-Modus zu aktivieren, klicke doppelt auf die Form, oder wähle sie aus und drücke die ⏎-Taste.

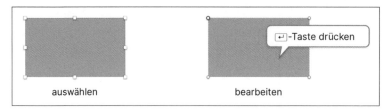

Abbildung 4.75 *Der Unterschied zwischen Auswählen und Bearbeiten ist an den Griffen sichtbar. Eckige bedeuten auswählen, runde bearbeiten.*

Es ist auch möglich, gleichzeitig mehrere Ebenen zu bearbeiten. Triff deine Auswahl, und drücke dann ⏎. Ob du eine Form bearbeitest, siehst du an den runden Vektorpunkten. Eine einfach ausgewählte Ebene zeigt diese Punkte nicht an. Im Inspector siehst du die Eigenschaften des ersten Vektorpunkts, den Sketch automatisch auswählt.

Die folgenden Abschnitte haben viele Gemeinsamkeiten mit dem Verhalten von Ebenen. Beim Auswählen und Bewegen gelten auch viele der hilfreichen Tastenbelegungen. Probiere einfach aus, was du schon aus den vorherigen Kapiteln kennst.

Vektorpunkte auswählen | Dein erster Schritt im Bearbeiten-Modus sollte die richtige Auswahl von Vektorpunkten sein. Dazu kannst du einfach auf einen Punkt klicken. Ausgewählte Punkte heben sich durch eine dunklere Kontur hervor.

Abbildung 4.76 *Jeder ausgewählte Punkt und die angrenzenden Bézier-Griffe erscheinen in deiner Auswahl.*

Klickst du mit gedrückter ⇧-Taste, dann wählst du mehrere Punkte gleichzeitig aus. Genauso gehst du vor, um einen Punkt von der Auswahl zu entfernen. cmd+A wählt alle Punkte in einer Form aus.

Punkte wechseln

Zum nächsten Punkt in einer Form springst du durch Drücken der →-Taste, zum vorherigen Punkt kommst du mit ⇧+→.

Von A nach B: Vektorpunkte bewegen | Nachdem du deine Auswahl getroffen hast, reicht Klicken und Ziehen, um sie neu zu platzieren. Hol dir Unterstützung von deiner Tastatur, und halte beim Ziehen die ⇧-Taste. Die Punkte bleiben dann auf der horizontalen und vertikalen Achse fixiert. Bei gehaltener cmd-Taste blendet Sketch die automatischen Hilfslinien aus.

Ausrichten für Vektorpunkte benutzen | Du kannst deine Punkte auch mit den Ausrichten-Werkzeugen am oberen Rand des Inspectors bewegen. Dadurch gewinnst du noch mehr Genauigkeit und musst nicht selbst die Werte übertragen.

> **Vektorpunkte hinzufügen und entfernen**
>
> Neue Punkte in einer Vektorform geben dir mehr Kontrolle über die Form. Am Anfang ist es leichter, mit vielen Punkten eine Form zu verändern.

Bei einem offenen Pfad hast du bereits einen neuen Punkt am Mauszeiger. Klicken reicht, um ihn hinzuzufügen.

Abbildung 4.77 *Lass dir von der Tastatur helfen, wenn du neue Punkte hinzufügst.*

Fahre bei geschlossenen Formen mit dem Mauszeiger über den Pfad. Sketch zeichnet bereits blau ein, wo der neue Punkt entsteht. Hältst du währenddessen die ⌥-Taste, dann wird Sketch den neuen Punkt auf der Hälfte des Segments zeigen. Es reicht, wenn der Mauszeiger das Segment berührt.

Ein neuer Punkt in einem Segment verändert das Aussehen erstmal nicht. Er nimmt die Bézier-Griffe des bestehenden Pfads auf. Erst wenn du ihn verschiebst, die Griffe ziehst oder anderweitig veränderst, siehst du das auch an der Form. Du kannst Punkte nur entfernen, wenn du sie ausgewählt hast und dann ⌫ drückst. Bézier-Griffe entfernst du auf die gleiche Weise.

Zwei Tipps im Bearbeiten-Modus | Hast du das Gefühl, dass du den Bearbeiten-Modus bereits gut beherrschst? Dann sind hier ein paar kleine Tricks, mit denen du das nächste Design-Level erreichst.

Abbildung 4.78 alt *und* cmd *beim Bearbeiten können dir eine Hilfestellung sein.*

Verschaffe dir erstmal einen besseren Überblick. Alle Bézier-Griffe einer Form siehst du, wenn du die alt-Taste drückst.

Immer zwischen zwei Vektorpunkten hin und her springen, um den Pfad zu bearbeiten, ist aufwändig. Halte cmd, wenn du über ein Segment mit deinem Mauszeiger fährst.

Ziehst du nun das Segment an dieser Stelle, wird es rund gebogen. Damit kannst du mehrere Bézier-Griffe auf einmal bearbeiten. Achte aber darauf, dass deine Änderungen sich auch auf andere Segmente des Pfads übertragen können. Wenn du das nicht möchtest, ändere vorher den Vektorpunkt-Typ.

Wenn du mit allen Änderungen fertig bist, drücke ⏎, und du kannst weiterdesignen wie gewohnt. Im Inspector findest du auch den Button **Finish Editing,** der das Gleiche bewirkt.

4.6.2   Werkzeuge im Bearbeiten-Modus

Für den Bearbeiten-Modus hat Sketch noch zwei Werkzeuge, die dir noch mehr Freiheit beim Designen verschaffen. Es geht um das Transformieren-Werkzeug, das mehrere Punkte gleichzeitig perspektivisch verzerrt, und die Schere, mit der du Segmente aus deinem Pfad entfernst.

Transformieren-Werkzeug | Du hast schon gesehen, wie du einzelne und mehrere Punkte bewegen kannst. Egal in welcher Kombination – bislang konntest du gemeinsam ausgewählte Punkte nur in die gleiche Richtung bewegen. Das Transformieren-Werkzeug geht einen Schritt weiter und erlaubt dir, mehrere Punkt so zu verziehen, dass sie perspektivisch verzerrt wirken.

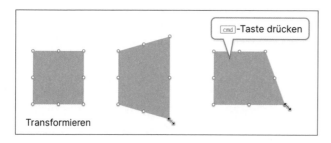

Abbildung 4.79 *Wechsele zum Transformieren-Werkzeug, um mehrere Teile deiner Vektorzeichnung zu verändern.*

Um das Tool zu benutzen, drücke cmd+⇧+T oder klicke in der Menüleiste auf **Layer > Transform > Transform**. Statt acht quadratischer Griffe, wie beim Auswählen einer Ebene, siehst du nun acht Kreise um deine Form, an denen du klicken und ziehen kannst. Klickst und ziehst du nun an einem Griff, dann bewegt sich gleichzeitig die gegenüberliegende Ecke in die entgegengesetzte Richtung. Wenn du nur eine einzige Ecke ziehen möchtest, halte dabei cmd gedrückt.

Scheren-Werkzeug – Segmente entfernen | Zum Verändern einer Form fügst du Punkte hinzu oder entfernst welche. Um Teile deines Pfads neu zu zeichnen, musst du den Pfad öffnen – mit dem Scheren-Werkzeug. Damit entfernst du einzelne Segmente der Form. Danach zeichnest du an der offenen Stelle weiter und veränderst die Form mit einem neuen Abschnitt.

Abbildung 4.80 *Mit dem Scheren-Werkzeug entfernst du einzelne Segmente deiner Form.*

Um die Schere zu benutzen, musst du eine Ebene ausgewählt haben. In der Menüleiste findest du das Werkzeug unter **Layer > Path > Scissors**. Dein Mauszeiger wird zu einer Schere, und die Pfade der Form werden hervorgehoben. Fährst du über ein Segment, erscheint es gestrichelt, mit einem Klick löschst du es.

Reihenfolge eines Pfads umkehren | Sketch behält eine ganz bestimmte Reihenfolge der Vektorpunkte: Es gibt einen Start- und einen Endpunkt. Diese Reihenfolge kannst du umkehren, wenn du auf **Layer > Path > Reverse Order** im Menü klickst. Dabei verändert sich nur die Reihenfolge, die Sketch als Anfang und Ende gespeichert hat – nicht die Position der Vektorpunkte.

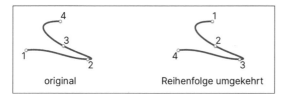

Abbildung 4.81 *Dreh die Reihenfolge der Pfadpunkte um.*

4.6.3 Bearbeiten-Modus für Bilder

Sketch ist kein Bildbearbeitungsprogramm. Ein paar wenige Werkzeuge, um pixelbasierte Dateien zu bearbeiten, gibt es dennoch. Natürlich können sie nicht mit der Komplexität von Profi-Software mithalten. Für schnelles Zuschneiden und Auswählen reicht es aber, und du brauchst kein zweites Programm.

Wie bei Vektoren wechselst du für die Bildbearbeitung per Doppelklick in einen eigenen Bearbeiten-Modus. Oder du drückst ⏎ , wenn du eine Bitmap-Ebene ausgewählt hast.

Eingeschränkte Funktionen

Änderungen im Bearbeiten-Modus können nicht einzeln, sondern nur insgesamt rückgängig gemacht werden. Alle Änderungen überschreiben die Pixel in der Ebene. Wenn du zum Ausgangsbild zurückkehren möchtest, kann das bedeuten, dass du es neu in Sketch einfügen musst.

Werkzeuge für Bildbearbeitung | Wenn du in den Bearbeiten-Modus wechselst, ändert sich die Ansicht deines Bildes im Inspector und auf dem Canvas. Du hast dort jetzt zwei Auswahlwerkzeuge und drei Tools zur Bildbearbeitung.

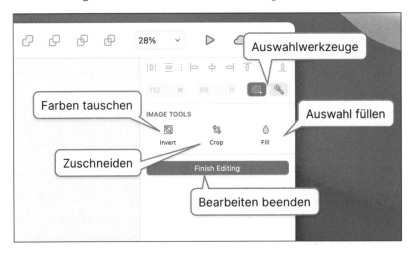

Abbildung 4.82 *Auswahlwerkzeuge und Bildbearbeitungstools*

Es gibt zwei Auswahlwerkzeuge für Bereiche in deinem Bild. Entweder du ziehst mit der Maus einen rechteckigen Bereich auf, oder du benutzt die Auswahl per Zauberstab.

Um etwas mit dem Zauberstab auszuwählen, klicke und ziehe auf einem Pixel. Sketch wird dann alle angrenzenden Pixel mit ähnlichen Farben auswählen. Je weiter du ziehst, desto größer wird die Toleranz gegenüber anderen Farben, die nicht dem ersten markierten Pixel entsprechen.

Du kannst die beiden Werkzeuge auch miteinander kombinieren und zwischen ihnen wechseln. Hältst du die Taste ⟨⇧⟩, fügst du weitere Bereiche zur Auswahl hinzu, mit ⟨alt⟩ ziehst du Bereiche von der Auswahl ab.

Die drei Werkzeuge zur Bildbearbeitung sind **Invert**, **Crop** und **Fill**.

- **Invert:** Dreht die Farben in der Auswahl um. Schwarz wird zu Weiß und umgekehrt.

- **Crop:** Löscht den nicht ausgewählten Bereich.

- **Fill:** Füllt den ausgewählten Bereich mit einer Farbe. Sketch öffnet dafür den Farbwähler.

Mit der Tastatur kannst du noch weitere Befehle ausführen, für die es im Inspector keine Buttons gibt. So funktioniert zum Beispiel Kopieren mit ⟨cmd⟩+⟨C⟩, um den ausgewählten Bereich in die Zwischenablage zu bewegen. Du kannst diesen Bereich dann wieder als neue Ebene einfügen, sobald du den Bearbeiten-Modus mit ⟨esc⟩ verlassen hast. Gleiches gilt für das Ausschneiden mit ⟨cmd⟩+⟨X⟩. Außerdem kannst du den ausgewählten Bereich löschen, wenn du ⟨←⟩ drückst.

4.7   Drehen, Spiegeln und Deckkraft – Einstellungen im Inspector

Nun folgt der dritte Teil der vierteiligen Reihe rund ums Bearbeiten und Verändern von Ebenen in Sketch. Hier findest du die Einstellungen im Inspector zum Drehen, Spiegeln, für Eckenrundung und Deckkraft.

In den vergangenen Abschnitten hast du fast alle Werkzeuge des Inspectors kennengelernt. Erinnern wir uns: Position, Größe, Farben und Ausrichten hast du schon gesehen. Jetzt machst du dein Wissen um den Inspector komplett.

Du lernst vier Werkzeuge kennen, die es dir mit wenigen Klicks ermöglichen, kleine und große Veränderungen an deinem Design zu bewirken. Der Abschnitt ist in folgende vier Werkzeuge unterteilt: Drehen, Spiegeln, Eckenrundung, Deckkraft und Mischmodus.

4.7.1   Drehen

Wie sehr eine Ebene gedreht ist, siehst du im Inspector neben der X- und Y-Position. Neu erstellte Ebenen haben keine Drehung, deswegen siehst du dort den Wert 0°. Trage einen Wert ein, um die Drehung zu erzeugen.

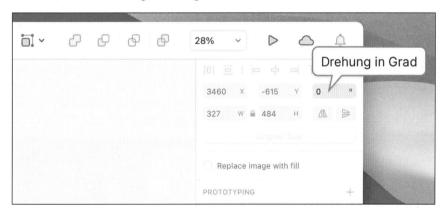

Abbildung 4.83 *Einstellungen für die Drehung*

Du kannst dort Plus- und Minuswerte eingeben. Wenn du einen höheren Wert als 359 eingibst (ein Kreis hat 360°), rechnet Sketch den Wert automatisch um. Es geht aber noch einfacher – mit dem Mauszeiger. Wähle die Ebene aus, und halte die ⌘-Taste. Der Mauszeiger verwandelt sich an den Auswahlgriffen in einen Pfeil. Klicke und zieh daran, um die Ebene zu drehen.

Bei gehaltener ⇧-Taste wird Sketch in Schritten von 15° einrasten. Beide Varianten, ob mit Maus oder im Inspector, haben aber eine Schwäche: Du drehst die Ebene immer um ihren Mittelpunkt.

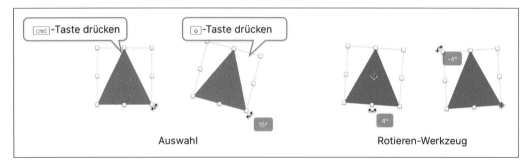

Abbildung 4.84 *Drehen mit der Maus und dem Rotieren-Werkzeug*

Um diesen Punkt zu verschieben, musst du das Rotieren-Werkzeug benutzen. Du findest es in der Menüleiste unter **Layer > Transform > Rotate**. Das Tastaturkürzel ist cmd+⇧+R. Sketch zeigt dir dann die Drehachse als Fadenkreuz in der Mitte der Ebene an. Klicke und ziehe das Fadenkreuz, um die Rotationsachse zu verschieben. Wenn du dich einem der acht quadratischen Griffe näherst, wird es dort einrasten. Du kannst das Fadenkreuz nur mit der Maus steuern.

Wenn du eine Ebene drehst, verbleibt der Auswahlrahmen in der gedrehten Position. Damit Sketch die Drehung beibehält, aber einen neuen Rahmen zieht, benutze **Layer > Combine > Flatten**.

4.7.2   Spiegeln

Der Befehl zum Spiegeln befindet sich im Inspector rechts von den Abmessungen Breite und Höhe. Du kannst alle Ebenen entlang der vertikalen oder horizontalen Linie spiegeln.

Abbildung 4.85 *Einstellungen für das Spiegeln*

Den Befehl zum Spiegeln findest du auch in der Menüleiste unter **Layer > Transform > Flip horizontally/vertically.** Du kannst auch nur durch Klicken und Ziehen mit der Maus eine Ebene spiegeln. Ziehe dafür den rechteckigen Griff auf die gegenüberliegende Seite.

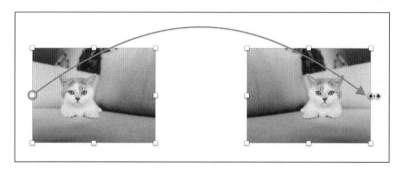

Abbildung 4.86 *Klicken und Ziehen ermöglicht es dir auch, zu spiegeln. Die richtige Größe musst du allerdings selbst finden.*

4.7.3   Eckenrundung

Mit Sketch kannst du jeder Form eine Eckenrundung geben. Ziehe dafür im Inspector am Slider, der mit **Radius** bezeichnet ist.

Abbildung 4.87 *Einstellungen für die Eckenrundung*

Du steuerst so immer die Rundung aller Vektorpunkte gleichzeitig. Wenn du eine genauere Kontrolle haben möchtest, kannst du jeden Punkt einzeln im Bearbeiten-Modus auswählen und die Eckenrundung einstellen.

Sketch reflektiert diese individuellen Einstellungen auch im Inspector. Dort findest du daraufhin die Rundung jedes Vektorpunkts in einer Zeile und durch Semikolon getrennt. Auf diese Weise kannst du auch jeden Punkt individuell steuern. Bewegst du danach wieder den Slider, überschreibt Sketch diese Werte. Wie weit du den Slider ziehen kannst, hängt von deiner Ebene ab: Die maximale Eckenrundung entspricht genau 50 % der kürzesten Seitenlänge.

Sketch kann zwei verschiedene Arten von Eckenrundungen erzeugen. Standardmäßig sind **Round Corners** ausgewählt. Alternativ kannst du auf die von Apple verwendeten **Smooth Corners** umsteigen.

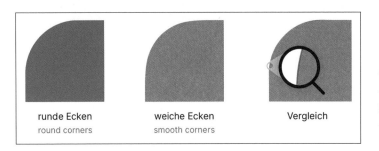

Abbildung 4.88 *Zwei verschiedene Eckenrundungen für Apple (weiche Ecken) und den Rest der Welt*

Der Unterschied ist die Berechnung und ein etwas weicher wirkendes Erscheinungsbild, das Rechteck wirkt nicht mehr so künstlich. Außerhalb der Apple-Welt sind diese Eckenrundungen allerdings noch kompliziert umzusetzen, weswegen sie dort selten benutzt werden.

Weiterführender Artikel

Für alle, die mehr über die Hintergründe von abgerundeten Rechtecken wissen möchten, hat Daniel Furse den Artikel »Desperately seeking squircles« (*https://www.figma.com/blog/desperately-seeking-squircles/*) geschrieben.

4.7.4   Deckkraft und Mischmodus

Nicht nur die Farben selbst haben eine Deckkraft und einen Mischmodus. Auch für die ganze Ebene kannst du eine solche Einstellung setzen. Du findest die Optionen dafür im Inspector bei **Appearance** unter der Auswahl des Ebenenstils.

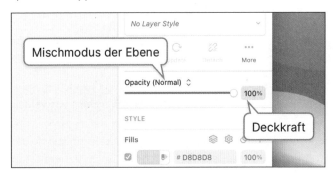

Abbildung 4.89 *Einstellungen für Deckkraft und Mischmodus*

Mit einem Klick auf **Opacity** öffnen sich die verschiedenen Mischmodi. Du hast sie schon in Abschnitt 4.5, »Farben, Schatten und Effekte«, kennengelernt. Kurzgesagt berechnen sie neue Farbwerte auf Basis einer Formel, die du auswählst. Zum Beispiel wird bei **Lighten** nur das hellere Pixel angezeigt. Um die Deckkraft zu steuern, ziehe den Slider, und der Wert passt sich an.

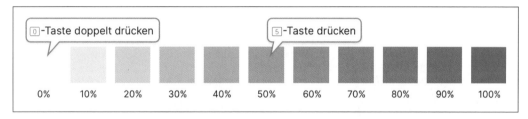

Abbildung 4.90 *Ändere die Deckkraft deiner Ebene mit einem Tastendruck.*

Wenn du diesen Wert häufig änderst, dann könnte es sich lohnen, die Tastenkürzel dafür zu kennen. Drücke eine der Tasten ⎡1⎤ bis ⎡0⎤, um die Deckkraft der ausgewählten Ebene mit der Tastatur zu steuern. Dabei steht jeder Wert für die Prozentzahl der Deckkraft (⎡2⎤ = 20 % Deckkraft). Bei Druck auf ⎡0⎤ springt der Wert auf 100 %. Du kannst die Tasten auch schnell hintereinander kombinieren, zum Beispiel ⎡9⎤ und ⎡5⎤ für 95 % Deckkraft. Drückst du zweimal schnell hintereinander ⎡0⎤, setzt Sketch den Wert auf 0 %. Die Ebene ist dann unsichtbar.

4.8   Maskieren, Kombinieren, Umwandeln – Werkzeuge für Ebenen

Dieser Abschnitt ist der letzte Teil der vierteiligen Reihe rund ums Bearbeiten und Verändern in Sketch. Hier blicken wir auf Werkzeuge zum Bearbeiten wie das Maskieren, boolesche Operatoren und die Möglichkeiten, Elemente zu duplizieren.

Lass uns noch über vier Werkzeuge sprechen, die du gut gebrauchen kannst, wenn du Ebenen die gewünschte Form verpassen möchtest. Mit Maskieren zum Beispiel kannst du die Sicht auf Ebenen verändern. Nur die Bereiche, die deine Maske freigibt, sind sichtbar. Duplizieren und Anordnen machen es einfach, viele neue Ebenen mit gleichmäßigem Abstand zu platzieren. Die booleschen Operatoren erlauben es dir, Ebenen miteinander zu einer neuen Form zu verschmelzen. So kannst du aus einfachen Formen komplexe Gebilde machen – zum Beispiel bei Icons und Illustrationen. Zuletzt liest du noch etwas über die beiden Befehle zum Umwandeln in Vektoren, Pfade und Bilder.

4.8.1   Maskieren

Masken sind ein beliebtes Mittel, um nur die relevanten Bereiche eines Bildes sichtbar zu machen. Du wählst dafür eine Ebene aus, die wie bei einer Schablone nur Ausschnitte der anderen Ebenen sichtbar macht.

Um in Sketch aus einer Ebene eine neue Maske zu erstellen, wählst du zwei oder mehr Ebenen aus und klickst in der Werkzeugleiste auf das Bearbeiten-Icon und dann auf **Mask**. Du findest diesen Befehl auch unter **Layer > Mask > Mask with selected shape** in der Menüleiste.

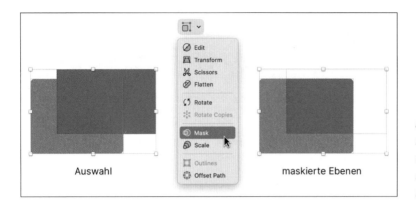

Auswahl

maskierte Ebenen

Abbildung 4.91
*Ebenen auswählen
und mit einem Klick
in der Werkzeug-
leiste maskieren*

Sketch erstellt dann eine Gruppe, in der es beide Ebenen ablegt. Die Ebene im Hintergrund ist dann die Maske und beschneidet den sichtbaren Bereich der darüber liegenden Ebenen. Hier kannst du das Prinzip, nach dem Masken funktionieren, auch schon sehr gut sehen. Alle Ebenen, die in der Ebenenliste über der Maske stehen, beziehen sich auf die Maske. Sie zeigen in der Ebenenliste einen Pfeil nach unten und weisen damit auf die Maske hin.

Außerdem hat sich das Icon der Maske in der Ebenenliste verändert. Es zeigt jetzt nur noch einen grauen Rahmen an und keine Füllung mehr. Der Name ist automatisch auf **Mask** geändert worden.

Abbildung 4.92 *Achte auf die
Veränderungen in der Ebenenliste, wenn du eine Maske
erstellst.*

Grundsätzlich gilt: Masken liegen im Hintergrund und wirken sich auf alle Ebenen im Vordergrund aus. Die Wirkung ist auf eine Gruppe oder ein Artboard beschränkt. Wenn du eine Ebene nachträglich vor eine Maske schiebst, wird auch sie davon erfasst. Du kannst für Ebenen einstellen, dass sie Masken ignorieren sollen. Klicke dafür auf **Layer > Mask > Ignore underlying Mask**.

Das Programm deaktiviert Rahmen und Schatten, wenn eine Ebene zur Maske wird. Zum Reaktivieren klicke das Kästchen vor den betroffenen Feldern an. Dieser Vorgang hat keinen Einfluss auf die Funktion als Maske.

Oben hast du gelesen, dass es mehrere Wege gibt, eine Maske zu erstellen. Wähle eine Ebene aus, und klicke **Layer > Mask > Use as Mask**. Die Ebene wird dann zur Maske, ohne einen Ordner zu erstellen, und alle darüber liegenden Ebenen sind von ihr betroffen. Die Tastenkombination dafür ist [cmd]+[ctrl]+[M].

Alpha-Masken in Sketch | Normale Masken legen sich über die bestehenden Elemente wie eine Schablone, aber kontrollieren nicht das Aussehen der maskierten Ebenen. Alpha-Masken können genau diese Kontrolle ausüben und die Deckkraft aller maskierten Ebenen beeinflussen.

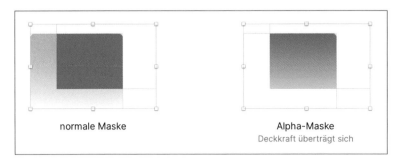

normale Maske

Alpha-Maske
Deckkraft überträgt sich

Abbildung 4.93 Bei einer Alphamaske übernimmt der maskierte Bereich die Deckkraft der Maske.

Die Deckkraft der Füllung entscheidet, wie die darunter liegende Ebene aussieht. Interessant ist das zum Beispiel bei einem Verlauf, der sich dann auf die maskierten Ebenen auswirkt. Um eine Alpha-Maske zu erstellen, gehe genauso vor wie beim Erstellen einer normalen Maske, und wähle dann **Layer > Mask > Mask Mode > Alpha Mask**.

Maskieren in der Praxis | In den vorherigen Abschnitten hast du immer gesehen, wie einfach es mit Sketch ist, die Formen so zu bearbeiten, wie du willst. Damit du die Vorteile des Maskierens selbst sehen kannst, wenden wir hier gemeinsam die Funktion an. Zusammen gestalten wir ein Fotoalbum in Sketch. Probiere in sechs Schritten die Maskieren-Funktion von Sketch aus. Die Stärken des Maskierens siehst du besonders im letzten Schritt, wenn du die Bilder frei in der Maske positionierst.

SCHRITT FÜR SCHRITT
Ein Fotoalbum erstellen

1 Vorbereitung: Ebenen erstellen
Dafür erstellst du erst einmal vier Ebenen, die du als Rahmen für die Bilder benutzt. Drücke [U], um vier Rechtecke mit abgerundeten Ecken zu erstellen. Die Größen kannst du selbst wählen; in dem Beispiel benutzt du Abmessungen von 78 × 62 und 73 × 91.

2 Bilder einfügen
Jetzt suchst du ein paar Fotos aus. Im Beispiel sind es Bilder von Unsplash, einer Plattform für kostenlose Bilder. Du fügst sie bei Sketch hinzu und klickst dafür **Insert > Image**. Passe bei Bedarf die Bildabmessungen an.

3 Bilder maskieren

Positioniere ein Bild über einem der Rechtecke. Markiere dann beide Ebenen, und klicke auf **Mask** in der Werkzeugleiste. Die beiden Ebenen werden in einer Gruppe zusammengefasst, und die im Hintergrund liegende Form ist die Maske für das Bild. Wiederhole den letzten Schritt für jedes Bild mit einer anderen Ebene.

4 Platzieren und verändern

Wenn dir ein Bildausschnitt nicht gefällt, ist es dank der Maskieren-Funktion einfach, die Maske oder das Bild zu verändern. Öffne dafür in der Ebenenliste die Gruppe, und wähle das Bild aus. Positioniere es neu, oder verändere die Größe, um den Ausschnitt zu ändern.

Auch die Maske kannst du bearbeiten, zum Beispiel die Abmessungen oder die Eckenrundung des Rechtecks.

5 Persönliche Anpassungen

Der letzte Schritt zu deinem fertigen Fotoalbum sind noch deine persönlichen Anpassungen an den Bildern oder Masken.

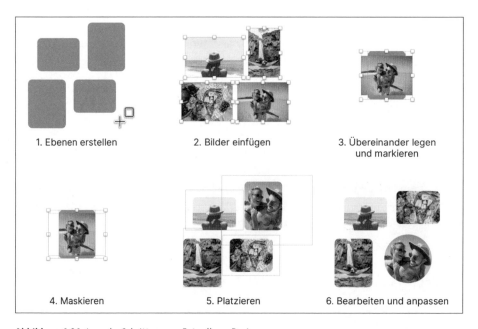

Abbildung 4.94 *In sechs Schritten zum Fotoalbum-Design*

4.8.2 Formen kombinieren mit booleschen Operatoren

Informatik, Logik und Design kommen spätestens zusammen, wenn du boolesche Operatoren benutzt, um Formen miteinander zu kombinieren. Sie leiten sich aus der booleschen Algebra ab, die 1847 von George Boole begründet wurde. Vielleicht kennst du sie auch als

Helfer bei Suchmaschinen: UND, ODER, NICHT. In Sketch verbinden sie einfach nur zwei oder mehr Ebenen miteinander und bilden so eine neue Form.

Eine neue Formenkombination erzeugst du, indem du zwei oder mehr Ebenen auswählst und in der Menüleiste auf eine der Optionen hinter **Layer > Combine >** ... klickst.

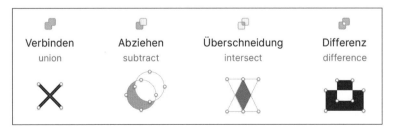

Abbildung 4.95 *Die vier booleschen Operatoren können einfache und komplizierte Formen herstellen.*

Die booleschen Operatoren gehören auch zum Standardset in der Werkzeugleiste. Dort siehst du die Optionen nochmal visuell dargestellt.

- Verbinden – **Union**: Erstellt eine neue Form, indem es beide Ebenen addiert.
- Abziehen – **Subtract**: Die obere Ebene wird von der unteren abgezogen.
- Überschneidung – **Intersect**: Der gemeinsame Bereich bildet die neue Form.
- Differenz – **Difference**: Die neue Form sind alle sich nicht überschneidenden Bereiche.

Das Ergebnis daraus fasst Sketch dann in der Ebenenliste als **Combined Shape** zusammen. Alle einzelnen Formen bleiben dabei erhalten. Nachträgliche Änderungen an der Vektorform sind kein Problem, jeder Punkt ist weiterhin erreichbar.

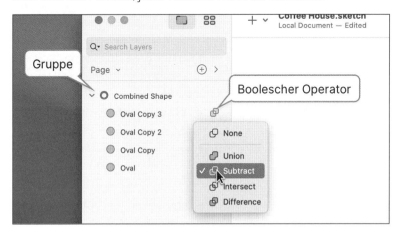

Abbildung 4.96 *In der Ebenenliste sind kombinierte Formen als Gruppe sichtbar.*

Operatoren werden immer von Vordergrund nach Hintergrund (von oben nach unten in der Ebenenliste) angewendet. So entscheidet die Reihenfolge in der Liste mit über das Aussehen. Du kannst den Operator nachträglich in der Ebenenliste ändern. Klicke in der Ebenenliste rechts auf das Icon, das den aktuellen Operator anzeigt. Es öffnet sich ein Kontextmenü mit den verfügbaren Optionen. Du kannst durch Klicken und Ziehen auch andere Ebenen dieser Form hinzufügen. Sie bekommen dann auch einen Operator.

Dir war das zu einfach? Es geht auch noch komplexer – die Formen kannst du beliebig tief ineinander verschachteln und diese wieder kombinieren. Um eine kombinierte Form aufzulösen, klicke auf die höchste Ebene und drücke [cmd]+[⇧]+[G] oder wähle **Arrange > Ungroup** in der Menüleiste. In Abschnitt 8.4, »Icons und Illustrationen«, gibt es vier ausführliche Praxisanleitungen zu Vektorzeichnungen und booleschen Operatoren.

4.8.3 Formen zusammenfassen und Außenlinien nachzeichnen

Wenn du fertig mit der Bearbeitung deiner Vektoren und Formen bist, kann Sketch die Zeichnung umwandeln. Dafür gibt es zwei unterschiedliche Werkzeuge, die fast die gleiche Funktion haben, es kann also ein bisschen schwierig sein, sie auseinanderzuhalten.

Erinnerst du dich an Abschnitt 4.2, »Freies Zeichnen mit Vektoren«? Dort ist erklärt, wie Sketch Formen und Pfade zeichnet. Die Begriffe und Details sind hier noch einmal wichtig; wenn du möchtest, schlage dort noch einmal nach.

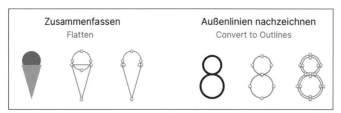

Abbildung 4.97 *Die beiden Möglichkeiten, eine Zeichnung umzuwandeln, sind **Flatten** und **Convert to Outlines**.*

Das erste Werkzeug **Layer > Combine > Flatten** wandelt eine Auswahl in eine Form um, zum Beispiel eine der kombinierten Formen aus dem obigen Kapitel. Die einzelnen Bestandteile werden gelöscht und die Außenlinien automatisch mit den richtigen Vektorpunkten gezeichnet. Du kannst nur geschlossene Formen so zusammenfassen.

Mit dem zweiten Werkzeug **Convert to Outlines** zeichnet Sketch an den sichtbaren Pixeln einer Form entlang. Wenn du zum Beispiel einen Rahmen umwandelst, dann siehst du nicht mehr eine Pfadlinie. Sketch hat dann zwei Formen erstellt und sie automatisch kombiniert.

Formen in Bild umwandeln | Alle Formen in Sketch sind vektorbasiert, du kannst sie aber auch in ein pixelbasiertes Bild umwandeln. Dann ist die Ebene nicht mehr als Vektor verfügbar, sondern liegt als Bitmap vor. Wähle dafür **Layer > Flatten Section to Bitmap**. Die Ebene ist dann als Bild in der Ebenenliste gelistet.

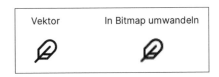

Abbildung 4.98 *Wenn du möchtest, wandele deine Vektoren in ein Bitmap um.*

4.8.4   Duplizieren und Anordnen

In Abschnitt 3.1, »Ebenen«, konntest du schon über die Funktionen Kopieren, Einfügen und Duplizieren lesen. In Sketch findest du zwei weitere Werkzeuge, die noch etwas mehr können. Sie helfen dir, schnell viele Kopien zu erstellen und im gleichen Schritt anzuordnen.

Abbildung 4.99 *Viele Kopien einer Ebene im Kreis oder als Raster anordnen – dafür hat Sketch zwei Werkzeuge parat.*

Als Grid anordnen | Die erste Möglichkeit, ein Element gleich mehrfach zu kopieren und anzuordnen, heißt **Make Grid**. Dieses Werkzeug erlaubt dir, die ausgewählte Ebene in mehreren Zeilen und Spalten anzuordnen. Wenn du es in der Menüleiste unter **Arrange > Make Grid** ausgewählt hast, öffnet Sketch ein Dialogfenster mit vier Eingabefeldern, die das Grid definieren.

Abbildung 4.100 *Dupliziere und verteile Ebenen gleichmäßig auf dem Canvas.*

Du kannst steuern, wie viele Zeilen und Spalten dein Grid haben soll und welchen Abstand Sketch zum nächsten Element dafür berechnet. Es muss mindestens eine Zeile bzw. Spalte haben. Die Menge an Spalten und Zeilen zählt Sketch inklusive des ausgewählten Objekts. Trägst du also zwei Spalten ein, erstellt das Programm eine weitere Spalte.

Wenn du mehr als zwei Ebenen ausgewählt hast, wird Sketch aus den bestehenden Ebenen ein Grid nach deinen Anweisungen bauen. Du findest dann eine Option **Duplicate layers to fill missing cells**. Sie füllt die fehlenden Zellen im Grid mit der Ebene auf, die am weitesten links steht.

Im Kreis anordnen | Wenn du eine Ebene im Kreis anordnest, dann wird Sketch mehrere Duplikate deiner Ebene erstellen und sie um einen Mittelpunkt drehen. Du kannst dieses Werkzeug nur benutzen, wenn du eine einzige Ebene ausgewählt hast.

Klicke in der Menüleiste auf **Layer > Path > Rotate Copies,** um das Dialogfenster zu öffnen. Hier legst du die Zahl der Ebenen fest, die du noch hinzufügen möchtest.

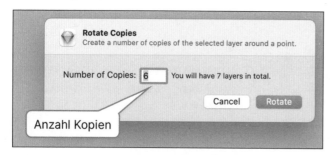

Abbildung 4.101 *Rotate Copies*

Dupliziere eine Ebene, und drehe die Kopien um einen Mittelpunkt. Daraufhin errechnet Sketch die Drehungen und die Anordnung der Ebenen. Du kannst sie nun einmalig beeinflussen, indem du den Mittelpunkt anklickst und ziehst. Sobald du ⏎ oder esc drückst oder eine andere Ebene auswählst, kannst du die Anordnung nicht mehr durch Verschieben des Mittelpunkts verändern. Jedes Element ist dann eine eigenständige Ebene.

Kapitel 5
Die Powerfunktionen von Sketch

Was macht Sketch zur ersten Wahl für digitale Produktdesigner? Funktioniert alles magischerweise automatisch? Ganz so einfach ist es nicht. Als Erstes unterstützt Sketch dich dabei, schneller und effizienter Entscheidungen zu treffen, aber das machen andere Tools auch.

Dieses Kapitel heißt »Power-Funktionen«, weil alle Werkzeuge und Funktionen, die du hier kennenlernst, Sketch von herkömmlicher Software unterscheiden. Sie machen deutlich, dass es sich bei Sketch um eine neue Generation von Design-App handelt. Sie unterstützen dich auf neue Weise bei zuvor arbeitsintensiven und langwierigen Routinen. Sketch macht die schwierigen Aufgaben leichter und ist für ein effektives Design-Team konzipiert, entwickelt und designt.

Die Power-Funktionen sind acht verschiedene Tools aus allen Bereichen. Stile und Symbole sind wiederverwendbare Objekte, die du im Dokument oder als separate Library-Datei speichern kannst. Das Exportieren-Werkzeug und die Data-Funktion sind klar aufgebaut und verleihen dir Superkräfte, wenn du deine Ideen teilst und mit echten Daten füllst. Um deine Ideen zu präsentieren, baust du schnell einen Prototyp und lädst ihn in die Sketch Cloud hoch, damit alle deine Arbeit sehen können. Bevor das Design fertig ist, geben dir Assistants weitere Hinweise auf Verbesserungen.

5.1   Stile für Ebenen und Texte

Als Designer kennst du bestimmt Fragen wie: »Kannst du mal schnell die Schrift überall ändern?«, oder: »Ist es schlimm, wenn wir den Rahmen doch wieder wie am Anfang machen?« Viele Designer waren schon in dieser Situation und wussten sofort, dass diese Frage viel Arbeit bedeutet. Einige Überstunden und Nachtschichten haben hier ihren Anfang genommen. Mit Sketch muss das nicht sein.

In diesem Abschnitt lernst du, Stile zu erstellen und erfährst, wie du alles aus Ebenen- und Textstilen rausholst. In der Handhabung unterscheiden sich die beiden Stilarten für Ebenen und Texte kaum, deswegen kann man sie in einem Kapitel gemeinsam behandeln.

Ebenen- und Textstile speichern die Eigenschaften deiner Ebene und machen sie in wenigen Klicks für andere Ebenen verfügbar. Der gespeicherte Stil steuert das Aussehen aller Elemente, die mit ihm verknüpft sind. So kannst du schnell hunderte oder tausende Elemente in deinem Design mit einem Klick verändern. Eine neue Schriftart oder neue Farbe ist so kein Problem.

Der Stil hinterlegt alle Einstellungen, die du im Inspector im Abschnitt »Appearance« findest. Dazu gehören Farben, Schatten, Verläufe und Typografie. Stile gelten nur für das Dokument, in dem sie gespeichert sind. Aber wenn du sie über Libraries (Abschnitt 5.3) mit anderen teilst, sorgen sie für ein einheitliches Aussehen auch über Dokumente hinweg.

Stile können darüber hinaus auch eine wichtige Rolle für das Aussehen von Symbolen (Abschnitt 5.2) spielen.

5.1.1   Einen neuen Stil erstellen

Wähle eine Ebene aus und klicke im Inspector im Bereich **Appearance** auf das Feld **Create**. Schon hast du einen neuen Stil erstellt, das Aussehen wurde im Dokument gespeichert. Alle gezeichneten Formen und alle Gruppen können Ebenenstile haben, Textstile übertragen sich nur auf Textebenen.

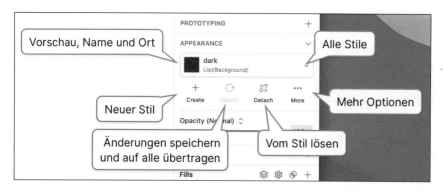

Abbildung 5.1 *Die Optionen und Schaltflächen für Stile im Inspector*

Erstellst du einen neuen Stil, dann ist der Ebenenname automatisch auch der Name deines Stils. Nachdem du den Stil benannt hast, siehst du in der Zeile eine kleine Vorschau des Stils, seinen Namen und den Pfad. Wie in einer Ordnerstruktur kannst du deine Stile mit »/« verschachteln. Alles, was vor dem letzten Schrägstrich steht, zeigt Sketch als kleinen Text unter dem Stilnamen.

Angenommen, du änderst etwas an der Ebene – zum Beispiel die Farbe. Dann wird Sketch den Namen des Stils kursiv setzen und ein * am Ende des Namens zeigen. Damit ist die Ebene weiterhin mit dem Stil verknüpft, aber als Abweichung gekennzeichnet. Weicht ein Stil von seiner Vorlage ab, dann wird er bei der nächsten Aktualisierung auf die Vorlage zurückgesetzt.

Klicke auf den Button **Update,** um die Abweichung in diesem Stil zu speichern und alle anderen Ebenen, die auch denselben Stil haben, mit den Änderungen zu aktualisieren. Klickst du auf **Create**, wird aus der Abweichung ein neuer Stil.

Die Ebene kannst du auch vom Stil lösen. Dann geht die zentrale Steuerung verloren, ihr Aussehen behält sie aber bei.

Bei **More** öffnet sich ein Kontextmenü: Dort benennst du den Stil um oder setzt das Aussehen auf die gespeicherten Werte zurück, wenn der Stil abweicht. Wenn der Stil aus einer Library stammt, zeigt dir das Programm auch einen Link zur Library.

Was ist in einem Stil gespeichert? | Pauschal kann man sagen, dass alle Informationen, die im Inspector unter dem Eintrag **Appearance** gelistet sind, auch im Stil gespeichert werden. Das umfasst die Deckkraft und den Mischmodus der Ebene. Wenn du einen Textstil anlegst, dann speichert Sketch auch die Einstellungen aus dem Inspector-Abschnitt **Text** im Stil ab. Das entspricht allen Einstellungen, die auch in Abschnitt 4.3, »Das Text-Werkzeug«, erklärt wurden.

Das bedeutet aber auch, dass ein paar wichtige Einstellungen nicht in Stilen gespeichert werden – zum Beispiel Abmessungen und die Position auf dem Canvas, der Radius für die Eckenrundung oder Informationen zum Prototyping.

Stile auf Ebenen anwenden | Es ist sehr einfach, einen Stil anzuwenden. Wähle eine oder mehrere Ebenen aus, und klicke dann im Inspector auf die Schaltfläche **No Text Style** (beziehungsweise **No Layer Style**), um ein Dropdown-Menü zu öffnen.

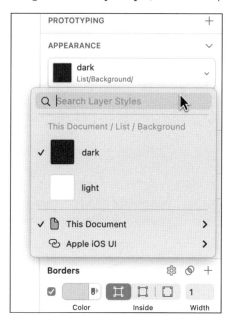

Abbildung 5.2 *Du kannst die Stile durchsuchen oder dich durch das Menü klicken.*

Sketch präsentiert dir alle Stile deines Dokuments und alle Libraries mit Stilen. Wenn du jetzt tippst, dann durchsucht Sketch alle Stilnamen und zeigt dir die relevantesten Treffer. Oder du klickst dich durch das Menü und wendest mit dem letzten Klick den Stil auf deine Auswahl an. Alle gespeicherten Eigenschaften übertragen sich.

Genauso gehst du vor, wenn du einen anderen Stil auf die ausgewählten Ebenen anwenden möchtest.

Auf Gruppen kannst du nicht alle Eigenschaften eines Ebenenstils übertragen. Sketch berücksichtigt nur die Darstellungsoptionen Deckkraft (**Opacity**) und Schatten (**Shadows**).

Stile mit anderen Designern teilen | Stile vereinheitlichen dein Design und ordnen das Durcheinander aus verschiedenen Schriften, Farben und Einstellungen. Um sie als Grundlagen deiner Designs zu nutzen, solltest du sie über Dokumente hinweg synchronisieren. Dafür gibt es Libraries, sie sammeln Symbole und Stile und stellen sie allen Sketch-Dokumenten zur Verfügung.

Wenn du deine Stile unabhängig von einem Sketch-Dokument speichern möchtest, brauchst du ein Sketch-Plugin, das sie dir exportiert.

5.2   Symbole – wiederverwendbare Objekte

Ein Programm ist wie ein Werkzeug – es hilft dir, ein Problem zu lösen oder eine Aufgabe zu erledigen. So wie ein Pinsel dir hilft, ein Bild zu malen, unterstützt dich Sketch dabei, deine Kreativität auszuleben. Ein gutes Werkzeug steht nicht zwischen Idee und Ergebnis, sondern macht dich besser beim Lösen des Problems. Symbole sind ein gutes Beispiel dafür, wie Sketch dir hilft, ein Problem schnell, einfach und dauerhaft zu lösen.

Sketch macht dich mit Symbolen zu einem effizienteren Designer. In diesem Abschnitt lernst du sie Schritt für Schritt kennen, erstellst und bearbeitest sie. Du lernst, sie mit Variablen auszustatten und zu überschreiben. Diese *Overrides* genannte Funktion kann auch die Größe des Symbols beeinflussen. Dafür benutzt du die Einstellungen von Smart Layout.

5.2.1   Symbole kurz erklärt

Angenommen, du benutzt Sketch, um eine Website oder deine erste App zu gestalten. Dabei gibt es Elemente, die du immer wieder brauchst, zum Beispiel die Kopfzeile (Header), die klassischerweise ein Menü, eine Überschrift oder ein Logo zeigt. Stell dir vor, du planst, sie auf jedem Artboard einzusetzen.

Abbildung 5.3 *Die Menüleiste in einem Design könnte dein erstes Symbol sein.*

Es wäre aufwändig, jedes Mal wieder diese Leiste anzulegen. Und weil es jedes Mal das gleiche Element ist, möchtest du Änderungen später nicht in mühevoller Kleinarbeit auf jedes Artboard übertragen. Stattdessen helfen dir Symbole bei diesen Aufgaben.

Merke: Symbole fassen Objekte in deinem Design zusammen und speichern sie.

Zwischen dem gespeicherten und dem wiederverwendeten Objekt besteht eine Beziehung. Das Symbol ist zweigeteilt in eine Vorlage und die Instanzen. Wenn sich etwas an der Vorlage ändert, dann überträgt sie sich auf alle Kopien.

Abbildung 5.4 *Die Vorlage steuert das Aussehen der Symbolinstanzen.*

Symbole müssen nicht alle gleich aussehen, aber dazu später mehr. Lass uns ein Symbol erstellen und benutzen, damit die Verwendung direkt klar ist.

SCHRITT FÜR SCHRITT
Ein Symbol erstellen und verwenden

Ein einfaches Beispiel für ein Symbol ist ein Button mit Text. Er besteht aus einem Rechteck und einem darauf zentrierten Text. Wähle das Rechteck-Werkzeug [R], klicke und ziehe auf dem Canvas, und erstelle eine neue Ebene. In dem Beispiel hat sie die Abmessungen 191 × 60. Drücke dann [T], um das Text-Werkzeug auszuwählen, und klicke einmal in das Rechteck. Sketch erstellt eine Textebene mit »Type something«, die du mittig platzierst.

Abbildung 5.5 *Erstelle und markiere die Elemente für dein Symbol.*

Um ein Symbol zu erstellen, wähle beide Ebenen aus, und klicke auf **Layer > Create Symbol** oder drücke [cmd]+[Y].

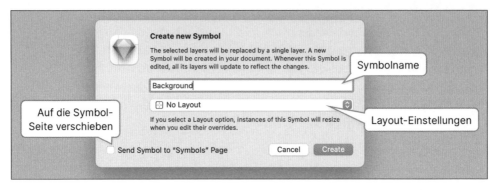

Abbildung 5.6 *Markiere die Ebenen, die du als Symbol zusammenfassen möchtest. Erstelle ein Symbol mit* **Create Symbol***.*

Es öffnet sich ein Dialogfenster, das dich darum bittet, das neue Symbol zu benennen. Versuche immer, möglichst genau und kurz zu beschreiben, um was für ein Objekt es sich handelt. Darunter siehst du ein Dropdown-Menü, in dem du Layout-Einstellungen setzen kannst. Mehr dazu liest du später in diesem Abschnitt unter »Smart Layout – automatische Größenanpassung«.

In der Ecke links unten aktivierst du die Option, dass dieses Symbol auf einer eigenen Seite gespeichert werden soll. Die Symbole-Seite sammelt alle Symbole und hält dadurch dein Design ordentlicher. Mit einem Klick auf **Create** hast du das Symbol gespeichert und kannst es jetzt verwenden.

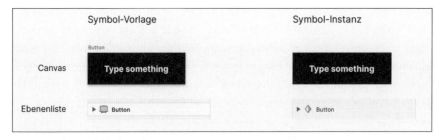

Abbildung 5.7 *Symbolvorlage und -instanz unterscheiden sich in kleinen Details bei der Darstellung auf dem Canvas.*

5.2.2   Handhabung und Einfügen von Symbolen

Alle gespeicherten Symbole findest du im Menü **Insert > Symbols** mit Namen aufgelistet. Klicke auf einen Eintrag, um das Symbol zu platzieren. Wenn du im Symbolnamen einen Schrägstrich (/) verwendest, dann verschachtelt Sketch das Menü, sofern mehr als eine Variante in diesem Pfad verfügbar ist. Die Instanz »klebt« dann an deinem Mauszeiger. Mit einem weiteren Klick auf dem Canvas fügst du die neue Instanz deinem Design hinzu.

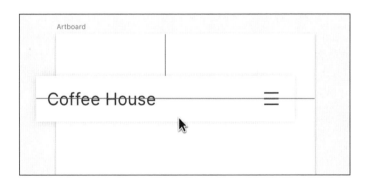

Abbildung 5.8 *Das Symbol klebt an deinem Mauszeiger, bis du es durch Klicken platzierst. Die roten Hilfslinien helfen dir dabei.*

Symbole bleiben mit ihrer Vorlage verknüpft, wenn du sie duplizierst, kopierst und wieder in deinem Dokument einfügst. Kopierst du ein Symbol und setzt es in ein neues Sketch-Dokument ein, wird Sketch dir automatisch ein neues Symbol dort anlegen.

Wenn du eine Instanz verkleinern und vergrößern möchtest, ziehe an den eckigen Griffen. Sie verhält sich wie eine Gruppe. Für einen solchen Fall solltest du die Resizing-Optionen (Abschnitt 3.9, »Resizing – ein Design für alle Geräte«) einstellen.

Mit einem Doppelklick auf die Instanz springst du zur Vorlage des Symbols. Das Verhalten eines Symbols weicht hier etwas ab; dort würde ein Doppelklick die Bearbeiten-Optionen im Inspector anzeigen. Wenn du etwas am Aussehen ändern möchtest, dann musst du die Vorlage bearbeiten.

Symbole verschachteln | Symbole miteinander zu verschachteln bedeutet, dass ein Symbol Teil eines anderen Symbols ist. Wie eine Box in einer Box oder das Kinderspielzeug Matrjoschka. Jedes Update des verschachtelten Symbols spiegelt sich dann auch in den Instanzen wider. Ein verschachteltes Symbol erzeugst du, indem du eine Instanz in eine Vorlage einfügst – oder wenn du mehrere Vorlagen markierst und aus ihnen ein neues Symbol erstellst. Du kannst Symbole so tief ineinander verschachteln, wie du willst.

Abbildung 5.9 *Auf der **Symbols**-Seite siehst du, dass eine Instanz des Menu-Symbols in der Menüleiste eingefügt ist.*

Symbole löschen | Wähle eine Instanz aus, und drücke die Taste ⌫. Sketch entfernt sie vom Canvas und aus der Ebenenliste, wie eine normale Ebene. Wenn du ein Symbol komplett löschen möchtest, dann drücke bei ausgewählter Symbolvorlage die Taste ⌫. Das Programm weist dich darauf hin, dass Instanzen dann nicht mehr mit dieser Vorlage verknüpft sind und in Gruppen umgewandelt werden. Es gibt keinen Befehl, um sowohl die Instanzen als auch die Vorlage gemeinsam zu löschen.

5.2.3   Symbole im Inspector

Weil Symbole in Vorlage und Instanz zweigeteilt sind, gibt es auch zwei verschiedene Ansichten bei den Einstellungen im Inspector. Als erstes siehst du die Einstellungen für Instanzen, danach die für Vorlagen.

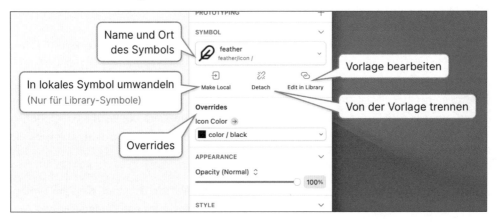

Abbildung 5.10 *Symboleinstellungen im Inspector*

Die Instanzen zeigen den Namen und Ort des Symbols. In dem Dropdown-Menü kannst du die Instanz durch ein anderes Symbol ersetzen. Wie bei den Ebenen- und Textstilen gibt es eine Suche, die die Namen der Symbole findet. Alle Symbole deines Dokuments und aus den verknüpften Libraries sind hier verfügbar. Klicke auf ein anderes Symbol, und Sketch ersetzt es.

Darunter ist der Button **Detach,** der die Instanz von der Vorlage trennt. Wenn du hier klickst, dann wird die Instanz komplett unabhängig von der Vorlage. Halte die ⎇-Taste, bevor du auf **Layer > Detach from Symbol** klickst. Dann ändert sich der Befehl zu **Detach all Contents from Symbol**. Mit diesem Befehl trennen sich alle Instanzen von der Vorlage.

Es gibt keine Möglichkeit, abgetrennte Instanzen wieder zu verknüpfen. Mit dem Befehl **Layer > Replace with...** kannst du aber bestehende Elemente mit einem Symbol ersetzen. Rechts davon siehst du **Edit Master,** mit dem du zur Vorlage springst. Der folgende Abschnitt dreht sich genau um dieses Thema: Unter der Überschrift **Overrides** findest du einen Bereich, in dem du die Inhalte und Stile der Instanz überschreiben kannst.

Vorlagen bearbeiten | Du kannst Vorlagen bearbeiten und damit alle Instanzen auf einmal aktualisieren. Es reicht eine Instanz anzuklicken und ⏎ zu drücken, schon springt Sketch zur Vorlage. Symbolvorlagen sind als Artboards angelegt und im Inspector deswegen sehr ähnlich. Du erkennst Vorlagen-Artboards daran, dass ihr Name violett geschrieben ist und auch das Icon in der Ebenenliste violett eingefärbt ist.

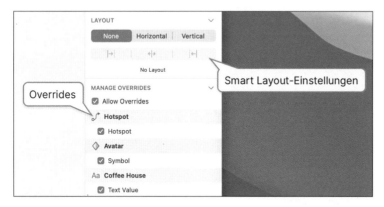

Abbildung 5.11 *Im Inspector entscheidest du über Smart Layout und die Overrides.*

Erstens setzt du hier die Einstellungen für **Smart Layout**, eine Funktion für automatische Größenanpassungen des Symbols, der im Abschnitt »Smart Layout – automatische Größenanpassung« ausführlicher behandelt wird (Abschnitt 5.2.5).

Zweitens entscheidest du unter dem Punkt **Manage Overrides**, welche Ebenen in den Instanzen überschrieben werden können. Jede Ebene in deiner Vorlage taucht hier auf und kann mit verschiedenen Optionen aktiviert und deaktiviert werden. Später in diesem Kapitel lernst du die Overrides und Ihre Funktionen genau kennen.

Jede Veränderung auf dem Vorlagen-Artboard funktioniert wie auf einem normalen Artboard. Sketch hält die beiden Teile eines Symbols synchron, die Änderungen werden sofort in allen Instanzen deines Symbols umgesetzt.

Du kannst auch das Artboard vergrößern und verkleinern, dann ändert sich auch die Größe des Symbols auf dem Canvas. Ein Symbol-Artboard hat eine Besonderheit, die für die einfachen Artboards nicht gilt: Alle Ebenen, die in der Ebenenliste dem Artboard zugeordnet sind, zeigt Sketch auch auf dem Canvas an.

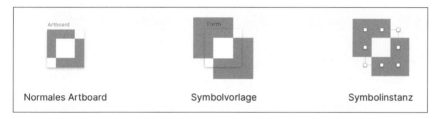

Abbildung 5.12 *Ein Symbol-Artboard beschneidet den sichtbaren Bereich nicht.*

Bei normalen Zeichenflächen wird der sichtbare Bereich durch die Grenzen beschnitten. Das ist besonders bei Schatten praktisch, weil sie nicht abgeschnitten werden.

Löschst du die Vorlage, trennt Sketch die Verbindung und wandelt alle Instanzen in Gruppen um. Wähle die Symbolvorlage aus, und klicke dafür auf **Symbol > Convert Symbol to Artboard** oder drücke cmd + ⇧ + Y.

Abbildung 5.13 *Möchtest du wirklich das Symbol auflösen und alle Instanzen in Gruppen umwandeln?*

5.2.4   Overrides – Symbole überschreiben und Varianten anlegen

Es wäre sehr aufwändig, für jede Variation deines Designs ein neues Symbol anzulegen. Stattdessen kannst du einfach die Vorlage so konfigurieren, dass die Instanzen einzelne Werte und Inhalte selbst steuern. Im Endeffekt erlaubt dir diese Funktion, aus einer Vorlage sehr viele unterschiedliche Instanzen zu machen. Selbst einfache Elemente wie Buttons werden mit Overrides wandelbar, und du hast schnell verschiedene Versionen.

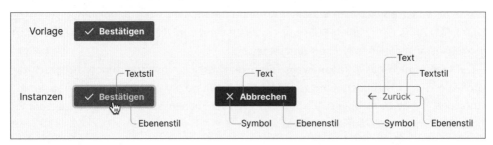

Abbildung 5.14 *Eine Vorlage, viele verschiedene Instanzen dank der Overrides-Funktion*

Für all diese Veränderungen brauchst du kein neues Symbol, sondern arbeitest mit den bestehenden Elementen deiner Vorlage.

- In die erste Kategorie von Overrides gehören die Inhalte, also Texte, Bilder und andere Symbolinstanzen, die du für jede Variante individuell setzen kannst.

- Die zweite Kategorie betrifft das Aussehen von Texten und Ebenen; so tauschst du in jeder Instanz die Ebenen- und Textstile aus.

- Drittens kannst du auch Einstellungen aus dem Prototyping überschreiben.

Overrides einrichten und benutzen | Im Inspector steuerst du die Overrides. In der Symbolvorlage bestimmst du, welche Werte verändert werden können. In der Symbolinstanz entscheidest du, wie die Werte verändert werden. Als Platzhalter- und Standardwerte benutzt Sketch immer die Einträge aus der Symbolvorlage.

Abbildung 5.15 *Der Inspector steuert, welche Overrides in den Instanzen möglich sind.*

Der Bereich **Manage Overrides** zeigt bei Vorlagen die erlaubten Overrides an. Die erste Checkbox schaltet alle Overrides ein oder aus. Danach siehst du den Namen der Ebene, und darunter die Werte, die geändert werden können. Standardmäßig sind alle Overrides eingeschaltet. Sicherlich bietet dies die größte Flexibilität, es kann bei großen Symbolen aber auch schnell unübersichtlich werden.

Symbolinstanzen zeigen nur die Einstellungen, die du in der Vorlage aktiviert hast. In der gleichen Reihenfolge wie bei der Vorlage findest du alle Ebenen aufgelistet. Je nach Typ bietet dir Sketch ein Drop-down-Menü, Freitextfelder oder die Möglichkeit, eine Datei einzubetten an. Neben den Overrides für Bilder und Texte siehst du ein kleines Icon, das die Data-Funktion aktiviert. Damit kannst du zufällige Daten aus unterschiedlichen Quellen beziehen.

Wenn du nicht zufrieden bist, dann setze alle Overrides auf die Vorlage zurück – nutze das kleine Symbol neben der Overrides-Übersicht, und klicke auf **Reset Overrides**.

Texte in einer Instanz ersetzen | Der Text aus der Symbolvorlage ist im Inspector bereits grau eingetragen. Klicke in das Feld, und beginne zu tippen. Mit ⏎ beendest du die Eingabe, und der Override wird angewendet. Drückst du esc , dann gehen die Änderungen verloren.

Abbildung 5.16 *Du kannst auf den Text klicken und dann den Inhalt überschreiben.*

Erinnerst du dich an die Textebenen und die drei verschiedenen Zeilenumbrüche (Abschnitt 4.3, »Das Text-Werkzeug«)? Es gibt die Wahl zwischen keinem automatischen Zeilenumbruch, einer automatisch passenden Variante und einem Umbruch ohne Anpassung. Sketch greift auf diese Einstellung zurück, wenn der neue Text länger als der alte wird.

Kurz gesagt wachsen Textebenen ohne Zeilenumbruch einfach weiter nach rechts. Mit automatischem Zeilenumbruch entstehen am Ende neue Zeilen, und der Text wächst nach unten. Bei einem Zeilenumbruch ohne Anpassung werden überschüssige Zeichen abgeschnitten und sind nicht mehr sichtbar.

Textfelder leer lassen

Wenn du einen Text nicht anzeigen möchtest, drücke als Override die Leertaste, anstatt einen neuen Text einzutragen, und bestätige mit ⏎. Sketch erkennt, dass in diesem Feld kein Text steht, und löscht die Ebene in dem Override.

Bilder überschreiben | Jede Form, die in deiner Vorlage mit einem Bild oder Muster gefüllt ist, kannst du überschreiben. Bilder, die du als Bitmap-Grafik einfügst, überschreibt Sketch nicht. Im Inspector siehst du dafür den Button **Choose image…**, mit dem du eine Datei über den Finder auswählen kannst, die die Vorlage ersetzt. Oder du ziehst dein Bild mit der Maus auf diesen Button, und schon wird es ersetzt.

Abbildung 5.17 *Überschreibe Bilder mit Drag & Drop oder indem du nach einem Bild suchst.*

Text- und Ebenenstile verändern | Wechsle auch die Formatierung deiner Symbolinstanz mit nur wenigen Klicks im Inspector. Alle Text- und Ebenenstile aus deinem aktuellen Dokument und den verknüpften Libraries stehen dir dafür zur Verfügung.

Abbildung 5.18 *Für die Vorlage müssen die Overrides aktiviert sein, damit du sie in der Instanz nutzen kannst.*

Text- und Ebenenstile können dein Symbol in einem ganz neuen Licht erscheinen lassen. Zum Beispiel kannst du so schnell zeigen, wie ein Button geklickt oder deaktiviert aussieht. Wenn du keine Stile pflegst, dann wirst du auch nicht in vollem Umfang von Overrides bei Symbolen profitieren.

Hotspots überschreiben | Hotspots sind eine Funktion von klickbaren Prototypen (mehr dazu gleich). Du kannst sie dir wie eine klickbare Fläche vorstellen, die ein Artboard mit einem anderen verbindet. Wie alle anderen Ebenen kannst du sie in einem Symbol verwenden. Besonders ist, dass du das Klickziel des Hotspots nachträglich anpassen kannst. Das ist zum Beispiel sehr praktisch in der Menüleiste auf dem Icon. Wenn du das Icon wechselst, kannst du auch das Ziel ändern. Um einen Hotspot zu überschreiben, klicke auf das Dropdown-Menü, und wähle ein neues Ziel aus allen Artboards des Sketch-Dokuments.

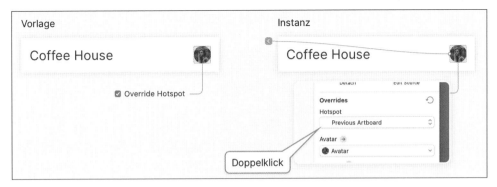

Abbildung 5.19 *Wenn in der Vorlage ein Hotspot angelegt ist, kannst du ihn in der Instanz überschreiben.*

Symbole überschreiben | Erinnern wir uns an den Workshop »Ein Symbol erstellen und verwenden« (in Abschnitt 5.2). Dort hast du schon gelernt, dass auch Instanzen Teil eines neuen Symbols werden können. Sketch nennt diese Möglichkeit **Nested Symbols** – verschachtelte Symbole. Die Overrides-Funktion ändert auch verschachtelte Symbole. Das ist besonders praktisch, wenn du eine große Icon-Sammlung hast und schnell von einem zum anderen Icon wechseln möchtest. Wenn du ein verschachteltes Symbol ausblenden möchtest, klicke auf **No Symbol**.

Abbildung 5.20 *Fahre mit dem Mauszeiger über den Eintrag, mit dem du ersetzen möchtest.*

Overrides und Data-Funktion | Zu Sketch gehört die Funktion **Data**, die aus unterschiedlichen Quellen Texte und Bilder in dein Design einfügen kann. Echte Daten sind zum Beispiel Namen, Orte oder Bilder von Gesichtern. Um echte Daten auch in deinen Symbolen zu verwenden, musst du die Symbolvorlage verändern. Wähle dort zum Beispiel eine Textebene, und verknüpfe sie mit einer Quelle für Daten. Wenn du zufällige Gesichter verwenden möchtest, wähle in der Vorlage eine Ebene aus, und klicke auf **Layer > Data > Sketch Data > Faces**. Sie ist jetzt mit einem Bild gefüllt.

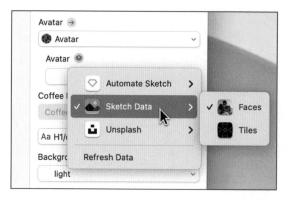

Abbildung 5.21 *Ein Klick auf das **Data**-Icon zeigt dir die Optionen zum Überschreiben mit zufälligen Daten.*

Sobald diese Einstellungen gesetzt sind, kannst du die Data-Funktion auch als Override in einer Symbolinstanz benutzen. Drücke auf [cmd]+[⇧]+[D], um die Daten in deinen Ebenen zu aktualisieren.

Um eine Instanz mit zufälligen Daten zu überschreiben, muss deine Vorlage aber nicht mit einer Datenquelle verknüpft sein. Im Inspector bei der Instanz gibt es ein kleines Icon neben dem Ebenennamen. Klicke hier, und du siehst alle Datenquellen, mit denen du diese Ebene füllen kannst.

5.2.5   Smart Layout – automatische Größenanpassung

Okay, du hast alle Overrides kennengelernt und kannst jetzt aus einem Symbol viele dutzend Varianten erstellen. Allerdings musst du die Symbole immer noch selbst anpassen, wenn sich die Textlänge ändert. Und wenn du durch die Overrides eine Ebene ausgeblendet hast, dann behält die Instanz ihre Größe bei. *Smart Layout* ist die Funktion in Sketch, die ein Symbol automatisch anpasst. Abhängig davon, wie viel Text ein Button hat, ändert sich die Größe automatisch.

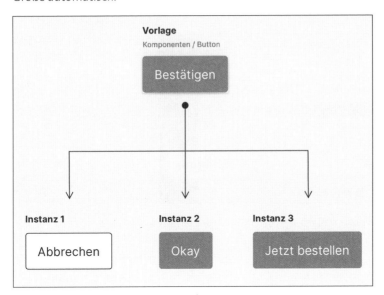

Abbildung 5.22 *Deine Textänderungen haben Einfluss auf die Größe deiner Symbolinstanzen, wenn du Smart Layout benutzt.*

Smart Layout gilt aber auch für ein Icon oder ein verschachteltes Symbol. Stell dir vor, du hast eine Liste mit Überschrift und drei Einträgen als Symbol angelegt. Wenn du einen Eintrag aus der Liste entfernst, passt Sketch die Größe automatisch an. Lerne in diesem Abschnitt, wie du Smart Layout einrichtest und im Inspector steuerst.

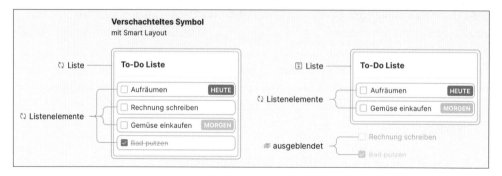

Abbildung 5.23 *Smart Layout funktioniert auch für verschachtelte Symbole.*

Smart Layout einrichten | Wenn du ein neues Symbol anlegst, fragt dich Sketch bereits nach der Smart-Layout-Einstellung. Solltest du dir noch nicht sicher sein, findest du alle Möglichkeiten für Smart Layout auch im Inspector, indem du das Vorlagen-Artboard oder einen Ordner auswählst. Im Bereich **Layout** findest du die Einstellungen für die Richtungen, in die Änderungen angewendet werden sollen.

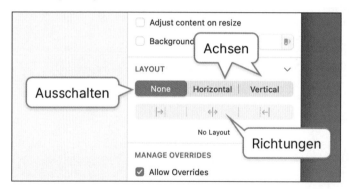

Abbildung 5.24 *Sechs verschiedene Richtungen für Smart Layout sind im Inspector möglich.*

Jede Symbolvorlage und jede Gruppe, die eine Smart-Layout-Einstellung hat, markiert Sketch mit einem eigenen Icon in der Ebenenliste. Möchtest du eine Textebene nicht automatisch verkleinern oder vergrößern, sperre sie in der Vorlage mit ⌘+⇧+ L .

Wenn du die verschiedenen Möglichkeiten von Smart Layout kombinierst, erkennst du, wie sehr es dich unterstützen kann. In dem Beispiel in Abbildung 5.25 siehst du, dass die Buttons einen eigenen Modus haben. Wenn ein Icon oder ein längerer Text sie füllt, dann wirken sie dennoch ausgeglichen. Damit die beiden den Abstand zueinander halten, fasst du sie in einer eigenen Gruppe zusammen (⌘ + G), die von rechts nach links wachsen soll.

Das ganze Artboard wiederum vergrößert sich von oben nach unten, wenn ein Element zu lang wird. In dem Beispiel siehst du, dass der Beschreibungstext die Größe des Elements verändert.

Abbildung 5.25 *Drei Einstellungen für Smart Layout ermöglichen es, schnell viele Varianten herzustellen.*

Ein bisschen verhält sich Smart Layout also wie der Textmodus. Dabei vergleicht Sketch die Abmessungen des Texts in der Vorlage mit denen der Instanz, um zu verstehen, wie sich das Layout verändert. Darauf solltest du deine Textebenen einstellen – wenn du die Größe der Textebene fixierst oder die Ebene sperrst, bleibt das Layout fest in den Formen.

5.3   Libraries – Symbole und Stile teilen

Egal ob du mit anderen Designern, Entwicklern oder deinem Nachbarn an einem Projekt arbeitest – alle sollten auf dem neuesten Stand sein. Dabei ist die Balance aus Kontrolle und Freiraum ein wichtiges Element. Alle wollen ihre Ideen umsetzen, aber ohne gemeinsame Regeln geht es meistens nicht. Die Libraries (Bibliotheken) versuchen genau diese Balance zu halten. Es sind Sketch-Dateien, deren Symbole, Stile und gespeicherte Farben in allen Dokumenten verfügbar sind.

In diesem Abschnitt lernst du, wie Libraries funktionieren, wie du ein Dokument zur Library machen kannst und welche Besonderheiten es für Symbole und Stile gibt. Außerdem siehst du, wie du Updates für die gespeicherten Komponenten machst.

5.3.1   Libraries kurz erklärt

Eine Library ist ein Sketch-Dokument, das du als Sammlung für verschiedene Design-Komponenten benutzt. Im Gegensatz zu den lokalen Symbolen und Stilen einer Datei sind die Komponenten aus einer Library für alle Sketch-Dokumente auf deinem Mac verfügbar. Gibst du anderen Personen Zugriff auf die Datei, dann profitieren viele Designer von deiner Library und benutzen die gleichen Komponenten.

Aber nicht nur deine eigenen Designs haben Platz in einer Library. Auch eine Icon-Sammlung könnte so zur Verfügung stehen, und für die Bedienelemente von iOS und Android gibt es sogar offizielle Libraries zum Herunterladen.

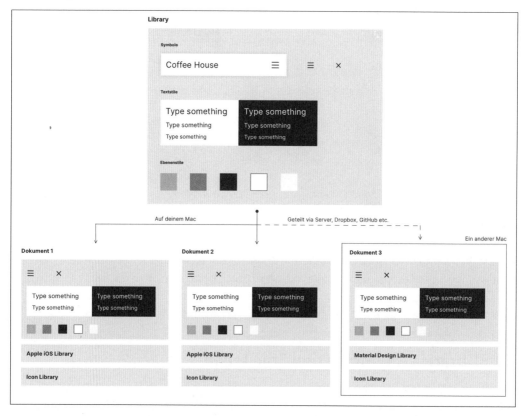

Abbildung 5.26 *Sketch Libraries vererben ihre Symbole und Stile an alle Sketch-Dokumente, mit denen sie verknüpft sind.*

An den gespeicherten Komponenten können sich alle bedienen und sie auch aktualisieren. Jede einzelne Person hat großen Freiraum beim Design, während es gleichzeitig eine Kontrolle durch die standardisierten Komponenten gibt.

Wenn es Änderungen an den Komponenten einer Library gibt, dann synchronisiert Sketch sie mit allen Dokumenten. So können Änderungen an Farben, Schriften oder zum Beispiel einem Button-Stil schnell in einem ganzen Design Team geteilt werden.

5.3.2 Ein Dokument zur Library machen

Es soll so einfach wie möglich sein, eine Library zu erstellen. Jedes Dokument mit einem Symbol kann bereits eine Library sein. Wenn du das gerade geöffnete Dokument zur Library erklären möchtest, klicke auf **File > Add as Library**. Fertig. Jetzt sind die dort gespeicherten Symbole, Stile und Farben für alle Dokumente auf deinem Computer verfügbar.

Libraries in den Einstellungen verwalten | Öffne die Programmeinstellungen von Sketch unter **Sketch > Preferences…**, oder du drückst ⌘+⌘, klickst auf den Tab **Libraries** und dann auf den Button **Add Library…**.

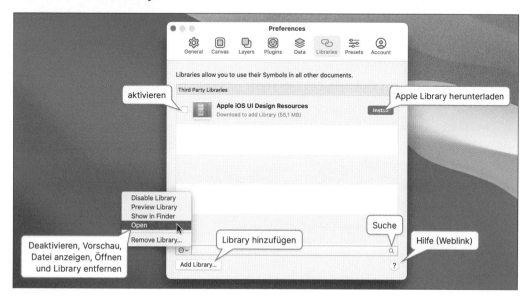

Abbildung 5.27 *Eine Übersicht zu deinen Libraries findest du in den Sketch-Einstellungen.*

In der Liste ist bereits eine Library aufgeführt; es handelt sich um die Apple iOS UI Library. Apple stellt eine aktuelle Version der Benutzeroberfläche für iPhone und iPad bereit. Du kannst sie per Klick installieren. In diesen Dokumenten findest du fast alle Bedienelemente, die in iOS und iPadOS verwendet werden. So kannst du die aktuellen Tastaturen, Menüs, Texte, Farben und vieles mehr kostenlos verwenden. Für macOS findest du diese und andere Libraries auf der Entwickler-Website von Apple unter *https://developer.apple.com/design/resources/*. Der Haken vor dem Listeneintrag zeigt an, dass die Komponenten in Sketch verfügbar sind.

Die Libraries sind immer automatisch auf dem neuesten Stand. Dokumente, die sich nicht auf deinem Computer befinden, sind offline verfügbar, und Sketch versucht sie zu aktualisieren, sobald eine Internetverbindung besteht.

Mehr Einstellungen verbergen sich hinter dem Zahnrad-Symbol. Die Optionen sind **Disable Library** (deaktivieren), **Preview Library** (Vorschau öffnen), **Show in Finder** (im Finder zeigen), **Open** (Datei öffnen) und **remove Library** (entfernen). Es gibt kein Limit für die Anzahl von Libraries in Sketch. Um eine schönes Vorschaubild für deine Library zu bekommen, lege im Dokument ein Artboard mit dem Namen »Library Preview« an. Es wird dann als in der Liste gezeigt.

Fester Speicherort für Libraries

Einmal eingerichtet, solltest du den Namen oder Speicherort deiner Library nicht mehr ändern. Sonst kann Sketch keine Verknüpfung zu deiner Datei und den Symbolen herstellen. Um die Verknüpfungen zwischen den Komponenten und ihrer Vorlage wiederherzustellen, klicke mit rechts und dann auf **Locate missing Library…**

5.3.3   Als Team an einer Library arbeiten

Es gibt vier verschiedene Wege, als Team an einer Library zusammenzuarbeiten. Für jeden brauchst du einen gemeinsam genutzten Speicherort. Entweder du speicherst die Library auf einem lokalen Server, bei einem Webdienst wie Google Drive, in der Sketch Cloud oder auf deinem eigenen Online-Server.

1. **Lokaler Server:** Lege deine Datei auf einem gemeinsamen Dateisystem ab. Frage bei deinen Administratoren nach, ob du bereits Zugriff auf ein solches System hast.

2. **Bei Google Drive, Dropbox oder GitHub:** Hierfür brauchst du ein Konto bei dem entsprechenden Dienst. Außerdem musst du eine Software installieren, mit der die Dateien in deinem Finder zugänglich gemacht werden. Alle Teilnehmer an der Library brauchen ebenfalls Zugriff, je nach Dienst müssen also auch andere Personen die Software installieren.

3. **Sketch Cloud:** Jedes Dokument, das du in der Sketch Cloud speicherst, kann auch als Library benutzt werden. In der Sketch Cloud vererben sich nur Änderungen des Library-»Besitzers« auf die verknüpften Instanzen. Lade deine Library in die Sketch Cloud hoch. Klicke in der Werkzeugleiste auf **Cloud** und dann auf den Button **Upload Document**. Auf der Web-Oberfläche der Sketch Cloud machst du dein Dokument zu einer Library. Mit genau diesem Link abonniert dein Team die freigegebene Library. Sie wird automatisch in den lokalen Programmeinstellungen angezeigt.

4. **Online-Server:** Das Abonnieren einer Sketch Library funktioniert auch, wenn die Datei auf einem Server im Internet gespeichert ist. Um die Datei abzurufen, brauchst du vielleicht Unterstützung von einem Entwickler. Wenn du mehr über diesen Weg wissen möchtest, schau in der Dokumentation für Entwickler (*https://developer.sketch.com/app#add-shared-library*) nach.

5.3.4   Darstellung und Handhabung von Library-Symbolen

Ein Symbol aus einer Library wird in der Ebenenliste mit dem Icon für Libraries markiert. So kannst du es gut von anderen Komponenten in deinem Dokument unterscheiden.

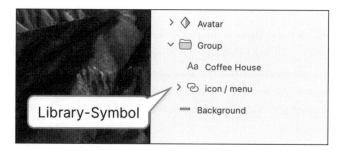

Abbildung 5.28 *Achte auf das Icon in der Ebenenliste, um ein Library-Symbol zu erkennen.*

Libraries unterstützen auch die Ordnerstruktur für Symbole. So kannst du Symbole besser sortieren und klarer benennen. Auch Text- und Ebenenstile funktionieren auf diese Weise. Um Symbole zu verschachteln, nutze den Schrägstrich »/«, um einen Unterordner zu erstellen: **Level 1 / Level 2 / ... / Symbol**.

Library-Symbole bearbeiten | Wenn du eine Instanz eines Library-Symbols auswählst und danach ⏎ drückst, warnt dich Sketch davor, dass du zum Bearbeiten das aktuelle Dokument verlässt. Alle Änderungen, die du an Vorlagen in der Library vornimmst, gelten für alle Instanzen in allen Dokumenten. Überlege deswegen, ob sich deine Änderungen auf alle diese Dokumente übertragen lassen.

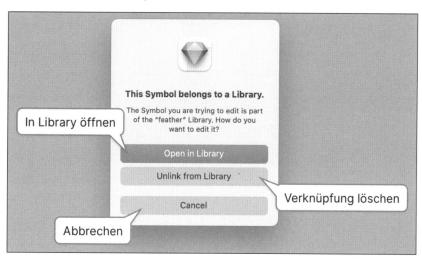

Abbildung 5.29 *Entscheide, wie du beim Bearbeiten von Library-Symbolen vorgehen möchtest.*

Klicke auf **Open in Library,** um die Vorlage zu bearbeiten. Als Alternative bietet Sketch an, die Verknüpfung zu löschen. Das Symbol wird dann geklont und als lokale Kopie in deinem Dokument gespeichert.

5.3.5   Stile in Libraries

Alle Stile, die du in einer Library-Datei angelegt hast, sind auch in anderen Dokumenten verfügbar. So kannst du schnell und effizient viele Dokumente für viele Designer beeinflussen und zum Beispiel Farben anpassen oder die Schriftart updaten. Stile aus Libraries findest du mit dem Namen der Library aufgelistet im Dropdown. Bei so vielen Stilen verliert man schnell den Überblick. Die eingebaute Suche ist schon aktiviert, fang einfach an zu schreiben.

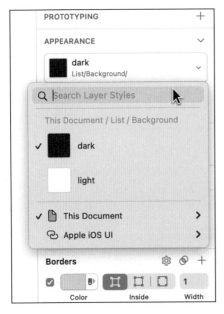

Abbildung 5.30 *Alle Stile aus verschiedenen Dokumenten kannst du über die Suche erreichen.*

Änderungen für den Stil nimmst du in der Library-Datei vor. Jedes Dokument, das mit den älteren Stilen arbeitet, wird daraufhin benachrichtigt, dass eine neue Version bereitsteht. Wann die Änderungen übernommen werden, steht nicht fest.

Problematisch ist es, wenn die Schriftart eines Stils nicht auf deinem Mac gespeichert ist. Diese Stile kannst du nicht anwenden und Sketch markiert sie mit einem gelben Warndreieck. Lade die Schrift herunter oder speichere die Schriftart in das Library-Dokument ein. Wie das geht, liest du in Abschnitt 4.3.2, mehr über Stile erfährst du im Abschnitt 5.1, »Stile für Ebenen und Texte«.

5.3.6   Updates überprüfen und anwenden

Du entscheidest selbst, ob und welche Änderungen aus einer Library du übernimmst. Eine Zahl an der Glocke in der oberen rechten Ecke deines Sketch-Fensters weist dich darauf hin. Alle Änderungen, die du oder jemand anderes an der Library vorgenommen hat, kannst du so überprüfen.

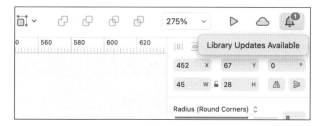

Abbildung 5.31 *Rechts über der Werkzeugleiste zeigt dir Sketch, wenn es Neuigkeiten zu deinen Libraries gibt.*

Das Fenster **Library Updates** zeigt dir eine Liste mit allen veränderten Elementen. Standardmäßig haben alle Elemente einen blauen Haken – diese Elemente wirst du übernehmen, wenn du den Button **Update Symbols** anklickst. Deaktiviere den Haken, und die Änderungen kommen nicht in dein Dokument.

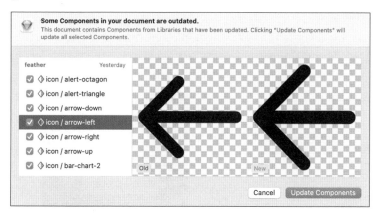

Abbildung 5.32 *Vergleiche die existierende Version mit der Änderung aus der Library, und entscheide, ob du die Änderungen übernehmen willst.*

Daneben siehst du die Darstellung der alten und der neuen Elemente. Egal ob Symbol, Ebenen- oder Schriftstil, alle Änderungen aus einer Library kannst du nachverfolgen. Alle Updates, die du dieses Mal nicht angenommen hast, bekommst du weiterhin angezeigt. Um Updates für bestimmte Elemente komplett abzuschalten, musst du die Symbole und Stile von der Bibliothek trennen. Wähle dafür das betroffene Element aus und klicke auf »Detatch« im Inspector.

5.4   Exportieren

Im Grunde ist Sketch ein spezialisiertes Malwerkzeug für Websites und Apps. Es gibt praktische Funktionen zum Erstellen von Ideen, aber wie teilt man die Designs mit anderen Programmen oder zeigt sie Personen ohne Sketch?

Jede einzelne Person, die an dem Entstehungsprozess einer Website oder App beteiligt ist, hat eigene Anforderungen an die Dateien und Formate. Android- und iOS-Entwickler brauchen ganz spezielle Benennungen, Formate und Ordnerstrukturen, Webentwickler wollen so viel wie möglich mit fertigem Code arbeiten, und Projektmanager wünschen sich vielleicht einen Überblick und einen transparenten Design-Prozess.

Die Exportieren-Funktion kommt vielen dieser Bedürfnisse nach. Mit ihr erzeugst du mit wenigen Klicks verschiedene Dateiformate aus deiner Sketch-Datei. Diese können dann von Entwicklern, anderen Designern und Projektmanagern genutzt werden.

Du lernst hier, wie du Ebenen und Artboards zum Export vorbereitest und welche Einstellungen es dafür gibt. Dazu kommt auch das Slice-Werkzeug, mit dem du jeden beliebigen Bereich aus Sketch exportieren kannst. Zum Schluss des Abschnitts kannst du CSS- und SVG-Code exportieren und kennst ein paar Export-Plugins.

5.4.1 Zum Export vorbereiten

Exportieren bedeutet, dass du einen Teil deines Designs in einem anderen Dateiformat abspeicherst. Sketch kann jede Ebene, Gruppe und jedes Artboard einzeln exportieren. Du findest die Einstellungen zum Exportieren im Inspector als **Make Exportable**.

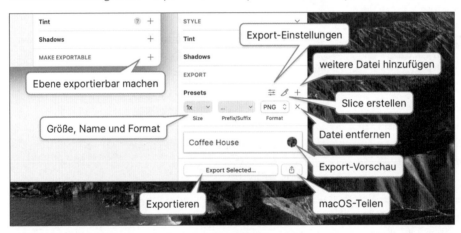

Abbildung 5.33 *Die Optionen im Inspector beim Exportieren*

Klicke auf das Plus, um die ausgewählte Ebene exportierbar zu machen. Sobald eine Ebene so markiert ist, zeigt Sketch zusätzliche Einstellungen für den Export an. Gehen wir sie gemeinsam von oben nach unten durch. Du hast bereits einmal das Plus angeklickt, um eine Datei zu exportieren. Klicke erneut, um eine weitere Datei zu erstellen. Sketch zeigt dir dann zwei Zeilen mit Einstellungen zu Größe, Name und Format. Dadurch kannst du gleichzeitig aus einer Ebene mehrere Dateien erzeugen.

Links neben dem eben angeklickten Plus siehst du ein Messer. Wenn du hier klickst, dann wird die markierte Ebene von Sketch nachgezeichnet und als **Slice** (Teilstück) zur Ebenenliste hinzugefügt. Wie Slices genau funktionieren, liest du im Abschnitt 5.4.4, »Das Slice-Werkzeug benutzen«.

Klicke auf das dritte Icon in der Reihe, um die unterschiedlichen gespeicherten Einstellungen zu sehen. Sketch hat nämlich bereits für iOS und Android besondere Export-Voreinstellungen angelegt. Wähle eine dieser Einstellungen aus, wenn du eine App für iOS oder Android designst.

In der nächsten Zeile wählst du die Größe (**Size**), den Namen (**Prefix/Suffix**) und das Format für die Datei aus. Das Kreuz am Ende der Zeile entfernt die Datei aus dem Export. Die Größe meint nicht die Dateigröße in MB, sondern die Abmessungen auf dem Canvas. Die Einstellung 1x bedeutet, dass die Abmessungen der Ebene auch genau die Abmessungen der Datei sein werden. Trägst du in das Feld 2x ein, dann hat die Datei doppelt so große Abmessungen. Aus einer Ebene von 100 × 100 wird eine Datei mit 200 px × 200 px. Diese Einstellung ist wichtig für verschiedene Bildschirme. Du kannst die Grundlagen dafür in Abschnitt 1.5, »Pixel und Bildschirme«, nachlesen. Oder du trägst in das Größenfeld die genauen Maße ein. Um zum Beispiel eine Ebene mit 300 px Breite zu erzeugen, trage »300w« ein. Soll deine Ebene 300 px hoch sein, wähle »300h«.

Ebene
48 × 48

1x, PNG
48px × 48px

2x, PNG
96px × 96px

Abbildung 5.34 *Die Einstellungen für Größe verändern die Abmessungen der exportierten Datei.*

Beim Export ist der Name der Ebene auch der Name der erstellten Datei. Über das Feld **Prefix/Suffix** kannst du vor oder hinter dem Namen der Datei Buchstaben hinzufügen. Klicke auf den Pfeil, um zwischen Präfix (vor dem Namen) und Suffix (hinter dem Namen) zu wechseln. Es ist nur eine der beiden Einstellungen möglich.

Automatische Ordnerstrukturen

Mit Präfixen erstellst du einfach eine Ordnerstruktur beim Export. Jeder »/« erstellt einen Unterordner. Zum Beispiel bedeutet der Eintrag »Icon/color/...«, dass Sketch einen Ordner »Icon« mit einem Unterordner »color« erstellt. In diesem liegt die exportierte Datei.

Das letzte Dropdown-Menü in der Zeile ist **Format**. Wähle hier aus sieben verschiedenen Dateiformaten. Mehr zu diesem Eintrag im Abschnitt 5.4.2, »Unterstützte Formate«.

Nach den Einträgen für die Dateien folgt die Vorschau. Hier kannst du bereits klicken und ziehen, um dieses Design in einem anderen Programm zu verwenden. Tipp: Hältst du beim Ziehen die alt-Taste, erstellt Sketch eine PDF aus den markierten Elementen. Ansonsten klicke auf den Button **Export Selected...**, dann bestimmst du den genauen Ordner, in dem die Dateien gespeichert werden.

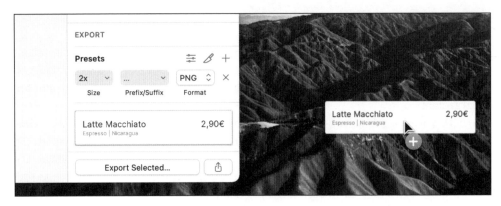

Abbildung 5.35 *Ziehe die Vorschau im Inspector aus Sketch in andere Ordner oder direkt zum Upload.*

Der kleine Button rechts davon ist das **macOS-Teilen**-Menü. Damit stellst du die Datei zum Beispiel direkt über Apple Mail, Notizen oder AirDrop bereit.

Abbildung 5.36 *Teile deine Ideen mit anderen Programmen auf deinem Mac oder per AirDrop.*

Tipps beim Exportieren | Ebenen und Artboards, die zum Export vorgemerkt sind, markiert Sketch in der Ebenenliste mit einem kleinen Messer. Das macht es leichter zu verstehen, welche Ebenen bereits für die weitere Verwendung ausgewählt sind. Du kannst mit der Ebenen-Suchfunktion nach dieser Markierung filtern. Klicke dafür auf die Lupe, und wähle **Exportable**.

Abbildung 5.37 *Ein kleines Messer markiert die exportierbare Ebene in der Ebenenliste.*

Insbesondere bei Artboards solltest du daran denken, eine Hintergrundfarbe zu setzen, wenn du nicht möchtest, dass es transparent ist. Sketch zeigt dir den Unterschied in der Export-Vorschau an.

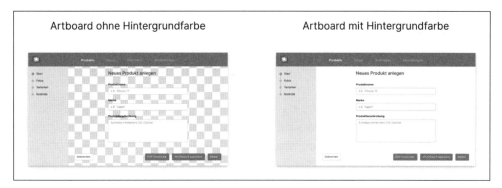

Abbildung 5.38 *Achte in der Vorschau darauf, ob dein Artboard bereits eine Hintergrundfarbe hat.*

Einen anderen Export-Dialog siehst du, wenn du ⌘+⇧+E drückst oder auf **File > Export...** klickst. Sketch zeigt dir eine Übersicht aller Artboards deines Dokuments, wenn du noch keins zum Export markiert hast. Du kannst einzelne Einträge deaktivieren, indem du den Haken entfernst, und dann alle aktivierten mit **Export** abspeichern. Wenn schon einzelne Ebenen oder Artboards zum Export markiert sind, zeigt das Programm in der Übersicht nur die markierten Ebenen an.

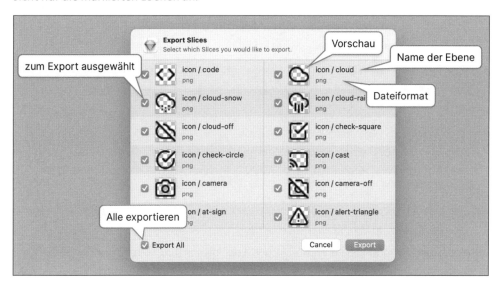

Abbildung 5.39 *Im Export-Dialogfenster kannst du die Artboards nur noch markieren, aber keine weiteren Einstellungen setzen.*

5.4.2   Unterstützte Formate

Von Anfang an unterstützt Sketch viele Dateiformate für unterschiedliche Anwendungs-fälle. Dazu gehören pixelbasierte Dateien wie JPG und PNG, vektorbasierte Formate wie SVG und EPS, aber Sketch kann auch PDFs exportieren und CSS-Code erzeugen. Und mit Plugins erweiterst du die Exportmöglichkeiten noch.

Die Formate PNG, JPG, TIFF und WEBP sind pixelbasiert. Du kannst für sie noch genauere Optionen zur Datenoptimierung festlegen, bevor du sie abspeicherst. Klicke dafür auf den Button **Options** im Speichern-Fenster.

Für JPG- und WEBP-Bilder findest du einen zehnstufigen Regler für die Bildqualität. Bei 100 % hast du die maximale Bildqualität. Kleine Zahlen können Optimierungsartefakte nach sich ziehen. Die Einstellungen **Progressive JPG** und **Interlace PNG** bedeuten das Glei-che. Eine Datei, in der diese Einstellung gesetzt ist, wird beim Laden einer Website sofort in voller Größe angezeigt und verbessert danach die Bildqualität schrittweise.

Setzt du den Haken bei **Save for web,** entfernt das Programm Metadaten beim Export. Al-lerdings sind die Einsparungen durch diese Option minimal, der Verlust der Informationen für manche Entwickler aber tragisch. Beim Schnell-Export überspringt Sketch diesen Dialog komplett und verändert die Qualität nicht.

- **PNG:** Das meistverwendete Dateiformat im Web, das Transparenz unterstützt. Gut für kleine Elemente, bei vielen Farben im Bild werden PNG-Dateien aber schnell ziemlich groß. Dann ist JPG die bessere Wahl.

- **JPG:** Pixelbasiertes Dateiformat ohne Unterstützung für Transparenz, dafür mit kleinen Dateien auch bei großen Abmessungen. Relativ altes Dateiformat, aber super für Bilder wie Avatare oder Fotos. Aktueller wäre WEBP.

- **TIFF:** Erzeugt große Dateien ohne Qualitätsverlust, was wichtig bei hochqualitativen Drucken ist. Für den Einsatz im Web ungeeignet wegen sehr langer Ladezeiten.

- **WEBP:** Der Nachfolger von JPG fürs Web, weil effizienter und qualitativ besser. Auch für Bilder mit großen Abmessungen geeignet.

- **PDF:** Universelles Dateiformat – zum Beispiel für die Präsentation deiner Designs. Inklu-sive Schriften, Vektoren und Bildern. Wird auch bei der Entwicklung für macOS und iOS verwendet.

- **EPS:** Für Vektorgrafiken und den Austausch mit Programmen wie Adobe Illustrator ist EPS praktisch, wird aber nicht im Web eingesetzt.

- **SVG:** Für Vektorgrafiken im Web wie Icons. Sehr kleines Dateiformat, auch manipulierbar und animierbar. Manche Entwickler haben allerdings Sicherheitsbedenken, und SVG wird nicht überall nativ unterstützt.

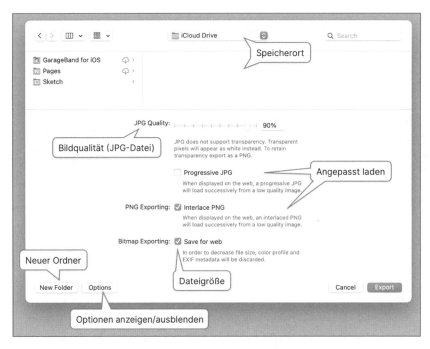

Abbildung 5.40 *Im Export-Dialog kannst du die pixelbasierten Dateiformate weiter optimieren.*

5.4.3 Export-Einstellungen bearbeiten

Das Programm erlaubt dir, ein fertiges Set an Export-Einstellungen zu laden. Klicke dafür auf das kleine Icon neben dem Messer im Inspector.

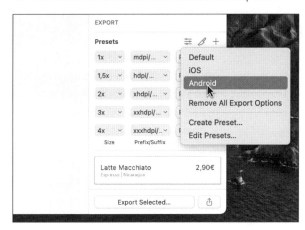

Abbildung 5.41 *Durch die Presets kannst du in Windeseile alle notwendigen Dateien für eine Android-App oder eine iOS-App exportieren.*

Zwei dieser Sets hat Sketch bereits an Bord, eines für Apple iOS, das andere für Android. Das Set für iOS erstellt Dateien in einfacher (1×), doppelter (2×) und dreifacher (3×) Größe inklusive der für das Programm XCode passenden Benennung. Gleiches gilt für Android – hier wird sogar schon die richtige Ordnerstruktur mit angelegt. So musst du dir keine Gedanken machen, wie nochmal genau Entwickler mit deinem Design arbeiten können.

Sprich dich im Team ab, welche Einstellungen gebraucht werden. Wenn du ein eigenes Set erstellen möchtest, dann klicke im Dropdown-Menü auf **Create Preset…** Sketch öffnet die Programmeinstellungen im Tab **Presets**.

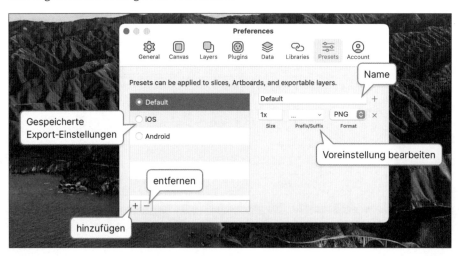

Abbildung 5.42 *Export-Einstellungen*

Dort siehst du nochmal alle Einstellungen als Liste. Um ein neues Set hinzuzufügen, klicke auf das kleine Plus in der Liste unten links. Der rechte Bereich ist wie im Inspector gestaltet. Trage dort den Namen, die Größe und die Dateiformate ein. Sketch speichert diese Einstellungen automatisch, es reicht, wenn du das Fenster schließt.

5.4.4   Das Slice-Werkzeug benutzen

Um nur einen bestimmten Bereich zu exportieren, kannst du das Slice-Werkzeug benutzen. Drücke auf die Taste S oder wähle es über **Insert > Slice** aus. Klicke und ziehe auf dem Canvas, um einen rechteckigen Slice zu erstellen. Auf dem Canvas werden Slices mit einer dünn gestrichelten Linie angezeigt. Wenn du loslässt, siehst du den Slice als Ebene in der Ebenenliste. Du kannst ihn wie andere Ebenen behandeln und verändern. Fahre mit dem Mauszeiger über eine Form, und du bemerkst, dass er sich zu einem Messer verändert hat. Klickst du jetzt, dann zeichnet das Werkzeug automatisch einen Rahmen in der Größe der Form.

Abbildung 5.43 *Slices (Teilstücke) wählen nur einen bestimmten Bereich zum Export aus. Alle sichtbaren Ebenen sind dann im Export enthalten.*

Im Inspector findest du nun eine Vorschau deines Exports – genauso wie bei allen anderen exportierbaren Elementen. Hast du deinen Bereich ausgewählt, aber um das Element sind noch »leere« Pixel, die du beim Export entfernen möchtest? Aktiviere **Trim transparent pixels** im Inspector. Der Slice verändert seine Größe nicht, aber die exportierten Inhalte orientieren sich an den echten Bildinformationen.

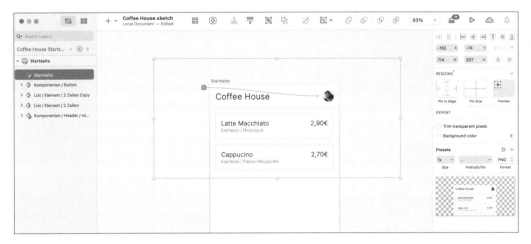

Abbildung 5.44 *Slices sind unabhängig von den anderen Ebenen. Sie markieren einen Bereich, in dem alle sichtbaren und unsichtbaren Pixel exportiert werden.*

Alle Artboards als Übersicht exportieren
Ziehe einen Slice über den Canvas und alle Artboards, dann kannst du eine Ansicht aller Artboards exportieren.

5.4.5   Code exportieren

Teile deines Designs kannst du auch als Code exportieren. Aktuell beschränkt sich Sketch auf CSS- und SVG-Code.

Je nach Komplexität und Anspruch an den Code solltest du dir überlegen, ob du ein eigenes Plugin für diese wichtige Aufgabe verwendest. In Kapitel 6, »Sketch mit Plugins erweitern«, sind zwei Programme dafür genauer beschrieben: Zeplin und Abstract (Abschnitt 6.4, »Zeplin – Übergabe an die Entwickler«, und Abschnitt 6.5, »Abstract – im Team designen«). Sie unterstützen dich bei der Übergabe deiner Designs an Entwickler und ermöglichen den Export in deutlich mehr Formate.

CSS-Attribute | Viele Websites nutzen CSS-Code, um das Aussehen von Elementen zu beschreiben. Die ineinander verschachtelten Stile findest du zum Beispiel im Browser, wenn du mit einem Rechtsklick auf einer Webseite **Untersuchen** (Google Chrome) oder **Element**

untersuchen (Firefox) anklickst. Zum CSS-Export in Sketch wähle eine Ebene aus, und klicke auf **Edit > Copy > Copy CSS Attributes**. Der Code wird direkt in deine Zwischenablage gelegt; beim nächsten Drücken von ⌘+V fügst du ihn ein.

Sketch unterstützt nur einige Attribute, die CSS beschreiben kann. Darunter Füllfarben, Verläufe, Konturen, Schatten, Eckenrundungen und vollständige Textstile. Für ein graues Rechteck mit 1 px Rahmen sieht der Code dann zum Beispiel so aus:

```
background: #D8D8D8;
border: 1px solid #979797;
```

Manchmal reichen genau diese Informationen, um den Programmierern die Arbeit zu erleichtern. Sprich mit deinen Entwicklern, welche Informationen sie brauchen, und zeige, was du mit Sketch bereitstellen kannst.

SVG | Für Designer ist die Arbeit mit SVG-Code sehr praktisch und weit verbreitet. Deswegen bietet Sketch den Export gleich doppelt an: direkt vom Canvas als Code in der Zwischenablage und über den Export als SVG-Datei.

Wähle eine Ebene aus, und klicke auf **Edit > Copy > Copy SVG Code**. Der Code wird in der Zwischenablage gespeichert; mit ⌘+V kannst du ihn an anderer Stelle wieder einfügen. Das Ergebnis sieht dann ungefähr so aus:

```
<?xml version="1.0" encoding="UTF-8"?>
<svg width="90px" height="90px" viewBox="0 0 90 90" version="1.1"
  xmlns="http://www.w3.org/2000/svg"
  xmlns:xlink=http://www.w3.org/1999/xlink">
    <title>Rechteck</title>
    <g id="Sketch Handbuch" stroke="none" stroke-width="1" fill="none"
      fill-rule="evenodd">
        <rect id="Rectangle" fill="#4A90E2" x="0" y="0" width="90"
          height="90"></rect>
    </g>
</svg>
```

5.4.6 Drucken mit Sketch

Vermutlich kommt es nicht häufig vor, dass du mit Sketch drucken musst. Als Programm für digitales Design erübrigt sich der Druck einfach deshalb, weil alle Inhalte auch auf elektronischem Weg geteilt werden können. Um zu drucken, wähle im Menü **File > Print**. Du kannst nur Artboards drucken, die du zuvor als exportierbar markiert hast.

Mehr Optionen für den Druck kannst du mit dem Plugin Print Export (*https://github.com/BohemianCoding/print-export-sketchplugin*) verwalten, das vom Sketch-Team entwickelt wurde.

5.5   Data – zufällige Texte und Bilder

Häufig entstehen Designs, ohne zu berücksichtigen, wie komplex die echte Welt ist. Während des Design-Prozesses steckt man so tief in den kleinen und großen Problemen, dass die Lösungen der Realität nicht mehr gerecht werden. Das geschieht so unbemerkt, dass selbst erfahrene Designer in diese Falle tappen.

An dieser Stelle kann Sketch mit der *Data*-Funktion teilweise korrigierend eingreifen. Mit ihr fügst du zufällige Daten in deine Text- und Bildebenen ein und kannst dein Design einem Realitätscheck unterziehen.

Für Namen zum Beispiel ist im Deutschen »Max Mustermann« ein gerne gewählter Platzhalter. Aber wir alle wissen, dass Namen weit unterschiedlicher sind. Data stellt eine lange Liste an Namen ganz unterschiedlicher Herkunft und Länge bereit. Aktivierst du Data, dann kannst du dein Design mit einem zufälligen Eintrag testen und bist nicht mehr auf Max Mustermann angewiesen.

Auf diese Weise kannst du nicht nur Texte, sondern auch Bilder testen. Hier lernst du, wie beides funktioniert. Außerdem kannst du Data in Symbolen verwenden und eigene Datensätze hinzufügen.

5.5.1   Ebenen mit Datenquellen verknüpfen

Sketch stellt dir zufällige Daten für Bilder und Texte bereit. Die Anleitung zum Verknüpfen gilt für beide Inhaltstypen.

Abbildung 5.45 *Zu den vorinstallierten Datenquellen von Sketch gehören Gesichter und Kacheln (Bild) sowie Namen und Städtenamen (Text).*

Wähle eine Ebene aus, und klicke auf **Layer > Data > Sketch Data >** …, um eine Datenquelle auszuwählen. Wenn du eine Textebene ausgewählt hast, siehst du die vorinstallierten Datenquellen **Names** und **Cities** – Namen und Städte. Datenquellen für Bilder sind **Faces** (Gesichter) und **Tiles** (Kacheln). Klicke auf eine der Kategorien, und der Inhalt der Ebene wird mit den zufälligen Inhalten überschrieben.

Du kannst die Inhalte danach wieder manuell überschreiben. Um ein anderes Bild oder einen anderen Text zu zeigen, aktualisiere den Eintrag. Wähle dafür im Menü **Layer > Data > Refresh Data**. Das Tastaturkürzel dafür ist ⌘+⇧+D.

5.5.2   Symbole und Data

Eine andere Power-Funktion von Sketch sind die Symbole, wiederverwendbare Elemente für dein Design. Die Ebenen eines Symbols können auch mit Datenquellen verknüpft sein. Alles über Symbole liest du in Abschnitt 5.2, »Symbole – wiederverwendbare Objekte«.

Abbildung 5.46 *Im Inspector findest du ein kleines Zeichen, mit dem du Ebenen und Datenquellen verknüpfen kannst.*

Die Kombination von zufälligen Daten und Symbolen kann dir schnell viele Elemente gleichzeitig verändern. Sagen wir, du designst eine Kontaktliste mit Namen, Profilbildern und den Standorten der Kontakte. Dann kannst du die Ebenen für Namen, Bilder und Städtenamen in deinem Symbol verknüpfen.

Abbildung 5.47 *Drei Ebenen sind mit Datenquellen verknüpft und zeigen dadurch zufällige Inhalte an.*

Jede Instanz deines Symbols wird beim Einfügen wie das Vorbild aussehen, aber mit einem Klick auf **Layer > Data > Refresh Data** hast du viele Varianten deiner Vorlage und innerhalb von Minuten eine realistische Kontaktliste ohne »Max Mustermann«.

5.5.3   Data-Einstellungen

Öffne die Programmeinstellungen (**Sketch > Preferences…**), und klicke dort auf den Tab **Data**. Wie bei den Libraries und Plugins findest du eine Liste mit den verfügbaren Datenquellen.

Abbildung 5.48 *Klicke auf das Kästchen vor einem Eintrag, um die Datenquelle zu aktivieren und zu deaktivieren.*

Wenn du einen Eintrag in der Liste ausgewählt hast, klicke auf das kleine Zahnrad, um weitere Optionen zu sehen. Das Programm gibt dir drei Optionen: die Datenquelle im Finder öffnen, das Plugin anzeigen und den Eintrag löschen. Auf der rechten Seite siehst du eine Lupe, die per Klick eine Suche in den Namen der Listeneinträge ermöglicht. Darunter ist ein Weblink zur Sketch-Dokumentation.

Neue Quellen hinzufügen | Wie sinnvoll die Data-Funktion für dich ist, hängt davon ab, auf welche Daten Sketch zugreifen kann. Jetzt bist du gefragt: Leg deine eigene Datenquelle an. Dafür klickst du in den Programmeinstellungen auf **Add Data…** Im Auswählen-Dialog wählst du die TXT-Datei oder einen Ordner aus und klickst dann auf **Open**.

Der Name des Ordners oder der Datei wird dann zum Namen der Datenquelle in Sketch. Damit die Texte richtig erkannt werden, stelle sicher, dass jeder neue Datenpunkt eine eigene Zeile hat.

Abbildung 5.49 *So könnte deine Liste aussehen, mit der du zufällige Daten zum Thema Kaffee in Sketch erstellst.*

In der Beispieldatei wäre also Cappuccino ein Eintrag, Latte Macchiato ein anderer. Es gibt kein Limit, wie lang eine Zeile sein darf. Auch alle Sonderzeichen wie Komma und Semikolon sind erlaubt. Bei Bildern ist es nicht wichtig, wie die Dateien heißen. Allerdings erkennt Sketch nur die Dateiformate PNG und JPG als Datenquellen.

5.5.4   Datenquellen als Plugins

Wenn du das Programm zum ersten Mal öffnest, ist nicht nur **Sketch Data** als Datenquelle verfügbar. Mit den offiziellen Plugins von Sketch hast du auch Zugriff auf die Bilddatenbanken von Unsplash und Pexels, zwei Seiten mit hochwertigen kostenlosen Bildern.

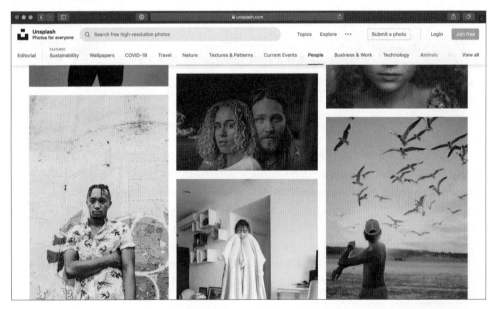

Abbildung 5.50 *Unsplash (http://unsplash.com) ist eine Quelle für kostenlose Bilder in hoher Qualität.*

Diese Datenquellen werden als Data-Plugins installiert. So kannst du mit dem Unsplash-Plugin zum Beispiel nach einem Schlagwort suchen und bekommst einen zufälligen Treffer aus der Datenbank in dein Design geladen.

Abbildung 5.51 *Durchsuche Unsplash nach einem Schlagwort, und erhalte ein Bild als Antwort.*

Entweder du entwickelst dein eigenes Daten-Plugin, besuchst die Seite Sketch App Data (*https://sketchappdata.com/*), oder du schaust in Abschnitt 6.6, »Noch mehr Plugins«, unter »Data« nach. Dort sind ein paar Datenquellen aufgelistet.

5.6   Prototyping – Vorschau deines Designs

Während sich deine Idee auf dem Papier und in Sketch entwickelt, hast du vielleicht schon den nächsten Schritt im Kopf. Du möchtest zeigen, wie die einzelnen Artboards miteinander zusammenhängen, und verdeutlichen, was passiert, wenn man zum Beispiel einen Button drückt.

Dieser Vorgang heißt Prototyping, und die Funktion in Sketch unterstützt dich dabei, deine Vorstellungen zum Leben zu erwecken. Mit ihr kannst du Ebenen anklicken und zu einer anderen Ansicht wechseln. Dadurch wird die Präsentation deines Designs eine leichte Aufgabe.

Lerne hier, wie du einen Prototyp erstellst und welche Optionen du dabei hast. Du lernst mit den verschiedenen Werkzeugen umzugehen und kannst am Ende mit Links, Hotspots und dem Vorschau-Fenster ein Design zum klickbaren Prototyp machen und präsentieren.

5.6.1   Einen Prototyp erstellen

Die Prototypen-Funktion verknüpft Ebenen mit Artboards. Links ermöglichen es wie im Internet, von einem Artboard zum nächsten zu springen. Dadurch entsteht eine Vorabversion, mit der Designer, Entwickler und Projektmanager das Design testen und präsentieren können. Um einen Link zu setzen, wähle eine Ebene aus und drücke die Taste $\boxed{\text{W}}$, oder klicke auf **Prototype > Add Link to Artboard**. Dein Mauszeiger wird nun von einem Pfeil begleitet. Klicke auf ein Artboard, um es als Ziel für den Link festzulegen. Jedes Artboard in diesem Dokument kann das Linkziel sein. Alle Artboards im Dokument findest du im Inspector im Abschnitt »Prototyping« als »Target«.

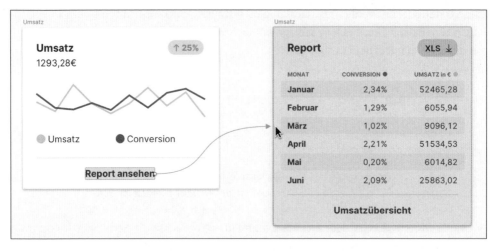

Abbildung 5.52 *Ziehe mit dem Mauszeiger den Link auf das dazugehörige Artboard.*

Um die Verknüpfung zum vorherigen Artboard zu setzen, fahre mit dem Mauszeiger links neben den Artboard-Namen. Dort wandelt sich der Pfeil in ein Icon um, das diese Einstellung anzeigt.

Abbildung 5.53 *Setze den Link auf das vorherige Artboard mit einem Klick neben den Artboard-Namen.*

5.6.2   Prototyping im Inspector

Alle Einstellungen zu dieser Funktion findest du auch im Inspector. Hier sammelt Sketch alle Informationen zum Prototyping im gleichnamigen Abschnitt.

Bei so vielen Einstellungen beginnen wir am besten oben. Ganz rechts in der Zeile gibt es einen kleinen Pfeil, der den Bereich einklappt. Wenn du keinen Link gesetzt hast, ist an der gleichen Stelle ein Plus-Icon. Klickst du es an, dann fügt Sketch einen Link hinzu. Erst dann zeigen sich alle Optionen für das Prototyping.

Klickst du das Mülltonnen-Icon links davon an, löschst du die Verbindung. Das nächste Icon wandelt den Link in einen Hotspot um. Das bedeutet, dass du eine unsichtbare Oberfläche erstellst, die nur den Link enthält. Dadurch ist die Ebene vom Link losgelöst.

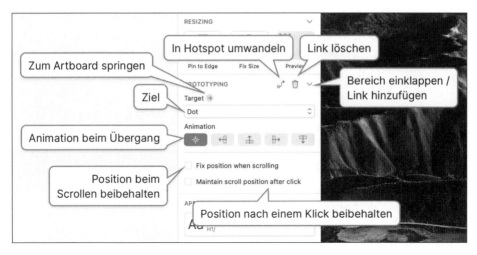

Abbildung 5.54 *Die Optionen und Einstellungen für Prototyping im Inspector*

Unter den drei Icons findest du die **Target**-Zeile; sie steuert das Ziel des Links. Klicke auf das Dropdown-Menü, und du siehst alle Artboards auf allen Seiten deines aktuellen Dokuments. Wähle hier einen Eintrag aus, wenn du ein Ziel setzen möchtest. Der Pfeil neben **Target** führt zum Artboard, das im Dropdown ausgewählt ist. Die nächste Zeile heißt **Animation** und gibt dir die Auswahl aus fünf standardisierten Übergängen. Sketch benutzt immer den zweiten Eintrag: »von rechts«. Du hast die Wahl aus vier Richtungen (oben, unten, rechts, links) und dem ersten Eintrag, der ohne Animation das Ziel einblendet.

Zwei Einstellungen gibt es noch, die das Verhalten der Ebenen in der Prototyping-Vorschau steuern. Beide Male geht es um die Position beim Scrollen. Setze den Haken bei der ersten, um diese Ebene beim Scrollen an der unteren oder oberen Kante zu fixieren. Sketch entscheidet automatisch: Ebenen in der oberen Hälfte sind an der oberen Kante fixiert, in der unteren Hälfte ist es genau umgekehrt.

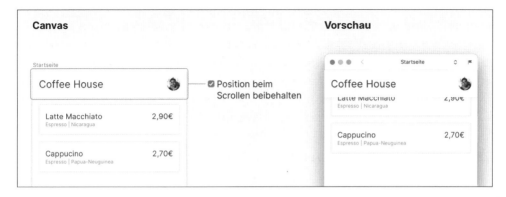

Abbildung 5.55 *Die Menüleiste ist an der oberen Kante fixiert, wenn du in der Vorschau den Bereich verschiebst.*

Aktivierst du die zweite Option, dann speichert Sketch die Scrollposition der Ebene, sobald du auf diesen Link klickst. Nehmen wir als Beispiel eine Liste mit Einträgen von A bis Z. Angenommen, du klickst auf einen Eintrag bei M und kehrst aus dem Eintrag wieder zur Liste zurück. Dann beginnt die Liste nicht wieder bei Position A, sondern wird bei Eintrag M fortgesetzt.

5.6.3 Hotspots erstellen

Hotspots verbinden Ebenen und Artboards miteinander zu einem Prototyp. Im Unterschied zu den Links sind sie selbst eine unsichtbare Klickfläche, die als Ebene in der Ebenenliste aufgeführt ist. Ähnlich wie die Slices beim Exportieren (Abschnitt 5.4) können sie wie eine normale Ebene bearbeitet werden.

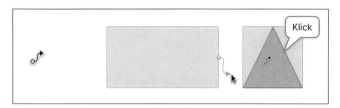

Abbildung 5.56 *Hotspot erstellen*

Um einen Hotspot zu erstellen, wähle das Werkzeug mit einem Druck auf die Taste H aus, oder klicke im Menü auf **Insert > Hotspot**. Dein Mauszeiger zeigt jetzt einen kleinen Pfeil. Klicke und ziehe mit der Maus einen Bereich auf dem Canvas auf. Wenn du loslässt, wird der Mauszeiger von einem Pfeil verfolgt, genau wie bei den Links, die du oben kennengelernt hast. Alternativ reicht es aus, auf eine Ebene zu klicken, um einen Hotspot in Ebenengröße zu erzeugen.

Der größte Unterschied zu Links ist, dass Hotspots unabhängig von anderen Ebenen sind. So kannst du sie immer wieder neu zuweisen, auch wenn eine Ebene gelöscht werden sollte. Diese Tatsache macht sie auch interessant für Overrides in Symbolen, aber dazu später mehr. Durch ihre feste Größe eignen sie sich gut, um die Größe der klickbaren Fläche zu kontrollieren. Die empfohlene Größe für Elemente beträgt mindestens 44 auf jeder Seite. Die Standards von Apple (44) und Google (48) weichen hier ein bisschen voneinander ab, deswegen findest du manchmal unterschiedliche Werte. Wichtig ist, dass dieser Wert ungefähr 1 cm physischen Platz auf dem Bildschirm einnimmt und sicherstellt, dass deine Nutzer es mit dem Finger zuverlässig bedienen können. Diese Größe ist das Minimum, und es könnte hilfreich für deine Nutzer sein, mehr Platz zu spendieren.

5.6.4 Prototyp im Vorschau-Fenster testen

Jetzt hast du dein Design mit Hotspots und Links verknüpft. Aber ohne die Prototypen selbst zu testen, solltest du das Design nicht präsentieren. Du brauchst eine Vorschau, wie das Design auf einem Bildschirm aussieht. Öffne dafür die Prototyping-Vorschau mit einem

Klick auf **Prototyping > Preview** oder mit dem Tastenkürzel ⌘ + P . In der Werkzeugleiste findest du den Button **Preview** fast ganz rechts. Das Programm öffnet daraufhin ein neues Fenster, das eines deiner Artboards zeigt. Es handelt sich um das gerade oder zuletzt ausgewählte Artboard, es sei denn, es ist in deinem Dokument ein Startpunkt definiert.

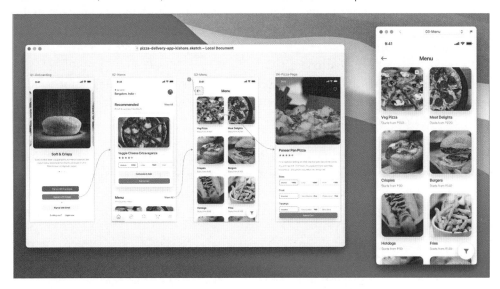

Abbildung 5.57 *Die Vorschau öffnet sich als neues Fenster und zeigt den Sketch-Prototyp. Datei via Sketch App Sources (https://www.sketchappsources.com/free-source/3545-pizza-delivery-app-sketch-freebie-resource.html)*

Klicke auf eine der verlinkten Flächen, um durch die Prototypen zu laufen. Wenn du in einen leeren Bereich klickst, leuchten die verknüpften Ebenen in der Vorschau kurz auf. So findest du schnell heraus, wie der Prototyp funktioniert.

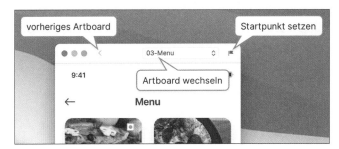

Abbildung 5.58 *Prototyping-Fenster*

Das Prototyping-Fenster hat drei Schaltflächen, mit denen du durch den Prototyp navigieren kannst. Mit Klick auf den Pfeil springst du zum vorherigen Artboard. Das Dropdown-Menü rechts davon öffnet eine Liste aller Artboards. Klicke einen Eintrag an, um die Ansicht zu wechseln. Die kleine Flagge markiert das angezeigte Artboard als Startpunkt. In diesem

Fenster kann Sketch Ebenen an der oberen und unteren Kante fixieren. Die Einstellungen dazu findest du im Inspector (Abschnitt 5.6.2, »Prototyping im Inspector«).

Prototypen in der richtigen Größe ansehen | Die Vorschau und die Abmessungen deines Artboards hängen eng miteinander zusammen. Sketch überprüft, ob das Artboard in der Höhe von seiner Voreinstellung abweicht. Wenn es größer als die Voreinstellung ist, zeigt die Vorschau es als einen Bildschirm an, auf dem du von oben nach unten scrollen kannst.

Wenn du das vollständige Artboard siehst und nicht scrollen kannst, überprüfe, ob eine Voreinstellung für dein Artboard aktiv ist. Schau auch nach, ob Sketch im Inspector den Vermerk (**resized**) bei der Artboardgröße gesetzt hat. Mehr zu Artboard-Größen und Einstellungen findest du in Abschnitt 3.2, »Artboards«.

Startpunkte festlegen | Startpunkte markieren das Artboard, mit dem dein Prototyp startet. Sie sind praktisch, um für jeden zu markieren, wo die Reise beginnt. Um einen Startpunkt zu definieren, öffne das Preview-Fenster. Ein kleines, blaues Flaggen-Symbol markiert einen Startpunkt. Die Flagge wird auch vor dem Artboard-Namen auf dem Canvas dargestellt, aber nicht in der Ebenenliste.

Abbildung 5.59 *Dieses Artboard ist als Startpunkt markiert und trägt die Fahne vor dem Artboard-Namen.*

Um einen Startpunkt zu entfernen, wähle das Artboard aus, und deaktiviere das Flaggen-Symbol mit einem Klick. Du kannst auch mehrere Startpunkte setzen, zum Beispiel um nur einzelne Teile deines Prototyps zu zeigen. Allerdings hast du dann natürlich nicht mehr die Garantie, dass andere Testpersonen genau wissen, mit welchem Artboard sie starten sollen. In dem Fall solltest du wissen, dass Sketch die Startpunkte alphabetisch auf Basis des Artboard-Namens sortiert und so den ersten Startpunkt automatisch auswählt.

Prototyp präsentieren

Mit einem Klick auf die grüne Schaltfläche des Vorschau-Fensters vergrößert sich das Fenster auf den gesamten Bildschirm (Tastenkombination ⌘+ctrl+F). So kannst du deinen Prototyp gut präsentieren.

5.6.5   Prototyping und Symbole

Du kannst die Prototyping-Funktionen auch in Symbolen nutzen. Der einfachste Weg ist, direkt in der Symbolvorlage das Ziel eines Links oder Hotspots festzulegen. Wenn du einen Hotspot erzeugst und dann esc drückst, kannst du das Linkziel offenlassen. Dann legst du es in den Instanzen mit der Overrides-Funktion fest. Wie das funktioniert, liest du in Abschnitt 5.2, »Symbole – wiederverwendbare Objekte«.

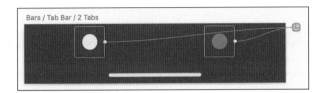

Abbildung 5.60 *Eine Symbolvorlage mit Hotspots. Du kannst die Hotspots mit Overrides in jeder Instanz neu belegen.*

5.7   Assistants

Ein Sketch-Dokument kann ein ziemliches Durcheinander sein. Oft geht es doch so: hastig alle Formen und Ebenen auf einem Artboard erstellen, dann speichern und fertig. Diese Art zu designen ist zwar schnell, aber die Qualität leidet langfristig darunter.

Sketch Assistants geben dir Hinweise auf Verbesserungen in deinem Sketch-Dokument und helfen dir dabei, Routinen zu entwickeln. Es sind kleine Skripte, die dein ganzes Dokument scannen und anhand eines Regelsatzes überprüfen. So kannst du zum Beispiel besser Barrierefreiheit sicherstellen, deinen Styleguide einhalten oder das Dokument strukturieren. Das erhöht am Ende die Qualität deiner Dokumente und erleichtert die Zusammenarbeit mit anderen Designern und Entwicklern. Ein weiterer Vorteil ist, dass sie die aufwändige Qualitätskontrolle übernehmen.

In diesem Abschnitt lernst du die Funktionen von Assistants kennen, und anhand von ein paar Beispielen erfährst du, wie du sie einsetzen kannst. Außerdem siehst du, wie sie installiert werden, und kannst sehen, dass sie auch komplett ohne Sketch funktionieren.

5.7.1   Mit Assistants starten

Du bedienst Assistants über die Werkzeugleiste oder im Menü **File > Assistants > …** Klicke hier auf den Eintrag, und in einem zusätzlichen Fenster findest du alle Einstellungen und Hilfen für Assistants.

Abbildung 5.61 *Wenn du noch keinen Assistant benutzt, füge einen hinzu.*

Um einen Assistant hinzuzufügen, besuche die Sammlung auf der Sketch-Website.

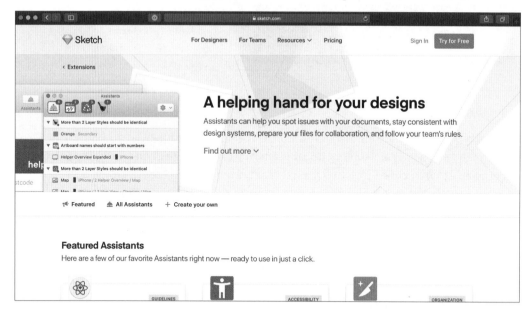

Abbildung 5.62 *Alle Assistants von Sketch auf einen Blick. Klicke, um einen zu installieren.*

Solltest du ein Dokument öffnen, und die dort verwendeten Assistants fehlen, dann ist es einfach, sie nachträglich zu installieren. Ein Platzhalter zeigt dir, dass Regeln nicht verfügbar sind. Mit einem Klick auf **Install** holst du dir die verfügbare Version.

5.7.2 Assistants in Aktion

Sobald du einen Assistant aktiviert hast, überprüft Sketch dein Dokument. Um die Hinweise immer im Blick zu haben, musst du das Assistants-Icon in die Werkzeugleiste ziehen. In den Beispielen habe ich es zwischen Ansichts-Optionen und Prototyping platziert. Wenn es Hinweise zu deinem Dokument geben kann, dann zeigt es sie in der Werkzeugleiste an.

Abbildung 5.63 *In der Werkzeugleiste siehst du die Zahl der Hinweise in deinem Dokument.*

Mit einem Klick auf das Icon oder über **File > Assistants > Check Document Now** öffnest du das Assistants-Fenster. Alle Hinweise sind im ersten Eintrag aufgelistet. Rechts davon findest du die installierten und aktiven Assistants, die ihrerseits eine kleine Zahl anzeigen.

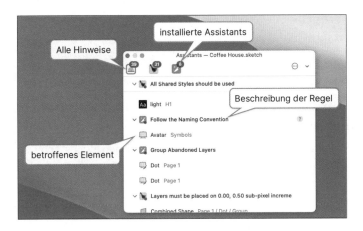

Abbildung 5.64 *Sketch zeigt dir einen Überblick für alle Assistants.*

Die Liste darunter zeigt erst die Regel an und danach, welche Elemente in deinem Design betroffen sind. Sketch Assistants können alle Elemente deines Designs überprüfen: Artboards, Symbole, Stile und alle Ebenentypen. Alle Regeln, die dein Dokument verletzt, siehst du als ein- und ausklappbare Überschriften. Klicke auf ein Element in dieser Liste. Die Ansicht auf deinem Canvas springt dann zu genau dieser Ebene. Aktuell können die Assistants die erkannten Regelverletzungen nicht selbst beheben.

Wenn du Regeln ausschalten möchtest, fahre mit dem Mauszeiger auf die rechte Seite der Überschrift, drücke die `alt`-Taste, und klicke auf das Augen-Icon. Eine auf diese Art ausgeblendete Regel wird nicht mehr berücksichtigt.

5.7.3 Beispiele für Sketch Assistants

Verschaff dir einen besseren Überblick, und schau dir ein paar ausgewählte Assistants genauer an. Für die Hygiene im Dokument liest du etwas über **Tidy,** als Beispiel für Barrierefreiheit erfährst du etwas über den Assistant **Accessibility**. Genau wie bei den Plugins kannst du auch eigene Regeln erstellen und sie als Assistant verwenden.

Tidy | Dieser Assistant zeigt dir Hinweise, wie du deine Datei aufräumen kannst. Mit den enthaltenen Regeln machst du sie bereit zur Übergabe an deine Teamkollegen, zum Beispiel an Entwickler, Projektmanager oder andere Designer. Nach folgenden Regeln wird überprüft:

- Es gibt maximal fünf Ebenen ohne Gruppe.
- Gruppen dürfen nicht leer sein oder nur eine Ebene beinhalten.
- Ebenen sollten nicht ausgeblendet oder auf Sub-Pixeln (2,5 px) positioniert sein.
- Ebenen dürfen nicht über den Rand eines Artboards stehen.
- Rahmen- und Füllfarben dürfen nicht deaktiviert sein.
- Schatten und innere Schatten dürfen nicht deaktiviert sein.
- Alle geteilten Stile müssen im Dokument verwendet werden.

Accessibility | Dieser Assistant zeigt dir Hinweise an, wie du dein Design besser für alle lesbar und verständlich machen kannst. Dafür gibt es folgende Regeln:

- Ebenen müssen einen Farbkontrast von 3 zum Hintergrund haben.
- Texte müssen einen Kontrast von mindestens 4,5, besser 7 zum Hintergrund haben.
- Der Zeilenabstand (**Line**) muss mindestens das 1,5-Fache der Schriftgröße betragen.
- Der Zeichenabstand (**Character**) muss mindestens 0,12 sein.
- Du solltest Blocksatz vermeiden, um große weiße Flächen zwischen Buchstaben zu verhindern.

5.7.4 Assistants im Terminal ausführen

Assistants sind von Sketch unabhängig und können auch ohne das Programm an Dateien ausgeführt werden. Sie überprüfen die Teile der Sketch-Datei, die auch ohne das Programm lesbar sind. Alles, was du brauchst, ist eine Sketch-Datei und eine JavaScript-Umgebung, zum Beispiel Node.js und den Paketmanager npm. Öffne das Terminal, und installiere die Funktion **Sketch-Assistants** auf deinem Mac. Trage dafür folgenden Befehl ein:

```
npm i -g @sketch-hq/sketch-assistant-cli
```

Danach kannst du eine Sketch-Datei überprüfen, auch ohne Sketch selbst installiert zu haben. Benutze danach den Befehl sketch-assistants, und trage den Pfad ein, an dem die Datei liegt.

```
sketch-assistants "./*.sketch"
```

Aus der Sketch-Datei liest der Assistant die JSON-Daten aus und überprüft sie mit dem Assistant. So können Dateien auch von Entwicklern überprüft werden, kostenlos und unabhängig von ihrem Betriebssystem.

5.8 Sketch Cloud

Die nächste Generation Apps kommt aus der Cloud. Nach Netflix, Spotify und Google Docs gilt das nicht nur für Nerds und Tech-Experten, sondern für uns alle. Auch wenn es Bedenken gegenüber der zentralen Speicherung aller Designs auf einem fremden System gibt, locken doch die Möglichkeiten und Funktionen in der Cloud.

Bislang hast du Sketch als lokale App auf deinem Mac kennengelernt. Hier sind alle Funktionen zum Erstellen und Bearbeiten deiner Projekte. Die Sketch Cloud erweitert kostenlos die Funktionen der App als Speicherort für deine Designs, Libraries, Prototypen und Kommentare.

Lies hier, wie du Dokumente hochlädst und kommentierst, und lerne die vielen weiteren Funktionen kennen. Schritt für Schritt behandelt dieser Abschnitt jeden Aspekt der Cloud.

Sketch Cloud 2021

Das Sketch-Team hat bereits angekündigt, dass die nächsten Funktionen stärker zwischen der Mac App und Sketch Cloud synchronisieren. Bis Redaktionsschluss fehlte auch die für Anfang 2021 angekündigte Funktion »Collaborate«, die das gemeinsame Arbeiten an einem Dokument ermöglicht. Wenn es neue Funktionen gibt, werden sie als Erstes in der englischen Dokumentation (*http://sketch.com/docs*) beschrieben.

5.8.1 Erste Schritte mit der Sketch Cloud

Sketch Cloud heißen die Funktionen und Services, die Sketch auf seinen eigenen Servern bereitstellt. Dazu gehört das Speichern, Kommentieren und Organisieren deiner Dokumente. Die Funktionen sind aktuell auf eine Weboberfläche beschränkt; du rufst sie über einen Webbrowser wie Firefox, Chrome oder Safari auf.

Cloud-Konto einrichten | Als erstes brauchst du ein kostenloses Sketch Cloud-Konto, um die Funktionen zu nutzen. Öffne dafür die Website *https://www.sketch.com/signup*.

Sketch Cloud ausprobieren

Wenn du die Mac-App herunterlädst und installierst, beginnt eine 30 Tage lange Testphase. Diese Frist gilt auch für den Zugriff auf deine Dokumente in der Sketch Cloud.

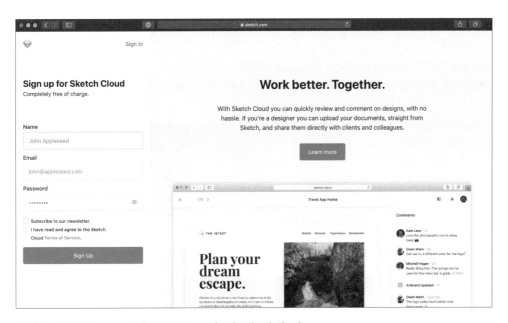

Abbildung 5.65 *Beginne mit der Registrierung bei der Sketch Cloud.*

Fülle das Formular auf der linken Seite mit Namen, E-Mail-Adresse und Passwort aus. Darunter kannst du den Sketch-Newsletter abonnieren und musst die Geschäftsbedingungen bestätigen. Mit einem Klick auf **Sign Up** bist du angemeldet. Melde dich auch in der Sketch-App mit diesem Benutzerkonto an. Öffne dafür die Programmeinstellungen (**Sketch > Preferences...**) und dort den letzten Tab **Account**.

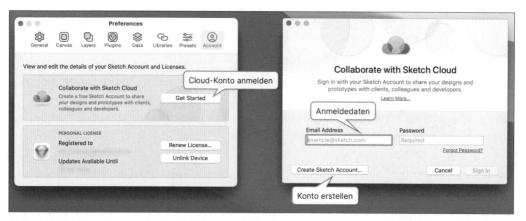

Abbildung 5.66 *In den Einstellungen kannst du dein Konto anmelden. So hast du Zugriff auf die Cloud-Funktionen.*

Klicke im oberen Bereich auf **Get Started,** um im nächsten Fenster deine Anmeldedaten einzutragen. Mit einem Klick auf **Sign In** bist du angemeldet. Sobald du dich angemeldet hast, siehst du in den Einstellungen zwei neue Buttons für Account-Einstellungen (**Account Settings...**) und zum Abmelden (**Sign Out**).

Dokumente hochladen | Um ein Design von deinem Mac hochzuladen, klicke in der Mac-App in der Werkzeugleiste auf **Cloud** und dann auf **Upload Document**. Sketch lädt dann das ganze Dokument mit allen Symbolen in die Cloud.

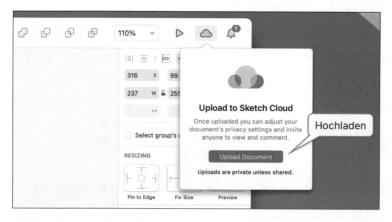

Abbildung 5.67 *Über die Werkzeugleiste lädst du ein Dokument hoch.*

Neue Cloud-Dokumente erstellen | Erstelle ein neues Sketch-Dokument mit Klick auf **File >
New…** oder durch Drücken von ⌘+N. Um es direkt in der Sketch Cloud zu speichern,
öffne den Speichern-Dialog mit **File > Save…** Das Tastenkürzel dafür ist ⌘+S.

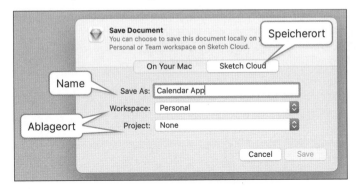

Abbildung 5.68 *Dokumente in der Cloud speichern*

Sketch schlägt dir zwei Speicherorte vor: deinen Mac oder die Sketch Cloud. Wenn du die
Cloud wählst, gib deinem Dokument einen Namen, der gut beschreibt, was diese Datei beinhaltet. Unter dem Namen findest du noch zwei Einstellungen zum genauen Ablageort.
Der **Workspace** (Arbeitsbereich) entscheidet, mit wem diese Datei geteilt wird. Das Projekt
sortiert die Dateien innerhalb eines Workspaces.

Daraufhin lädt Sketch die Änderungen hoch und erstellt einen neuen Eintrag im Versionsverlauf der Sketch Cloud. Jede Änderung in deinem Dokument wird automatisch auf deinem Mac gespeichert und nur bei einem manuellen Speichervorgang werden die Änderungen auch in die Cloud hochgeladen. Dieses Verhalten soll auch gelten, wenn du gleichzeitig
mit mehreren Personen an einem Dokument arbeitest.

Sobald du ein Sketch Cloud-Konto erstellt hast, zeigt das Willkommensfenster der Mac-
App in der Spalte auf der linken Seite deine Workspaces an. Dort findest du dann auch die
gespeicherten Cloud-Dokumente. Cloud-Dokumente sind auch ohne Internetverbindung
verfügbar. Für die aktuelle Version verbindet sich Sketch beim Öffnen mit der Cloud und
lädt bei Bedarf die Dateien nach. Solltest du keine Internetverbindung haben, arbeitest du
an der lokal gespeicherten Variante weiter.

5.8.2   Schritt für Schritt durch die Cloud

Die eigentlichen Vorteile der Sketch Cloud liegen im Kommentieren, der automatischen
Versionierung und der Inspect-Funktion. Mit der ersten Funktion kannst du mit anderen
eine Diskussion beginnen, die zweite dokumentiert jeden Stand der Designs, und die letzte
macht es für jeden möglich, dein Design in Code zu übersetzen. Alle Funktionen sind aktuell
nur im Browser verfügbar. Melde dich mit deinem Sketch Cloud-Account an, damit du Zugriff auf diese Funktionen hast.

Die Sketch Cloud im Browser bedienen | Damit du dich direkt gut zurechtfindest, solltest du wissen, wie du die Sketch Cloud im Browser bedienst. Du startest auf der Seite deines Workspaces. In der linken alle Dokumente, die in der Sketch Cloud gespeichert sind. Dazu gehören auch Dateien, die mit dir geteilt wurden, und Libraries.

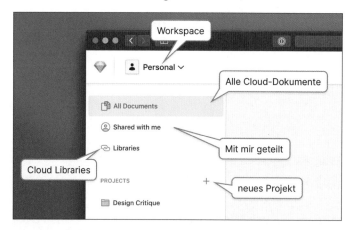

Abbildung 5.69 *Navigiere zu den unterschiedlichen Dokumenten in der Sketch Cloud.*

Darunter findest du alle Projekte, die als Ordner zusammengefasst werden. Klicke auf das Plus, um ein neues Projekt zu beginnen. Es gibt kein Limit für Projekte in der Sketch Cloud. Öffne ein Dokument, um alle Optionen in der Navigationsleiste rechts oben zu sehen.

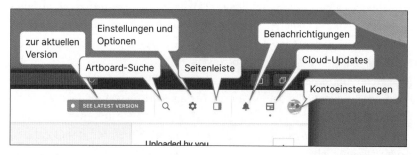

Abbildung 5.70 *Die Navigationsleiste zeigt sechs Icons an, unter anderem für Einstellungen und Benachrichtigungen.*

Wenn du nicht die aktuelle Version deines Dokuments siehst, kannst du mit dem Button **See latest Version** zum letzten Upload springen. Es geht weiter mit der Lupe, der Suche durch alle Artboards. Rechts davon findest du Einstellungen und Optionen zum aktuell geöffneten Dokument. Dazu gehören die Dokumenteinstellungen und die Möglichkeiten, das Dokument umzubenennen, den Link zu kopieren und das Dokument herunterzuladen. Du kannst es hier außerdem aus dem Projekt verschieben oder löschen. Durch einen Klick auf das Icon daneben kannst du die Seitenleiste ein- und ausblenden.

Die nächsten drei Icons gelten für die gesamte Cloud. Das erste zeigt dir die Benachrichtigungen für Kommentare und Änderungen an. Mit Klick auf das zweite findest du die Liste von Änderungen in der Sketch Cloud, die das Team vornimmt. Das runde Bild ganz rechts öffnet deine Kontoeinstellungen.

Du hast jetzt ein Dokument geöffnet, und in der Seitenleiste findest du Informationen zum Dokument, das du gerade betrachtest. Im ersten Abschnitt siehst du den Namen der Version und von wem sie hochgeladen wurde. Mit einem Klick auf die Glocke rechts schaltest du Benachrichtigungen für dich und dieses Dokument ein oder aus.

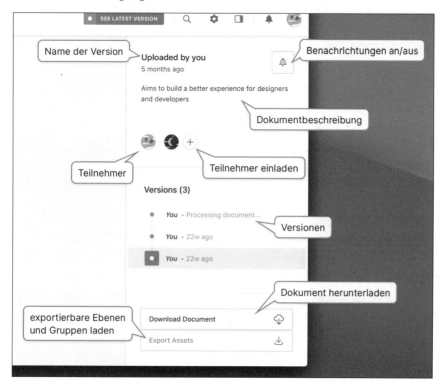

Abbildung 5.71 *Informationen zum Dokument*

Der nächste Abschnitt zeigt die Teilnehmer an diesem Dokument. Mit einem Klick auf das Plus kannst du neue Betrachter hinzufügen. Sie haben dann die Erlaubnis, zu kommentieren und deine Designs mit der Inspect-Funktion zu untersuchen. In der Sketch Cloud ist auch die ganze Versionsgeschichte des Dokuments gespeichert. Oben steht die aktuelle Version, darunter kannst du per Klick zu einer älteren Version wechseln. Zum Schluss kannst du das Dokument herunterladen oder die exportierbaren Ebenen und Gruppen auf deinem Gerät speichern. Bist du nicht Besitzer des Dokuments, müssen diese Optionen für dich freigeschaltet sein.

Kommentieren | Wenn du dir ein Artboard ansiehst, kannst du es in der Seitenleiste rechts kommentieren. Dafür müssen Kommentare für dieses Design freigeschaltet sein. Das kann zum Beispiel ein Administrator machen oder der Designer, der die Datei hochgeladen hat. Klicke auf **Write a Comment...** am unteren Ende der Seitenleiste, und beginne zu tippen.

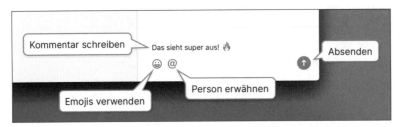

Abbildung 5.72 *Verschönere deine Kommentare mit Emojis, und erwähne andere Personen.*

Deinen Kommentar speicherst du durch einen Klick auf den Pfeil rechts unten in der Ecke. Während du mit ⏎ einen Absatz einfügst, sorgt cmd + ⏎ dafür, dass der Kommentar gespeichert wird.

Unter deinem Text siehst du zwei Zeichen, mit denen du zusätzliche Informationen in deinen Kommentar einfügen kannst. Erstens öffnest du dort die Emojis, und zweitens findest du eine Liste aller Personen in diesem Projekt. Erwähne sie im Kommentar, damit sie von dir benachrichtigt werden. Du kannst die Eingabe deines Kommentars auch direkt mit der Tastatur steuern:

- Mit »@« kannst du andere Designer markieren, damit sie über deinen Kommentar informiert werden.

- Beginne deine Eingabe mit »:«, und Sketch durchsucht alle Emojis nach ihrem englischen Namen. Zum Beispiel »:fire:« für 🔥 oder »:clap:« für 👏.

- Mit den Markdown-Befehlen kannst du deinen Text formatieren, während du ihn schreibst. Benutze »*« vor und nach einem Wort für *Kursiv* oder »**« vor und nach einem Text für **Fett**.

Wenn du Kommentare und die Seitenleiste nicht sehen kannst, dann klicke auf das Sidebar-Icon in der Menüleiste.

Versionierung | Die Sketch Cloud speichert deine Dateien in einer Versionsgeschichte. Um eine neue Version zu erstellen, speichere dein Dokument in der Mac-App, indem du cmd + S drückst. Jede Version eines Dokuments kannst du dir wieder herunterladen oder als Link versenden.

Um zu einer Version zurückzukehren, lade dir die Datei herunter, und speichere sie erneut in der Sketch Cloud ab. Auf diese Weise kannst du auch einzelne Artboards oder Ebenen aus der Vergangenheit zurückholen, während dein aktuelles Dokument erhalten bleibt. Die

Versionsgeschichte gibt es nicht nur für ganze Dokumente, sondern auch in der Artboard-Ansicht. Kommentare sind nicht an die Version gebunden, sondern an das Artboard.

Abbildung 5.73 *Versionierung*

Artboards untersuchen und Code kopieren | Ebenfalls in der Seitenleiste findest du den Tab **Inspector**. Dieser Bereich zeigt die Eigenschaften, die du auch schon im Inspector der Mac-App eingestellt hast. Abhängig davon, welche Ebene du ausgewählt hast, siehst du andere Informationen.

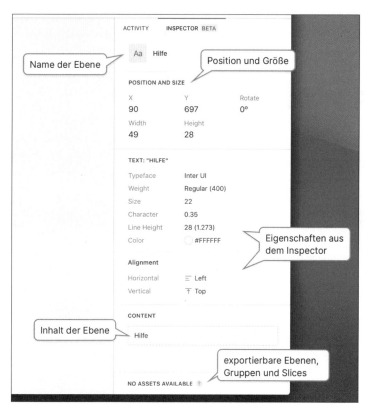

Abbildung 5.74 *Die Eigenschaften aus dem Inspector der Mac-App findest du im Tab **Inspect** wieder.*

Aktuell kannst du Farben und Inhalte einer Ebene kopieren und so für die Entwicklung weiterverwenden. Der Inspector ist zurzeit noch im Beta-Status. Das bedeutet, dass das Team noch nicht fertig mit den Entwicklungen ist und vermutlich bis Ende 2020 neue Funktionen und Optionen hinzufügen wird.

Du findest in der Seitenleiste dann Angaben zu Position, Größe, den verwendeten Farben und mehr. Ein paar der Funktionen aus der Mac-App hat die Sketch Cloud übernommen, zum Beispiel, um übereinander liegende Ebenen sichtbar zu machen. Mache dafür einen Rechtsklick, und du siehst eine Auflistung aller Ebenen, die sich an diesem Punkt befinden.

Genauso verhält sich auch die Funktion, die Abstände misst. Markiere eine Ebene, und fahre mit dem Mauszeiger über eine andere, um sie auszumessen.

Assets herunterladen | Die Sketch Cloud übernimmt die genauen Einstellungen aus der Mac-App, wenn es um die Export-Funktion geht. Ebenen, Gruppen und Slices fasst sie als **Assets** zusammen und stellt sie zum Download bereit. Die Export-Einstellungen in der Mac-App sind für Assets entscheidend. Nur wenn im Inspector PNG @2x ausgewählt wurde, kannst du in der Cloud auch dieses Format herunterladen. Wenn du mehrere Assets herunterlädst, dann erstellt Sketch eine ZIP-Datei.

Prototypen zeigen | Schon auf der Übersichtsseite findest du ganz oben die in Sketch angelegten Prototypen. Der Name der Prototypen leitet sich aus dem Artboard ab, mit dem sie beginnen.

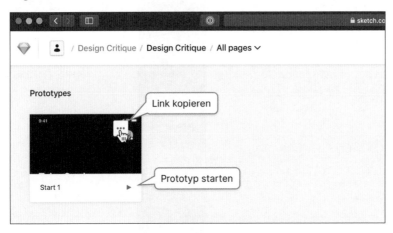

Abbildung 5.75 *Starte den Prototyp in der Cloud, oder kopiere den Link.*

Du kannst auch aus der Ansicht eines einzelnen Artboards den Prototyp starten. Klicke dafür auf das Play-Dreieck in der Menüleiste. Prototypen werden dir in einem eigenen Modus geladen und präsentiert. Wie in der Mac-App kannst du die klickbaren Flächen sichtbar machen, indem du irgendwo im Prototyp klickst. Spring mit dem Button **View Artboard** in der unteren rechten Bildecke direkt zu dem Artboard, das gerade angezeigt wird. Beende die Präsentation des Prototyps mit ⌜esc⌟ oder dem Button **Close**.

In Projekten organisieren | Mit Projekten wird es einfacher, die Cloud-Dokumente zu verwalten und zu strukturieren. Zum Beispiel kannst du unterscheiden, für welche Plattform die darin enthaltenen Dokumente sind oder welcher Teil deines Projekts dort gespeichert ist. Um ein Projekt zu erstellen, klicke auf das Plus-Icon in der Seitenleiste links. Sketch bittet dich, einen Namen zu vergeben; danach kannst du Dateien deinem Projekt zuweisen.

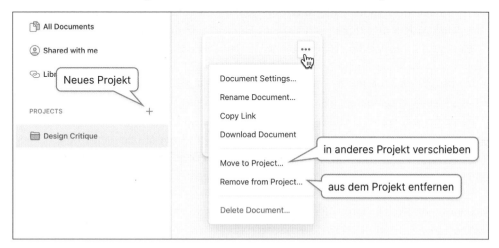

Abbildung 5.76 *Einstellungen für Dokumente zum Bewegen und Entfernen aus Projekten*

Die ersten Dateien zu einem Projekt fügst du am besten über die Mac-App hinzu. Erinnerst du dich an den Speichern-Dialog ganz am Anfang des Abschnitts? Dort kannst du den Workspace und das Projekt einstellen, in dem die neue Datei gespeichert werden soll.

Du kannst Dateien auch in andere Projekte verschieben. Klicke dafür auf das Optionsmenü und dann auf **Move to project…** Wenn du ein Dokument aus einem Projekt löschst (**Remove from Project**), wird deine Datei nicht gelöscht. Du findest sie weiterhin im Tab **All Documents**. Gleiches gilt, wenn du ein ganzes Projekt löschst. Die Daten bleiben erhalten. Um ein Dokument endgültig zu löschen, wähle den Eintrag **Delete Document** aus dem Menü. Auch die Versionsgeschichte und die Kommentare gehen dann verloren. Einmal gelöscht, können Cloud-Dokumente nicht wiederhergestellt werden.

5.8.3   Vor- und Nachteile der Cloud

Für dich als Sketch-Nutzer ist die Nutzung der Cloud ein großer, kostenloser Gewinn an Funktionen und Möglichkeiten. Du kannst gemeinsam mit Entwicklern und Projektmanagern an den neuesten Ideen arbeiten und Transparenz für das Team schaffen. Das Programm kümmert sich automatisch darum, alles zu speichern, Backups zu machen, und durch Kommentare wird der Fortschritt mit allen geteilt.

Gleichzeitig schließen dich Cloud-Apps auch in einen »goldenen Käfig« ein und schaffen eine starke Abhängigkeit. Willst du einmal auf eine andere Technologie wechseln, reicht es nicht mehr, den Vertrag zu kündigen, denn alle Daten und Designs liegen auf einem anderen Rechner in einem Format, für das es kein anderes Programm gibt.

»There is no cloud, it's just someone elses computer.«

Unternehmen wollen so viel Kontrolle und Transparenz wie möglich. Es gibt viele Fragen, die du als Designer mit deinem Team früh beantworten solltest. Die meisten zielen darauf, dass deine Designs dir gehören und du deine Freiheiten als Kunde wahrnehmen kannst.

Überlege dir, wie wichtig es dir ist, deine Designs selbst speichern zu können. Was, wenn Sketch nicht mehr das Programm der Wahl ist? Wie kannst du sicher sein, dass deine Daten in der Cloud immer verfügbar sind und du davor geschützt bist, dass jemand sich die Dateien ansieht und so Wissen über deine Projekte bekommt?

Sketch hat Antworten darauf in einem Sketch Cloud FAQ (*https://www.sketch.com/security/sketch-cloud/*) bereitgestellt. Die Frage nach der Souveränität über deine Daten ist ein Thema, das immer wieder aufkommt. Überlege deswegen genau, wie du für dich persönlich und im Kontext von Unternehmen damit umgehen möchtest.

Was kostet die Sketch Cloud? | Für Besitzer einer Lizenz für die Mac-App ist die Sketch Cloud kostenlos. Es gibt zwei verschiedene Lizenzen für Sketch, die es dir erlauben, die Cloud zu benutzen. Entweder du hast eine Einzellizenz, für die du 99 US-Dollar jährlich zahlst und in der die Cloud kostenlos mit dabei ist. Jedes Dokument, das du hochlädst, ist nur für dich bestimmt (bis du es freigibst). Oder du bist Teil eines Teams, und ihr bezahlt Sketch für Teams. Damit kannst du andere Mitglieder zum Kommentieren und Teilen einladen. Ihr bezahlt dann für diejenigen, die auch Dokumente hochladen, 9 US-Dollar im Monat. Nutzer, die nur kommentieren und beobachten, sind kostenlos.

Powerfunktionen: Zusammenfassung | Die Aufgaben von Designern haben sich in den letzten Jahren stark verändert. Sketch stellt die Werkzeuge bereit, mit denen digitale Designer heute gestalten.

Viele der Funktionen, die in diesem Kapitel beschrieben sind, haben ihren Ursprung in der Softwareentwicklung. Stile, Symbole und Libraries sind dafür gute Beispiele. Mit den Powerfunktionen rücken Designer und Entwickler also ein bisschen näher zusammen, und beide Seiten lernen voneinander. Diese gemeinsame Sprache kann der Grundstein für eine bessere Zusammenarbeit zwischen den Teams sein.

In dieser Hinsicht ist Sketch sehr offen und ermutigt Entwickler und Designer, voneinander zu lernen und im Team zusammenzuarbeiten. Im nächsten Kapitel wird das noch deutlicher, wenn du mehr über die Sketch Plugins lernst. Sie erweitern den Funktionsumfang des Programms und lassen dich die nächste Stufe auf dem Weg zum Design-Profi nehmen.

Kapitel 6
Sketch mit Plugins erweitern

6.1   Fragen und Antworten zu Sketch Plugins

Software sollte sich seinen Benutzern anpassen, nicht andersherum. Wenn ein Programm für die Bedürfnisse seiner Nutzer offen ist, wird es daraus einen großen Vorteil ziehen. Deswegen sind einige Teile des Programms offen für Personalisierung. Mit ein paar Programmierkenntnissen kannst du zum Beispiel eigene Funktionen zu Sketch hinzufügen. Auch das Dateiformat ist gut dokumentiert und kann von anderen Programmen genutzt werden. Überall dort, wo Personalisierung möglich ist, setzen die Erweiterungen an. Sketch nennt sie Plugins. So können weltweit Entwickler und Designer Funktionen selbst nachrüsten, auf die man in anderen Programmen lange warten müsste. Darum hat sich eine aktive Community entwickelt, die die Plugins ehrenamtlich pflegt und weiterentwickelt. Manche Funktionen von erfolgreichen Plugins hat das Team sogar ins Programm übernommen.

Auf den nächsten Seiten betrittst du die Welt der Plugins kennen. Vier Plugins, die für viele Designer unverzichtbar geworden sind, lernst du in eigenen Abschnitten kennen: Automate Sketch, Sketch Runner, Zeplin und Abstract.

Fünf weitere findest du kurz beschrieben in einer Liste. Wenn dir Plugins beim Designen noch nicht so geläufig sind, findest du hier etwas Orientierung. Anhand von neun Fragen und Antworten bekommst du einen Einblick in alle Bereiche. Danach kannst du entscheiden, ob und welche Erweiterungen du benutzen möchtest.

Wann brauche ich ein Plugin? | Mit Sketch bekommst du vielseitige Werkzeuge an die Hand, um deine Design-Ideen umzusetzen. Aber manchmal fehlen dir vielleicht Möglichkeiten, um deine Designs noch besser zu machen.

Du möchtest Ebenen perspektivisch verändern (*https://github.com/sureskumar/sketch-isometric*)? Alle Texte in deinem Projekt übersetzen (*https://github.com/symdesign/sketch-auto-translate*) lassen? Eine Farbpalette (*https://alembicforsketch.com/*) aus einem Bild extrahieren? Symbole automatisch sortieren (*https://github.com/sonburn/symbol-organizer*)? Diese und viele andere Funktionen bringt Sketch bei der ersten Installation nicht mit, aber du kannst sie mit einem Plugin kostenlos nachrüsten. Das Sketch-Team konzentriert sich absichtlich auf die Kernfunktionen von Sketch, mit Plugins erweiterst du sie.

Wo finde ich die Plugins? | Sketch pflegt auf seiner eigenen Seite unter *www.sketch.com* und dann unter **Resources** eine umfangreiche Liste, in der du suchen kannst. Plugins, die Sketch dort auflistet, stehen auf der Entwicklerplattform GitHub zum Download bereit.

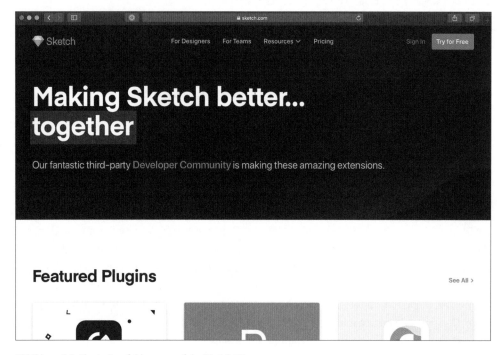

Abbildung 6.1 *Plugin-Empfehlungen auf der Sketch-Site*

Wie installiere ich ein Sketch Plugin? | Lade dir Plugins von der Sketch-Website unter *www. sketch.com* und dann unter **Resources** herunter. Ein Plugin erkennst du an der Dateiendung **.sketchplugin**. Mit einem Doppelklick auf die Datei wird sie in die Liste deiner Plugins geladen.

Um die Funktionen des Plugins zu verwenden, klicke auf den Eintrag **Plugins** in der Menüleiste. Alle installierten Plugins sind dort mit einem Menüeintrag aufgeführt. In Untermenüs findest du die Funktionen, die es für dich ausführen kann. Um ein Plugin zu deaktivieren oder zu deinstallieren, öffne die Programmeinstellungen im Tab **Plugins**. Mehr dazu auch in Abschnitt 7.1, »Einstellungen«.

Welches sind die besten Plugins für Sketch? | Das ist gar nicht so leicht zu beantworten und davon abhängig, was du mit Plugins machen möchtest. Die meisten der Programme werden bei GitHub veröffentlicht. Allerdings fehlen dort Statistiken über den Download, und so ist es schwierig, genau zu sagen, welche die besten oder beliebtesten sind.

In den nächsten Kapiteln findest du vier Top-Erweiterungen, die zeigen, was du von Plugins erwarten kannst. Ein guter Startpunkt ist auch Abschnitt 6.6, »Noch mehr Plugins«, in dem du eine sortierte Liste findest. Manche Plugins sind bereits im Text hervorgehoben, weil sie sich in der Verwendung bewährt haben.

Sind alle Plugins kostenlos? | Nur sehr wenige Entwickler in der Community erwarten, dass du Geld für ihre Erweiterungen ausgibst. Die überwältigende Mehrheit ist seit Jahren kostenlos und wird es hoffentlich auch noch jahrelang bleiben. Es gibt allerdings Bezahl-Apps, die ein Sketch Plugin anbieten. Principle, Marvel, Abstract, inVision und Zeplin sind nur einige wenige dieser Unternehmen, die die Designs aus Sketch weiterverarbeiten. In diesem Buch sind alle Plugins, die nicht komplett kostenlos sind, mit einem (\$) nach dem Namen markiert. Andere Plugins sind so umfangreich geworden, dass einzelne Entwickler einen Nebenverdienst aus ihnen gemacht haben.

Es kann auch sein, dass du für ein Plugin einen API-Schlüssel brauchst. Dieser ermöglicht es dir, die Programmierschnittstellen von anderen Programmen zu nutzen. Je nach Dienst kostet dann der Zugriff auf die Daten etwas (zum Beispiel bei Google).

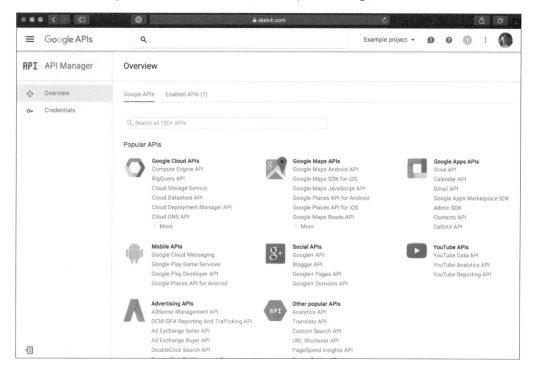

Abbildung 6.2 *Selbst wenn das Plugin kostenlos ist, sind die Programmierschnittstellen es nicht immer. Zum Beispiel bei Google werden Gebühren fällig.*

Kann ich darauf vertrauen, dass Plugins sicher sind? | Sketch überprüft keine Plugins, bevor sie veröffentlicht werden. Deswegen empfiehlt es sich, Plugins selbst zu prüfen und zu schauen, wie die Community entscheidet. Das Sketch-Team sagt, dass die Sterne auf Git-Hub, die Popularität und die Verwendung von Klarnamen Hinweise auf vertrauenswürdige Plugins sind. Diese Hinweise sind allerdings keine Garantie für sicheren Code. Bislang sind keine Angriffe über Sketch Plugins bekannt geworden.

Werde ich darüber benachrichtigt, wenn es Updates gibt? | Bei einer neuen Plugin-Version findest du am oberen rechten Bildschirmrand eine Benachrichtigung. Ein Klick auf **Update** lädt die neueste Version herunter, installiert sie und löscht die alte Datei. Du entscheidest immer selbst, ob du ein Update installierst, und behältst so die Kontrolle über deine Designs.

Abbildung 6.3 *Die Benachrichtigung über eine neue Plugin-Version findest du über der Werkzeugleiste.*

6.1.1   Pro und Contra

Es gibt durchaus unterschiedliche Meinungen zu Plugins in Sketch. Einige Designer sind ihnen gegenüber sehr offen eingestellt, andere lehnen sie aus verschiedenen Gründen ab. Du solltest aber selbst entscheiden, welchem Standpunkt du folgst. Nach längeren Gesprächen lassen sich einige Argumente zusammenfassen; so bekommst du im Folgenden einen Einblick in die Diskussion.

Pro

- **Es gibt für jedes Problem ein Plugin:** Jeder Designer arbeitet anders, und mit Plugins wird Sketch möglichst vielen individuellen Bedürfnissen gerecht. Für manche Designer machen Plugins einen Großteil der Wertschöpfung aus.

- **Sie erhöhen die Produktivität:** Mit wenigen Klicks ganze Dokumente ändern und automatisieren? Das geht nur mit Plugins, die sehr viel Zeit beim Designen sparen. So konzentriert man sich mehr auf das Wesentliche am Design.

- **Sie sind zuverlässiger, als man glaubt:** Es gibt sehr wenige Berichte davon, dass Plugins langfristig nicht mehr funktionieren. Bis heute hat die Community verlässlich Updates bereitgestellt.

- **Sie sind meistens kostenlos und open source:** Jeder kann mitmachen, und alle profitieren von kostenloser, offener Software. Der Quellcode kann kopiert werden; damit lässt sich auf der Arbeit anderer aufbauen.

- **Sie erweitern den Funktionsumfang von Sketch massiv:** Sketch profitiert davon, ein so großes Ökosystem an angeschlossenen Anwendungen zu haben. Manche Plugins sind wie eigene Mini-Programme innerhalb von Sketch und machen neue Verwendungen möglich.

Contra

- **Sie verlangsamen Sketch:** Die Architektur der Sketch-API ist nicht für komplexe Anwendungen konzipiert. Die derzeitigen Plugins haben sich von der frühen Vorstellung weit entfernt und überladen das System. Häufigster Grund für Performance-Probleme in Sketch sind Plugins.

- **Die Sicherheit ist nicht gewährleistet:** Niemand kann garantieren, dass du nicht gerade einen anderen Code ausführst, als du eigentlich beabsichtigst. Das öffnet Angreifern auf deine IT-Sicherheit Tür und Tor.

- **Die Funktionen in Sketch sind bereits ausreichend gut:** Sketch funktioniert für sich allein genommen gut genug, deswegen braucht man eigentlich kaum Plugins.

- **Sie funktionieren nicht zuverlässig genug:** Beim Designen muss alles zueinander passen. Kleine Programmierfehler in Erweiterungen können ganze Projekte ruinieren. Und man kann sich nicht darauf verlassen, dass Plugins passend zur neuesten Sketch-Version aktualisiert werden.

- **Man muss zusätzlich lernen, sie zu bedienen:** Plugins erhöhen die Komplexität beim Designen und können so vom eigentlichen Ziel ablenken.

- **Es ist sehr schwierig, sie sinnvoll in die Benutzeroberfläche zu implementieren:** Nur mit viel Aufwand und Mühe können Entwickler Plugins wirklich tief in die Prozesse von Sketch einbauen. Deswegen verzichten einige Entwickler darauf. Die Folge sind unübersichtliche Menüs, die den Produktivitätsgewinn wieder verpuffen lassen.

- **Alle Designer im Team sollten mit den gleichen Plugins arbeiten:** Mit Plugins kommt weitere Komplexität in die Arbeitsabläufe und die Handhabung von Dateien. Dieser zusätzliche Aufwand lenkt vom Designen ab.

6.2   Automate Sketch

Stellvertretend für besonders beliebte Plugins lernst du hier Automate Sketch kennen. Das von Ashung Hung entwickelte Projekt gehört regelmäßig zu den Tipps von Design-Profis. Es ist komplett kostenlos, bietet einen großen Funktionsumfang und wird seit 2015 ständig weiterentwickelt.

Automate ist eine Sammlung von einfachen und komplexen Vorgängen, die Sketch nicht ausführen kann. In diesem Abschnitt lernst du, welche Aufgaben Automate für dich erledigt.

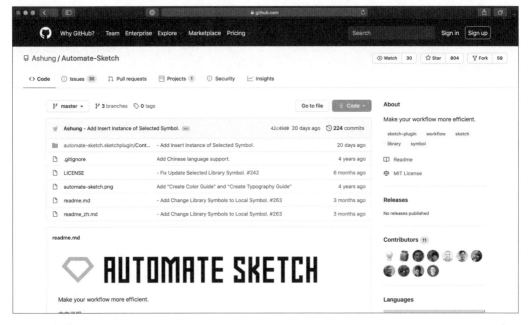

Abbildung 6.4 *Die GitHub-Seite von Automate Sketch*

6.2.1   Was macht Automate Sketch?

Das Plugin wurde programmiert, um die Arbeit mit Sketch effizienter zu machen. Es stellt dir Funktionen in 13 Kategorien zur Verfügung. Alle kannst du über das Menü **Plugins >** **Automate Sketch…** erreichen.

- **Arrange:** Steuere deine Ebenen und Artboards noch präziser, zum Beispiel durch Sortierung der Ebenenreihenfolge oder die Anordnung nach gleichen Abständen.

- **Layer:** Auswählen, Einfügen und Anpassen von Größen für Ebenen und Gruppen, zum Beispiel miteinfügen und ausgewählte Ebene ersetzen, Höhe und Breite tauschen oder Ebenennamen suchen und ersetzen.

- **Symbol:** Erweiterte Kontrolle über deine Symbole, zum Beispiel durch Umbenennen aller Instanzen, Zurücksetzen sämtlicher Overrides oder Entfernen unbenutzter Symbole.

- **Library:** Alle Stile oder Symbole aus der Library ins lokale Dokument überführen mit nur zwei Klicks. Oder suche aktiv nach Updates in deinen Libraries, und repariere kaputte Verknüpfungen.

- **Artboard:** Wenige Klicks mit großer Wirkung gibt es in dieser Kategorie. Zum Beispiel kannst du für jede ausgewählte Ebene ein Artboard erstellen. Oder du wandelst Artboards in Gruppen um und benutzt den Artboard Navigator, um schnell zu jedem Artboard in deinem Dokument zu springen.

- **Style:** Bearbeite massenhaft das Aussehen und die Stile deiner Ebenen, zum Beispiel, um automatisch aus Farben, Stilen und Typografie einen Styleguide zu erstellen oder die Farben von Rahmen und Füllung zu tauschen.

- **Guides:** Designe mit voreingestellten Rastern, oder erstelle Hilfslinien aus deinen Layout-Einstellungen. Sehr praktisch auch, dass du Raster, Layout und Hilfslinien von einem Artboard kopieren und in ein anderes einfügen kannst.

- **Text:** Alles fürs Bearbeiten und Ersetzen von Text – bis hin zum Buchstabenzählen. Zum Beispiel steuerst du das »Auspunkten« von zu langem Text, zerschneidest Textebenen an Zeilenumbrüchen oder fügst sie wieder zusammen.

- **Slice:** Bringt dich schneller zum Export von Slices und kann die Export-Einstellungen steuern.

- **Data:** Das in Automate eingebaute Data-Plugin erzeugt zum Beispiel Kalenderdaten oder exportiert alle Texte der ausgewählten Ebenen in ein neues Textdokument.

- **Prototyping:** Vier Befehle, die deine Prototyping-Einstellungen zurücksetzen und entfernen. Plus: alle Hotspots in den Vordergrund bringen.

- **Development:** Hilft dir als Entwickler, Code zu extrahieren oder Identifikationsnummern innerhalb des Sketch-Dokuments zurückzusetzen.

- **Utilities:** Befehle, die in die anderen Kategorien nicht gepasst haben: Tastenkombinationen erstellen, Dokumentpfad kopieren (bzw. Cloud-URL) und Sketch-Sprache auf Chinesisch (Mandarin) umstellen.

- **Help:** Keine eigene Kategorie mit Funktionen, sondern Links zur Dokumentation und Hinweise auf den Entwickler.

Zum Redaktionsschluss dieses Buchs sind in Automate insgesamt 185 Funktionen enthalten, inklusive eines eingebauten Daten-Plugins. Wie du ein paar dieser Funktionen verwenden kannst, lernst du im nächsten Abschnitt.

6.2.2 Beispiele für die Verwendung

Am sichtbarsten werden die Möglichkeiten von Sketch Plugins in der Praxis. Bei manchen der Funktionen in Automate denkst du vielleicht: Wer braucht denn sowas? Tatsächlich könntest aber genau du der nächste Nutzer sein, der einen so ausgefallenen Befehl braucht.

Die Anleitungen gehen davon aus, dass du das Plugin bereits installiert hast. Die beiden folgenden Beispiele können dir nur einen kleinen Einblick in die Möglichkeiten geben. Angesichts der Menge an Befehlen gibt es so viele Situationen, dass selbst Profi-Sketch-Nutzer vermutlich noch nicht alle gebraucht haben.

SCHRITT FÜR SCHRITT
Icon-Library erstellen

In diesem ersten Beispiel hilft Automate, eine Icon-Library zu erstellen. Dafür benutzen wir die umfangreiche und kostenlose Bibliothek von CSS.gg (*http://css.gg*). Die Icons selbst liegen noch nicht als Sketch-Datei vor, aber wir wollen sie gerne in Sketch benutzen. Es wäre sehr aufwändig, mehr als 700 Icons herunterzuladen, auf einem Artboard zu platzieren und das Artboard zu benennen. Mit Automate schaffst du diese Aufgabe in 1% der Zeit (gefühlt). Du kannst alle Icons als SVG-Datei herunterladen (*https://css.gg/all.svg*).

1 Vorbereitungen
Öffne eine neue Sketch-Datei, und füge die Datei mit allen Icons ein. So sollte die Datei dann aussehen:

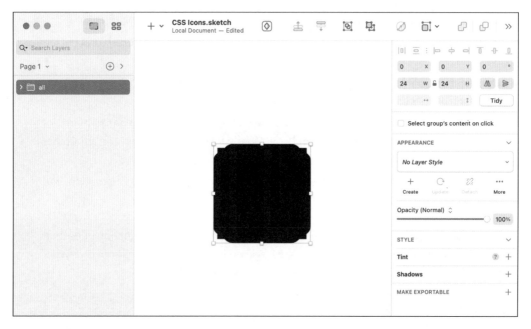

Abbildung 6.5 *Alle SVG-Icons von CSS.gg in einer Gruppe und am selben Ort*

Als Erstes löst du mit `cmd`+`⇧`+`G` die Gruppe auf. In der Ebenenliste hast du jetzt alle Gruppeninhalte markiert. Nun kommt Automate Sketch zum Einsatz.

2 Elemente des Namens mit Automate entfernen
Jede Gruppe hat vor dem eigentlichen Namen ein »gg-« stehen, das du entfernen möchtest. Wähle **Plugins > Automate > Layer > Layer Name > Find & Replace Layer Name,** um in den ausgewählten Ebenen den Namen zu suchen und zu ersetzen. Vor allen Gruppen soll das

»gg-« gelöscht werden. Es reicht, nach den Zeichen zu suchen und bei **Replace** kein Zeichen einzutragen.

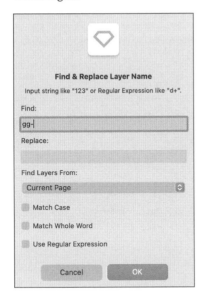

Abbildung 6.6 *Ebenennamen suchen und ersetzen mit Automate*

Dadurch hat jetzt jedes Element einen gut lesbaren Namen.

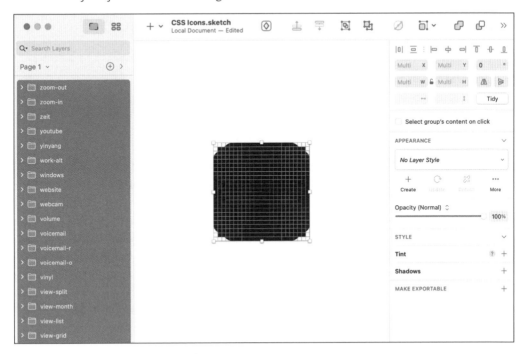

Abbildung 6.7 *Automate Sketch bereinigt den Namen der Ebenen.*

3 Artboards für Ebenen erstellen

Im nächsten Schritt erstellst du für jede Ebene ein Artboard. Klicke auf **Plugins > Automate > Artboard > Artboard from Group**, um die Gruppen aufzulösen und in Artboards zu verwandeln.

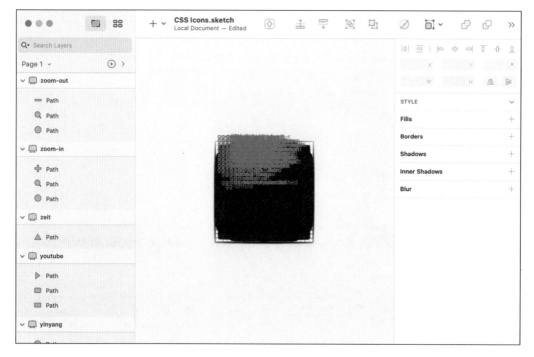

Abbildung 6.8 *Aus den Gruppen sind Artboards geworden, die Namen sind gleichgeblieben.*

Wähle alle Ebenen auf allen Artboards mit `cmd`+`A` aus.

4 Gruppen aus Auswahlen

Als Nächstes benutzt du Automate, um aus der Auswahl in jedem Artboard eine Gruppe zu erstellen. Der Befehl ist **Plugins > Automate > Artboard > Group selected layers in each Artboard**. Danach sortierst du alle Ebenen nach Namen. Benutze **Plugins > Automate > Layer > Arrange > Order Layers by... > Name,** und deine Ebenen sind alphabetisch sortiert (siehe Abbildung 6.9).

Die Artboards haben alle unterschiedliche Größen, weil sie genauso groß gezeichnet wurden wie die Gruppe. Ursprünglich sind alle auf eine Größe von 24 × 24 optimiert. Diese Größe sollen auch alle Artboards haben. Wähle dafür alle aus (`cmd`+`⇧`+`A`), und trage im Inspector die Werte 24 für **Width** und 24 für **Height** ein (siehe Abbildung 6.10).

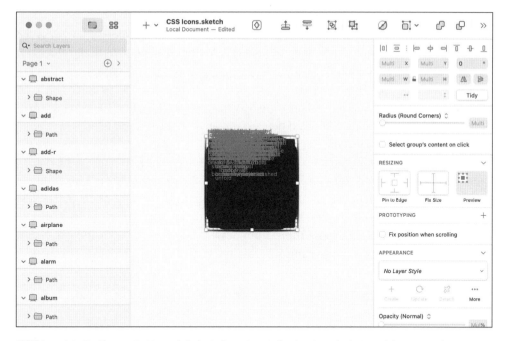

Abbildung 6.9 *Die Ebenen sind jetzt alphabetisch sortiert. Außerdem hast du die Einzelebenen in jedem Artboard zu Gruppen zusammengefasst.*

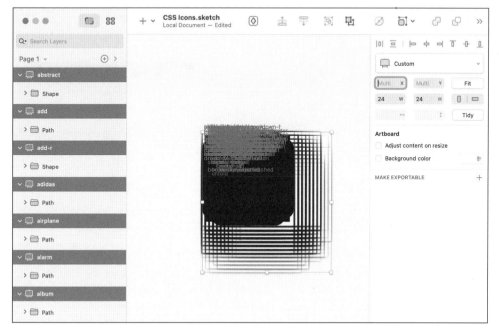

Abbildung 6.10 *Alle Artboards sind jetzt gleich groß: 24 × 24.*

5 Artboards ausrichten

Behalte die Auswahl aller Artboards bei. Jetzt richten wir alle Artboards so aus, dass die obere und linke Kante aneinanderliegen. Klicke erst **Arrange > Align > Vertically** und dann **Arrange > Align > Horizontally**.

Zugegeben, du siehst noch ziemlich wenig von unserem Erfolg. Halte durch, ein paar Schritte braucht es noch, dann haben wir eine vollständige Icon-Library. Beende die Auswahl der Artboards mit einem Klick auf den leeren Canvas. Wähle stattdessen noch einmal alle Ebenen in den Artboards mit $\boxed{cmd}$+$\boxed{A}$ aus.

In meiner Version von Automate Sketch hat sich ein Fehler eingeschlichen. Alle Gruppen haben Abmessungen von 100 × 100. Solltest du diesen Fehler nicht haben, kannst du die nächsten paar Sätze überspringen. Der Fehler kann umgangen werden, indem du erst alle Gruppen auf 50 % skalierst und bestätigst. Die Tastenkombination dafür ist $\boxed{cmd}$+$\boxed{K}$, oder klicke in der Menüleiste auf **Layer > Transform > Scale**. Achte darauf, die Richtung auf **Scale from top left** zu setzen, und klicke dann auf **Scale**.

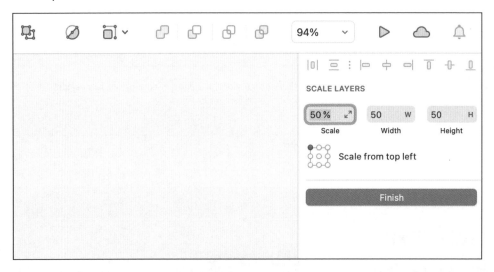

Abbildung 6.11 *Achte auf die Einstellung im Fenster: »Scale from top left«.*

Wiederhole den Vorgang mit 200 %. Den Fehler in den Gruppen sollte Sketch dann korrigiert haben.

6 Das Finale

Hast du alle Ebenen ausgewählt? Dann klicke mit gehaltener $\boxed{cmd}$-Taste das erste Artboard in der Liste an, und füge es so der Auswahl hinzu. Jetzt richtest du alle Gruppen am Artboard aus. Als Erstes klickst du **Arrange > Align > Vertically** und dann **Arrange > Align > Horizontally**.

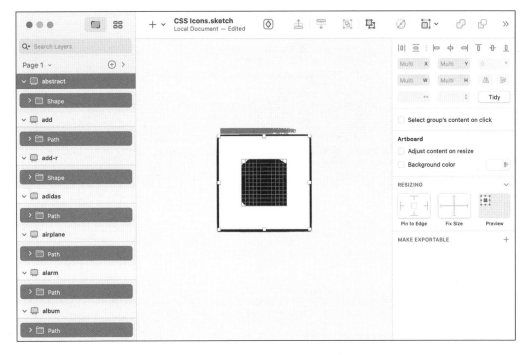

Abbildung 6.12 *Alle Ebenen und ein Artboard sind ausgewählt und ausgerichtet.*

Noch ein Schritt, und dann bist du fertig. Wähle alle Artboards aus ([cmd]+[⇧]+[A]), und mit **Plugins > Automate > Arrange > Tile Objects** verteilst du die Icons. Die Werte im Dialog-fenster kannst du selbst wählen, beispielhaft stehen dort **Columns** »24«, **Margin** X »20« und **Margin** Y »20«. Wenn du den Haken bei **Order by name** setzt, dann ist die erste Zeile von links nach rechts alphabetisch sortiert und setzt sich in der nächsten Zeile fort.

Abbildung 6.13 *Schau, dass du **Order by name** anhakst, damit deine Zeilen alphabetisch sortiert sind.*

Fertig! So sieht das Endergebnis aus (siehe Abbildung 6.14).

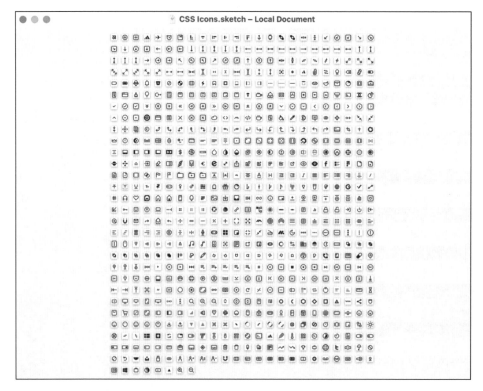

Abbildung 6.14 *Richtig benannt, sortiert und ordentlich ausgerichtet – eine Sketch Library von CSS.gg*

Eine Fortsetzung dieser Anleitung findest du in Abschnitt 6.3, »Sketch Runner«.

SCHRITT FÜR SCHRITT
Übergabe vorbereiten

Automate kann dir auch helfen, dein Design vorzubereiten und zu organisieren. Dafür kannst du dir ein Design von Sketch App Sources (*https://www.sketchappsources.com/free-source/4424-twitter-desktop-mockup-sketch-freebie-resource.html*) herunterladen. Damit kannst du die Schritte selbst nachvollziehen. Für eine bessere Übersicht konzentriert sich die Anleitung auf die Liste im rechten Bereich des Designs mit der Überschrift »You might like«.

1 Ordnung prüfen

Als Erstes überprüfst du die Ordnung des Designs. Elemente und Ebenen, die nicht sichtbar sind oder nicht verwendet wurden, solltest du auch nicht weitergeben. Automate hat dafür folgende Befehle eingerichtet, die du alle ausführst:

- **Plugins > Automate > Layers > Remove Redundant Groups**: Gruppen ohne eigene Ebenen werden gelöscht.

- **Plugins > Automate > Layers > Remove Empty Groups**: Leere Gruppen werden gelöscht.

- **Plugins > Automate > Layers > Remove Hidden Layers**: Ausgeblendete Ebenen werden gelöscht.

- **Plugins > Automate > Layers > Remove Transparency Layers**: Automate löscht Ebenen mit 0 % Deckkraft.

- **Plugins > Automate > Symbol > Remove Unused Symbols**: Symbole ohne Instanzen verschwinden aus dem Dokument.

- **Plugins > Automate > Style > Remove Unused Layer Styles & Remove Unused Text Styles**: Automate entfernt Ebenen und Textstile, die in diesem Dokument nicht benutzt werden.

2   Ebenen sortieren

Danach markierst du die Ebenen in der Liste und sortierst sie. Die Hintergrundebene »Rectangle« lässt du aus. Klicke dafür auf **Plugins > Automate > Arrange > Order Layers by… > Position Y (Top-Bottom)**.

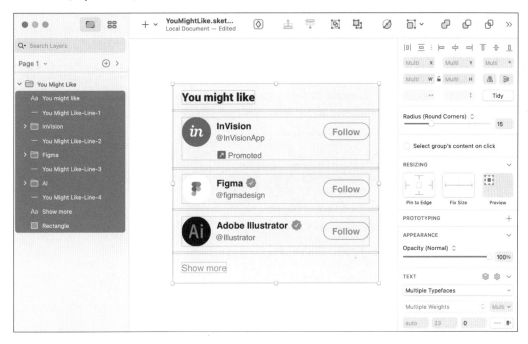

Abbildung 6.15 *Das Erscheinungsbild hat sich nicht geändert, aber die Reihenfolge der Ebenen passt zur Leserichtung.*

Auch in den drei Gruppen sortierst du die Ebenen nach der Y-Position.

3 Linien neu benennen

Die Namen der Linien sind nicht gut zu unterscheiden. Benenne sie alle gemeinsam um. Der Befehl dafür ist **Plugins > Automate > Layer > Rename Layers...**

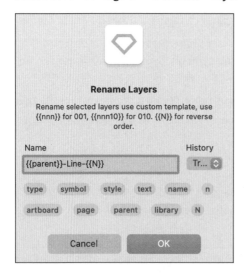

Abbildung 6.16 *Klicke auf einen Operator wie »parent« oder »N«, um die Ebenen individuell zu benennen.*

4 Textstile extrahieren

Um sicherzugehen, dass die Entwickler genau wissen, wie sie die Schriften designen müssen, extrahierst du die Textstile aus dem Design. Mit **Plugins > Automate > Styles > Create Typography Guide...** kannst du alle vergebenen Textstile als Ebenen neu erstellen.

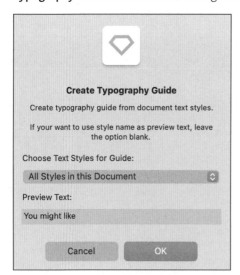

Abbildung 6.17 *Automate erstellt aus allen Textstilen in diesem Dokument einen Text mit »You might like«.*

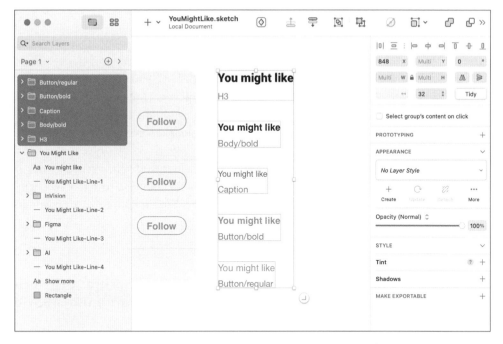

Abbildung 6.18 *Die Textstile stehen rechts neben dem Design.*

5 Symbole exportieren

Zum Schluss exportierst du noch alle Symbole als PNG, damit die Entwickler auch die Icons und Grafiken zur Verfügung haben. Der Befehl dafür ist **Plugins > Automate > Symbol > Export all Symbols as PNG**.

Abbildung 6.19 *Die Symbole des Dokuments als PNG helfen Entwicklern, das Design umzusetzen.*

Damit ist das Design aufgeräumt und besser für die Übergabe vorbereitet. Entwickler, andere Designer und Projektmanager können es jetzt verwenden. An einigen Stellen unterstützen auch die Assistants von Sketch (Abschnitt 5.7) diese Qualitätskontrolle und Vorbereitung.

6.3   Sketch Runner

Mit Runner erreichst du schneller alle Sketch-Funktionen. Inspiriert von der Spotlight-Suche auf dem Mac kannst du dank dieses Plugins alle Bereiche des Programms durchsuchen. Dazu gehören sämtliche Befehle in der Menüleiste, die Ebenen, Seiten und Stile. Außerdem kannst du alle Sketch Plugins durchsuchen und direkt installieren. Mit diesen Funktionen ist Runner regelmäßig in Blog-Artikeln zu finden, in denen es um die besten Sketch Plugins geht. Es wird wahrscheinlich am häufigsten von professionellen Designern installiert, die beim Designen Zeit sparen wollen.

In diesem Kapitel lernst du, wie du mit Runner dank seiner Funktionen schneller durch Menüs, Symbole und Stile navigieren kannst. Runner ist kein komplett kostenloses Plugin, deswegen schauen wir uns auch noch die Lizenzen und Kosten für RunnerPro an, bevor du zwei Beispiele zur Verwendung lesen kannst.

6.3.1   Was macht Sketch Runner?

Mit einer Tastenkombination eröffnet Runner dir die Möglichkeit, Sketch komplett zu durchsuchen. Kern des Plugins ist das Suchfeld, in dem du durch Tippen nach einem Begriff suchst. Runner findet dann passende Funktionen für dich.

Abbildung 6.20 *Links die Spotlight-Suche von macOS, rechts der davon inspirierte Sketch Runner*

Um alle Bereiche von Sketch abzudecken, sind die Aktionen im Plugin in sechs Kategorien aufgeteilt.

- **Run:** Alle Einträge und Untermenüs aus der Menüleiste. Beginne zu tippen, um sie zu durchsuchen.
- **Goto:** Damit kannst du Seiten, Artboards und Ebenen nach Namen filtern.
- **Insert:** Dieser Befehl durchsucht deine Symbole und Libraries.
- **Create:** Erstelle aus den aktuell ausgewählten Ebenen ein Symbol oder einen Ebenen- bzw. Textstil.
- **Apply:** Wende einen Stil aus deinem Dokument oder einer Library an.
- **Install:** Finde ein Plugin bei GitHub, und installiere es direkt in Runner.

Um zwischen den Kategorien zu wechseln, drücke ⇥.

Pro-Funktionen: RunBar und Components Browser | Mit der Installation von Runner kommen noch zwei besondere Funktionen hinzu. Die erste ist die RunBar, eine Leiste am oberen Rand deines Canvas. Sie enthält eine Navigation für dein Dokument auf der linken Seite und einen Bereich für Plugin-Aktionen auf der rechten Seite.

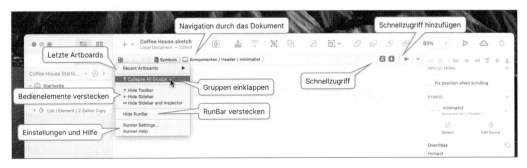

Abbildung 6.21 *Die RunBar mit Dokument-Navigation auf der linken und Plugin-Aktionen auf der rechten Seite*

Die zweite Funktion, der Components Browser, ermöglicht dir eine übersichtliche Suche durch alle Symbole und Stile in deinem Dokument. Für den Browser öffnet sich ein eigenes Fenster mit ähnlichen Funktionen wie in der Komponenten-Übersicht (Abschnitt 2.4, »Ebenenliste, Dokumentstruktur und Seiten«). Klicke und ziehe ein Icon oder einen Stil aus dem Fenster, um es auf deinem Canvas zu positionieren.

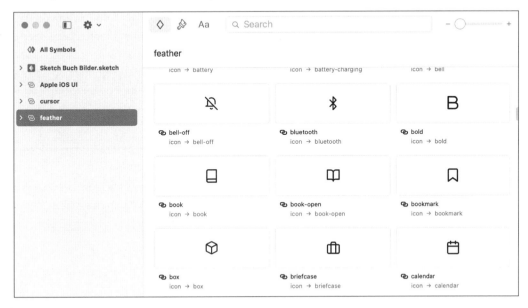

Abbildung 6.22 *Deine Symbole und Stile übersichtlich im Components Browser*

Der Vorteil eines eigenen Fensters: Du kannst es auf einem zweiten Bildschirm (zum Beispiel einem iPad mit Apples Sidecar) anzeigen. So hast du deine Design-Komponenten immer im Blick.

Eine einzige Tastenkombination | Bei der ersten Verwendung von Runner wirst du nach einer Tastenkombination gefragt. Für das deutsche Tastaturlayout bietet sich zum Beispiel ⌷cmd⌷ + ⌷#⌷ an, für ein englisches Layout macht Runner auch andere Vorschläge.

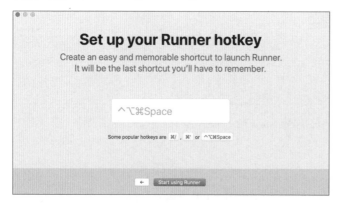

Abbildung 6.23 *Beim Start fragt das Plugin nach deiner persönlichen Tastenkombination für Runner.*

6.3.2   RunnerPro und Kosten

Nach einer Testzeit von 14 Tagen wirst du gebeten, die Pro-Version zu kaufen. Wenn du das nicht möchtest, kannst du Runner in der Variante »Classic« weiterbenutzen. Dabei sperrt das Plugin alle Funktionen bis auf **Run** und **Install**. Ein kleines Team entwickelt Sketch Runner immer weiter. Für die Nutzung aller Funktionen verlangen sie einen einmaligen Betrag von 45 Euro. Es gibt keine weiteren Kosten. Für Schüler und Studenten bietet Runner eine vergünstigte Version an. Dafür brauchst du einen Ausweis oder eine verifizierte E-Mail-Adresse deiner Schule.

Runner um 25 % reduziert

Mache ein Foto von dieser Doppelseite des Buchs, um dir 25 % Rabatt auf Runner zu sichern. Sende es mit einem freundlichen Gruß per Mail an *hello@sketchrunner.com*. (Es besteht kein Anspruch auf diesen Rabatt, und er ist auch nicht mit anderen Aktionen kombinierbar.)

6.3.3   Beispiele für die Verwendung

Am besten lernst du Sketch Runner kennen, wenn du die Kommandozeile selbst benutzt. Er hilft dir, komplizierte Aufgaben in Sketch schnell wiederzufinden oder neue Plugins zu installieren.

SCHRITT FÜR SCHRITT

Menüs durchsuchen – Icon-Library erstellen

Im vorherigen Abschnitt zu Automate Sketch hast du bereits eine Icon-Library erstellt. Dank des Runner-Plugins brauchst du die Befehle nicht mehr mit dem Mauszeiger in der Menüleiste suchen. Stattdessen lernst du, die nächsten Schritte bei der Erstellung der Icon-Library mit Runner auszuführen.

In dem Dokument sind die mehr als 700 Icons mittig ausgerichtet und in einem Raster auf dem Canvas angeordnet.

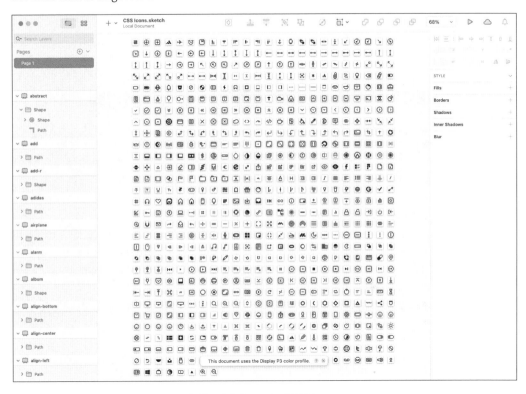

Abbildung 6.24 *Die Ausgangssituation: ein Sketch-Dokument mit 700 Icons*

1   Runner öffnen

Jetzt gehst du einen Schritt weiter und erstellst daraus mit Hilfe eine Sketch Library. Öffne dazu Runner mit deiner Tastenkombination, oder klicke auf **Plugins > Runner > Run**.

Abbildung 6.25 *Runner ist bereit für deine Suche.*

2 Auswahl treffen

Als Erstes musst du im Sketch-Dokument alle Artboards auswählen. Beginne dafür, in Runner »Select« zu tippen, und beobachte die Ergebnisse. Du suchst nach dem Befehl **Select all Artboards**. Um einen Eintrag auszuwählen, drücke die Pfeiltaste ▼ oder ▲. Mit ↵ bestätigst du den Befehl **Select all Artboards**.

Abbildung 6.26 *Runner sucht bereits bei der Eingabe nach einem passenden Menüeintrag.*

3 Artboards in Symbole umwandeln

Sind alle Artboards ausgewählt, kannst du sie zu Symbolen machen. Anstatt das einzeln zu tun, benutzt du eine Funktion des Automate-Plugins. Öffne erneut Runner, und beginne zu schreiben: »Create …« Der Befehl **Create Symbols from selected Layers** sollte schon nach den ersten Buchstaben sichtbar sein.

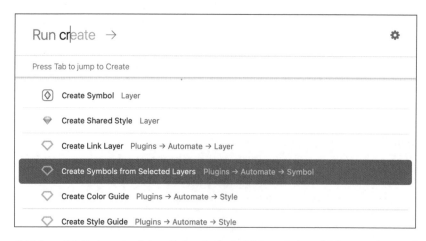

Abbildung 6.27 *Du kannst auf einen Eintrag in der Suchliste auch doppelklicken, um ihn auszuführen.*

Jeder weitere Buchstabe grenzt die Suche weiter ein. Drücke wieder ⏎, und du siehst den Dialog des Automate-Plugins in Abbildung 6.28 – als hättest du selbst mit der Maus den Befehl gesucht und geklickt.

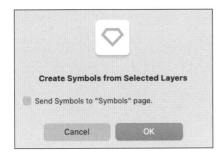

Abbildung 6.28 *Deaktiviere in diesem Fall den Haken bei* **Send Symbols to »Symbols« page**.

Alle Artboards in deinem Dokument sind jetzt zu Symbolen umgewandelt.

4 Library hinzufügen

Bereits jetzt kannst du die Datei speichern und als Library in Sketch hinterlegen. Öffne Runner wieder mit deiner Tastenkombination, und beginne deine Suche nach »Library«. Wähle **Add as Library** mit den Pfeiltasten aus, und drücke dann ⏎.

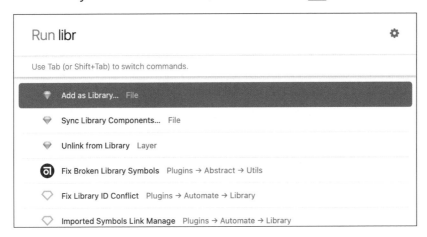

Abbildung 6.29 *Runner findet Einträge unabhängig davon, mit welchem Wort sie beginnen.*

Mit einer weiteren Suche nach **Preferences...** und Drücken von ⏎ öffnen sich die Programmeinstellungen, und du siehst bereits, dass die Datei **CSS Icons** zu den Libraries gehört (siehe Abbildung 6.30).

Abbildung 6.30 *Die Library ist jetzt in den Einstellungen hinterlegt und über die Menüs in Sketch verfügbar.*

Mehr ist nicht notwendig, um eine Icon-Library zu erstellen. Farbvarianten der Icons kannst du über die Funktion **Tints** in jeder Symbolinstanz einzeln steuern.

SCHRITT FÜR SCHRITT
Plugins installieren

Egal ob du bereit bist, Runner Pro zu bezahlen oder nicht – die Funktion zum Installieren von Plugins ist immer kostenlos. Wenn du also nach einem Plugin suchst, dann musst du Sketch nicht mehr verlassen und auf der Website suchen. Runner erledigt Suche und Installation direkt für dich. Außerdem zeigt es dir die beliebtesten Plugins und welche Funktionen ein Plugin mitbringt, noch bevor du es installierst.

1 Suchen

Drücke deine Tastenkombination, oder klicke **Plugins > Runner > Run,** um das Suchfeld zu öffnen.

Abbildung 6.31 *Sketch Runner, bereit für deine Eingabe*

2 Plugin-Installation

Um zur Plugin-Installation zu kommen, drücke einmal ⇧ + ⇥ oder fünfmal ⇥. So springst du zwischen den einzelnen Suchbereichen. Bleibe beim Abschnitt **Install** stehen.

Dort siehst du alle offiziellen Sketch Plugins und eine Beschreibung. Auf der rechten Seite ist vermerkt, ob das Plugin bereits installiert ist.   .

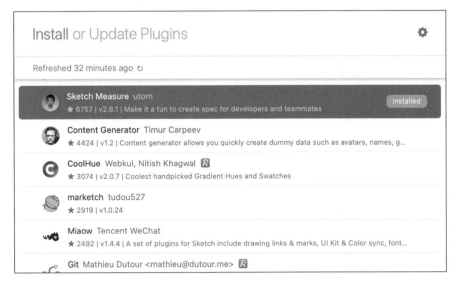

Abbildung 6.32 *Die Liste ist nach der Anzahl der Sterne für das GitHub-Repository sortiert. Besonders beliebte Plugins stehen also oben.*

3   Plugin suchen

In diesem Beispiel suchst du nach einem Eintrag mit dem Namen »Minimap«. Einmal installiert, zeigt das Plugin eine kleine Karte aus den erstellten Artboards in deinem Dokument.

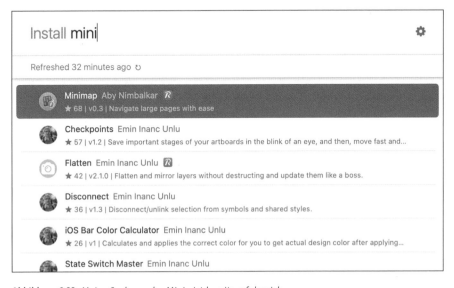

Abbildung 6.33 *Meine Suche nach »Mini« ist bereits erfolgreich.*

Drücke ⏎, und eine Vorschau für das Plugin erscheint. Auf der linken Seite findest du alle relevanten Informationen zum Plugin. Rechts steht der Name, eine Kurzbeschreibung, der Name des Entwicklers und eine Liste mit den verfügbaren Befehlen.

Abbildung 6.34 *Innerhalb von Sekunden ist das Plugin fertig installiert.*

Plugins löschen

Runner kann auch Plugins aus deinem System löschen. Drücke dafür cmd + ⇧ + ← auf einem Eintrag in der Plugin-Liste.

4   Befehle im Runner

Damit sind alle Befehle für das Plugin bereits in Runner verfügbar. Du öffnest wieder die Suchleiste und suchst bei **Run** nach »Minimap«. Der Eintrag erscheint sofort, und schon siehst du dein Dokument als kleine Karte.

Abbildung 6.35 *Alle neuen Befehle sind direkt verfügbar.*

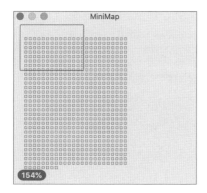

Abbildung 6.36 *Eine kleine Karte deiner aktuell geöffneten Sketch-Seite erscheint.*

6.3.4 Tipps und Tricks für Runner

Ein paar Funktionen sind noch versteckt, und es wäre zu schade, diese kleinen Tricks nicht mit dir zu teilen.

- Den letzten Befehl erneut ausführen: Leg in den Runner-Einstellungen eine Tastenkombination fest, um den letzten Befehl nochmal auszuführen. Ich habe dafür ⌘ + ⇧ + # gespeichert.

- Die letzte Suche fortführen: Drücke ▲, wenn du noch nichts eingegeben hast, und der letzte Suchbefehl wird angezeigt. Drücke mehrfach, um durch die Suchhistorie zu springen.

- Libraries von der Suche ausschließen: In den Suchen **Insert** und **Apply** findest du einen Button rechts in der Suchleiste. Klicke darauf, um zu steuern, welche Libraries durchsucht werden.

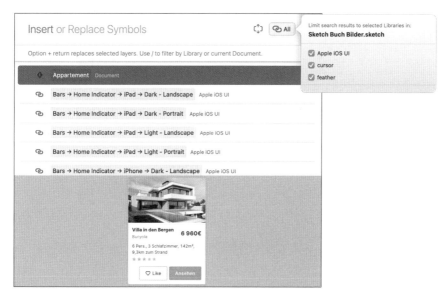

Abbildung 6.37 *Leg fest, welche Libraries durchsucht werden sollen.*

- Ausgewählte Ebene ersetzen: Halte die Taste `alt` gedrückt, wenn du einen Stil oder ein Symbol einfügst, um das ausgewählte Element zu überschreiben.

6.4   Zeplin – Übergabe an die Entwickler

Auf dem Weg von der Idee bis zur Umsetzung gibt es einen kritischen Punkt, an dem viele Teams Probleme haben. Der Moment, in dem das Design an andere Teams wie die Entwickler übergeben wird, den sogenannten Handoff. An dieser Stelle ist es für alle Beteiligten wichtig, transparent und offen miteinander zu sprechen.

Zeplin sammelt alle Designs und stellt eine Plattform bereit, auf der alle Teammitglieder sich über die Designs unterhalten können. Designer stellen ihren neuesten Stand vor, Projektmanager können Aufgaben verteilen und Entwickler haben bereits automatisch erstellten Code zur Verfügung und volle Einsicht in die Dateien. Dazu kommt die Unterstützung von Style Guides bzw. Design-Systemen.

Es ist nicht nur ein Sketch Plugin, sondern ein eigenes Programm für deinen Mac. An einigen Stellen sind die Funktionen ähnlich wie die der Sketch Cloud. Allerdings hat das Team von Sketch erst vor kurzem stärker Fokus auf die Funktionen der Cloud gesetzt. Die Zeit bis dahin hat Zeplin genutzt, um für viele Design-Teams ein fester Bestandteil von Sketch zu werden.

Lies in diesem Abschnitt, wie Zeplin funktioniert, wie du das Plugin bedienst und was es so besonders macht. Du lernst, wie du Designs hochlädst, Kommentare hinzufügst und die fortgeschrittenen Funktionen von Zeplin bedienst.

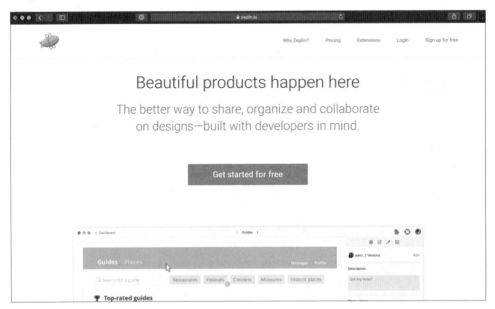

Abbildung 6.38 *So präsentiert sich Zeplin im Netz.*

6.4.1 Was macht Zeplin?

Zeplin wurde für Teams erfunden, die sich über Designs austauschen wollen. Es schafft Transparenz für alle Teilnehmer von der Idee bis zur Übergabe an die Entwickler und darüber hinaus. Es ist also nicht nur ein Tool für Designer, sondern nimmt die Bedürfnisse von Entwicklern und Projektmanagern ernst. Die wichtigsten Funktionen von Zeplin im Überblick:

- **Hochladen:** Hierfür brauchst du das Sketch Plugin. Es lädt deine Designs auf die Zeplin-Server hoch. Erst dort werden sie für die Zusammenarbeit vorbereitet.

- **Sortieren:** Alle Artboards können in Projekte und Gruppen sortiert werden. Eine Suchfunktion hilft dir, den Überblick zu behalten.

- **Diskutieren:** Mit Kommentaren auf den Artboards ist es für alle Mitglieder möglich, eine Diskussion zu führen und Entscheidungen zu treffen.

- **Untersuchen:** Alle können dein Design sehen und Abmessungen, Inhalte, Farben, Schriften, Positionen und vieles mehr nachvollziehen.

- **Assets herunterladen:** Elemente, die in Sketch als exportierbar markiert wurden, stehen mit Zeplin für alle zum Download bereit. Zeplin passt die Dateiformate automatisch an.

Dazu kommen mehrere kleine Erweiterungen, die Zeplin noch tiefer in Unternehmen und Teams integrieren, zum Beispiel für den Unternehmens-Chat Slack, die Entwicklersoftware Visual Studio Code oder für die Arbeitsorganisation mit den Apps von Atlassian Jira.

Bonusfunktion: Scene

Eine versteckte Funktion von Zeplin ist *Scene*. Damit erstellst du einen Link für dein gesamtes Projekt. Alle im Web haben dann Zugriff auf dein Design. Perfekt, um dein Portfolio mit Zeplin zu zeigen.

Zeplin im Web und auf Windows | Für Sketch-Nutzer kommt Zeplin als Plugin und als Mac-App, das Tool selbst ist aber unabhängig von einem Betriebssystem. Auch für Windows gibt es eine App, und alle anderen Betriebssysteme greifen auf die Webversion zurück. Enthusiastische Entwickler haben sogar eine iOS-App veröffentlicht, die aktuell in der Beta-Phase ist (*https://medium.com/snapp-mobile/introducing-zeplin-mobile-by-snapp-mobile-efeed756f3f1*).

Es ist (fast) egal, auf welchem Weg du Zeplin benutzt, denn auf allen Plattformen stehen alle Funktionen zur Verfügung. Ein bisschen unterscheidet sich die Browserversion in der Bedienung, aber alle Funktionen sind vorhanden. Sketch ist auch nicht das einzige Design-Programm, das Zeplin unterstützt. Auch für Adobe Xd, Figma und sogar Adobe Photoshop gibt es die Erweiterung.

Plugin-Installation

Das Sketch Plugin wird automatisch installiert, wenn du die Zeplin-Software für den Mac herunterlädst. Ohne diese Software kannst du das Plugin nicht verwenden.

Kosten und Lizenz | Zum Ausprobieren ist Zeplin mit vollem Funktionsumfang kostenlos, das heißt für ein Projekt und so viele Betrachter, wie du möchtest. Du brauchst einen Zeplin-Account, den du auf der Website oder in der Mac-App erstellst, bevor du loslegst.

Sobald du für mehr als ein Projekt Designs hochladen möchtest, bittet dich Zeplin monatlich um ein paar Dollar. Das kleinste Paket beginnt bei 17 US-Dollar für drei Projekte im Monat und ist für Freelancer und kleine Teams gedacht. Für 26 US-Dollar im Monat gibt es zwölf Projekte – ein guter Deal für Start-ups, Agenturen und kleine Unternehmen. Konzerne und große Design-Teams wählen das Organization-Paket für 129 US-Dollar im Monat.

6.4.2   Beispiele für die Verwendung

Hier habe ich ein paar Beispiele vorbereitet, in denen du lernst, wie Zeplin funktioniert. Alle Anleitungen kannst du bereits mit der kostenlosen Version ausführen. Installiere dir die Zeplin-Mac-App, in der auch das Plugin für Sketch enthalten ist. Wenn du noch keinen Account hast, dann ist jetzt ein guter Zeitpunkt, einen anzulegen und sich anzumelden.

SCHRITT FÜR SCHRITT
Aus Sketch hochladen

Für dieses Beispiel ist das Design in Sketch bereits fertiggestellt. Es handelt sich um einen Online-Shop; das Design findest du bei Sketch App Sources (*https://www.sketchappsources.com/free-source/4450-flower-store-ui-kit-sketch-freebie-resource.html*).

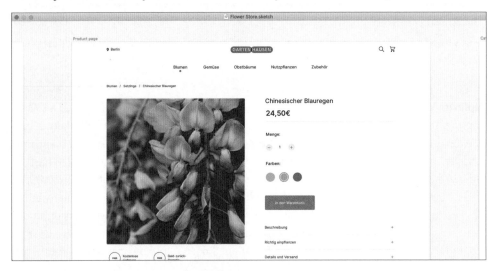

Abbildung 6.39 *Wie wäre es mit einem neuen Online-Shop für Haus und Garten?*

1 Export selected
Wähle zum Hochladen deine Artboards aus, und klicke auf **Plugins > Zeplin > Export selected...** Die Tastenkombination ist `cmd`+`ctrl`+`E`.

Zeplin bittet dich, ein Projekt auszuwählen, in das die Artboards eingefügt werden sollen. Wenn du noch kein Projekt erstellt hast, dann kannst du das jetzt tun. Wähle deine Plattform, vergib einen Namen, und los geht's.

Abbildung 6.40 *Wähle dein Projekt oder deinen Styleguide aus, bevor du die Artboards hochlädst. Wenn du möchtest, füg deinem Upload eine Nachricht hinzu.*

Das Programm verarbeitet jetzt die ausgewählten Artboards und lädt sie hoch.

2 Artboards in der Projektübersicht

Nach dem Hochladen siehst du die Artboards in Zeplin. Du befindest dich in der Projektübersicht.

Abbildung 6.41 *Die Projektübersicht zeigt alle Artboards und rechts die Einstellungen zu diesem Projekt.*

Mit einem Doppelklick kannst du ein Artboard öffnen und ansehen. Die Seitenleiste auf der rechten Seite enthält alle Infos und ist in vier Tabs aufgeteilt: Informationen zum Artboard, Farben, Assets und Kommentare.

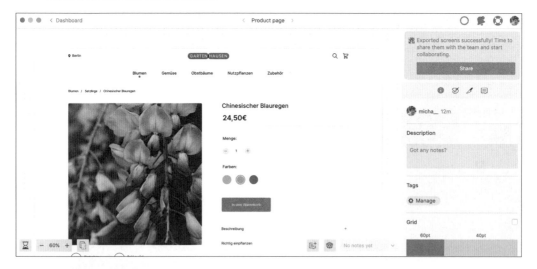

Abbildung 6.42 *Das hochgeladene Design in Zeplin, rechts die Seitenleiste mit allen Informationen*

3 Erneutes Hochladen

Wenn du dein Design erneut mit Zeplin hochlädst, werden die Designs überschrieben und in ein Archiv verschoben. In der Detailansicht eines Artboards findest du eine kleine Sanduhr, die mit einem Klick die letzten Versionen sichtbar macht.

Beim erneuten Hochladen gleicht Zeplin anhand der Artboard-Namen die Designs ab. Deswegen muss das Artboard in Sketch den gleichen Namen haben wie in Zeplin. Nur so können beide zugeordnet werden. Achte deswegen darauf, dass die Namen genau gleich sind und dass du Änderungen der Artboard-Namen eigenhändig in beiden Systemen vornimmst. Ansonsten erstellt das Programm einen neuen Eintrag.

Abschnitte hinzufügen | Apps und Websites bestehen immer aus mehreren Artboards, die zusammengefasst werden sollten. Für eine einfachere Übersicht erstellst du einen Abschnitt, indem du ein oder mehrere Elemente markierst, einen Rechtsklick machst und **New Section from Selection** wählst.

Ein Abschnitt (»Section«) kann beliebig viele Artboards beinhalten. Neue Artboards fügst du einem Abschnitt durch Ziehen und Loslassen hinzu.

Abschnitte löschen

Beim Löschen eines Abschnitts gehen die Artboards nicht verloren. Du musst sie separat auswählen, damit Zeplin sie löscht.

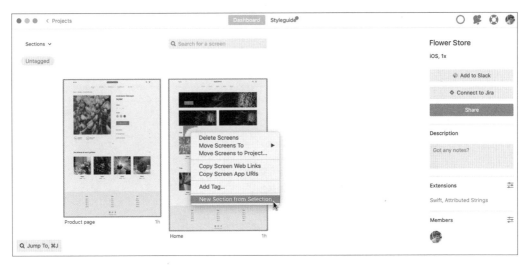

Abbildung 6.43 *Gib deinen Abschnitten eindeutige Namen, damit du sie gut zuordnen kannst.*

Designs untersuchen | Sehen wir uns noch einmal die einzelnen Artboards in Zeplin genauer an. Fahre mit deinem Mauszeiger über das Design, und die Ebenen werden blau hervorgehoben. Mit einem Klick markierst du eine Ebene und kannst ihre Eigenschaften sehen.

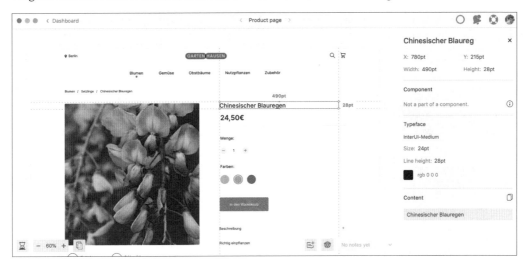

Abbildung 6.44 *Alle Eigenschaften wurden von Sketch übertragen und können hier ausgelesen werden.*

Ebenen, die exportierbar sind, zeigen dort die Assets an. Klicke auf die Einstellungen, um den Download zu steuern. Wenn dein Artboard in Sketch ein Grid verwendet, dann kannst du es auch in Zeplin sichtbar machen. Klicke dafür auf den Haken neben **Grid** in der Seitenleiste.

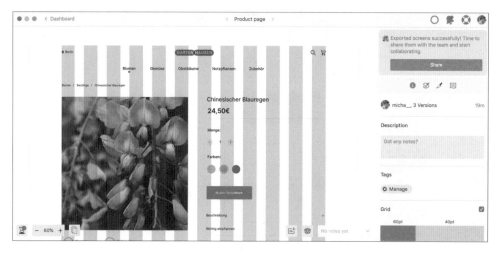

Abbildung 6.45 *Ein Grid wurde hinterlegt.*

Angenommen, das Design wurde als Website umgesetzt – wie kontrollieren wir, ob wirklich alle Abstände, Farben und Buttons so sind wie im Design? Zeplin kann dein Design als eigenes, transparentes Fenster zeigen. Ziehe dieses Fenster über die fertige Website, und du wirst schnell sehen, wo Design und Entwicklung voneinander abweichen.

Nur für Desktop-Apps

Diese Funktion ist nur für die Desktop-Apps auf Mac und PC verfügbar, nicht in der Webversion von Zeplin.

Abbildung 6.46 *Mit einem Klick auf den Button ganz rechts öffnest du ein separates Fenster mit deinem Design.*

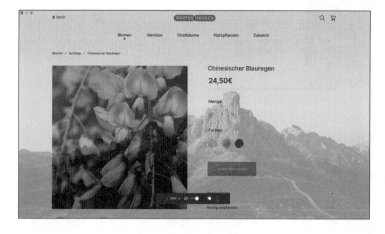

Abbildung 6.47 *Leg dein Design über die entwickelte Website, und überprüfe, wo es Abweichungen gibt.*

Kommentare hinzufügen | Um mit den anderen Projektteilnehmern über das vorliegende Design zu sprechen, kannst du Kommentare hinzufügen. Klicke dafür mit gehaltener [cmd]-Taste auf einen Ort im Artboard. Alle Kommentare speichert Zeplin in der Leiste auf der rechten Seite des Fensters.

Abbildung 6.48 *Du kannst Markdown und Emojis in den Kommentaren verwenden.*

Um eine Person in deinem Kommentar zu markieren, schreibe ein »@« und dann den Namen. Zeplin sucht automatisch nach einer passenden Person in deinem Projekt. Einen Kommentar speicherst du mit [cmd]+[↵]. Zeplin behandelt jeden Kommentar wie einen Beitrag zur Diskussion, an der alle Mitglieder des Projekts teilnehmen können. Du kannst deine eigenen Kommentare bearbeiten und die von anderen Personen als erledigt markieren. Die Anmerkungen gehen dadurch nicht verloren, Zeplin speichert sie als **resolved** in der Seitenleiste.

Personen einladen | Wenn du noch ganz alleine in deinem Projekt bist, lade deine Kollegen ein. Nur so wird Zeplin wirklich nützlich. Neue Personen werden in dein Projekt per E-Mail-Adresse eingeladen. Klicke auf den Button **Share** in der Projektübersicht.

Abbildung 6.49 *Teile dein Design mit anderen mit einem Klick auf **Share**, und lade sie per E-Mail ein.*

Es gibt zwar verschiedene Rollen für Projekte, aber schon als Mitglied (Member) eines Projekts hast du weitreichende Rechte. Du kannst andere einladen, kommentieren, zum Styleguide beitragen und die Designs untersuchen. Wenn für das Projekt bezahlt wird, dann können Mitglieder sogar Designs hochladen. Besitzer (Owner) und Administratoren haben zusätzliche Rechte, um Projekte und Teams zu verwalten, sind sonst aber nicht mächtiger als ein normales Mitglied.

Prototypen in Zeplin | Alle Hotspots und Links, die du in Sketch verwendest, kann auch Zeplin auslesen. So haben alle Teammitglieder die Möglichkeit, sich durch deinen Prototyp zu klicken. Allein die Übergänge kann Zeplin nicht darstellen. Um die Links und Hotspots anzuklicken, halte ⌂ gedrückt, und sie leuchten als gelbe Kästen in Zeplin auf. Ein Mausklick reicht, und schon springst du zum verlinkten Artboard.

Abbildung 6.50 *Klicke auf einen Link in deinem Design, um den Prototyp aus Sketch zu verwenden.*

Zeplin Styleguides | Mit den Styleguides kannst du Farben, Textstile und Komponenten deines Design-Systems an einem zentralen Ort organisieren und aktualisieren. Sie destillieren die wichtigsten Elemente aus hunderten Artboards für Designer und Entwickler. Damit fällt es leichter, deinem Design einen Kontext zu geben. Das Ziel ist, die Entwicklung von Designs zu beschleunigen und die Qualität gleichzeitig hoch zu halten.

Ein Styleguide besteht für Zeplin aus Farben, Schriftstilen, Abständen und Komponenten. Drei der vier kannst du schon in einer Sketch Library organisiert haben. Insofern sind Zeplin Styleguides eine Möglichkeit, deine Library mit Entwicklern zu teilen. Um einen Styleguide zu erstellen, klicke auf **Create Styleguide** im Tab **Styleguides**.

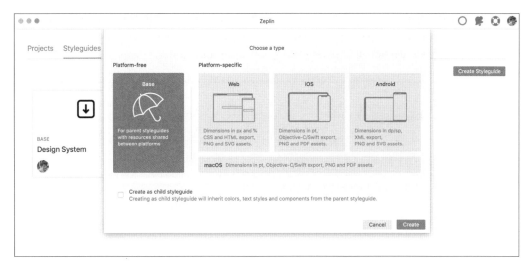

Abbildung 6.51 *Entscheide, was für eine Art von Styleguide du erstellen möchtest.*

Dein erster Styleguide sollte plattformunabhängig sein. Dort kannst du Elemente ablegen, die den Kern der Marke ausmachen, zum Beispiel das Marken-Logo und die wichtigste Farbe deiner Marke. Ein zweiter Styleguide kann spezifischer für eine Plattform sein. Verknüpfe die beiden beim Erstellen, und klicke auf den Haken bei **Create as child styleguide**. Um jetzt eine Sketch Library in Zeplin zu übertragen, öffne das Dokument, und klicke nacheinander auf **Plugins > Zeplin > Export Colors…** und **Plugins > Zeplin > Export Text Styles…**

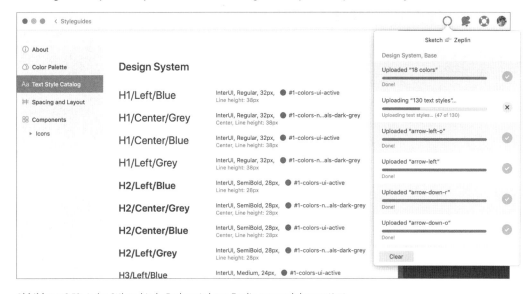

Abbildung 6.52 *Jeder Stil und jede Farbe wird von Zeplin genau dokumentiert.*

Wähle jedes Mal deinen Styleguide aus, Zeplin macht den Rest für dich. Für die Komponenten markierst du alle Symbole und lädst sie mit **Plugins > Zeplin > Export selected** hoch. In der kostenlosen Version sind 99 Komponenten das Maximum.

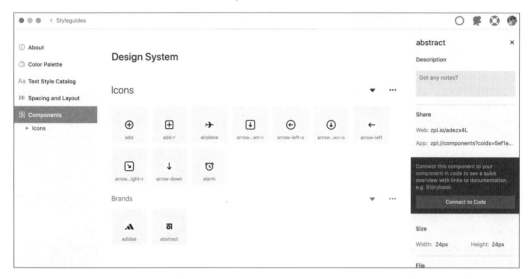

Abbildung 6.53 *Fasse Komponenten in Abschnitten und Gruppen zusammen, um die Übersicht zu behalten.*

Entwickler können die Komponenten sogar mit ihrem Code verknüpfen. Dafür müssen sie ein kurzes Setup durchlaufen; danach sind die Komponenten mit einem GitHub Repository, Storybook oder React Styleguidist verknüpft.

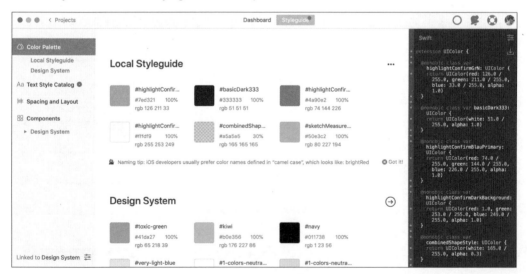

Abbildung 6.54 *Zeplin unterscheidet die Farben aus dem Dokument und die Farben aus dem Design-System.*

Die Zeplin Styleguides sind hierarchisch organisiert. Das heißt, es gibt einen Kern-Styleguide, aber einzelne Projekte oder Dateien können davon abweichen und eigene Richtlinien hinzufügen, zum Beispiel für die Unterscheidung zwischen den Plattformen iOS und Android oder zwischen Desktop und Mobile. Hier zum Beispiel der Styleguide von einem Projekt, das einige Farben lokal verwaltet und einige Elemente vererbt bekommt.

6.5 Abstract – im Team designen

Es ist nicht mehr nur ein hipper Trend, gleichzeitig am gleichen Dokument zu arbeiten. Vielmehr wurde die Funktion, die unter anderem Google Docs so von den anderen Textverarbeitungswerkzeugen abhebt, zum Standard für alle Programme. Gemeinsam immer auf dem aktuellsten Stand sein ist eine der Säulen für schnelle Produktentwicklung.

Nur in Sketch ist dieser Prozess nicht gelöst, jeder Designer arbeitet an seinem eigenen Dokument. Genau diese Lücke möchte das Programm Abstract schließen. Ähnlich wie Zeplin ist es eine eigene Plattform und lädt mit einem Sketch-Plugin die Designs auf einen Server, auf dem sie weiterverarbeitet werden. Die Versionierung von Dateien und das gleichzeitige Arbeiten gehen Hand in Hand. Abstract liefert beides für Sketch nach. Dabei nutzt es die Technologie, die Entwickler bereits seit Jahren verwenden, um Kontrolle über Dateien und Ordner in Teams zu bekommen.

Lerne in diesem Kapitel die Funktionen von Abstract kennen und wie sie dir und deinem Team helfen, Designs strukturiert zu speichern und zu bearbeiten. Du erfährst, welche Funktionen das Plugin mitbringt, wie du sie bedienst und was der Service kostet.

6.5.1 Was macht Abstract?

Die Zusammenarbeit mit Abstract basiert auf der Versionierung, die auch Programmierer benutzen – das System heißt *Git*. Es dokumentiert die lokal vorgenommenen Veränderungen an Dateien und führt sie an einer zentralen Stelle (dem Server von Abstract) zusammen. Durch dieses Management erlaubt es Änderungen am gleichen Dokument von mehreren Personen gleichzeitig. Nach dem Bearbeiten vergleicht es die Vorlage mit den Änderungen. Neben dieser Technologie hat Abstract noch ein paar weitere Funktionen parat.

- **Hochladen:** Mit der Installation der Abstract-Mac-App installiert sich auch ein Sketch Plugin, das den Upload der Dateien ermöglicht.

- **Versionierung:** Verfolgt alle Änderungen an deinem Dokument nach und gleicht sie mit der Vorlage ab. So ist immer dokumentiert, wenn sich etwas ändert.

- **Gemeinsame Libraries:** Speichert deine Library-Datei und macht sie für alle zugänglich.

- **Diskussionen:** Kommentare, Abstimmungen und Präsentationen kannst du direkt in Abstract organisieren.

- **Code einsehen:** Entwickler bekommen automatisch generierten Code aus den Designs und können Elemente und Versionen miteinander vergleichen.

Kosten und Lizenz | Das Programm bietet dir eine Testphase von 14 Tagen, in denen du alle Funktionen des »großen« Business-Tarifs testen kannst. Danach wird je Designer abgerechnet, Betrachter sind kostenlos. Monatlich sind das mindestens 9 US-Dollar je Designer, der hochladen möchte. Bei einem Preis von 15 US-Dollar monatlich gibt es noch zusätzliche Funktionen wie Reviews, Inspect und Präsentationen dazu.

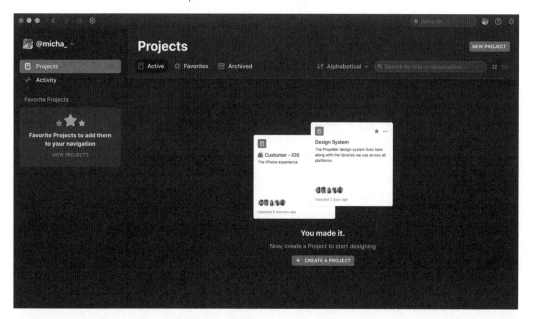

Abbildung 6.55 *Beim ersten Start ist Abstract kostenlos, nach 14 Tagen sind mindestens 9 US-Dollar pro Monat fällig.*

Solche Preise sollten für Unternehmen nicht zu hoch sein. Anders ist es, wenn du Abstract für ein Uni- oder Schulprojekt verwenden möchtest. Dann kannst du den Support innerhalb der 14-tägigen Testphase kontaktieren. Genaue Angaben über die Erfolgschancen einer solchen Anfrage macht das Unternehmen nicht.

6.5.2   Beispiele für die Verwendung

Der größte Vorteil von Abstract, die Versionierung mit Git, wird bereits seit Jahren von Entwicklern genutzt, ist für die meisten Designer aber neu.

Am Anfang steht dafür eine gemeinsame Sammlung von Dateien, der sogenannte Hauptzweig oder **Master**, zum Beispiel dein neues Website-Projekt mit Dateien für Mobile, Desktop und Tablet. Wenn du eine dieser Dateien bearbeiten möchtest, erstellt Abstract eine Kopie und öffnet diese auf deinem Rechner. Du erstellst einen **Branch**, einen neuen Entwicklungszweig. Wenn du fertig bist, vergleichst du deine Änderungen mit dem Dokument vom Anfang und führst sie zusammen. Dieser Vorgang heißt **Merging**.

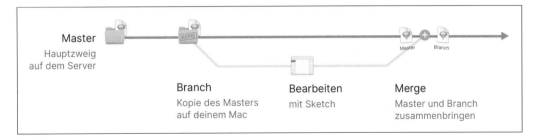

Abbildung 6.56 *Vereinfachte Darstellung der Versionierung mit Abstract und Git*

In diesem System können mehrere Designer gleichzeitig an einer Datei arbeiten, ohne sich ungewollt zu überschreiben. Jedes Design wird mit einem Kommentar dokumentiert und so nachvollziehbar gehalten.

Branch und Merge: Ein- und Auschecken von Dateien | Wie das Ein- und Auschecken mit Abstract genau funktioniert, siehst du hier anhand eines neuen Projekts. Lade ein existierendes Design hoch; alternativ kannst du auch eine neue Sketch-Datei erstellen.

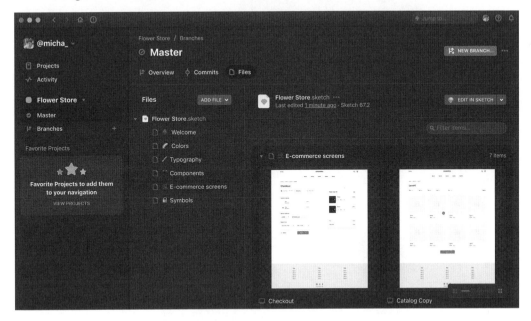

Abbildung 6.57 *Eine Sketch-Datei in unserem Projekt »Flower Store«*

Wir befinden uns jetzt im Hauptzweig, dem Master, und wollen ein paar Veränderungen vornehmen. Klicke dafür auf **New Branch** in der oberen rechten Ecke, und gib einen Zweck für die Bearbeitung an. Jeder Branch ist dein eigener Arbeitsbereich, in dem du deine Aufgabe erledigen kannst. Du hast alle Dokumente zur Hand und kannst sie jetzt bearbeiten, ohne dass andere Designs dadurch überschrieben werden. Klicke auf **Edit in Sketch,** und die Datei wird in Sketch geöffnet. Eine kleine Nachricht auf dem Canvas zeigt dir den Status und den Branch an.

Abbildung 6.58 *Die Statusleiste von Abstract am unteren Rand des Canvas zeigt den Namen des Projekts und den Branch an.*

Jetzt kannst du deine Änderungen in Sketch vornehmen. Ändere zum Beispiel die Beschriftung des Buttons von »In den Warenkorb« zu »Hinzufügen«. Abstract bemerkt diesen Vorgang. Die Nachricht am unteren Rand ändert sich von **No Saved Changes** zu **Commit Changes**.

Abbildung 6.59 *Die Änderung wurde von Abstract bemerkt. Du kannst sie jetzt mit deiner Branch synchronisieren.*

Mit einem Klick auf den Button bittet dich Abstract, zu beschreiben, was du gerade geändert hast. Diese Hinweise sind sehr wertvoll, wenn andere Personen den Vorgang später verstehen und nachvollziehen möchten. Diese Nachrichten grenzen Abstract auch von anderen Versionierungen ab, die das Dokument automatisch nach einem festgelegten Zeitraum speichern. Ein Klick auf **Commit Changes,** und der Vorgang ist gespeichert.

Abbildung 6.60 *Commit Changes speichert die Änderungen in Abstract, lässt die Datei aber geöffnet.*

Du kannst natürlich so viel ändern, wie du willst. Jedes Mal, wenn du deine Änderungen in Abstract mit **Commit Changes** speicherst, wird auch eine neue Version angelegt, zu der du später zurückkehren kannst. Jeder Commit wird mit einer Nachricht dokumentiert, damit gut nachvollzogen werden kann, was sich geändert hat.

Abbildung 6.61 *In einem Feed kannst du alle Aktivitäten des Teams nachverfolgen.*

So sieht es aus, wenn das Programm dich bittet, deine Änderungen zu dokumentieren. Wenn du bestätigst, werden die aktualisierten Artboards in Abstract angezeigt. Du kannst die Datei jetzt schließen, denn deine Datei ist wieder eingecheckt und bereit für die nächsten Aufgaben.

Abbildung 6.62 *Änderungen vom Nebenzweig in den Hauptzweig mit* **Merge Branch**

Um die Änderungen aus dem Nebenzweig (Branch) zurück in den Hauptzweig (Master) zu führen, wechselst du wieder zur Abstract-App. An der gleichen Stelle wie eben bei **New Branch** findest du jetzt den Button **Merge Branch**. Du kannst Personen in diesem Abstract-Projekt um ihre Freigabe bitten, wenn du auf den Button **Request Review** klickst.

Text mit Markdown formatieren

Fast überall in Abstract kannst du die Formatierungen von Markdown (zum Beispiel Fettungen, Aufzählungen) benutzen und so eine bessere Struktur in deine Texte bringen. Schreibe ein »+« für eine Liste oder benutze »*« vor und hinter einem Textabschnitt für Fettungen.

Konflikte beim Designen lösen | Aber was passiert, wenn zu diesem Zeitpunkt noch weitere Branches offen sind? Du und alle anderen Designer bekommen dann eine Benachrichtigung, dass es eine aktuellere Version von den Dokumenten im Master gibt. Mit einem Klick auf **Update from Master** lädt Abstract die aktuellen Dateien. Jetzt geht es darum, zu überprüfen, wo du in deinem Branch bereits Änderungen gemacht hast, die sich von den Updates unterscheiden. Du kannst nur Artboards miteinander vergleichen. Es ist nicht möglich, nur einzelne Ebenen oder Gruppen zu übernehmen.

Design wiederherstellen | Angenommen, du möchtest zu einer alten Version zurückkehren, dann ist das dank Abstract sehr einfach. Klicke auf den Tab **Commits,** und wähle die Version aus der Liste aus. Ganz rechts vom Namen findest du ein Pfeil-Uhr-Icon, das diesen Stand zurückholt.

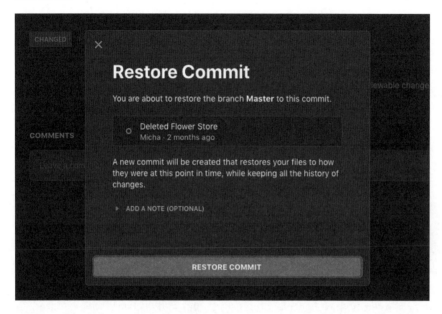

Abbildung 6.63 *Stelle eine alte Version deines Designs wieder her. Dank Abstract ist das ganz einfach.*

Mit einem Klick auf **Restore Commit** ersetzt diese Version den aktuellen Stand des Hauptzweigs oder eines anderen Entwicklungszweigs.

Libraries in Abstract | Sammlungen von Symbolen und Stilen hochzuladen und dann als Library für die gesamten Dokumente zu verwenden, ist ein großer Schritt Richtung einheitliche Designs. Du fügst eine Library in Abstract genauso hinzu wie eine neue Sketch-Datei: Klicke im Master auf den Reiter **Files** und dort auf den Button **Add File > Import File...** In dem Fenster suchst du nach deiner Sketch Library und wählst sie zum Hochladen aus. Setze noch einen Haken bei **Use as Library**, dann wird die Library dir in jedem Branch zur Verfügung stehen.

Du kannst nicht nur deine eigenen Libraries in Abstract einpflegen, sondern auch Libraries von anderen Designern. Lade die Dateien bei Abstract hoch und verwende sie wie deine eigenen.

Wenn du ein Design System hast, empfiehlt das Team von Abstract übrigens, es auf mehrere Dateien aufzuteilen und in einem eigenen Projekt zu organisieren. Nur Libraries, die auch Projekt-spezifisch sind (zum Beispiel für ein bestimmtes Betriebssystem), sollten in dem Projekt gespeichert sein.

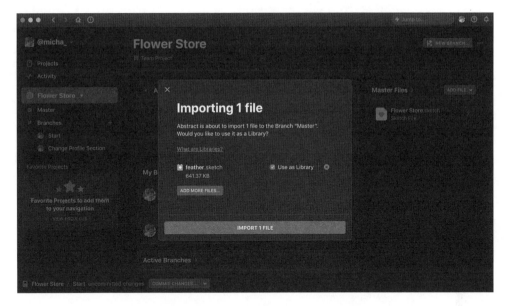

Abbildung 6.64 *Setze den Haken bei **Use as Library**, und deine Datei bekommt ein eigenes Icon.*

Kommentieren, vergleichen und Code anzeigen | Die Vorteile von Abstract kommen noch mehr zum Tragen, wenn ihr als Team richtig kommuniziert und diskutiert. Deswegen kann jedes Teammitglied alle Artboards ansehen, untersuchen, vergleichen und sich den Code anzeigen lassen.

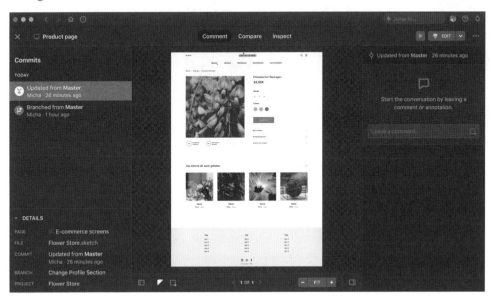

Abbildung 6.65 *In der Detailansicht findest du mittig die drei Reiter **Comment**, **Compare** und **Inspect**.*

Klicke einfach auf einen Branch oder den Master, um die Dokumente anzusehen. Du findest dann im Fenster unten rechts die Artboards der Datei aufgelistet. Klicke auf ein Artboard, und du siehst die gesamte Seite in einer eigenen Ansicht.

Standardmäßig öffnet sich **Comment**, wo die Diskussion mit allen Teammitgliedern stattfindet. Drücke A und klicke, um einen Kommentar auf dem Design zu platzieren. Markiere andere Personen mit einem »@«, und beginne die Unterhaltung über dein Design. Kommentare sind immer an das Artboard und den Commit gebunden. Wenn also eine neue Version bereitsteht, werden die Kommentare der vorherigen Versionen ausgegraut dargestellt. Im Reiter **Compare** können alle die aktuelle Version mit einem Vorgänger vergleichen und sich selbst ein Bild von den Veränderungen machen. Entweder du siehst dir die Versionen nebeneinander an oder legst beide Artboards transparent übereinander.

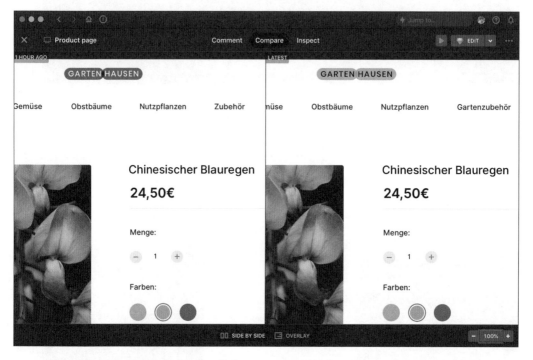

Abbildung 6.66 *Vergleiche die aktuelle mit einer vergangenen Version.*

Im letzten Reiter **Inspect** siehst du das Artboard mit allen Details, die einzelnen Ebenen auf der linken Seite und die Informationen für die Entwicklung auf der rechten Seite.

Diese drei Abschnitte machen es für Projektmanager, Designer und Entwickler leichter, die gleiche Zielvorstellung zu haben. Weil so viele Informationen an einem Ort sind, kann Abstract einem Team helfen, pixelgenaue Designs zu veröffentlichen.

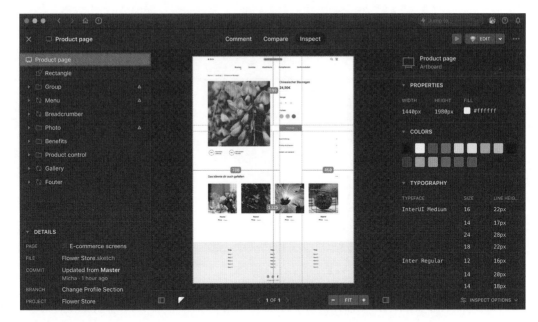

Abbildung 6.67 *Klicke auf den Artboardnamen, und erhalte gesammelte Informationen wie alle verwendeten Farben und Schriftschnitte.*

6.6   Noch mehr Plugins

Ein Buch, das noch zwischen seine Deckel passen soll, kann leider nicht alle Plugins auflisten. Der Stellenwert von Plugins in Sketch ist für manche Designer aber so groß, dass ich hier einige bewährte Erweiterungen aufgeschrieben habe. Beinahe täglich gibt es neue Plugins, und aktuelle Versionen kommen in einem ebenso schnellen Tempo hinzu.

Dieses Kapitel ist in zwei Bereiche geteilt. Ganz am Anfang steht eine Top-5-Liste von Plugins, die zu den besten und beliebtesten unter Sketch-Nutzern gehören. Mit den bereits vorgestellten Plugins Automate, Runner, Zeplin und Abstract können sie dir die Arbeit enorm erleichtern. Danach folgen viele der Helfer, die sich in verschiedenen Situationen bereits bewährt haben. Manche dieser Plugins findest du auch in den themenbezogenen Kapiteln im Buch.

6.6.1   Top-5-Plugins

Du solltest dir immer nur die Plugins installieren, die du auch wirklich brauchst. Aus vielen Plugins habe ich für diesen Abschnitt fünf besonders beliebte Sketch-Erweiterungen ausgewählt.

Clipboard Fill | Bilder, Texte und Dateien, die du mit cmd + C kopiert hast, landen in der Zwischenablage deines Macs. Mit cmd + V kannst du sie wieder an anderen Stellen einfügen. Dieses Plugin nimmt den Inhalt deiner Zwischenablage und fügt ihn mit der Tasten-kombination ⌃ctrl + ⌥alt + V als Bild in deine ausgewählte Ebene ein.

Abbildung 6.68 *Kopiere ein Bild, und füge es dann aus der Zwischenablage in Sketch ein. Bild via Wikipedia (https://commons.wikimedia.org/w/index.php?curid=79400784)*

Dieses Plugin ist ein gutes Beispiel dafür, dass Plugins nicht kompliziert sein müssen, um Sketch zu verbessern. Auch auf den ersten Blick einfache Erweiterungen können einen großen Gewinn für die Arbeit mit Sketch bedeuten.

Du findest das Plugin Clipboard Fill unter *https://github.com/ScottSavarie/Clipboard-Fill*.

Find and Replace | Große und kleine Projekte profitieren davon, dass du alle Texte in Sketch vollständig durchsuchen kannst. Find and Replace macht sich diese Eigenschaft zunutze. Suche nach einem Begriff in einer Textebene, und dieses Plugin wird ihn finden und direkt mit einer Alternative ersetzen. Das Plugin ersetzt auch in Symbol-Overrides und in Symbol-vorlagen.

Abbildung 6.69 *Schnell mal den ganzen Text durch-suchen – mit Find and Replace kein Problem*

Die Funktion zum Suchen und Ersetzen ist eine sehr wertvolle Hilfe. So sind Änderungen am Text wie Rechtschreibkorrekturen oder das Ersetzen von Begriffen mit wenigen Klicks in ganzen Sketch-Dokumenten erledigt.

Das Plugin Sketch Find and Replace findest du unter *https://github.com/thierryc/Sketch-Find-And-Replace/*.

Select Similar Layers | Ebenen auswählen ist eine so einfache Aufgabe, dass du dir dabei helfen lassen solltest, zum Beispiel bei Texten oder Ebenen, die keinen Stil haben, oder wenn du alle Bilder ein Stück nach rechts verschieben willst. Select Similar Layers wählt ähnliche Ebenen wie die bereits aktivierte aus. Du hast die Wahl zwischen elf Gemeinsamkeiten, nach denen du die neue Auswahl setzt.

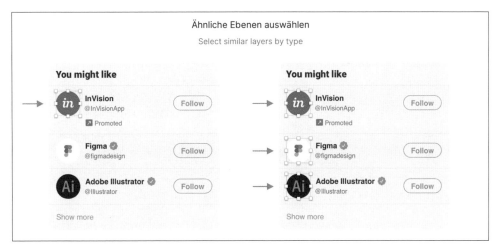

Abbildung 6.70 *Wähle ähnliche Ebenen aus, und beschleunige die Arbeit an deinem Design.*

Damit hat die lange Suche nach verwandten Ebenen ein Ende, noch bevor sie begonnen hat. Um dieses Plugin zu installieren, lade es dir bei GitHub herunter.

Mehr zum Plugin Select Similar Layers findest du unter *https://github.com/wonderbit/sketch-select-similar-layers*.

Rename It for Sketch | Wenn ein Assistant dich auf Ebenennamen hinweist, dann solltest du dir Rename It installieren. Denn eine Funktion zum Suchen und Ersetzen gibt es nicht nur für die Textinhalte, sondern auch für die Namen der Artboards und Ebenen. Dieses Plugin kann zusätzlich auch den aktuellen Ebenennamen ersetzen und neu erstellen. Zum Beispiel kannst du Artboards nach ihrer Position im Vorder- und Hintergrund durchnummerieren. Das Plugin öffnet ein Fenster, in dem du gleich aus mehreren Einstellungen wählst.

Deinen Wünschen bei der Benennung sind mit den vielen detaillierten Einstellungen keine Grenzen gesetzt. Hunderte Ebenen oder Artboards auf einen Schlag – das schafft das Plugin Rename It.

Mehr zu Rename It for Sketch unter *https://renameit.design/sketch/*.

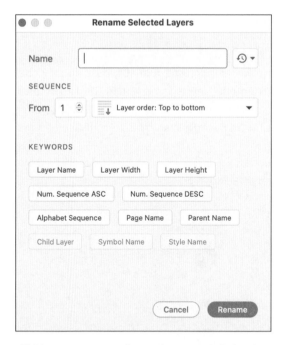

Abbildung 6.71 *Die Einstellungen für Rename It findest du in einem eigenen Fenster.*

Sketch Measure | In jedem Team ist die Übergabe an die Entwickler anders gestaltet. Manche haben Sketch Cloud oder Zeplin installiert, andere benutzen ein kostenloses Plugin, das Sketch Measure heißt.

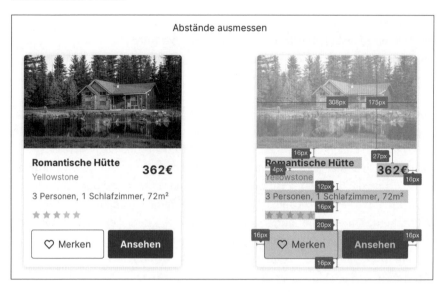

Abbildung 6.72 *Alle Abstände in deinem Design ausmessen mit Sketch Measure*

Es misst nicht nur die Abstände zwischen Ebenen und Artboards aus, sondern erzeugt auch sofort sichtbare Ebenen aus diesen Werten. Mit diesen Werten können dann Entwickler die Abstände innerhalb eines Designs besser abschätzen. So sind alle Abstände für jeden in einer exportierbaren Datei aufbereitet.

Die Bedienung von Measure ist nicht gleich intuitiv, mit der integrierten Toolbar kommst du aber schnell weiter.

Informiere dich über Sketch Measure von UTOM Design unter *https://utom.design/measure.html*.

6.6.2 Plugins nach Themen

Nun folgen viele der Helfer, die sich in verschiedenen Situationen bereits bewährt haben. Manche dieser Plugins findest du auch in den themenbezogenen Kapiteln im Buch. Ein Verweis mit »$« bedeutet, dass das Plugin kostenpflichtig ist.

Assistants

- **Accessibility** (*https://www.sketch.com/extensions/assistants/sketch-accessibility-assistant/*): Stellt sicher, dass dein Dokument barrierefrei und mit den WCAG-2.0-Richtlinien im Einklang ist.
- **Naming Conventions** (*https://github.com/sketch-hq/sketch-assistants/tree/main/assistants/naming-conventions*): Überprüft die Namen deines Dokuments.
- **Reuse** (*https://github.com/sketch-hq/sketch-assistants/tree/main/assistants/reuse-suggestions*): Bevorzugt geteilte Stile und Symbole, wenn es Doppelungen gibt.
- **Slice Organizer** (*https://slice.design/organizer-assistant*): Saubere Sketch-Dokumente mit Tipps für Farben, Positionen, Gruppen und Stile.
- **Tidy** (*https://github.com/sketch-hq/sketch-assistants/tree/main/assistants/tidy*): Sucht nach kleinen Fehlern in der Benennung, bei ungeraden Pixelwerten, Gruppen und Ebenen.

Barrierefreiheit

- **Sim Daltonism** (*https://michelf.ca/projects/sim-daltonism/*): Eine Mac-App, um Farbenblindheit für einen Teil des Bildschirms zu simulieren.
- **Stark** (*http://www.getstark.co/*): Ein Werkzeugkasten, der dir hilft, barrierefreie und inklusive Produkte zu bauen.

Data

- **Brandfetch** (*https://github.com/brandfetch/Brandfetch-Sketch-Plugin/releases*): Sucht nach einer Marke und zieht sofort Logos und Farben in dein Sketch-Dokument.

- **Chemofill** (*https://github.com/ahadik/chemofill*): Erzeugt zufällige chemische Moleküle in deinem Design.

- **Data Faker** (*https://github.com/paintedbicycle/sketch-data-faker*): Erlaubt dir, zufällige Inhalte in deine Ebenen einzufügen – zum Beispiel Namen, Adressen oder zufällige Telefonnummern.

- **Date Generator** (*https://github.com/bshorta/date-generator-sketch*): Fügt ein zufälliges Datum hinzu. Sieben Formate sind verfügbar.

- **Jane Doe** (*https://github.com/konki-vienna/jane_doe*): Noch mehr Namen aus unterschiedlichen Ländern.

- **Jerry Ipsum** (*https://github.com/vinceangeloni/jerryipsum*): Deine Ebenen mit Daten aus der Serie »Seinfeld« füllen.

- **Pexels** (*https://github.com/pexels/pexels-sketchplugin*): Zufällige Bilder aus der Pexels-Bilddatenbank.

- **Turkish Data** (*https://github.com/ozgurgunes/Sketch-Turkish-Data*): Fügt türkische Namen, Städte und Unternehmen ein.

- **Unsplash** (*https://www.sketch.com/extensions/plugins/unsplash/*): Versorgt dich mit kostenlosen Bildern.

Ebenen

- **Clipboard Fill** (*https://github.com/ScottSavarie/Clipboard-Fill*): Fügt deine Zwischenablage als Bild in eine Ebene ein.

- **Flip Size** (*https://github.com/apertureless/sketch-flip-size*): Wechselt die Einträge **Höhe** und **Breite** im Inspector.

- **PinIt** (*https://github.com/acollurafici/pinit*): Kurzbefehle für die häufigsten Resizing-Einstellungen.

- **Remove.bg** (*https://github.com/mathieudutour/sketch-remove-bg*) (Freemium): Entfernt den Hintergrund in einem Bild mit der Remove.bg-Technologie. Intensives Benutzen der API kostet einen kleinen Betrag.

- **Rename It** (*http://rodi01.github.io/RenameIt/*): Umbenennen von Artboards und Ebenen – mit Nummerierung, Ersetzen und noch mehr Optionen.

- **Select Similar Layers** (*https://github.com/wonderbit/sketch-select-similar-layers*): Markiert ähnliche Ebenen wie die ausgewählte auf Basis von fünf Kriterien.

- **Symbol Instance Renamer** (*https://github.com/sonburn/symbol-instance-renamer*): Alle Instanzen nach ihrer Vorlage benennen und andersherum.

Elemente generieren

- **Chart** (*https://github.com/pavelkuligin/chart*) ($): Erstellt Diagramme und Graphen – aus echten Daten oder zufällig.
- **Looper 2.0** (*https://github.com/sureskumar/Looper*): Mit Looper kannst du Ebenen hundertfach duplizieren, um interessante Effekte zu erzielen.
- **Map Generator** (*https://github.com/eddiesigner/sketch-map-generator*): Füllt eine Ebene mit einer Karte aus Google Maps. Du wählst die Adresse und den Zoomabstand aus.
- **Sketch QR Code** (*https://github.com/lerte/sketch-qr-code*): Einen QR-Code in Sketch als SVG-Grafik erstellen.
- **Wireframr** (*https://github.com/chewbecky/wireframr*): Macht aus deinen farbigen Entwürfen eine Zeichnung im Stil eines Wireframes.

Exportieren

- **Flat Export** (*https://github.com/TheSonOfThomp/sketch-flat-export*): Hilft dir, deine Ebenen und Artboards nur für den Export umzubenennen (Kebab-case, snake_case oder camelCase).
- **Image Optim** (*https://github.com/ImageOptim/sketch-plugin*): Verkleinert beim Export automatisch SVG, PNG, JPG und TIFF für den Einsatz im Web.
- **Measure** (*https://github.com/utom/sketch-measure*): Erstellt mit wenig Aufwand ein HTML mit den Angaben, die Entwickler wirklich für ihre Arbeit brauchen. Ähnlich wie Zeplin.
- **PDF Export** (*https://github.com/DWilliames/PDF-export-sketch-plugin*): Exportiert alle Seiten, die aktuelle Seite oder ausgewählte Artboards als PDF mit vielen Einstellungen.
- **Print Export** (*https://github.com/BohemianCoding/print-export-sketchplugin*): Exportiert ein PDF zum Drucken. Plugin vom Sketch-Team.

Export in andere Programme

- **Flinto** (*https://www.flinto.com/mac*): Überträgt alle markierten Ebenen und Artboards in das Prototyping-Tool Flinto. Automatische Installation gemeinsam mit Flinto.
- **Sketch2AE** (*https://github.com/bigxixi/Sketch2AE*): Ein Plugin, das dir hilft, Sketch-Ebenen in Adobe After Effects zu kopieren.

Farben

- **Alembic** (*https://alembicforsketch.com/*): Extrahiert aus einer Bitmap-Ebene eine Farbpalette.
- **Chromatic Sketch** (*https://github.com/petterheterjag/chromatic-sketch*): Extrahiert aus einem Verlauf die farblichen Zwischenschritte.

- **Color Copy Paste** (*https://colorcopypaste.app/*): Nimm ein Bild mit deinem Handy auf, und kopiere die Farben direkt in Sketch.
- **Cool Hue** (*https://github.com/webkul/coolhue*): Bibliothek von Verläufen für dein Design.
- **Palettes** (*https://github.com/andrewfiorillo/sketch-palettes*): Speichert und lädt deine Farbpalette, die du in der Farbauswahl geladen hast.
- **Swatches** (*https://github.com/Ashung/Sketch_Swatches*): Die Farbpaletten von Material Design, Open Color, Pantone und vielen mehr als Plugin.

Feedback

- **Maze** (*http://maze.design*): Lade deine Designs hoch, und verwende sie direkt zum User Testing mit echten Probanden.

Handoff

- **Abstract** (*http://abstract.com*): Als gemeinsame Ablage für Designs fügt Abstract deinen Dateien Versionskontrolle hinzu, siehe Abschnitt 6.5, »Abstract – im Team designen«.
- **Avocode** (*http://avocode.com*): Hochladen, Design untersuchen und Versionierung – alles aus einer App. Außerdem bietet Avocode einen Converter für Photoshop-Dateien.
- **inVision** (*http://invisionapp.com*): Sehr umfangreiches Paket für die Design-Übergabe und darüber hinaus. Installiere dafür das Sketch Plugin Craft, und lade deine Designs zu inVision hoch, um Prototyping, Übergabe und gemeinsame Arbeit am Design zu ermöglichen.
- **Zeplin** (*http://zeplin.io*): Lade dein Design hoch, und teile es mit Entwicklern und anderen Teammitgliedern; siehe Abschnitt 6.4, »Zeplin – Übergabe an die Entwickler«.

Perspektive (3D)

- **Angle** (*https://designcode.io/angle*) (Trial/$): Transformiert deine Designs zu perspektivischen Mockups.
- **Isometric** (*https://github.com/sureskumar/sketch-isometric*): Erstellt perspektivische Formen aus deinen Artboards und Rechtecken – perfekt in Verbindung mit Angle.
- **Vectary** (*https://www.vectary.com/sketch/*): Erstellt echte 3D-Modelle in Sketch, inklusive voller Kontrolle über Perspektive.

Prototyping

- **Above the fold** (*https://www.visualeyes.design/tools/above-the-fold/*): Zeigt dir für Mobile, Desktop und Tablet den ersten sichtbaren Bereich an.
- **User Flows** (*https://github.com/abynim/userflows*): Ein Plugin, mit dem du Flussdiagramme zwischen Artboards herstellen kannst.

- **Marvel** (*https://marvelapp.com/*): Mit einem Sketch-Design einen schnellen, klickbaren Prototyp erstellen. Mittlerweile wurde das Programm auch um Übergabe- und User-Testing-Funktionen erweitert.
- **Principle** (*https://principleformac.com/*): Volle Kontrolle über alle Animationen und Zustände mit Principle. Import aus Sketch und Darstellung auf deinem Smartphone via App inklusive.
- **Overflow** (*https://overflow.io/*): Erstelle User Flows aus deiner Sketch-Datei, und style sie so, wie du es brauchst.

Sketch-App aufräumen

- **Cache Cleaner** (*https://github.com/yo-op/sketchcachecleaner*): Löscht den versteckten Versionsverlauf (siehe Abschnitt 7.5, »Versionsverlauf – alte Designs wiederherstellen«) deiner Sketch-Dokumente.

Sketch-Dokumente organisieren

- **Artboard Manager** (*https://github.com/bomberstudios/artboard-manager#readme*): Organisiert deine Artboards automatisch nach Namen. Bewegen von Artboards ist so 2016.
- **Symbol Organizer** (*https://github.com/sonburn/symbol-organizer*): Organisiert die Symbol-Seite und Ebenenliste auf Basis des Symbolnamens.

Stile

- **Merge Duplicates** (*http://www.mergeduplicates.com/*) ($): Erkennt doppelte und ähnliche Symbole, Ebenen- und Textstile und hilft dir dabei, sie aufzuräumen.
- **Sketch Styler** (*https://github.com/oodesign/sketch-styler*) ($): Schlägt Ebenen und Textstile für deine Ebenen vor.
- **Styles Generator** (*https://github.com/lucaorio/sketch-styles-generator*): Erstellt aus allen markierten Ebenen einen neuen Ebenen- oder Textstil.
- **Swap Styles** (*https://github.com/ozzik/swap-styles*): Wenn du den Stil von zwei Ebenen tauschen möchtest, benutzt du dieses Plugin dafür.
- **Unused Style Remover** (*https://github.com/sonburn/unused-style-remover*): Entfernt nicht benutzte Stile aus deinem Dokument.

Texte

- **Auto Translate** (*https://github.com/symdesign/sketch-auto-translate*) ($): Übersetzt deine Ebenen und Artboards mit Google Übersetzer. Du brauchst einen API-Key von Google oder einen Pro-Account.

- **Emoji Autocomplete** (*https://github.com/zeplin/emoji-autocomplete-sketch-plugin*): Tippe »:«, und nach den nächsten zwei Zeichen durchsuchst du alle Apple-Emojis.

- **Find and Replace** (*https://github.com/thierryc/Sketch-Find-And-Replace*): Findet und ersetzt Textelemente in den ausgewählten Objekten oder dem gesamten Dokument.

- **Google Sheets Content Sync** (*https://github.com/DWilliames/Google-sheets-content-sync-sketch-plugin*): Verknüpfe deine Texte mit einem Google Sheet.

- **I18N** (*https://github.com/cute/SketchI18N*): Übersetzt das ganze Programm und alle Menüs auf Deutsch.

- **Truncat** (*https://github.com/KevinGutowski/Truncat*): Kürzt überstehenden Text und ersetzt ihn mit »...«.

Typografie

- **Font Finder** (*https://github.com/ukn530/FontFinder*): Wähle alle Ebenen mit einer bestimmten Schriftart aus.

- **PerfectType** (*https://github.com/rtrikha/perfect-type-plugin*): Kalibriert mit Tastenkombinationen Zeilenhöhen und Laufweiten von Texten.

- **SF Font Fixer** (*https://github.com/kylehickinson/Sketch-SF-UI-Font-Fixer*): Der San Francisco Font von Apple wurde designt, um die Lesbarkeit zu verbessern. Dieses Plugin hilft dir, den richtigen Schriftschnitt zu benutzen.

Werkzeugsammlungen

- **Anima Toolkit** (*https://www.animaapp.com/*) (Freemium): Erstellt Prototypen, HTML-Seiten und kann Gruppen auf den Inhalt automatisch anpassen.

- **inVision Craft** (*https://www.invisionapp.com/craft*): Synchronisiere mit den inVision-Produkten Freehand, DSM und Studio, erstelle Prototypen, hol dir Daten und Stockfotos von Getty Images.

- **Automate Sketch** (*https://github.com/Ashung/Automate-Sketch*): Sammlung von mehr als 50 Funktionen, die aufwändige Arbeiten leicht machen; siehe Abschnitt 6.2, »Automate Sketch«.

Workflow

- **Manager** (*https://www.sketchmanager.com/*) ($): Verwaltet Stile und Symbole in einem separaten Fenster.

- **Midnight** (*https://midnightsketch.com/*): Ändere das Erscheinungsbild von Sketch zu einem angepassten Dark Mode.

- **Pochette** (*https://github.com/zehfernandes/sketch-pochette*): Die häufigsten Einstellungen in der Nähe der Maus aufrufen.

- **Runner** (*http://sketchrunner.com*) (Trial/$): Schneller arbeiten mit einem Spotlight-ähnlichen Werkzeug in Sketch. Mehr in Abschnitt 6.3, »Sketch Runner«.

Zusammenfassung zu Plugins | Mit der Auflistung der Plugins endet das Kapitel zu den Sketch-Erweiterungen. Du hast einen Überblick zu Plugins allgemein bekommen und kennst bereits ein paar davon im Detail. Dazu gehört die Sammlung von Automate Sketch und die Suchleiste von Sketch Runner. Mit Zeplin und Abstract kannst du ein Team aus Designern, Entwicklern und Projektmanagern für ihre Arbeit mit Sketch näher zusammenbringen.

Im nächsten Kapitel geht es weiter mit Funktionen, die für Fortgeschrittene und Profis den Unterschied machen können. Es geht um die Sketch-Programmeinstellungen, die iOS-App und weitere Optimierungen. Im Anschluss starten wir in den Praxisteil und designen mit Sketch Websites, Apps und Icons.

Kapitel 7
Einstellungen und versteckte Funktionen

Professionelle Designer arbeiten nicht anders als professionelle Handwerker. Ein Tischler prüft alle Hölzer und Materialien für sein Werkstück und stellt vor dem Bearbeiten Säge und andere Werkzeuge genau auf seine Bedürfnisse ein. Geh bei deinen Projekten genauso anspruchsvoll mit deinen Werkzeugen um, und lerne deine Hardware und Software zu beherrschen. Personen, die selbst Programme, Apps und Websites designen, wählen sorgfältig und nach einem hohen Standard aus.

Deswegen ist es etwas Besonderes, wenn weltweit erfahrene Design-Teams zu Sketch wechseln. Die Benutzung durch die Top-Profis der Branche bescheinigt dem Programm, dass es selbst zu den Besten der Welt gehört. Sketch bietet genug Tiefe, Komplexität und setzt dir keine Grenzen. Gleichzeitig ist es leicht zu erlernen und einfach zu erweitern. Am Ende hat Sketch Millionen Kunden gewonnen, von kleinen Agenturen über Freiberufler bis hin zu den großen Tech-Konzernen im Silicon Valley und in China.

Auf den nächsten Seiten geht es um Funktionen, die von Design-Profis geschätzt werden. Auch wenn sie nicht direkt mit dem Design zu tun haben, möchte man nicht auf sie verzichten. Zum Beispiel die Programmeinstellungen, mit denen du Sketch noch stärker für deine Bedürfnisse anpasst. Dazu gehören auch die Tastenkombinationen und wie du Speicherplatz sparst und Dateigrößen optimierst. Stärker auf die Arbeit mit Sketch bezogen ist die iOS-App Mirror (für die Vorschau auf iPad und iPhone) und der Dark Mode von Sketch.

7.1   Einstellungen

In den Programmeinstellungen holst du die letzten 10 % Effizienz bei deiner Arbeit raus. Hier hast du die Möglichkeit, grundlegende Funktionsweisen von Sketch zu ändern. Sie geben dir weitgehende Kontrolle über das Verhalten des gesamten Programms. Drei der acht Bereiche hast du bereits in anderen Kapiteln kennengelernt: Data, Libraries und Export-Einstellungen (**Presets**) findest du ausführlich in den gleichnamigen Abschnitten. In der Vergangenheit hat Sketch hin und wieder Änderungen in den Einstellungen vorgenommen, zum Beispiel, wenn komplexere Funktionen hinzugefügt wurden. Wenn es Abweichungen zu deiner Version gibt, sieh in der Sketch-Dokumentation nach.

Um die Einstellungen zu öffnen, wähle **Sketch > Preferences...** oder drücke ⌘+,.

7.1.1 General – Darstellung, Speichern und Analyse

Im ersten Tab **General** steuerst du, wie sich Sketch zu anderen Programmen verhalten soll.

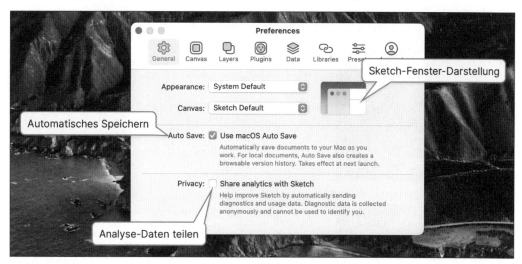

Abbildung 7.1 *Darstellung, Speichern und Analyse-Daten sind die Einstellungen im ersten Tab.*

Als Erstes steuerst du unter **Appearance** die Beziehung zum Betriebssystem macOS. Sketch kann die farblichen Einstellungen vom System übernehmen oder eigene Einstellungen setzen. Die Fläche des Canvas kannst du separat steuern. Entweder die Einstellung ist mit der Sketch-Benutzeroberfläche synchron, oder du entscheidest dich für die abweichende Darstellung, zum Beispiel helle Bedienelemente, aber dunkler Canvas.

Die zweite Einstellung, **Auto Save** oder automatisches Speichern, regelt das Verhältnis zwischen Sketch und der automatischen Speicherfunktion von macOS. Wenn du Sketch für Teams nutzt, legst du hier auch fest, ob das Programm neue Dokumente automatisch in der Sketch Cloud oder auf deinem Rechner speichern soll.

Unter **Privacy** kannst du entscheiden, wie das Programm mit dem Entwicklerteam von Sketch kommuniziert. Wenn du Analyse-Daten teilen möchtest, dann setze den Haken. Standardmäßig ist diese Einstellung deaktiviert.

7.1.2 Canvas – Farbprofil, Abstände und Linienfarbe

Der zweite Teil der Einstellungen dreht sich um das Verhalten und die Darstellung auf dem Canvas.

Ganz oben steht das Farbprofil (**Color Profile**). Es steuert, wie die Farben für deinen Bildschirm umgerechnet werden, und berücksichtigt, welche Farben der Bildschirm des Betrachters darstellen kann. Standardmäßig ist das Profil **Unmanaged**. Das sorgt dafür, dass Sketch weniger bei der Darstellung berechnen muss. Die meisten Bildschirme verwenden heute das Farbprofil sRGB, deswegen können Farben nach dem Export etwas anders wirken. Die andere Option ist das sehr umfassende Farbspektrum P3, das zum Beispiel neue iPhones und MacBooks abbilden können.

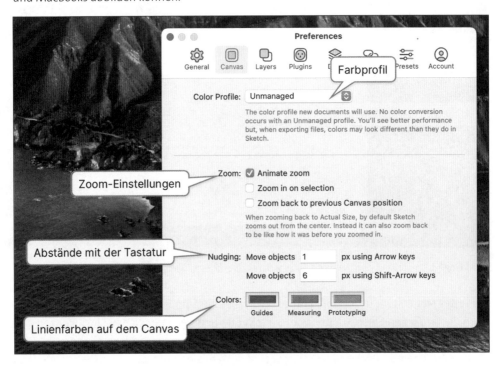

Abbildung 7.2 *Verwalte das Farbprofil, den Zoom, Abstände und die Linienfarben im Tab* **Canvas**.

Der zweite Bereich in **Canvas** widmet sich der Handhabung und Darstellung. Die **Zoom**-Einstellungen regeln, wie sich das Vergrößern mit der Tastatur verhält. Wenn du mit einem Trackpad zoomst, ändern diese Einstellungen nichts. Der erste Haken legt fest, ob Zoom flüssig animiert wird. Beim zweiten ändert sich das Verhalten des Zooms weitgehend: Normal ist, dass der Zoom die Stelle der Maus vergrößert. Aktivierst du die Option **Zoom in on selection**, dann zoomt Sketch hin zur ausgewählten Ebene. Die dritte Einstellung aktiviert, dass du beim Verkleinern zum vorherigen Bildausschnitt zurückkehrst. Alle drei Einstellungen solltest du auf jeden Fall testen, sie haben weitreichende Folgen für deine Arbeitsweise.

Nudging stellt ein, um welchen Wert die Pfeiltasten verschieben. Standard ist 1 px für einen einfachen Druck auf die Pfeiltasten. Hältst du dabei ⇧ gedrückt, verschiebt Sketch die Elemente standardmäßig um 10 px auf dem Canvas. Designst du viel mit einem Raster, das sich an der Zahl 8 orientiert? Dann ersetze den unteren Wert durch eine 8.

Die Farben für Hilfslinien, Messlinien und Prototyping passt du bei **Colors** ein. Sinnvoll ist das zum Beispiel, wenn du die Standardfarben im Design selbst verwendest oder sie nicht gut unterscheiden kannst.

7.1.3 Layers – Pixelgrenzen, Gruppen, Import, Duplizieren und mehr

Im Reiter **Layers** geht es um detaillierte Einstellungen, die nicht den gesamten Canvas, sondern nur die Steuerung und Bedienung der Ebenen betreffen.

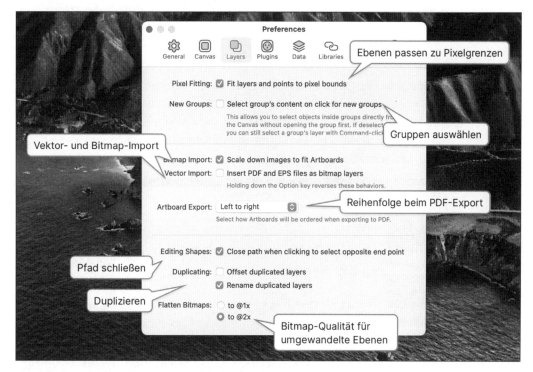

Abbildung 7.3 *Steuere Ebenen mit Einstellungen zu Pixelgrenzen, Gruppen, Import, Pfad-Einstellungen und mehr.*

Direkt die erste Einstellung ist wichtig. Alle Ebenen sollten sich an die Pixelgrenzen anpassen, damit du immer glatte Werte hast. Ist die Option **Pixel Fitting** deaktiviert, dann wird Sketch bis auf zwei Nachkommastellen genau sein, zum Beispiel 375 × 667 bei einem Artboard (Einstellung aktiv) oder 374,63 × 668,07.

Darunter legst du fest, wie du Gruppen auswählst. Ist der Haken gesetzt, kannst du die Gruppen nur in der Ebenenliste auswählen. Beim Standardverhalten werden Gruppen genauso ausgewählt wie alle Ebenen. Der nächste Abschnitt steuert den Import von Bitmap-Bildern, SVG- und PDF-Dateien. Wenn eine Bitmap größer als das Artboard ist, passt Sketch die Größe der Ebene automatisch an. Standard bei **Vector Import** ist, dass Vektordateien beim Import in Ebenen umgewandelt werden. Setze den Haken, wenn du sie als Bitmap einfügen möchtest. Die letzte Einstellung regelt, in welcher Reihenfolge Sketch die Artboards für eine PDF exportiert.

Zuletzt gibt dir Sketch Optionen für deine Ebenen. Deaktiviere die Einstellung bei **Editing Shapes,** um Pfade offen zu halten, wenn du den Startpunkt auswählst. Beim Duplizieren kann Sketch automatisch einen **Offset** hinzufügen, also die neue Ebene etwas anders als das Original platzieren. Eine duplizierte Ebene wird von Sketch umbenannt und durchnummeriert; entferne den zweiten Haken, um den Originalnamen beizubehalten. Wenn du aus einer Ebene eine Bitmap erstellst, legst du unter **Flatten Bitmaps** fest, welche Qualität diese Bildebene haben soll.

7.1.4 Plugins aktivieren, im Finder zeigen, deinstallieren und aktualisieren

Im Tab **Plugins** sind alle Plugins aufgelistet, die du installiert hast. Jeden Listeneintrag kannst du mit Klick auf den Haken deaktivieren. Daneben siehst du ein Plugin-Icon, den Namen, eine kurze Beschreibung und die installierte Version. Wenn eine neue Version verfügbar ist, dann zeigt Sketch einen blauen Button mit **Update** an. Klicke dort, um die neue Version zu laden und zu installieren.

Abbildung 7.4 *Alle Plugins anzeigen und verwalten*

Das Zahnrad-Symbol am unteren Ende der Liste zeigt die Aktionen für das ausgewählte Element an. Du kannst es aktivieren und deaktivieren, im Finder und im Plugin-Ordner anzeigen. Außerdem kannst du es deinstallieren und damit aus der Liste entfernen. Wenn du keinen Eintrag ausgewählt hast, dann gelten die Einstellungen für alle Plugins.

Auf der rechten Seite gibt es eine Suche, mit der du Einträge nach Namen filterst. Der Button **Get Plugins...** führt zur Sketch-Website mit allen Plugins, mit einem Klick auf **Update All** installiert Sketch alle verfügbaren Updates. Die Plugin-Liste ist nach Namen sortiert, aber wenn es Updates gibt, springen die Einträge an die erste Stelle. Dann reicht ein Klick auf **Update,** und Sketch lädt die neueste Version herunter. In der Liste vermerkt Sketch auch, wenn etwas mit dem Plugin nicht stimmt, zum Beispiel, wenn es nicht mehr mit deiner Sketch-Version funktioniert.

7.1.5 Data, Libraries und Presets

Die nächsten drei Tabs sind ausführlich in den jeweiligen Abschnitten besprochen. Für Data und Libraries sind die Einstellungen ganz ähnlich wie bei Plugins.

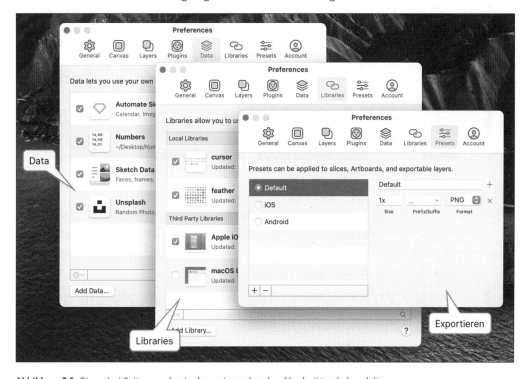

Abbildung 7.5 *Diese drei Reiter werden in den entsprechenden Abschnitten behandelt.*

Blättere zu Abschnitt 5.5, »Data – zufällige Texte und Bilder«, um die Einstellungen für **Data** nachzulesen. Mehr über den Tab **Libraries** erfährst du in Abschnitt 5.3, »Libraries – Symbole und Stile teilen«. Eine ausführliche Erklärung zu den Export-Einstellungen (Tab **Presets**) findest du in Abschnitt 5.4, »Exportieren«.

7.1.6 Account – Lizenz und Sketch Cloud

Der letzte Bereich in den Programmeinstellungen ist für die Anmeldung reserviert. Im oberen Teil meldest du dich für die Sketch Cloud an. Klicke dafür auf **Get Started.** Wenn du bereits angemeldet bist, dann klicke auf **Sign Out** zum Abmelden. Der Button **Account Settings** führt dich zu den Cloud-Einstellungen im Browser.

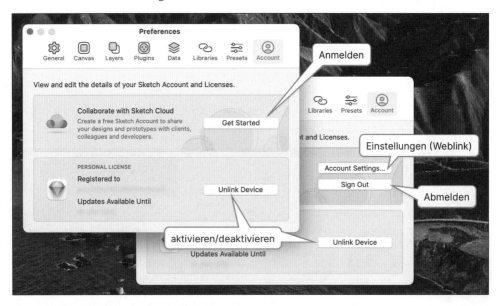

Abbildung 7.6 *Einstellungen zum Account*

Im ersten Teil trägst du deine Lizenzdaten ein. Einmal registriert, siehst du hier auch, welche E-Mail-Adresse du dafür benutzt hast und wie lange du noch Updates von Sketch bekommst. Du bezahlst bei Sketch nämlich nicht für die Nutzung, sondern für ein Jahr an Updates.

7.2   Sketch Mirror – Designs auf iPad und iPhone ansehen

Um dein Design so früh wie möglich in eine echte Umgebung zu bringen, kannst du die App Sketch Mirror verwenden. Damit kannst du selbst sehen, wie dein Design wirkt, wenn du es in der Hand hältst. Du kannst die App auf iPhone und iPad über den App Store installieren. Die App selbst ist kostenlos und einfach zu bedienen. In diesem Abschnitt lernst du die Sketch Mirror App kennen. Du siehst, wie du sie installierst, mit Sketch verbindest und mit der App Designs präsentierst.

7.2.1   Die Sketch Mirror App installieren und verbinden

Um die Sketch Mirror App auf deinem Apple-Gerät zu installieren, öffne den App Store. Auch wenn die App selbst kostenlos ist, brauchst du ein Konto bei Apple, mit dem du dort angemeldet bist. Die App ist für das aktuellste iPhone- und iPad-Modell verfügbar, aber unterstützt auch noch ältere Gerätemodelle, bis hin zum iPhone 5S und iPad Air von 2013.

Für die Anleitungen ist die Rede vom iPhone oder Smartphone, die Anleitungen funktionieren aber für alle Geräte gleich.

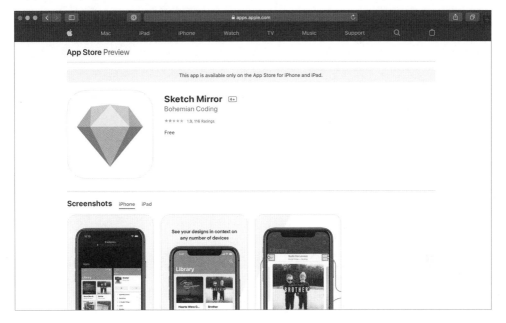

Abbildung 7.7 *Sketch Mirror im Apple App Store*

Gerät verbinden | Um dein Design mit Sketch Mirror betrachten zu können, verbinde dein Gerät per Lightning-Kabel mit dem Computer. Erlaube die Verbindung mit dem Smartphone, wenn du nach einer Bestätigung gefragt wirst. Der zweite Weg, Sketch Mirror und dein Design zu verknüpfen, ist per WLAN. Dafür müssen beide Geräte mit dem gleichen WLAN verbunden sein. Sollte diese Variante nicht funktionieren, kann es sein, dass das drahtlose Netzwerk die Kommunikation zwischen Geräten verbietet.

Öffne die App auf deinem Gerät, und achte in Sketch auf dem Computer auf den Bereich rechts oben im Fenster. Wenn Sketch und das Gerät per WLAN verbunden sind, musst du hier die Verbindung bestätigen. Mit einem Kabel fällt dieser Schritt weg. Wenn Gerät und Sketch verbunden sind, siehst du die Artboards auf einem schwarzen Hintergrund.

Abbildung 7.8 *Klicke auf die Meldung im Fenster, um Computer und Smartphone miteinander per WLAN zu verbinden.*

7.2.2   Designs ansehen und präsentieren

Sobald die Verbindung zwischen den beiden Geräten steht, kannst du die aktuellen Designs sehen. Die Ansicht ist immer auf dem neuesten Stand, ohne dass du etwas aktualisieren musst. Alles in der App orientiert sich an Artboards. Ebenen, die nicht auf einem Artboard platziert wurden, kann Sketch Mirror nicht anzeigen.

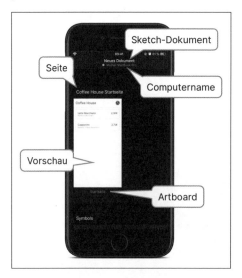

Abbildung 7.9 *Die Benutzeroberfläche der App*

Ganz oben steht der Name des Sketch-Dokuments und der Name des Computers, mit dem die App verbunden ist. Ein grüner Punkt vor dem Computernamen zeigt eine aktive Verbindung an, ein roter Punkt eine getrennte. Über der Vorschau der Artboards steht der Name der Seite in diesem Dokument. Tippe auf ein Artboard, um es auf dem gesamten Bildschirm anzeigen zu lassen. Um weitere Artboards zu sehen, wische mit dem Finger nach rechts und links. Diese Geste funktioniert auch, wenn du ein Artboard bereits geöffnet hast und die Ansicht wechseln möchtest.

Unter der Vorschau zeigt Sketch noch den genauen Namen des Artboards an. In den Einstellungen der App kannst du festlegen, ob die Anzeige auf dem Smartphone immer dem ausgewählten Artboard entsprechen soll.

Testen mit Sketch Mirror | Alle Einstellungen aus Sketch unterstützt die Mirror-App. Du kannst durch deine Designs scrollen, und fixierte Ebenen kleben an der oberen und unteren Kante. Wenn du Prototyping benutzen möchtest, tippe auf die verknüpften Ebenen und Hotspots. Wie im Vorschaufenster leuchten durch Tippen auf eine leere Stelle alle aktiven Flächen kurz auf.

Die App ist ein guter Gradmesser, um die eigenen Designs wieder mit der Realität abzugleichen. Wie groß sind deine Bilder und Texte im Vergleich zu anderen Apps, die du auf dem Smartphone hast? In der App kannst du keine Gesten ausführen, um deinen Prototyp zu bedienen. Zum Beispiel funktioniert das Aufziehen mit zwei Fingern nicht, um Ausschnitte zu vergrößern.

Ohne Kabel präsentieren

Auch wenn dein iPhone nicht mehr mit Sketch verbunden ist, siehst du die Designs noch in der App. So kannst du dein Design direkt jemandem in die Hand geben.

Präsentieren für Profis | Sketch Mirror ist eine super Möglichkeit, um deine Designs anderen Nicht-Designern zu präsentieren und sie mit deinen Ideen zu begeistern. Aus der Praxis zeige ich dir zwei Wege, Einzelpersonen und Gruppen deinen Prototyp zu zeigen. Wenn du einer einzelnen Person die Designs aus Sketch zeigen möchtest, verbinde Sketch Mirror mit deinem Computer. Öffne die App, und stell sicher, dass alle Artboards ausreichend mit der Prototyping-Funktion verknüpft sind.

Sieh dir einmal alle Artboards an, die du zeigen möchtest. Bis du die App beendest, sind alle bereits geöffneten Ansichten gespeichert. Du kannst die Verbindung trennen und jemandem das Gerät in die Hand geben, damit die Person das Design selbst erkunden kann. Es kann allerdings sein, dass die Bildqualität der Artboards nicht perfekt ist, wenn keine Verbindung zu Sketch besteht.

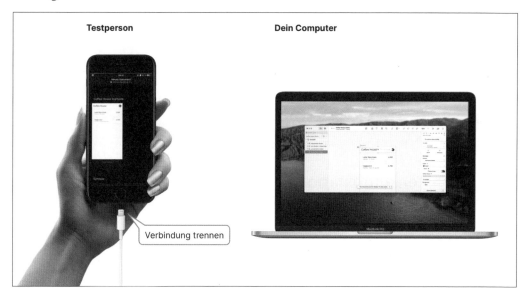

Abbildung 7.10 *Alle Artboards sind auf dem Smartphone noch gespeichert, auch wenn du es vom Kabel trennst.*

Zeigst du deine Designs einer ganzen Gruppe, dann können nicht alle auf einen kleinen Bildschirm schauen. Dafür gibt es einen zweiten Weg, die Designs zu erkunden und gleichzeitig zu präsentieren.

Verbinde dafür das Smartphone mit deinem Computer. Teste, ob Sketch Mirror funktioniert. Danach öffnest du QuickTime auf dem Mac. Es ist eine von Apple vorinstallierte Software für Videowiedergabe und -aufnahme. Starte eine neue Aufnahme im Menü **Ablage >** **Neue Video-Aufnahme**. Es öffnet sich ein neues QuickTime-Fenster. Neben dem roten Button zum Starten einer neuen Aufnahme kannst du über ein Dropdown-Menü die Kamera auswählen. Wenn das iPhone richtig verbunden ist, kannst du dort das Smartphone unter seinem Namen als **Kamera** auswählen. Tatsächlich zeigt QuickTime dann den Bildschirm des iPhones. Verbinde jetzt einen Beamer oder einen anderen externen Bildschirm mit deinem Computer, und präsentiere nur das QuickTime-Fenster. Das verbundene Gerät kannst du der Testperson in die Hand geben, alle anderen verfolgen das Geschehen auf dem großen Bildschirm.

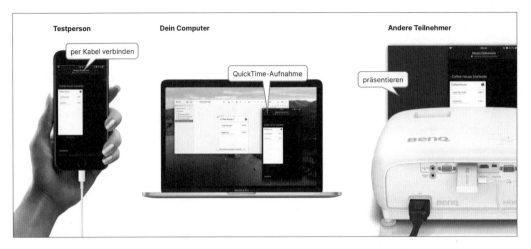

Abbildung 7.11 *iPhone, Computer und Beamer: So könntest du deine Designs für mehrere Personen in einem Raum präsentieren.*

7.3   Tastenkombinationen

Der effizienteste Weg, ein Programm zu benutzen, ist über die Tastatur. Sie erlaubt innerhalb von Sekundenbruchteilen Zugriff auf hunderte Funktionen, die sonst tief in Menüs verschachtelt wären. In allen Kapiteln werden Tastenkombinationen erwähnt, wo sie möglich sind. Sie sollen dir helfen, wenn du eine Funktion häufiger benutzt. In diesem Abschnitt lernst du zwei Dinge: wie du selbst Tastenkürzel anlegst und die 36 wichtigsten Abkürzungen für schnelleres Designen mit Sketch.

7.3.1   Tastenkürzel selbst erstellen

Die Shortcuts von Sketch sind für ein englisches Tastaturlayout gemacht. Beim Schreiben fällt es nicht so sehr auf, aber die Sonderzeichen einer englischen Tastatur unterscheiden sich stark von denen einer deutschen QWERTZ-Tastatur. Einige der voreingestellten Kürzel sind deswegen für dich gar nicht zu erreichen. Wenn du sie dennoch benutzen möchtest, dann musst du dir dein eigenes Tastenkürzel einrichten. Öffne dafür die Systemeinstellungen von macOS, und klicke dort auf die Einstellungen für **Tastatur** und dann auf den Reiter **Kurzbefehle**.

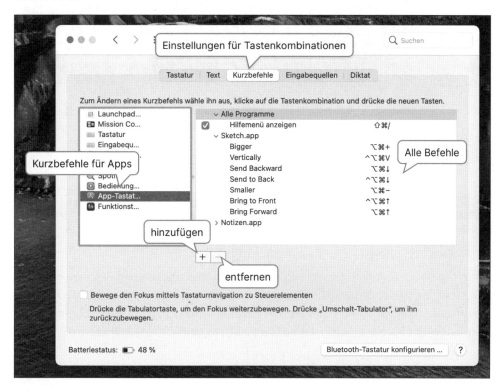

Abbildung 7.12 *Die Systemeinstellungen* **Tastatur** *von macOS*

Klicke auf den Eintrag **App-Tastaturkurzbefehle** in der Liste auf der linken Seite, damit du eine Übersicht über alle Einstellungen in deinem System hast. Um einen neuen Eintrag hinzuzufügen, klicke auf das Plus. Es öffnet sich ein Dialog, in dem du drei Einstellungen vornehmen musst. Als Erstes wählst du Sketch aus der Programmliste aus.

Es folgt ein weiterer Dialog, bei dem du im zweiten Eintrag **Menü** die genaue Bezeichnung des Befehls eintragen musst. macOS toleriert keine Abweichungen vom echten Eintrag. Groß- und Kleinschreibung sowie Sonderzeichen müssen genau stimmen.

Klicke in das dritte Feld, und drücke einmal deine Tastenkombination. macOS erlaubt nur Kombinationen, die die Tasten cmd, alt, ctrl oder fn beinhalten. Die gedrückten Tasten siehst du dann hier, und es reicht ein Klick auf **Hinzufügen**. Dein Eintrag ist sofort gespeichert und einsatzbereit. Wenn diese Tastenkombination in Sketch belegt ist, dann überschreibt die manuelle Einstellung den Wert in Sketch.

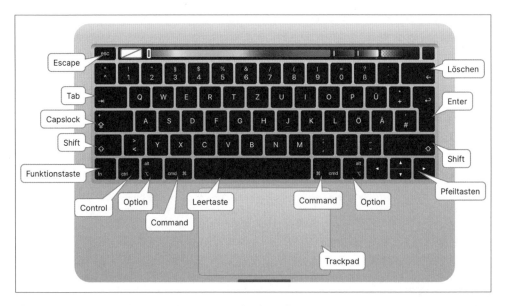

Abbildung 7.13 *Das deutsche Tastaturlayout mit Beschreibung der Tasten*

7.3.2   Die 36 wichtigsten Abkürzungen in Sketch

Unter den über zweihundert verschiedenen Tastenkombinationen und Befehlen in Sketch gibt es nur wenige, die du wirklich häufig benutzt. Wenn du ein sehr gutes Gedächtnis für Abkürzungen hast, dann lerne so viele wie möglich von ihnen, um zum absoluten Power-User zu werden. Für alle anderen sollten diese 36 Tipps und Abkürzungen reichen.

Zeichnen mit Sketch

- $\boxed{A}$: Artboard erstellen (Abschnitt 3.2)
- $\boxed{R}$: Rechteck zeichnen (Abschnitt 4.1)
- $\boxed{U}$: Rechteck mit abgerundeten Ecken (Abschnitt 4.1)
- $\boxed{O}$: Kreis zeichnen (Abschnitt 4.1)
- $\boxed{T}$: Textebene erstellen (Abschnitt 4.3)
- $\boxed{H}$: Hotspot aufziehen (Abschnitt 5.6)
- $\boxed{C}$: Komponenten durchsuchen und hinzufügen

Navigation im Dokument

- Leertaste + klicken und ziehen: Über den Canvas bewegen
- $\boxed{cmd}$ + $\boxed{0}$: Zoom auf 100 %
- $\boxed{cmd}$ + $\boxed{1}$: Zeige alle Ebenen auf dem Canvas

- `cmd`+`2`: Fokus auf die Auswahl
- `fn`+`◄`/`►`: Nächstes Artboard

Kopieren und Einfügen

- `cmd`+`C`: Kopieren
- `cmd`+`V`: Einfügen
- `cmd`+`alt`+`V`: Aussehen auf ausgewählte Ebene übertragen

Ebenen bewegen, vergrößern und anordnen

- `cmd`+ klicken: Ebene einer Gruppe markieren
- `alt`+ klicken: Abstände zwischen Ebenen messen
- `alt`+ klicken und ziehen: Duplizieren
- `◄`/`▲`/`►`/`▼`: Ebene um 1 px bewegen
- `◄`/`▲`/`►`/`▼`+`⇧`: Ebene um 10 px bewegen
- `◄`/`▲`/`►`/`▼`+`cmd`: In Einerschritten vergrößern und verkleinern
- `◄`/`▲`/`►`/`▼`+`cmd`+`⇧`: In Zehnerschritten vergrößern und verkleinern
- `cmd`+`alt`+`+`/`-`: Schriftgröße vergrößern und verkleinern (eigene Einstellung)

Dokument organisieren

- `cmd`+`G`: Gruppieren
- `cmd`+`⇧`+`G`: Gruppe auflösen
- `⇥`: Nächste Ebene auswählen
- `cmd`+`alt`+`▲`/`▼`: Ebene einen Schritt in den Vordergrund oder Hintergrund (eigene Einstellung)
- `cmd`+`alt`+`ctrl`+`▼`/`▲`: Ebene ganz nach vorne oder hinten (eigene Einstellung)
- `cmd`+`Y`: Symbol erstellen
- `cmd`+`⇧`+`Y`: Symbol von der Vorlage lösen

Exportieren und teilen

- `cmd`+`E`: Auswahl exportieren
- Klicken + auf den Finder ziehen: Schnellexport als PNG

Sketch-Fenster und Anzeige

- `cmd`+`.`: Präsentationsmodus. Verbirgt Werkzeugleiste, Ebenenliste und Inspector
- `cmd`+`ctrl`+`F`: Sketch-Fenster maximieren
- `ctrl`+`R`: Zeige Lineal und Hilfslinien
- `ctrl`+`L`: Layout-Grid anzeigen

7.4   Speicherplatz und Dateigrößen optimieren

Die Dokumente von Sketch nehmen im Vergleich zu anderen Dateiformaten wenig Platz auf deiner Festplatte ein. Während mehrere Gigabyte große Photoshop-Dateien keine Seltenheit sind, kann Sketch auch komplexe Designs auf wenigen MB speichern. Durch die stärkere Prozessorbeanspruchung verbrauchen große Dateien mehr Strom und saugen deine Batterie leer. Zusätzlich verlangsamen sie Sketch und bremsen dich so beim Umsetzen deiner Ideen aus.

In diesem Kapitel lernst du, wie du weniger Speicherplatz mit Sketch-Dokumenten verbrauchst. Du lernst, welche Optimierungen du vornehmen kannst, um das Programm und deinen Computer zu entlasten. Wir schauen uns auch an, wo Sketch weitere Daten auf deiner Festplatte speichert, die du bei Bedarf löschen kannst.

7.4.1   Dateigrößen von Sketch

Entscheidend für die Dateigröße sind als Erstes die Bilder, die ein Dokument enthält. Sketch speichert alle Bilder in der besten Auflösung direkt mit im Dokument. In einem Sketch-Dokument kannst du zusätzlich alle verwendeten Schriften einbetten. Sie tragen auch ein wenig zur Dateigröße bei.

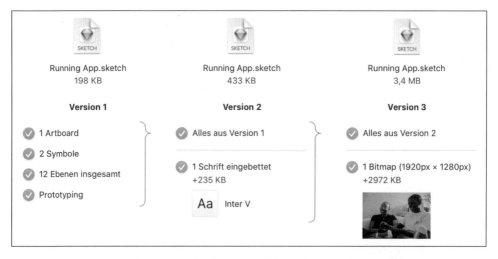

Abbildung 7.14 *Wie viel Speicherplatz ein Sketch-Dokument braucht, hängt stark von den Bildern ab.*

Am wenigsten fällt die Menge an Artboards und Seiten oder die Komplexität der Symbole ins Gewicht.

Checkliste für kleinere Dateigrößen | Um die Dateigröße zu optimieren, kannst du dein Design erstmal aufräumen. Die wichtigsten Maßnahmen dafür findest du in der folgenden Liste, sortiert nach dem größten Einsparpotential. Du kannst Teile der Liste auch von einem Sketch Assistant erledigen lassen oder mit dem Plugin Automate Sketch schneller optimieren.

- Optimiere die Größe der eingesetzten Bitmaps. Du findest den Befehl dazu unter **Layer > Image > Minimize File Size.**

- Entferne Symbole ohne Instanz.

- Erstelle Symbole aus sich wiederholenden Elementen.

- Lösche ausgeblendete Ebenen.

- Hast du Ebenen mit 0 % Deckkraft erstellt?

- Hast du Ebenen dupliziert, aber brauchst sie nicht mehr?

- Löse Gruppen auf, die du nicht mehr benötigst.

- Entferne unbenutzte Ebenen- und Textstile.

Bildgrößen anpassen und optimieren | Sketch hat zwei Befehle, um die Dateigrößen zu verringern. Unter **File > Reduce File Size** optimierst du mit einem Klick alle Bilder deiner Datei. In einem Dialog siehst du dann, wie groß die Einsparungen sind, bevor du die Datei verkleinerst. Auf dem zweiten Weg markierst du alle Bilder, die du verkleinern möchtest, und klickst auf **Layer > Image > Minimize File Size**. So werden nur die ausgewählten Ebenen in der Qualität reduziert.

Abbildung 7.15 *Sketch zeigt dir die Einsparungen für dein Dokument an, bevor du die Dateigröße verringerst.*

Sketch behält bei diesen Befehlen die Bilder in bis zu doppelter Größe ihrer vorherigen Abmessungen bei. Dadurch ist sichergestellt, dass du Bilder immer noch in guter Qualität exportieren kannst, wenn du als Exportgröße »2x« einträgst. Bilder aus der Data-Funktion sind bereits auf die Größe ihrer Ebene optimiert.

7.4.2   Speicherplatz von Sketch optimieren

Um Datenverlust zu verhindern, speichert die Time-Machine-Funktion von macOS bei jeder Eingabe deine Dateien. Ohne dass du viel dafür tun musst, bist du damit auf der sicheren Seite, wenn Sketch abstürzen sollte. Genau das ist der Vorteil des automatischen Versionsverlaufs (siehe Abschnitt 7.5, »Versionsverlauf – alte Designs wiederherstellen«). Wenn du aber mit großen Dokumenten arbeitest, führt das zu großen Datenmengen von Sketch auf deiner Festplatte. Wenn du diese Funktion dauerhaft deaktivieren möchtest, dann entferne in den Programmeinstellungen im Tab **General** den blauen Haken vor dem Eintrag **Auto Save**.

Du hast schon große Datenmengen angehäuft und bist dir sicher, dass du keine alte Version der Sketch-Dateien brauchst? Dann gibt es mit Sketch Cache Cleaner ein Werkzeug, das alle vergangenen Versionen aller Sketch-Dateien löscht.

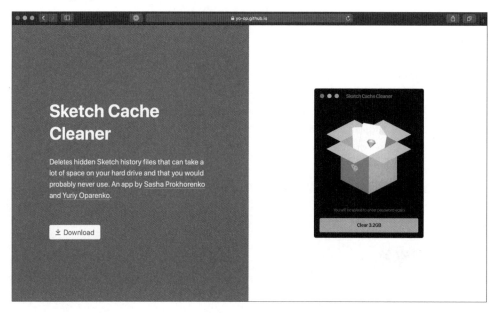

Abbildung 7.16 *Lösche mit Sketch Cache Cleaner die Backup-Dateien von Sketch, um Platz auf deiner Festplatte zu schaffen.*

Um das Programm zu installieren, besuche *https://yo-op.github.io/sketchcachecleaner/*, und klicke auf **Download**. Nach der Installation durchsucht es deinen Computer nach den Backups und löscht sie.

7.5   Versionsverlauf – alte Designs wiederherstellen

Ein Klick, und alles ist weg. Drei Tage Arbeit innerhalb von Sekunden gelöscht und für immer verloren. So eine Situation haben schon zu viele Computernutzer am eigenen Leib erfahren. Der entscheidende Schritt für mehr Datensicherheit sind deswegen automatisierte Backup-Systeme wie Apples Time Machine. Das Systemprogramm speichert sofort alle Änderungen, die du auf deinem Mac machst. Diese Funktion nutzt auch Sketch, um einen Versionsverlauf auf deinem Computer zu speichern. Lerne in diesem Abschnitt, wie dich der automatische Versionsverlauf vor Datenverlust schützt und wie du alte Versionen deines Designs wiederherstellen kannst.

7.5.1   Zu einer bestimmten Version zurückkehren

Sketch nutzt das Time-Machine-System von Apple, um alte Versionen deines Designs zu speichern. Du kannst den Bearbeitungsverlauf auf deinem Mac nachvollziehen, wenn du auf **File > Revert to…** klickst.

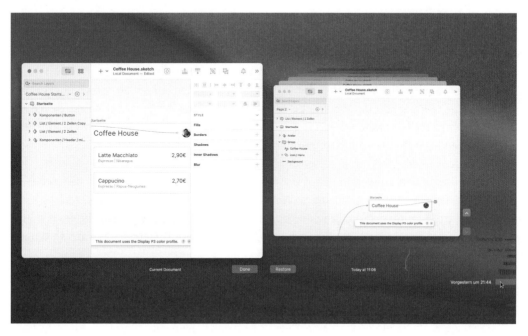

Abbildung 7.17 *Auf der linken Seite siehst du dein aktuelles Design, rechts findest du alle vergangenen Versionen.*

Daraufhin öffnet Sketch auf der linken Seite des Bildschirms die aktuelle Version, und auf der rechten Seite siehst du die vergangenen Versionen gestapelt. Beginnend mit dem letzten Speicherstand reist du hier in den Versionen zurück. Am rechten Rand deines Bildschirms siehst du eine Datumsleiste, in der alle Versionen deines Designs markiert sind. Mit einem Klick auf **Restore** stellst du diesen Speicherstand wieder her.

Du hast dich in der Version geirrt? Kein Problem, beginne den Vorgang noch einmal, und wähle die zuletzt in Time Machine gespeicherte Datei aus, um zurückzukehren. Cloud-Dokumente können von dieser Funktion nur profitieren, solange sie auch auf deinem Computer gespeichert sind.

Time Machine deaktivieren | Das Sicherheitsnetz von Time Machine deaktivierst du in den Einstellungen im Tab **General**. Die Einstellung nennt sich **Use macOS Autosave** und ist standardmäßig aktiviert. Wenn du viele, große Sketch-Dateien hast, werden auch deine Time-Machine-Backups viel Platz auf deinem Rechner einnehmen. Mehr darüber, wie du deinen Speicherplatz optimieren kannst, liest du in Abschnitt 7.4, »Speicherplatz und Dateigrößen optimieren«.

Kapitel 8
Praxisteil

Sketch ist ein Programm, dass es dir leicht macht, Ideen direkt umzusetzen. Du sollst durch die Verwendung der Software zu einem besseren Designer werden. In den vorangegangenen Kapiteln hast du die Werkzeuge in Sketch kennengelernt und hast gesehen, wie die Funktionen bedient werden. Jetzt beginnst du, kleinere und größere Projekte zu realisieren.

In den folgenden Abschnitten bekommst du fünf praxisnahe Projekte für Designer in verschiedenen Bereichen mit unterschiedlichen Erfahrungsstufen präsentiert. Die ersten beiden haben einen Schwerpunkt auf User Interface Design. Erst lernst du am Beispiel eines Chats, dann anhand einer Marketing-Website mit Sketch deine Ideen umzusetzen.

Danach konzentrierst du dich mehr auf das User Experience Design. Es geht um den Aufbau eines digitalen Produkts, bevor du es visuell gestaltest. Du lernst UX-Prozesse kennen und erstellst einen Wireframe für eine Musik-App.

Wenn du Zeichnen mit Sketch lernen möchtest, dann lies den vierten Abschnitt zu Icons und Illustrationen. Schritt für Schritt erstellst du fünf Icons und lernst die Design-Regeln für sie kennen.

Das letzte Beispielprojekt ist eine Anleitung für den Beginn eines Design-Systems. Es fasst zentrale Komponenten deines Designs zusammen und dokumentiert dein Design für andere Teammitglieder.

Den Abschluss des Praxisteils bildet dann auch ein Abschnitt über die bessere Zusammenarbeit im Team. Er zeigt, wie du die Tools von Sketch für eine bessere Kooperation einsetzt. Ähnlich wie im Grundlagen-Kapitel können diese Anleitungen nur der Ausgangspunkt deiner Arbeit mit Sketch sein. Sie sind an manchen Stellen gerade so kurz gehalten, dass du schnell zum Ziel kommst. Legen wir los!

8.1   Chat entwerfen

Schon eine scheinbar einfache Benutzeroberfläche kann eine echte Herausforderung für Designer sein, denn in den Details kommt Design am stärksten zum Ausdruck. So solltest du bei der Wahl deiner Farben, Schriftgrößen und Abstände genau arbeiten.

Ein überschaubares, erstes Praxisprojekt mit Sketch ist ein Chat für Smartphones. Wahrscheinlich hast du schon mal einen Chat benutzt und kannst dir ungefähr vorstellen, aus welchen Teilen diese Funktion besteht. **Schreib die wichtigsten Bestandteile eines Chats**

auf. Du kannst dafür direkt Sketch benutzen, es reicht aber auch ein Stift, mit dem du die Liste hier ausfüllst.

-
-
-
-
-

Welche Bestandteile hast du? Lass uns vergleichen, vielleicht fällt dir etwas Wichtiges ein, das hier nicht auftaucht. Das sind meine Vorschläge:

- Nachricht eingeben
- Nachrichten lesen

- Nachricht abschicken
- Empfänger der Nachricht

Jeder dieser Bestandteile erfüllt eine der Kernfunktionen, die wichtig für den Austausch von Nachrichten ist. Überlege, was wirklich essentiell für dein Design ist (hier: Nachrichten zwischen zwei Personen senden), dann reduziert sich der erste Aufwand für dein Design. Später kannst du noch weitere Funktionen hinzufügen und ausschmücken.

Mit dieser Liste beginnst du dein Design; du kannst später an ihr abgleichen, ob alles in deinem Design enthalten ist.

SCHRITT FÜR SCHRITT

Chat mit Sketch designen

Wenn noch nicht geschehen, öffne Sketch, erstelle ein neues Dokument mit Klick auf **File > New…**, und speichere es mit einem eindeutigen Namen (zum Beispiel »Chat«) ab. Als Erstes erstellst du ein Artboard. Drücke dafür A, und wähle im Inspector bei den **Apple Devices** das iPhone 11 Pro aus. Damit hat dein Artboard automatisch die richtigen Abmessungen: 375 × 812.

1 **Nachrichten eingeben**

Lass uns die Liste der Chat-Bestandteile von oben nach unten durchgehen. »Nachricht eingeben« steht dort ganz oben. Der erste Schritt zur Eingabe einer Nachricht ist die Tastatur. Also beginnen wir damit, sie auf dem Artboard zu platzieren. Du musst jetzt nicht selbst eine ganze Tastatur zusammenklicken, denn es gibt die iOS-Design-Komponenten direkt zum Download in Sketch.

Wechsele dafür in die Programmeinstellungen (**Sketch > Preferences…**), und klicke dort auf den Tab **Libraries**. Wenn du die Library *Apple iOS UI Design Resources* noch nicht installiert hast, dann klicke auf den blauen Button **Install**, und durchlaufe den Installationsprozess. Du musst die Geschäftsbedingungen bestätigen und zum Schluss die Datei in den Libraries-Ordner ziehen.

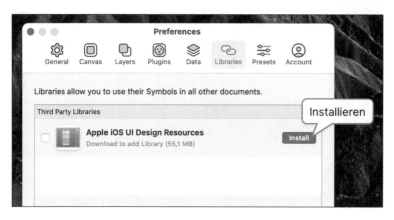

Abbildung 8.1 *Schalte die iOS-Komponenten über* **Preferences** *frei*

Sobald die Library installiert ist, hast du Zugriff auf viele wichtige Bestandteile der Apple-Design-Sprache auf iPhones, darunter auch verschiedene Tastaturen. Du findest das richtige Symbol im Untermenü **Insert > Symbols > Apple iOS UI > System > Keyboards > iPhone > Light > alphabetic**. Die Library ist so sehr verschachtelt, weil sie so viele Symbole enthält. In der Vergangenheit hat sich die Struktur der Library schon geändert, vielleicht ist der genaue Pfad in deiner Version also etwas anders. Wenn du die Tastatur ausgewählt hast, kannst du sie mit einem Klick am unteren Ende des Artboards platzieren.

Abbildung 8.2 *Platzierung der Tastatur*

Über die Tastatur kommt das Eingabefeld für die Nachricht. Benutze dafür ein Rechteck R, das du über der Tastatur platzierst. Du kannst dich an den Größen im Bild orientieren: 327 px Breite und 56 px Höhe. Schaue auf die Abstände zu den anderen Elementen.

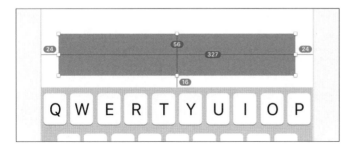

Abbildung 8.3
Eingabefeld 1

Ändere im Inspector die Füllfarbe auf #FFFFFF, und füge eine Rahmenfarbe mit dem HEX-Farbcode #3F95FD hinzu. Platziere den Rahmen auf der Außenkante, und trage bei **Width** 2 ein. Zuletzt ziehe den Regler bei **Radius (Round Corners)** auf 28.

Abbildung 8.4 *Formatierung des Eingabefelds*

Damit das Rechteck als Nachrichtenfeld erkennbar ist, trage einen Beispieltext ein. Drücke dafür T, und klicke einmal in das Feld. Als Beispieltext kannst du »Schreibe deine Nachricht...« benutzen. Der Text muss noch ein bisschen angepasst werden: Schriftart, Schriftschnitt, Schriftgröße, Zeilenhöhe und Farbe findest du im Inspector.

Abbildung 8.5 *Beispieltext formatieren, du kannst auch eine andere Schriftart benutzen.*

Was jetzt noch fehlt, um eine Nachricht einzugeben, ist der blinkende Strich am Beginn des Textes. Diesen Cursor findest du auch in der Apple-iOS-Library.

Klicke dafür auf **Insert > Symbol > Apple iOS UI > Controls > Text Field > x > Cursor**, und platziere den Cursor vor dem Text. Passe den Cursor noch an den Text an, indem du die Länge im Inspector auf »24« änderst.

Wenn du jetzt ⌂ hältst und dann auf das Rechteck klickst, sind Cursor und Eingabefeld ausgewählt. Richte sie vertikal mittig aneinander aus.

Abbildung 8.6 *Blinkenden Cursor einfügen*

2   Nachrichten lesen

In einer Chat-App sind die Nachrichten der Teilnehmer wahrscheinlich der wichtigste Teil. Erstelle auch hier wieder ein Rechteck (218 × 40), und platziere es linksbündig 16 px über der Nachrichteneingabe. Ändere auch wieder die Farbe und den Radius im Inspector.

Abbildung 8.7 *Nachrichtenfeld einrichten*

Wähle die Ebene aus, und klicke dann auf **Layer > Create Layer Style** oder im Inspector auf den Button **Create** im Abschnitt **Appearance**. Damit erstellst du einen Ebenenstil, den du durch Tippen »light« nennst.

Jetzt erstellst du den Nachrichtentext mit Druck auf T. Der Text sieht fast genauso aus wie der Platzhaltertext im Nachrichtenfeld, nur die Farbe ist anders. Danach erstellst du einen Textstil, indem du auf **Layer > Create Text Style** klickst. Als Name trägst du »dark« ein. Positioniere den Text wie in der folgenden Abbildung. Achte auch darauf, dass die Breite der Ebene stimmt und der Zeilenumbruch auf **Auto Height** eingestellt ist.

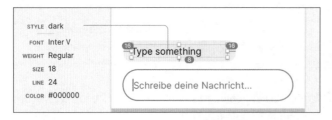

Abbildung 8.8 *Platzhaltertext für die Nachrichteneingabe*

Markiere beide Ebenen, und drücke cmd+Y oder klicke auf **Layer > Create Symbol**. Nenne es »Textfeld«, und stelle beim Layout **Top to Bottom Layout** ein. Der Haken bei **Send Symbol to »Symbols« Page** sollte aktiv sein. Bestätige den Dialog mit **Create**.

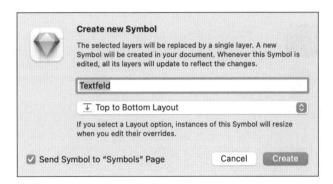

Abbildung 8.9 *Symbol Textfeld*

Drücke ⏎ und du wechselst zur Symbolvorlage. Dort legst du noch je einen weiteren Stil für den Text und die Ebene an, indem du das Aussehen änderst und dann erneut auf **Create** klickst. Wähle die Textebene, und ändere die Farbe auf #FFFFFF. Der Name für den Stil ist »light«. Den gleichen Vorgang wiederholst du bei der Ebene – dort änderst du die Farbe auf #0056BF und speicherst als »blue«. Kehre zurück zur Symbolinstanz auf dem Canvas. Dort kannst du über den Dialog **Insert > This Document > Textfeld** selbstständig neue Nachrichten einfügen.

Im Inspector findest du die Overrides für den Ebenen- und Textstil sowie den Textinhalt. Mit diesen drei Variablen kannst du alle Nachrichten selbst anpassen. Durch die gewählten Autolayout-Einstellungen passt sich die Größe der Ebene immer dem Inhalt an.

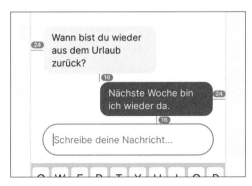

Abbildung 8.10 *Durch das Autolayout wird der Text automatisch angepasst.*

Wenn du die Symbole verwendest, dann achte wieder auf gleichmäßige Abstände zum Artboard und zu anderen Ebenen.

3 Nachrichten abschicken

Es fehlt noch ein Button, um Nachrichten, die in das Feld getippt wurden, abzuschicken. Erstelle dafür einen Kreis Ⓞ in der Größe 48 × 48. Um eine Farbe auszuwählen, drücke ⌃+Ⓒ für das Pipetten-Werkzeug, fahre mit der Lupe auf eine der blauen Nachrichten, und klicke. Die Füllfarbe des Kreises sollte jetzt auch #0056BF sein.

Abbildung 8.11 *Button erstellen*

Das passende Icon findest du bei Feather Icons (*http://feathericons.com*). Durchsuche die Liste nach *send*, und klicke auf den Eintrag auf der Website, um das Icon als SVG-Datei herunterzuladen.

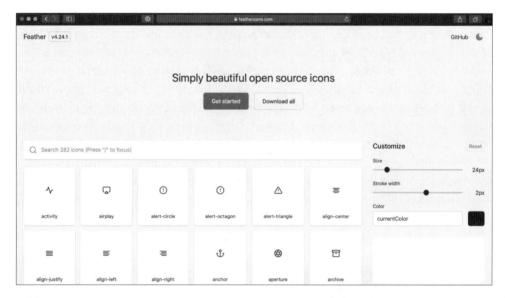

Abbildung 8.12 *Symbole bei Feather Icons*

Aus den Downloads ziehst du das Icon auf den Canvas und platzierst es optisch mittig auf dem Button. Das Icon wird in Schwarz eingefügt, aber wenn du auf das Plus-Zeichen bei **Tint** im Inspector schaust, dann kannst du die Farbe des ganzen Icons auf #FFFFFF ändern.

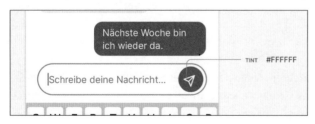

Abbildung 8.13 *Icon einfügen*

4 Empfänger der Nachricht

Als letzten Bestandteil des Designs fügst du den Empfänger der Nachricht hinzu. Die Displayform des iPhone X und seiner Nachfolgemodelle solltest du in diesem Design besonders beachten. Füge dafür zwei weitere Symbole aus der iOS-Library hinzu und platziere sie an der oberen Kante des Artboards.

- **Insert > Apple iOS UI > Device Bezels > iPhoneXS – Display Shape**
- **Insert > Apple iOS UI > Bars > Status Bar > iPhone > light**

Abbildung 8.14 *Symbole hinzufügen*

Danach legst du einen Kreis [O] in 48 × 48 und einen Text [T] am oberen Ende des Artboards an. Richte sie an den anderen Ebenen aus, und achte darauf, dass du so viel wie möglich wiederverwendest: Abstände, Größe und Positionierungen aus Elementen von unten sollten sich hier wiederholen.

Abbildung 8.15 *Einpassen der Symbole*

Verknüpfe diese beiden Ebenen noch mit Datenquellen. Markiere dafür den Kreis, und klicke auf **Layer > Data > Sketch Data > Faces**. Beim Text wählst du **Layer > Data > Sketch Data > Names**.

Abbildung 8.16 *Der Empfänger wurde eingefügt.*

Mit diesem Schritt ist das Design für einen Chat vorerst abgeschlossen. Vielleicht hast du schon Ideen, wie du den Entwurf weiter verändern und anpassen möchtest. Ich bin gespannt auf deine Ideen! Um dein Ergebnis mir und anderen Lesern zu zeigen, schreibe mir gerne eine E-Mail an *ideen@micha.design*.

8.2   Landingpage als Responsive Design entwerfen

Die immer noch große Relevanz des Internets macht es für viele Personen und Unternehmen notwendig, dort auch Präsenz zu zeigen. Auf der ersten Seite, die ein Besucher sieht, sollten die notwendigen Informationen sichtbar sein. Diese Ansicht nennt man Landingpage, und sie gehört sozusagen zum Brot-und-Butter-Geschäft von Designern.

In diesem Kapitel lernst du Schritt für Schritt, wie du eine einfache Website visuell ansprechend gestaltest. Das Ziel ist ein Design, das du mit Sketch leicht auf andere Gerätegrößen anpassen kannst. Designer nennen diesen Ansatz *Responsive Design*. Du brauchst nichts weiter als Sketch, einen Stift und Papier, und schon kann es losgehen.

Das Thema der Website kannst du selbst bestimmen. Die meisten Inhalte passen in ein immer gleiches Raster aus Bedienelementen. In diesem Beispiel soll es eine Landingpage für eine Wander-App sein. Alle Texte und Bilder suchen wir beispielhaft aus dem Internet zusammen. Um eine Struktur in dein Design zu bringen, schreibe einmal auf, was auf eine Landingpage gehört.

-
-
-
-
-

Okay, ansonsten steht hier auch eine Liste. Hast du an alles gedacht, oder fehlt für dein Design etwas? Dann ergänze es, um deinen Plan zu vervollständigen.

- Button
- Navigation
- Logo
- Kurze Informationen und Inhalte
- Footer mit weiteren Links

Mit diesen Inhalten können wir bereits mit der Gestaltung beginnen. Um es leichter zu machen, nimm einen Stift, und skizziere schematisch deine Landingpage. Dadurch weißt du von Anfang an, wie du welchen Platz einplanen musst.

Das Design startet mit einem Design für Smartphones, weil die App selbst auch für Smartphones entwickelt wurde. Auch sonst ist es hilfreich, mit der kleinsten Variante deiner Website zu beginnen.

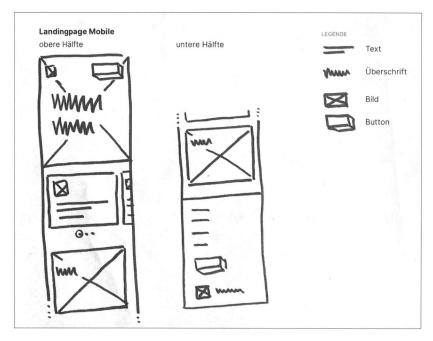

Abbildung 8.17 *Skizze der Landingpage – das kleine Papierformat zwingt ein bisschen zur Improvisation.*

SCHRITT FÜR SCHRITT
Landingpage entwerfen

Das Design beginnt auf einem Smartphone und wird danach auf die größeren Bildschirme für Tablet und Desktop angepasst. Als erster Schritt reicht eine Zeichnung für das kleinste Gerät.

Beginnen wir mit dem Fundament für dein Design. Wenn du eine solche Skizze (Designer nennen das Wireframe) für dein Projekt hast, dann kannst du mit deiner Erfahrung am besten einschätzen, mit welchem Teil des Designs du am besten beginnst. Der Ablauf in diesem Workshop sieht vor, erst die Grundlagen fürs Design und die Bedienung zu legen, bevor du von oben nach unten die Seite gestaltest.

1 Layout-Grid als Fundament für dein Design

Öffne ein neues Sketch-Dokument, und speichere es mit einem eindeutigen Namen ab. Für dieses Projekt nenne die Datei »Wander App-Landingpage.sketch«. Als Erstes erstellst du ein Artboard mit ⒜. Wähle im Inspector die Voreinstellung **Android Devices** und dort den Eintrag »Google Pixel 3« mit Abmessungen von 360 × 740.

Ein Layout-Grid hilft dir, beim Designen gleichmäßig zu arbeiten. Erstelle es mit einem Klick auf **View > Canvas > Layout Settings…** Achte darauf, dass dein Artboard ausgewählt ist. Setze im Dialogfenster die Einstellungen in Abbildung 8.18.

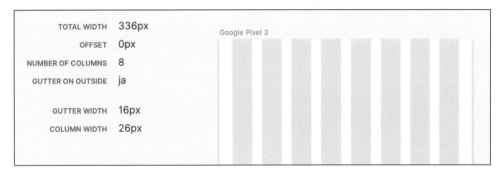

Abbildung 8.18 *Einstellungen für das Layout-Grid*

Die Layout-Einstellungen kannst du mit ⌷ctrl⌷+⌷L⌷ ein- und ausblenden.

2   Button als klickbares Ziel der Seite

Der wichtigste Bestandteil zur Bedienung der Landingpage ist ein Button. Wenn du mit einem kleinen, überschaubaren Design-Element wie einem Button beginnst, kannst du den Stil der gesamten Seite darauf aufbauen. Starte damit, ein Rechteck ⌷R⌷ zu erzeugen. Eine gute Größe ist zum Beispiel 106 × 48. Dazu kommt noch ein Text ⌷T⌷, den du in dem Button platzierst.

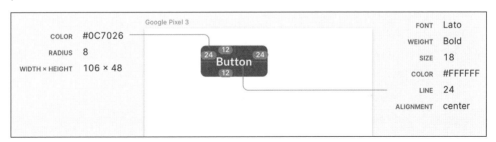

Abbildung 8.19 *Button als klickbares Ziel der Seite*

Markiere die beiden Ebenen, erstelle ein Symbol mit ⌷cmd⌷+⌷Y⌷, das als Autolayout-Einstellung **Horizontally Center Layout** hat, und setze den Haken bei **Send to Symbols Page**. Den Text der Symbolinstanz kannst du im Inspector bereits mit »Anmelden« überschreiben.

3   Das erste Bild und Überschriften einfügen

Als Nächstes erstellst du den oberen Bereich mit einem Bild im Hintergrund, dem Logo, der Überschrift, einem Beschreibungstext und dem Button.

Erstelle ein Rechteck über die ganze Breite des Artboards mit einer Höhe von 540. Hier fügst du mit der Data-Funktion ein Bild von Unsplash ein. Klicke dafür auf **Layer > Data > Unsplash > Search Photo...**, und gib den Begriff »wanderlust« ein. Das Plugin fügt ein zufälliges Bild als Füllung in deine Ebene ein (Internetverbindung notwendig).

Um immer eine gute Lesbarkeit der Texte auf dem Bild zu gewährleisten, kannst du einen leicht dunklen Verlauf über das Bild zeichnen. Wähle die Bildebene aus, und klicke dafür auf das Plus-Icon im Abschnitt **Fills** im Inspector.

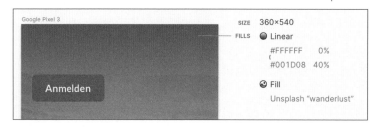

Abbildung 8.20 *Der obere Bereich*

Als Nächstes kommen die Überschriften auf das Bild. Wähle dafür wieder das Text-Werkzeug aus (**Insert > Text**), und klicke einmal auf das Bild. Klicke auf die Ebene, ziehe sie an eine andere Stelle, und halte dabei die ⎡alt⎤-Taste gedrückt. Aus den beiden Texten machst du die Überschrift und die *Subline*, einen Beschreibungstext, der der Überschrift mehr Kontext gibt. Damit die Textinhalte passen, ziehe sie im Grid an die Grenzen der ersten und letzten Spalte.

Abbildung 8.21 *Überschrift und Subline. © Bild Unsplash (https://unsplash.com/photos/knk0vDW0GME)*

Beim Logo und dem Namen der App kannst du dich im Internet inspirieren lassen. Im Beispiel verwendest du eine in Sketch erstellte Zeichnung.

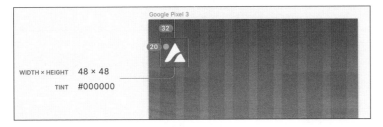

Abbildung 8.22 *Das Logo*

Wenn du nochmal die oben gezeichnete Vorlage mit deinem Design in Sketch vergleichst, dann siehst du, wie sie sich voneinander unterscheiden. Die erste Idee ist nicht immer die beste oder praktischste. Deine Skizze muss daher nicht 100 % akkurat sein.

Es kann passieren, dass du während der Gestaltungen einen anderen Weg einschlägst. Wenn du das Gefühl hast, komplett in eine andere Richtung abzubiegen, erneuere deine Zeichnung.

4 Inhalte auf der Website platzieren

Auf die Mitte der Seite kommen weitere Informationen zu der Wander-App. Als Erstes entstehen dort drei Karten, die die Funktionen des Produkts vorstellen. Beginne wieder mit einem Rechteck und drei Textebenen. Das Rechteck füllt sieben der acht Spalten aus, und die drei Textebenen sind für eine Überschrift, einen kurzen Beschreibungstext und einen Link reserviert.

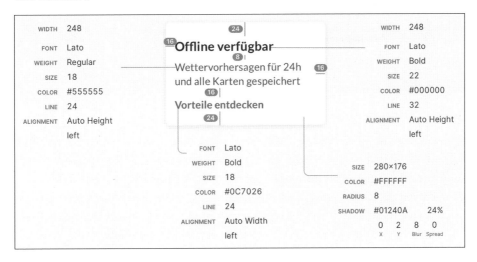

Abbildung 8.23 *Informationstexte werden formatiert.*

Oberhalb der Überschrift kannst du noch ein Icon einfügen. Die Icons aus dem Beispiel sind von Feather Icons (*https://feathericons.com/*). Die Sammlung gibt es auch als Sketch Library. Sie ist zwar seit 2018 nicht mehr auf dem neuesten Stand, aber wenn du sie in Sketch einbindest, kannst du die Icons später als Overrides benutzen.

Abbildung 8.24 *Einsatz eines Icons*

Aus allen Bestandteilen erstellst du ein Symbol. Als Autolayout-Einstellung wähle **Top to Bottom Layout.** Öffne danach die Symbolvorlage, um das Symbol für verschiedene Größen vorzubereiten. Die Resizing-Einstellungen im Inspector steuern das Verhalten der Ebenen, wenn sich die Größe des Symbols oder des Artboards verändert. Diese Einstellungen werden im letzten Abschnitt besonders wichtig, wenn du das Design auf größere Bildschirme anpasst.

Abbildung 8.25 *Elemente in Symbole umwandeln*

Es wird Zeit, die Kacheln ins Design einzubauen. Damit sie auf das Artboard passen, wähle es aus, und ziehe am quadratischen Griff nach unten. So kannst du die Größe des Bildschirms verändern. Wähle die erste Kachel aus, und platziere sie auf dem Artboard. Über das Menü **Insert > Symbol > This Document...** kannst du das gleiche Symbol erneut einfügen und es mit Overrides verändern. Um das horizontale Scrollen zu verdeutlichen, lege die zweite Kachel rechts neben der ersten Kachel an. Sie ist dann durch das Artboard beschnitten. Zeige darunter mit drei Kreisen an, dass es drei Kacheln gibt. Den ersten Punkt hebst du ein wenig hervor, um die aktuelle Position zu verdeutlichen.

Markiere dein Artboard, und setze als Hintergrundfarbe #F7FAF8. Achte auch darauf, dass die Option **Adjust content on resize** deaktiviert ist.

Abbildung 8.26 *Farben vergeben*

Die nächsten Inhalte sind Kacheln mit einem Bild im Hintergrund. Wieder beginnst du mit einem Rechteck, das du mit einem Bild aus der Bilddatenbank von Unsplash füllst. Benutze dafür die Data-Funktion **Layer > Data > Unsplash > Search…**, und suche nach dem Begriff »Map«.

Du kannst auch bereits die Einstellungen fürs Resizing vornehmen, bevor du die Ebenen zu einem Symbol zusammenfasst. Achte besonders auf die Einstellungen im Bereich **Alignment**. Wenn du Schwierigkeiten hast, vergrößere die Ebene einmal, und ändere sie nach der Bearbeitung auf die Ausgangsgröße zurück.

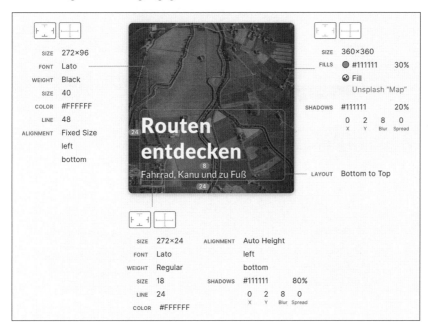

Abbildung 8.27 *Einstellungen im Bereich* **Alignment**

Bei dieser Vorlage setzt du keine Layout-Einstellung für das ganze Symbol, sondern nur für die beiden Textebenen. Öffne dafür die Vorlage, und gruppiere die Überschrift und die Subline. Gib der Gruppe als Einstellung **Bottom to Top**. Achte aber darauf, dass das Symbol-Artboard keine Layout-Einstellungen hat. Kehre zurück auf den Canvas, und platziere zwei Instanzen des Symbols in deinem Design. Die Kacheln kannst du jetzt mit Overrides überschreiben, um die Texte anzupassen.

Abbildung 8.28 *So sieht deine App gerade aus.*

5 Footer

Der Footer markiert das Ende der Seite. Hier sammelst du Links und Verweise zu anderen Seiten. In Deutschland vorgeschrieben ist zum Beispiel das Impressum und eine Datenschutzerklärung.

Alles beginnt wieder mit einem Rechteck und drei Texten. Das Logo von oben kannst du auch wieder einbauen. Wenn das Ziel der Seite als Button auf die Seite passt, dann kannst du auch den Button noch einmal dort einfügen.

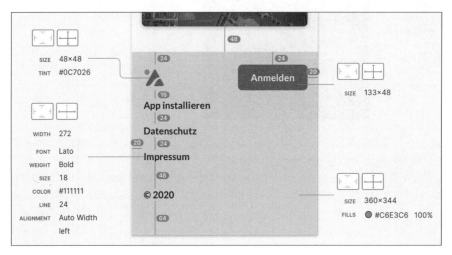

Abbildung 8.29 *Gestaltung des Footers*

Damit hast du den größten Aufwand für das Design bereits erledigt. Im nächsten Abschnitt übertragen wir das Design auf zwei weitere Gerätegrößen: Tablet und Desktop.

6 Auf andere Bildschirmgrößen übertragen

Erstelle zwei neue Artboards nach den Voreinstellungen von Sketch. Das erste ist ein iPad Mini 7,9" (Kategorie **Apple Devices**) und das zweite aus der Kategorie **Responsive Web** der Desktop HD. Für beide erstellst du als Erstes wieder Layout-Grids, um ein gutes Verständnis für die räumliche Aufteilung des Bildschirms zu bekommen. Wähle das entsprechende Artboard aus, und klicke dann auf **View > Canvas > Layout Settings...** Klicke in den Voreinstellungen des iPads auf den Landschaftsmodus, damit du ein Artboard im Querformat hast.

Abbildung 8.30 *Die Einstellungen für das Grid des iPad 7,9?.*

Du entwickelst das Design von klein nach groß. Ein Bildschirm mit 1440 px Breite ist das größte Format, das du berücksichtigst. Erstelle auch hier wieder ein Layout-Grid.

Abbildung 8.31 *Und die gleichen Einstellungen für die Größe von »Desktop HD«*

Für beide Artboards kannst du im Inspector als Hintergrundfarbe bereits #F7FAF8 eintragen.

7 Auf mehreren Artboards gleichzeitig designen

Lege alle drei Artboards nebeneinander von links nach rechts: das Google Pixel 3 mit dem Design von oben, das Apple iPad Mini 7,9" und Desktop HD. Markiere jetzt alle Ebenen der Mobilversion in der Ebenenliste, und drücke cmd+C. Markiere dann das iPad-Artboard auf dem Canvas, und füge alle Ebenen mit cmd+V wieder ein. Wiederhole den Ablauf beim Desktop. Wenn der Canvas das ganze Artboard zeigt, platziert Sketch die Designs automatisch an den Ursprungskoordinaten X:0, Y:0.

Abbildung 8.32 *Mit mehreren Artboards arbeiten*

Die Einstellungen aus dem Smartphone-Design helfen dir jetzt beim Platzieren. Beginne bei den Hintergrundbildern oben; markiere beide, und trage im Inspector bei W (**width**) »100%« ein. Beide Bilder füllen jetzt die gesamte Breite des Bildschirms aus. Wähle als nächstes alle Ebenen bis auf den Footer aus (ohne das große Hintergrundbild), und ziehe die Ebenen an die linke Kante des Layout-Grids.

Abbildung 8.33 *Bilder anpassen*

Die Texte im ersten Abschnitt brauchen noch etwas Anpassung und müssen aufgrund der Bildschirmbreite nun keinen Zeilenumbruch mehr haben. Wähle dafür alle vier aus (⬆ + klicken), und wähle dann im Inspector die Einstellung **Auto Width** im Abschnitt **Alignment**.

Abbildung 8.34 *Texte anpassen*

Die Abstände zwischen den Texten kannst du ebenfalls im Inspector anpassen. Das Feld unter H hat einen Doppelpfeil von links nach rechts – trage dort 16 ein. Markiere dann die beiden Buttons, und verringere den Abstand zur Subline auf 40. Verschiebe danach die Ebenen so, dass sie mittig sind.

8 Ebenen vergrößern und anpassen

Als Nächstes sind die Kacheln mit Informationen zur App dran. In der ersten Version waren nur zwei Kacheln sichtbar. Füge eine dritte Kachel als Symbol hinzu, und trage dort neue Texte ein. Wähle alle drei aus, und trage als neue Breite »290« im Inspector ein. Nun benutzt du den Button **Tidy** im Inspector, um den Abstand für alle Ebenen gleich einzustellen. In das Feld ganz links trägst du »30« ein – das entspricht genau dem Wert **Gutter Width** aus den Layout-Einstellungen.

Wiederhole den Vorgang beim Desktop HD mit den Werten »350« für die Ebenenbreite und »30« für den Abstand. Siehst du, wie die Textebenen direkt an der richtigen Stelle umbrechen? Ohne die Resizing-Einstellungen wäre das nicht möglich – du müsstest jede Ebene einzeln anpassen.

Abbildung 8.35 *Infokacheln entwerfen*

Die drei Punkte kannst du für die iPad- und Desktop-Version löschen, es gibt jetzt keine horizontale Scroll-Bewegung mehr.

Ziehe die beiden nächsten Kacheln auf dem Bildschirm nebeneinander, so dass sie ungefähr 20 px Abstand haben. Wähle dann beide aus, und ziehe den Griff an der rechten Seite der Auswahl ans rechte Ende des Layout-Grids. Wenn sie noch nicht perfekt ins Grid passen, ziehe sie an den Griffen in die richtige Position. Für das iPad sind die exakten Werte 450 Breite und 30 Abstand. Beim Desktop-Artboard sind es 590 und 30.

Abbildung 8.36
Kacheln einpassen

9 Footer umstrukturieren

Als Letztes passt du den Footer für die größeren Bildschirme an. Wähle wieder die beiden Hintergrundebenen aus, und trage im Inspector bei W 100 % ein. Die Linkliste aus der Mobil-Version ersetzt du auf den breiten Artboards durch eine schmale Zeile. Diese Änderungen musst du manuell vornehmen – bei solchen Layout-Veränderungen kann dir Sketch (noch) nicht helfen.

Ganz links beginnt die Zeile mit dem Logo, und daneben steht der Copyright-Vermerk (© 2020). In der Mitte sind die drei Links zu »Impressum«, »Datenschutz« und »App installieren«. Zentriere sie auf dem Artboard. Ganz rechts an der Kante des Layout-Grids ist der Button zum Anmelden angelegt. Zentriere den Text der Links, und verteile die Ebenen gleichmäßig. Richte sie auch vertikal mittig am Button aus und horizontal mittig am Artboard. Verändere noch die Größe der Hintergrundebene auf 96, dann ist der Abstand oben und unten gleich. Zum Schluss platzierst du den Footer 120 px unter den beiden Bilderkacheln.

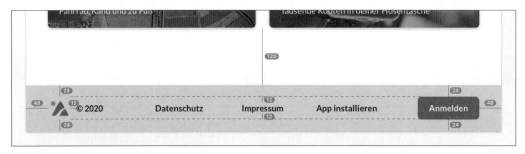

Abbildung 8.37 *Footer umstrukturieren*

Damit hast du ein responsives Design für verschiedene Bildschirmgrößen mit Sketch umgesetzt. Die Landingpage kannst du jetzt noch erweitern und dann mit der Prototyping-Funktion zu einem klickbaren Test weiterentwickeln.

8.3 Musikplayer: Konzept und Wireframe entwickeln

Smartphones gehören zum Alltag von Milliarden Menschen, und wir lösen mit ihnen die kleinen und großen Herausforderungen des Alltags. Die wichtigsten Apps hast du in der Hosentasche immer dabei. Dabei unterscheiden sich die Programme auf kleinen Geräten nicht mehr durch Funktionen oder Prozessor-Power von der Computersoftware, sondern nur in der Bildschirmgröße.

In diesem Abschnitt lernst du, wie du strukturiert eine Design-Idee entwickelst und die User Experience berücksichtigst. Der Text beginnt mit der Aufgabenstellung. Aus dem folgenden Brainstorming leitest du ein Moodboard ab. Damit verstehst du besser die Funktionen der App und entwickelst eine Struktur, die du als Wireframe umsetzt. Zum Schluss kannst du die visuelle Gestaltung selbst umsetzen; an dieser Stelle endet die Übung.

SCHRITT FÜR SCHRITT

Einen Musikplayer entwerfen

Du brauchst für diese Anleitung kein Vorwissen und keine anderen Programme außer Sketch. Hin und wieder brauchst du Zugang zum Internet, den größten Teil kannst du aber offline lösen.

1   Aufgabenstellung

Entwickele ein Konzept für den Player einer Musik-App. Er soll die zentralen Steuerelemente der App anzeigen und genaue Informationen zum aktuell laufenden Titel geben.

2   Hypothesen erstellen

Öffne Sketch, und schreibe dort deine Hypothesen zu der Musik-App auf. Welches Vorwissen haben deine Nutzer? In welcher Situation benutzen sie die App, und welche Erwartungen haben sie an dein Design?

Erstelle dafür ein neues Artboard. Drücke auf A, und klicke und ziehe über den Canvas, um es anzulegen. Mit Druck auf T wählst du das Text-Werkzeug aus, und mit einem Klick platzierst du einen neuen Text. Beginne zu schreiben, und erstelle für jeden Eintrag eine neue Textebene.

Vorwissen

Alle Nutzer haben eine Stereoanlage oder einen CD-Spieler bedient

Ein großer Teil der Nutzer kennt sich mit der Bedienung eines Smartphones aus

Situation und Umwelt

Um Musik zu *hören*, braucht man keinen Bildschirm, es reichen Kopfhörer oder Lautsprecher

Die meisten Smartphones bieten teilweise Kontrolle über die Lautstärke, Play/Pause und nächster/vorheriger Track mit physischen Tasten an.

Es gibt Nutzer, die sehr viel Musik hören – andere spielen nur selten Musik ab

Manche Nutzer bevorzugen detaillierte Einstellungen für besten Hörgenuss. Anderen ist es wichtig, dass die Kernfunktion zuverlässig funktioniert

Abbildung 8.38 *Die Annahmen über die Nutzer der App*

Daneben kannst du ein paar Bilder anlegen, an denen du deine Überlegungen verdeutlichst. Belege deine Hypothesen mit Zahlen und Statistiken, und überprüfe sie durch Nutzerbefragungen.

3 Technische Rahmenbedingungen analysieren

Nachdem du die Perspektive der Nutzer eingenommen hast, denke aus Sicht der App über die Funktion nach. Fast immer, wenn du designst, gibt es technische Beschränkungen, denen du unterliegst.

Dein Konzept ist sehr von den Daten und den Funktionen der App abhängig. Deswegen solltest du überlegen, welche Funktionen überhaupt im Player sichtbar sein können und welche Inhalte und Daten die App bereitstellen kann.

Echte Anforderungen vs. Übungsaufgabe

Für dieses Beispiel können wir diese Bedingungen selbst festlegen. Sobald du an einem echten Fall arbeitest, solltest du mit Entwicklern, Produkt- und Projektmanagern sprechen, um herauszufinden, welche Abhängigkeiten innerhalb des Designs bereits bestehen.

Auf einem Artboard sammelst du die Informationen in zwei getrennten Listen.

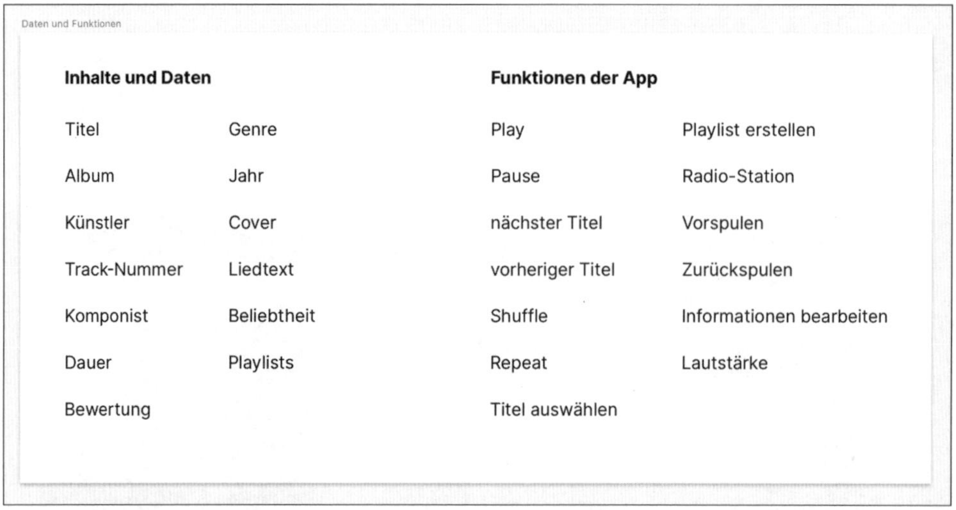

Daten und Funktionen

Inhalte und Daten		Funktionen der App	
Titel	Genre	Play	Playlist erstellen
Album	Jahr	Pause	Radio-Station
Künstler	Cover	nächster Titel	Vorspulen
Track-Nummer	Liedtext	vorheriger Titel	Zurückspulen
Komponist	Beliebtheit	Shuffle	Informationen bearbeiten
Dauer	Playlists	Repeat	Lautstärke
Bewertung		Titel auswählen	

Abbildung 8.39 *Daten und Funktionen der App sammeln*

Jetzt geht es darum, die Einträge zu gewichten und auszuschließen. Dafür bringst du die Perspektive der Nutzer aus dem Brainstorming mit den Abhängigkeiten aus der App zusammen. In Kombination ergeben sie eine Liste an Prioritäten.

Liste strukturieren

Wenn du die Listen sortierst, verwende unterschiedliche Schriftgrößen. Die Top-Einträge und alle Streich-kandidaten solltest du kurz in einem Kommentar begründen.

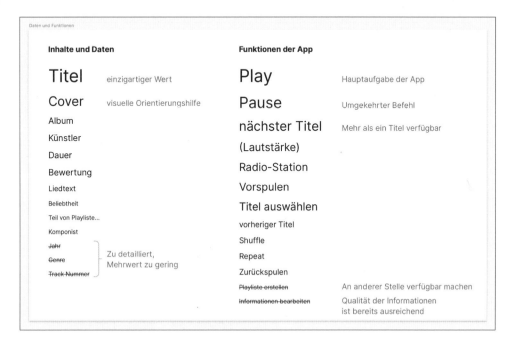

Abbildung 8.40 *Prioritätenliste*

Die Lautstärke ist ein besonderer Fall. Sie ist ein zentraler Bestandteil einer Musik-App. Aber es gibt bereits zwei physische Tasten am Gerät, um sie zu steuern – muss die Funktion dann auch auf dem Bildschirm zu sehen sein?

Musik-Apps wie Spotify, Soundcloud oder Apples Musik-App haben unterschiedliche De-signs. Wenn du eine solche Frage bei einem echten Design hast, diskutiere mit deinem Team (Entwickler, Projektmanager und Designer). Teste mit Benutzern verschiedene Vari-anten, und entscheidet dann gemeinsam, wie ihr vorgehen wollt. In diesem Fall behalte die Lautstärkekontrolle bei.

4   Wireframe zeichnen und Prototyp erstellen

Im nächsten Schritt überträgst du die Liste auf ein Smartphone-Artboard. Aus dem Konzept wird eine erste Skizze, die als Wireframe bezeichnet wird. Es strukturiert die Elemente auf dem Artboard und ist die Vorlage für das spätere Design. Bitte beachte aber in jedem Fall vorher die Hinweise, die ich dir auf der folgenden Seite zum Thema »Form, Funktion und UX-Gesetze« geben werde.

Form, Funktion und UX-Gesetze

Wenn du Informationen auf dem Bildschirm platzierst, musst du weitere Abhängigkeiten berücksichtigen.

1. Funktion und Daten haben eine bestimmte *Form*, an die du gebunden bist. Ein Albumcover ist ein Bild, der Titel ist ein Text, und Play ist ein Button. Form und Funktion hängen miteinander zusammen.

Daten und Inhalte				Funktionen	
COVER	TITEL	DAUER	JAHR	PLAY	LAUTSTÄRKE
	Fit But You Know It	3:55	2004	Button	Slider

Abbildung 8.41 *Informationen und Funktionen auf dem Bildschirm haben ein bestimmtes Erscheinungsbild.*

1. Es gibt Besonderheiten bei Smartphones, die du berücksichtigen musst. Deine Benutzer halten ihr Gerät meistens mit einer Hand und bedienen es mit dem Daumen. Dadurch ist die untere Bildschirmhälfte angenehmer erreichbar. Hier sollten alle wichtigen Funktionen platziert sein. Andere Informationen weichen dann auf die obere Hälfte des Bildschirms aus.

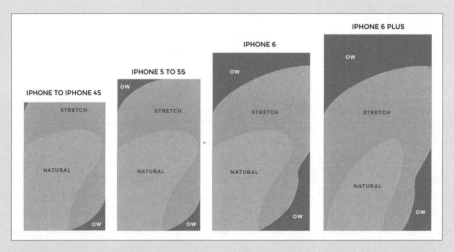

Abbildung 8.42 *Überlege, welchen Bereich ein Daumen erreichen kann. © Bild Scott Hurf (https://www.scotthurff.com/posts/how-to-design-for-thumbs-in-the-era-of-huge-screens/)*

Es gibt noch viele weitere Gründe für die Entscheidungen im nächsten Abschnitt. Dazu gehören die Gestaltungsgesetze, psychologische Effekte, dein eigenes gestalterisches Gefühl und Erfahrung beim Designen. Am Ende kannst du selbst entscheiden, ob du den Entscheidungen folgst oder eine andere Version designst – ich bin gespannt auf deinen Entwurf.

Drücke die Taste [A], um das Artboard-Werkzeug zu benutzen, und wähle im Inspector das iPhone 11 Pro aus der Liste **Apple Devices**. Markiere alle Funktionen und Inhalte aus der Liste, und platziere sie neben dem Artboard.

Beginne mit den zwei wichtigsten Einträgen aus beiden Listen: *Titel*, *Cover*, *Play* und *Pause*. Sie sind die Kernfunktion dieses Artboards und müssen sehr gut verständlich und bedienbar sein.

Abbildung 8.43 *Elemente platzieren*

Als Nächstes wandelst du sie um: Aus dem Begriff auf dem Artboard wird ein Objekt in deinem Design. Das Cover wird ein Bild, der Titel wird ein Text, und Play und Pause werden zum Button. Die Bilder und Texte für das Beispiel kannst du von der Website Discogs (*http://discogs.com*) kopieren. Die Icons sind von Feather Icons (*https://feathericons.com/*). Du musst nicht viel Aufwand in die Gestaltung der Elemente stecken. Das Design kommt später noch.

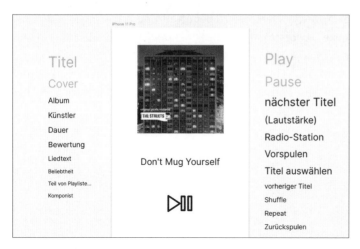

Abbildung 8.44 *Eine grobe Gestaltung der Elemente reicht zu diesem Zeitpunkt.*

Weiter geht's mit den nächsten Begriffen: *Album*, *Künstler*, *Dauer* und *Bewertung*. Auf der Funktionsseite müssen außerdem *nächster Titel*, *Lautstärke*, *Radio-Station*, *Vorspulen* und *Titel auswählen* untergebracht werden. Um die Entscheidung leichter zu machen, gruppierst du die Funktionen und Inhalte nach Gemeinsamkeiten. Zum Beispiel passen Album und Künstler zusammen, das Gleiche gilt für Dauer und Vorspulen.

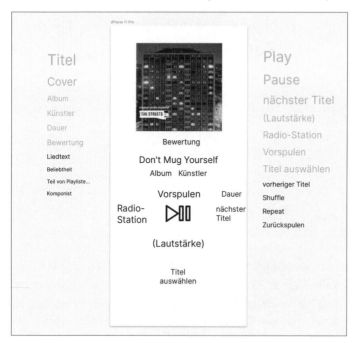

Abbildung 8.45 *Weitere Elemente der Gestaltung*

Das Chaos solltest du ein bisschen aufräumen. Benutze wieder die Inhalte von Discogs und Icons von Feather, wenn du sie passend findest. Zum Beispiel ist die Funktion *Titel auswählen* so spezifisch, dass die Library kein direkt passendes Symbol hat. In diesem Fall kannst du auch den Text stehen lassen.

Beim Vorspulen und der Lautstärke kannst du selbst mit Sketch zeichnen. Erstelle ein Rechteck ⌞R⌟ ungefähr in der Größe 240 × 2 und einen Kreis mit den Abmessungen 16 × 16, um einen Schieberegler zu skizzieren.

Abbildung 8.46 *Selbstgezeichnete Elemente*

Die letzten Elemente werden nicht alle auf die Seite passen. Bereits jetzt sind 17 Funktionen und Daten auf dem Bildschirm zu sehen.

Mit der Zeit lernst du abzuwägen, ab wann die Anzahl der Optionen zu groß ist. Dafür machst du die Unterscheidung zwischen »Basic« und »Pro«. Letztere sind für intensive Nutzer und außergewöhnliche Situationen gestaltet. Die »Basic«-Funktionen hingegen sind für alle und eine vollständige Bedienung notwendig.

Zu den Pro-Funktionen gehören in dem Beispiel *Liedtext*, *Beliebtheit*, *Teil der Playlist* … und *Komponist*. Der Liedtext ist durch Klicken auf das Cover sichtbar, die anderen drei Inhalte sammelst du in einem Menü. Auch die Positionierung der Funktion *vorheriger Titel* am oberen Bildschirmrand ist eher ungewöhnlich. Wenn du bei einer Entscheidung unsicher bist, dann solltest du sie durch Nutzerbefragungen überprüfen und daraufhin dein Design anpassen.

Abbildung 8.47 *Ganz schön viele Elemente!*

Abbildung 8.48 *Aktueller Stand des Designs*

5 Vorbereitungen fürs visuelle Design

Mit dem Wireframe hast du bereits eine gute Grundlage für die visuelle Gestaltung. Bei einem echten Design kannst du jetzt mit Entwicklern, anderen Designern und Projektmanagern über dein Ergebnis sprechen und dein Vorgehen begründen. Besprecht, wo das Team anderer Meinung ist und wo noch mehr Nutzertests und Daten notwendig sind.

6 Wireframe verbessern

Beim Wireframe fehlen noch ein paar Funktionen und Details, die du jetzt ergänzt. Zum Beispiel solltest du noch die Bedienelemente des Betriebssystems hinzufügen. Und es gibt vielleicht noch Verbesserungspotential bei den Funktionen.

Als Erstes solltest du die Apple iOS UI Library verfügbar haben. Prüfe in den Programmeinstellungen im Tab **Libraries,** ob sie im Abschnitt **Third Party Libraries** installiert ist. Wenn nicht, klicke auf den blauen Button **Install,** und durchlaufe den Prozess.

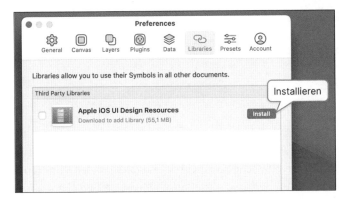

Abbildung 8.49 *Apple iOS UI Library verfügbar machen*

Wähle dafür die Symbole aus der iOS-Library, und platziere sie an der oberen Kante des Artboards. Klicke im Menü dafür auf den folgenden Pfad, und klicke auf dem Artboard, um die Elemente abzulegen.

1. **Insert > Apple iOS UI > Device Bezels > iPhoneXS – Display Shape**
2. **Insert > Apple iOS UI > Bars > Status Bar > iPhone > light**
3. **Insert > Apple iOS UI > Bars > Home Indicator > iPhone > light**

Den Home Indicator platziere horizontal mittig am unteren Ende des Artboards. Halt die ⌐alt⌐-Taste, und fahre mit dem Mauszeiger über die Ebenenliste. Klicke hinter den drei gerade eingefügten Ebenen auf das Schloss-Icon. Dadurch sind sie gesperrt und werden beim Auswählen nicht mehr berücksichtigt. Der Wireframe zeigt durch die neuen Ebenen schon, wo kleinere Verbesserungen notwendig sind. Ziehe die Ebenen in eine passende Position, und richte sie aneinander aus.

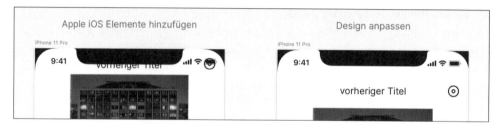

Abbildung 8.50 *Richte deine Ebenen nochmal neu aus, wenn du die iOS-Elemente eingefügt hast.*

Bei den Funktionen *Vorspulen* und *Zurückspulen* kannst du noch nachbessern. Der Slider in der Mitte zeigt die genaue Position im Verlauf des Tracks an. Klicke und verschiebe die Zeit über den Slider, und ändere die Anzeige auf eine Zeit, die die aktuelle Position anzeigt. Um die Funktionen *Vor-* und *Zurückspulen* eindeutiger zu machen, platzierst du Buttons an beiden Seiten. Du kannst dafür das Icon »rotate-ccw« aus der Library benutzen und dann um 45° drehen. Dupliziere die Ebene mit [cmd]+[D], und ziehe sie auf die andere Seite des Sliders. Klicke auf **Layer > Transform > Flip horizontally,** um die Ebene zu spiegeln.

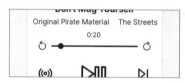

Abbildung 8.51 *Vor- und zurückspulen*

In der unteren Hälfte kannst du noch ein bisschen ausrichten und dadurch den Wireframe vervollständigen. Ziehe ein Rechteck um den Text »Titel auswählen«, und gibt ihm einen 1 px-Rahmen, damit klarer ist, dass es sich um eine klickbare Funktion handelt.

Abbildung 8.52 *Rahmen ziehen*

7 Checkliste vorm visuellen Design

Als letzten Schritt vor dem visuellen Design prüfst du deinen Entwurf. Erst wenn du alle Aspekte berücksichtigt hast, kannst du deinen Wireframe guten Gewissens weitergeben.

- Alle Anforderungen aus der Aufgabenstellung sind erfüllt.
- Du hast das Design mit Nutzern getestet, Hypothesen belegt und Inhalte und Funktionen überprüft.

- Texte und Beschreibungen im Wireframe sind klar und verständlich.

- Dein Konzept verwendet ausschließlich gängige Muster und Bedienelemente.

- Im Dokument hast du bereits existierende Stile und Symbole eingesetzt, zum Beispiel aus einer gemeinsamen Library. Alle haben auf diese Library Zugriff.

- Buttons, Checkboxen und andere klickbare Elemente haben Platz von mindestens 48 × 48. Erstelle Hotspots H für jedes Element – so bereitest du den Prototyp vor.

- Die Datei ist aufgeräumt, und du hast die Hinweise deiner Sketch Assistants umgesetzt. Die Benennung der Ebenen und Artboards ist eindeutig, es gibt keine ausgeblendeten Ebenen oder leeren Gruppen.

- Der Dateiname ist eindeutig, der Speicherort ist transparent, und alle relevanten Personen haben Zugriff.

- Du hast dein Vorgehen dokumentiert und hast mit der Person gesprochen, die an dem Wireframe weiterarbeitet. Du hast die verwendeten Schriften eingebettet.

Kannst du an jeden Punkt einen Haken machen? Dann ist dein Wireframe fertig, und du kannst mit dem visuellen Design beginnen.

8   Visuelles Design beginnen

Überlegt gemeinsam über das Aussehen, die Wortwahl und das Erscheinungsbild des Screens. Vielleicht gibt es schon feste Komponenten, die verwendet werden müssen.

Sollte es grundsätzliche Kritik an dem Entwurf geben, nimm die Punkte auf, und erarbeite eine Lösung, die auf Daten beruht. Das können zum Beispiel Aussagen von Kunden im Interview oder Verhaltensmuster aus einer Analyse-Software sein.

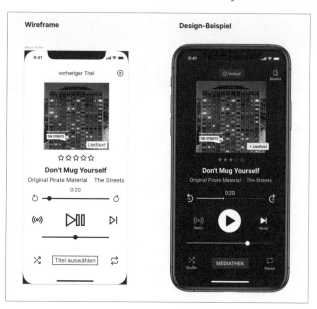

Abbildung 8.53 *So könnte der Screen dann später aussehen, wenn er fertig ist.*

8.4   Icons und Illustrationen

Beim Zeichnen ist Sketch genauso vielseitig und einfach zu bedienen wie beim Design von Apps und Websites. In diesem Abschnitt lernst du die Zeichen-Werkzeuge von Sketch im Praxiseinsatz kennen. Schritt für Schritt zeichnest du fünf häufig im Webdesign benutzte Icons: Schließen, Herz, Home, einen Loading Spinner und ein Zahnrad als Symbol für Einstellungen. Im zweiten Teil liest du, was gute Icons ausmacht. Der Abschnitt stellt sechs Icon-Design-Prinzipien vor und erklärt sie anhand von Beispielen.

SCHRITT FÜR SCHRITT
Fünf Icons Schritt für Schritt designen

Bevor du mit dem eigentlichen Zeichnen beginnst, überlege genau, wie du vorgehen möchtest. Ein Icon muss zu den anderen Bestandteilen des Designs passen. Am besten, du richtest die Zeichengröße nach der Größe des Fließtexts (zwischen 16 und 20).

Damit ein Icon ausbalanciert wirkt, ist eine Größe von 20 × 20 eine gute Wahl. Dazu kommt ein Schutzbereich von 2 px an jeder Seite. Damit stellst du sicher, dass sie bei jeder Verwendung genug Platz haben. Daraus ergibt sich eine Größe des Artboards von 24 × 24. Auch diese Abmessungen sind praktisch, weil das Icon so in verschiedene Layout-Systeme passt. Erstelle für jedes neue Icon ein Artboard [A] in der Größe 24 × 24, und benenne es nach dem Icon. Okay, wenn du bereit bist, kann es losgehen.

Icon-Grid und Schutzbereich anlegen

Ein Grid hilft dir zusätzlich, die Abstände einzuschätzen. Du kannst es mit **View > Canvas > Grid Settings** einstellen. Für genaue Arbeiten zeigt dir Sketch ab einem Zoom-Level von 600 % dünne Linien an, die ein Pixelraster zeigen. Den Schutzbereich kannst du als eigene Ebene anlegen und bei Bedarf ausblenden.

Abbildung 8.54 *Ein Grid für die Icons anlegen*

1 Schließen-Icon

Wähle das Zeichen-Werkzeug $\boxed{V}$ aus, und klicke einmal in das Artboard. Halte jetzt die $\boxed{\Uparrow}$-Taste, und bewege den Zeiger zur gegenüberliegenden Ecke. Dein Strich sollte einen 45°-Winkel im Inspector zeigen.

Mit gehaltener $\boxed{\Uparrow}$-Taste rastet der Cursor automatisch ein. Zentriere deinen Strich auf dem Artboard horizontal und vertikal.

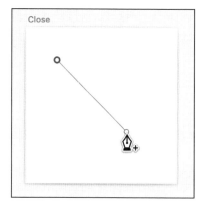

Abbildung 8.55 *Eine Linie aufziehen*

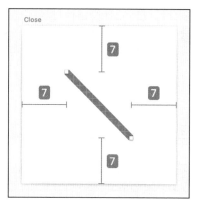

Abbildung 8.56 *Linie ausrichten*

Dann dupliziere ihn mit $\boxed{cmd}$+$\boxed{D}$, und spiegele ihn entlang der vertikalen Achse.

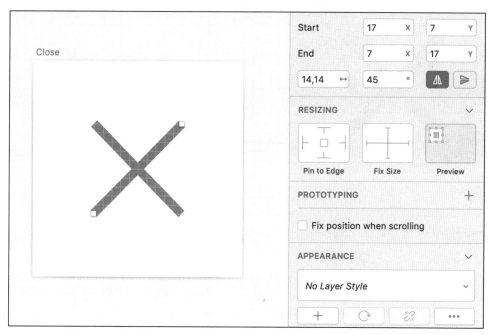

Abbildung 8.57 *Das perfekte Kreuz entsteht durch die Spiegelung des ersten Strichs.*

Markiere beide Striche. Setze im Inspector die Rahmenstärke auf »2«, wähle abgerundete Enden, und wähle eine Farbe. Ich benutze #111111.

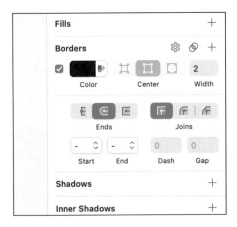

Abbildung 8.58 *Farbeinstellungen*

Mit dem booleschen Operator **Union** fasst du sie als eine Form zusammen. Klicke dafür auf **Layer > Combine > Union** oder [cmd]+[alt]+[U]. Dein Kreuz sollte jetzt eine Größe von 14 × 14 haben. Du kannst es auch ein bisschen kleiner (12 × 12) machen. Die Größe veränderst du im Inspector (W und H auf 14).

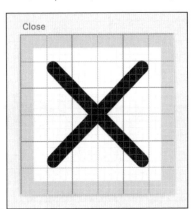

Abbildung 8.59 *Das Kreuz ist ein bisschen kleiner als der verfügbare Platz, damit es zu anderen Icons ausgewogen aussieht.*

Zum Schluss konvertiere die Form von Linien in eine Fläche. Der Befehl heißt **Layer > Convert to Outlines** oder [cmd]+[alt]+[O].

2 Herz

Fast noch einfacher als ein Kreuz ist es, ein Herz zu zeichnen. Benutze dafür wieder das Zeichen-Werkzeug [V], und klicke auf eine Stelle an deinem Artboard. Halte [⇧] gedrückt, und klicke ein zweites Mal im 45°-Winkel rechts unter dem ersten Punkt. Halte die Taste weiterhin, und fahre den Mauszeiger an die Stelle, die Sketch mit einer Hilfslinie zum ersten Punkt markiert.

Abbildung 8.60 *Form erstellen mit dem Zeichen-Werkzeug*

Damit siehst du, wo der Vektorpunkt am besten passt. Wähle im Inspector wieder abgerundete Enden, und erhöhe die Konturstärke so weit, dass sich aus der Form ein Herz ergibt.

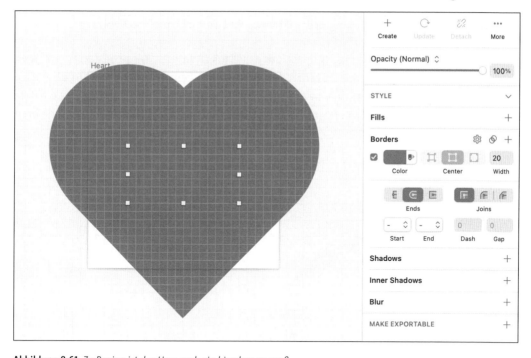

Abbildung 8.61 *Zu Beginn ist das Herz noch ein bisschen zu groß.*

Jetzt passt du die Größe noch auf das Artboard an. Nutze erst **Layer > Convert to Outlines**, um die Form festzuhalten. Danach skalierst du das Herz mit [cmd]+[K] oder **Layer > Transform > Scale** auf eine passende Größe für das Artboard. In dem Beispiel ist ein guter Wert 19 × 20. Platziere die Zeichnung mittig auf dem Artboard. Zum Schluss kannst du im Inspector noch die Füllfarbe anpassen.

3 Home

Für ein Haus kannst du dich bei den Formen bedienen und sie mit den richtigen Befehlen zu einem Icon kombinieren. Als Erstes erstellst du ein Rechteck ⌴R⌴ mit der Größe 16 × 12 und platzierst darauf ein Dreieck (**Layer > Insert > Triangle**) mit der Größe 16 × 7.

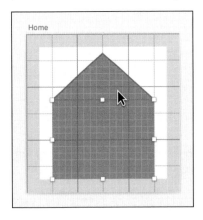

Abbildung 8.62 *Dach mit einer Dreieckform*

Du brauchst nur Dreieck und Rechteck, um das Haus zu formen. Diese beiden kombinierst du mit ⌴cmd⌴+⌴alt⌴+⌴U⌴ oder **Layer > Combine > Union**. Um sie noch weiter für die nächsten Schritte vorzubereiten, deaktivierst und löschst du die Füllfarbe und aktivierst die Rahmenfarbe. Achte darauf, dass der Rahmen für die Innenseite eingestellt ist und 2 px breit ist.

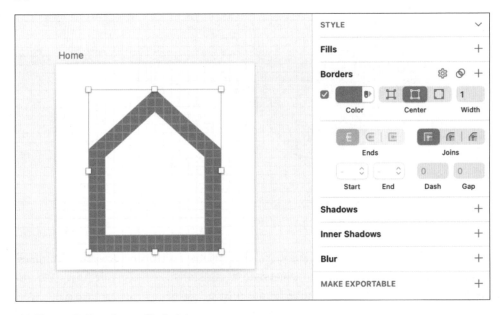

Abbildung 8.63 *Einstellungen für die Rahmen*

Um das Haus noch klarer als solches erkennbar zu machen, kannst du eine Tür einfügen. Dafür nutzt du wieder ein Rechteck ⌐R⌐, dieses Mal mit den Maßen 2 × 7. Den **Radius** stellst du im Inspector auf 1.

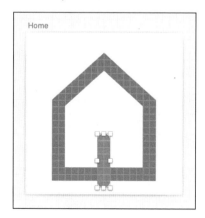

Abbildung 8.64 *Tür mithilfe eines Rechtecks*

Die Tür setzt du als Rechteck unten ein. Anschließend ziehst du in der Ebenenliste mit der Maus die Ebene in die Gruppe **Combined Shape** vom Haus. Sketch wendet dann automatisch den Kombinieren-Befehl **Subtract** an.

Wenn das bei dir nicht sofort klappt, kannst du mit einem Klick auf das Icon rechts den Befehl auf **Subtract** ändern.

Abbildung 8.65 *Combined Shape*

Klicke und ziehe, damit die Tür ins Haus kommt. Damit das Icon auch einen abgerundeten Look bekommt, wechselst du mit ⌐↵⌐ in den Bearbeiten-Modus. Wähle mit dem Mauszeiger die Ecken aus, und setze dann im Inspector den Wert **Radius** auf 1.

Jetzt fehlt nur noch die Rahmenfarbe (#111111), und das Icon ist fertig.

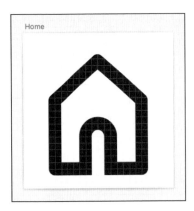

Abbildung 8.66 *Mit abgerundeten Ecken passt das Haus gut zu den anderen Icons.*

Haus richtig positionieren

Anstatt das Haus mit gleichem Abstand oben und unten zu platzieren, setze es etwas tiefer. Das vermeidet, dass es optisch »schwebt«. Im Vergleich zu den anderen Icons wirkt es eher wie auf dem Boden stehend, was unserer natürlichen Erfahrung entspricht.

4   Wartezeichen – Loading Spinner

Die meisten Wartezeichen im Web und in Apps sind animiert. Leider kannst du Animationen mit Sketch nicht ohne weiteres umsetzen. Eine statische Version kannst du aber dennoch zeichnen und verwenden.

Beginne damit, ein Rechteck ⌞R⌝ in der Größe 16 × 16 zu zeichnen. Wenn du beim Aufziehen ⌞⇧⌝ hältst, dann sind beide Seiten automatisch gleich lang. Zentriere dein Rechteck auf dem Artboard.

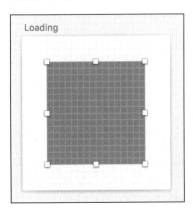

Abbildung 8.67 *Rechteck erstellen*

Lösche die Füllfarbe, und füge einen Rahmen von 2 px hinzu. Danach ziehst du den Regler bei **Radius (Round Corners)** ganz nach rechts oder trägst in das Feld die Zahl 8 ein.

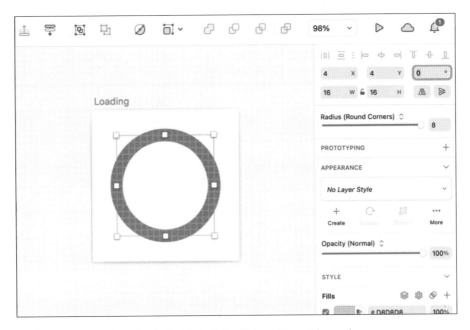

Abbildung 8.68 *Aus einem Quadrat wird ein Kreis mit der richtigen Eckenrundung.*

Um einen Kreis zu öffnen, musst du ein bisschen tricksen. Benutze den Wert **Dash** im Abschnitt **Borders** im Inspector, und trage dort »33« ein. Außerdem wählst du als Endung die abgerundeten Enden.

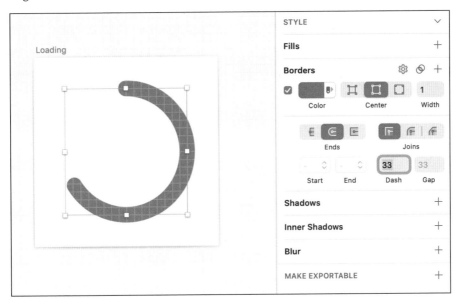

Abbildung 8.69 *Die Einstellungen für den Kreis im Inspector*

Abschließend kannst du noch die Farbe auf #111111 anpassen, und fertig ist der Loading Spinner.

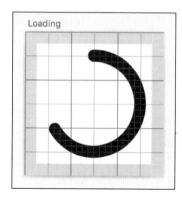

Abbildung 8.70 *Loading Spinner*

5   Zahnrad zeichnen

Im letzten Schritt lernst du, ein Zahnrad-Icon zu erstellen. Dieses Icon kombiniert ein paar Werkzeuge und Techniken. Aus einfachen Formen erstellen wir ein komplexes, aber pixelperfektes Objekt.

Zeichne als Erstes ein Rechteck R mit der Größe 6 × 6, und positioniere es mittig am oberen Rand des Schutzbereichs.

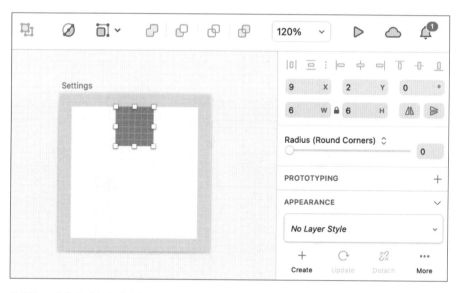

Abbildung 8.71 *Rechteck platzieren*

Jetzt benutzt du den Befehl **Layer > Path > Rotate Copies** und erstellst damit acht Rechtecke, die um einen Punkt rotieren.

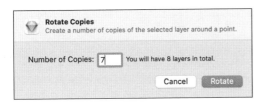

Abbildung 8.72 *Rechtecke rotieren lassen*

Lege den Punkt so an, dass das untere Rechteck glatt auf der unteren Kante des Schutzbereichs liegt. Bestätige die fertige Form mit ⏎.

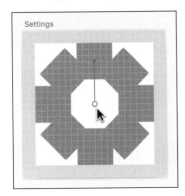

Abbildung 8.73 *Mittelpunkt anpassen*

Jetzt wird die Reihenfolge der Schritte wichtig, damit alles funktioniert. Erstelle ein Rechteck R in der Größe 10 × 10, das das Loch in der Mitte verdeckt. Danach kannst du die Ebenen mit cmd + alt + U oder **Layer > Combine > Union** kombinieren.

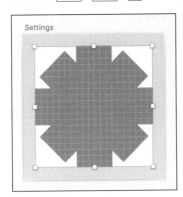

Abbildung 8.74 *Ebenen kombinieren*

Markiere die gesamte Ebene, und trage beim **Radius** im Inspector den Wert »2« ein. Lösche die Füllfarbe, und füge einen 2 px dicken Rahmen ein. Lege ihn auf der Innenseite der Form an. Dann klicke auf **Layer > Combine > Flatten.** Die Form wird nun zu einem einzigen Pfad, den du per Doppelklick bearbeitest. Markiere genau alle innenliegenden Pfadpunkte per Klick und gehaltener ⇧-Taste.

Abbildung 8.75 *Form als Pfad*

Alle innenliegenden Punkte sind mit Klicken und ⌥ markiert. Ändere für die Punkte den **Radius** von 0 auf 1 – so entsteht die Zahnrad-Form.

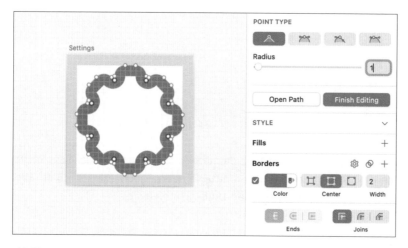

Abbildung 8.76 *Zahnradform*

Jetzt fehlt nur noch der Kreis in der Mitte, damit das Icon fertig ist. Erstelle mit ◯ einen Kreis, der 4 × 4 groß ist und genau in der Mitte des Artboards liegt. Markiere beide Ebenen, und klicke **Layer > Combine > Subtract** oder drücke cmd + alt + S. Zuletzt ändere die Farbe des Rahmens auf #111111.

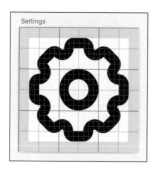

Abbildung 8.77 *Mittelpunkt setzen und Farbe anpassen*

Wenn du jetzt mit deinen eigenen Icons loslegen möchtest, wünsche ich dir viel Spaß. Um noch mehr über Icons in Sketch zu lernen, kannst du dir Icon-Libraries herunterladen und dort schauen, wie die Designer gezeichnet haben.

8.4.1   Eine Icon-Library erstellen

Mit wenigen Klicks kannst du alle oben erstellten Icons in deinen Sketch-Dokumenten als Library verwenden. Wenn du dann Änderungen vornimmst, werden sie über alle Geräte hinweg synchronisiert.

Markiere dafür ein Icon-Artboard, und klicke auf **Layer > Create Symbol** oder drücke `cmd`+`Y`. Wenn du diesen Vorgang bei allen Icons wiederholt hast, speichere die Sketch-Datei. Wenn du die Library mit anderen Personen teilen möchtest, stelle sicher, dass sie von allen erreicht werden kann, zum Beispiel in einer Dropbox oder Google Drive. Jetzt klickst du nur noch auf **File > Add as Library** und fertig – deine Icons sind als Library in jedem Dokument verfügbar. Um die Farbe des Icons zu ändern, kannst du in der Instanz auf **Tint** im Inspector klicken und dort die Farbe auswählen.

8.4.2   Richtig gute Icons entwerfen

Icons sind kompakte Symbole, die ein bestimmtes Objekt, eine Aktion oder Idee repräsentieren. Sie sollen auf einen Blick lesbar sein und werden typischerweise auf einem quadratischen Artboard gezeichnet. Weil sie so schnell und einfach für Nutzer verständlich sind, lieben Designer sie. Aber Vorsicht bei der Verwendung – zu viele Icons überfordern deine Nutzer. Manchmal sind die Bilder nicht so eindeutig, wie du annimmst. Schau zum Beispiel auf die Icons am Ofen oder der Waschmaschine. Häufig findest du ein (oder mehr) Icon, bei dem du nicht genau sagen kannst, was es eigentlich bedeutet.

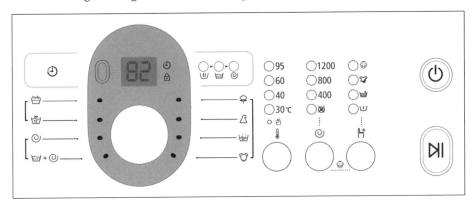

Abbildung 8.78 *Icons müssen erst erlernt werden. Wenn der Kontext fehlt, sind sie wie eine fremde Sprache.*

Icons sind nicht nur hübsch anzusehen, sondern dienen einem Zweck: ein benutzbares Interface. Für richtig gute Icons gibt es Gestaltungsprinzipien, denen du folgen solltest. Jeder

der nächsten sieben Abschnitte ist ein stark verkürzter Ausschnitt aus sehr großen Themenfeldern, zu denen es ausführliche Literatur gibt. Hier bekommst du nur einen Überblick, was gut designte Icons ausmacht.

Universell – robust und zuverlässig | Dein Icon sollte eine bekannte Metapher dessen zeigen, was tatsächlich existiert oder passiert. Manchmal ist die Metapher schon ein bisschen veraltet (Diskette für den Befehl **Speichern**), sehr abstrakt (verschränkte Pfeile für **Shuffle**) oder in der Bedeutung verändert (Rakete für **Veröffentlichen/launch**).

Viele Icons lernen wir erst mit der Verwendung; es braucht Zeit, sie lesen zu können. Deswegen sind Icons in manchen Bereichen standardisiert, zum Beispiel die Zeichen im Auto oder die Felder Play, Pause und Stop auf Stereoanlagen. So schaffen Icons ein gemeinsames Verständnis. Universell heißt, dass so viele Personen wie möglich dein Icon verstehen und dass es in unterschiedlichen Situationen das Gleiche bedeutet.

Schneller Nutzertest für Icons

Wenn du Icons entworfen hast, teste sie mit Freunden und Familie. Zeige nur das Icon, und bitte die Person, es mit einem Wort zu beschreiben. Wie unterschiedlich sind die Antworten? Wie universell sind deine Icons?

Lesbarkeit – schnell verständlich | Icons sind großartig, um komplexe Informationen in hoher Geschwindigkeit aufzunehmen. Dafür müssen sie immer gut lesbar und unterscheidbar sein. Der wichtigste Faktor für Lesbarkeit ist der Platz, an dem das Icon nicht ist. Auch auf kleinem Raum braucht dein Design Platz, um zu wirken. Jedes Zeichen muss unterscheidbar sein. Designer haben zwei Begriffe dafür: Weißraum (White Space) und negativer Raum (Negative Space). Richtig balanciert helfen sie dem Auge beim Lesen.

Icon-Design in Sketch heißt, pixelperfekt zu sein. Die Lesbarkeit leidet unter verschwommenen Rändern und unter zu vielen Details. Auf einem kleinen Quadrat von 24 × 24 ist kein Platz für detailreiche Zeichnungen.

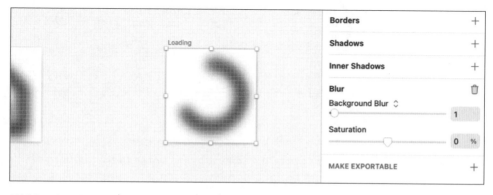

Abbildung 8.79 *Diese Icons unterscheiden sich auch mit »zugekniffenen Augen« noch voneinander.*

Versuche, die oben gezeichneten Icons voneinander zu unterscheiden, wenn du sie hinter eine Ebene mit 1 px **Background Blur** legst. So testest du, ob dein Icon in schwierigen Situationen lesbar bleibt oder zu detailliert gezeichnet wurde.

Balance – vertraue deinem Auge | Icons sollten in sich selbst ausbalanciert sein. Details entscheiden über die visuelle Wirkung, und deine Zeichnungen sollten optisch ausgeglichen sein. Das Verhältnis zu anderen Icons muss stimmen. Mit ein bisschen Gespür, Übung und Mathematik designst du gleichwertige Icons. Zum Beispiel würde das Kreuz aus dem obigen Abschnitt in 18 × 18 im Verhältnis zu den anderen Icons viel zu groß wirken. Erst bei Abmessungen von 14 × 14 wirkt es ausgeglichen.

Abbildung 8.80 *Obwohl die Maße sich unterscheiden, wirken Heart und Close 14 eher gleich groß.*

Reduzieren – weniger ist mehr | Je einfacher du das Konzept darstellen kannst, desto besser. Wende das Prinzip von Ockhams Rasiermesser (»Je einfacher, desto richtiger«) auf deine Icons an, und versuche, dich mit den einfachsten Formen auf die wesentlichen Attribute zu konzentrieren. Eine Uhr kann mit einem Kreis und zwei Strichen für den Zeiger hinreichend gezeichnet werden. Je kleiner der inhaltliche Unterschied zwischen Icons ist, desto besser musst du als Designer den Kontext verstehen. Sonst sind sie nicht klar genug voneinander getrennt und können Verwirrung verursachen.

Abbildung 8.81 *Unternehmens-Icons von Scott Tusk für Yelp.*
© Bild Dribbble (https://dribbble.com/Tusk)

Je weiter du deine Icons vereinfachst, desto einfacher ist es, sie falsch zu verstehen. Überprüfe deswegen mit möglichst vielen Testpersonen das Verständnis deiner Zeichnungen.

Einheitlichkeit – ein Stil für alle Icons | Behalte einen Stil bei, damit deine Icons als eine Ein-
heit wahrgenommen werden. Farben, Abstände, Strichstärken, Rundungen und vieles mehr
kommunizieren eine Emotion und Tonalität. Nach den ersten drei, vier Icons solltest du dir
feste Regeln für den Stil geben, um ihn beizubehalten. Im Zweifel kannst du zu diesen
Grundsätzen zurückkehren oder sie als Richtlinien für neue Icons an andere Designer weitergeben. Für die Icons aus der Schritt-für-Schritt-Anleitung ist definiert: 2 px Strichstärke,
Eckenrundungen 1–2 px und Farbe #111111.

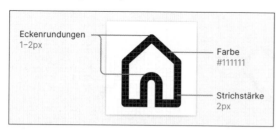

Abbildung 8.82 *Einheitliche Elemente der*
fünf Icons

Diese Konsistenz über eine große Sammlung an Icons beizubehalten, ist eine schwierige
Aufgabe. Teile sie dir mit anderen Designern. Ein geübtes Auge findet Unregelmäßigkeiten
schnell und zuverlässig.

Handhabung und Übergabe | Schreibe zusätzlich auch deine Design-Prinzipen auf. Sie sollen
verdeutlichen, was dir wichtig für das Erscheinungsbild der Icons ist. Zum Beispiel kannst du
zwei bis fünf Kernprinzipien für den Icon-Stil definieren. Fasse sie mit ein paar Worten zusammen. Die Prinzipien aus der Übung oben waren Klarheit, Effizienz und Ausdruck.

Icon-Design-Prinzipien (Beispiel)		
Klarheit	**Effizienz**	**Ausdruck**
Ein Icon kann nichts anderes bedeuten als das vermittelte Konzept. Es unterscheidet sich eindeutig und ist gut lesbar.	Einfache Formen machen das Icon klar und eindeutig. Benutze so wenige Details wie möglich.	Die Icons sind freundlich und einzigartig. Ihr Stil zeigt einen eigenen Charakter und sie sind unverwechselbar.

Abbildung 8.83 *Eine Definition für Icon-Design-Prinzipien – kurz und knapp*

Dazu kommen die Regeln, die wir bereits aus dem vorherigen Schritt definiert haben. Wenn
du die Icons in deinem Design schon verwendet hast, kannst du den Regeln noch ein bisschen Kontext geben.

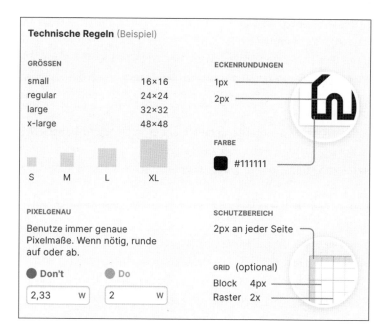

Abbildung 8.84 *Technische Regeln*

Sprich dich im Team ab, welche Dateiformate vorliegen müssen und wie ihr sicherstellt, dass die Icons immer für alle auf dem neuesten Stand sind. Es gibt Icon-Manager wie Nucleo (*https://nucleoapp.com/application*), oder vielleicht legt ihr ein gemeinsames Projekt in Sketch Cloud, Zeplin oder Abstract an.

8.5   Ein Design-System beginnen

Der Begriff *Design-System* gehört in der Community zu den großen Trends der letzten Jahre. In einer Reihe von Veröffentlichungen haben große Tech-Firmen für Aufmerksamkeit gesorgt, und mittlerweile gibt es eigene Konferenzen und viele Blogs zum Thema.

In diesem Abschnitt bereitest du mit Sketch ein Design-System vor. Aus bestehenden Designs extrahierst du Informationen wie Texte, Farben und Symbole für eine Sketch Library. Nach einem Zwischenfazit liest du Tipps zur Pflege und Hinweise, welche Einschränkungen eine Sketch Library hat. Später gibt es noch etwas über den Begriff und die Hintergründe von Design-Systemen.

8.5.1   Starte dein Design-System

Wenn du ein Design-System entwickeln möchtest, dann solltest du bereits ein Design haben, aus dem du es ableiten kannst. Es ergibt einfach Sinn, erst das Ergebnis zu sehen und zu testen, bevor du ein dauerhaftes System erstellst. Anders gesagt: Ingenieure schreiben nicht als Erstes die Bedienungsanleitung, wenn sie eine neue Maschine entwickeln. Denn: *»Am Anfang eines Design-Systems steht immer ein Design.«*

Am besten beginnst du mit deinem letzten Projekt, wie einer Website oder einer App. Du kannst auch ein bestehendes Design von jemand anderem benutzen. Bevor du beginnst, solltest du immer mit dem Designer sprechen, die Dokumentationen lesen und so viel wie möglich über das fertige Produkt wissen.

Am einfachsten ist es, zwei Sketch-Dokumente nebeneinander geöffnet zu haben. Das eine dient als Quelle fürs Design-System (Kopie der Ausgangsdatei), das andere sammelt alle Komponenten. In Letzterem erstellst du für jeden einzelnen Bereich eine eigene Seite im Dokument.

Aufwand realistisch einschätzen

Im schlimmsten Fall kann das Erstellen eines Design-Systems eine aufwändige Arbeit sein, zum Beispiel, wenn du mehrere Design-Dokumente und bestehende Dokumentationen überprüfen musst. Wenn du in einer solchen Situation bist, beginne ganz klein, mit wenigen Objekten, zum Beispiel nur den wichtigsten fünf Farben. Versuche, sie über alle Designs hinweg anzupassen, bevor du nach und nach alle Bereiche abdeckst.

Komponenten und Symbole | Beginne dein Design-System damit, die Symbole der Quelle zu sichten und zu übertragen. Wenn es dort noch keine Symbole gibt, versuche, häufig verwendete Design-Komponenten zu identifizieren. Du suchst nach Standard-Bedienelementen wie Buttons, Dropdown-Menüs, Checkboxen und anderen. Dabei ist es gar nicht so leicht, zu entscheiden, was als Symbol ins Design-System gehört und was nicht. Prinzipiell kannst du jedes Objekt zu einem Symbol erklären, als Leitlinie kannst du das *Atomic Design* von Brad Frost verwenden.

Mit der groben Aufteilung der verschiedenen Symboltypen behältst du den Überblick. In dem Atomic-Design-Konzept sind *Atome* die kleinste Design-Einheit — sie stehen noch nicht für eine Funktion an sich. Moleküle fassen mehrere Atome zu einer Funktion zusammen. Organismen verdeutlichen, in welchem Kontext ein Molekül steht. Darüber stehen noch die Vorlagen, die mehrere Organismen zu einer Seite kombinieren.

Aber legen wir los mit der Arbeit. Um ein Symbol in deinem Design-System zu erstellen, kopiere die Elemente aus der Vorlage, und füge sie auf dem Canvas deines System-Dokuments ein. Drücke erst danach [A], um ein Artboard um die eingefügten Ebenen zu ziehen. Klicke im Inspector auf den Button **Fit**, wenn du das Artboard erstellt hast. Aus dem Artboard kannst du direkt mit **Layer > Create Symbol...** oder [cmd]+[Y] ein Symbol machen. Denk daran, dass du beim Erstellen des Symbols den Haken **Send to Symbols Page** deaktivierst.

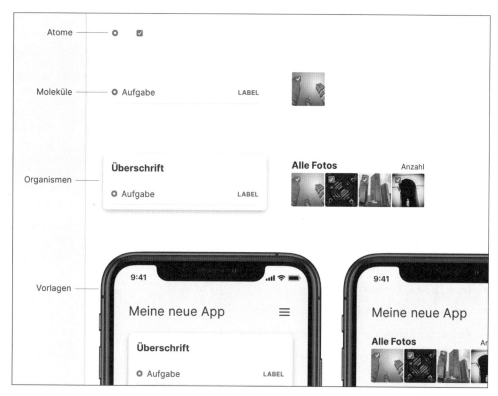

Abbildung 8.85 *Die Aufteilung der Symbole ist an das Atomic Design (https://atomicdesign.bradfrost.com/) von Brad Frost angelehnt.*

Für die Benennung richte dich nach einem Schema, um Ordnung und Übersicht herzustellen: Oberbegriff/Symbol/Bestandteile. Angenommen, du legst das Symbol für einen Organismus aus der Abbildung oben an. Dann ist der Oberbegriff »Inhalte«, das Symbol wäre »Fotos«. Ein einzelnes Foto hätte den Namen »Inhalte/Fotos/Bild«. Die Checkbox auf dem Foto hieße »Inhalte/Fotos/Checkbox«, damit die Namen nicht zu lang werden. In einem echten Fall kann dein Schema auch deutlich einfacher oder komplexer sein. Das hängt auch davon ab, welche Regeln du dir gibst. Keine Lösung ist für alle Projekte gleich gut. Sprich dich im Zweifel im Team ab, wie ihr vorgehen möchtet. Zur Organisation von großen Dokumenten siehe auch Abschnitt 1.6, »Projektorganisation: Ordnung halten in Dokumenten und Ordnern«.

Zeige zusätzlich die möglichen Interaktionen mit dem Symbol. Das ist besonders bei Molekülen und Organismen hilfreich. So ist deutlicher, wie sich das Element verhält. Benutze hierfür das Symbol, füge es als Instanz ein, und bearbeite es so, wie die Interaktion es vorsieht.

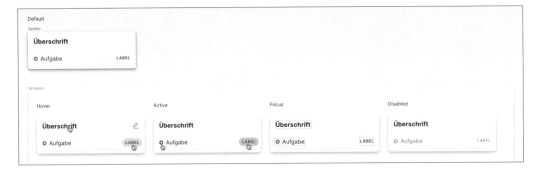

Abbildung 8.86 *Schema, um Ordnung herzustellen*

Als Orientierung kannst du die Standards aus der Webentwicklung nehmen. Wenn sie dir nicht ausreichen, dann ergänze sie.

- **Default:** Es findet keine Interaktion statt.
- **Hover:** Diese Komponente wird gerade vom Zeiger berührt.
- **Active:** Das ist die aktuell angeklickte Komponente.
- **Focus:** Die Komponente ist für die nächste Aktion ausgewählt.
- **Visited:** Diese Komponente war bereits einmal aktiv.

Überarbeite deine Symbole immer wieder, wenn dein Design-System wächst, zum Beispiel, wenn Stile oder mehr Symbole dazukommen. Verknüpfe dann die Stile mit den Ebenen in den Symbolen, und ersetze Stück für Stück die Komponenten durch Symbole.

Farben sammeln und sortieren | Beginne damit, die Farben, die in deinen Dokumenten verwendet werden, zu sammeln und zu sortieren. Wenn du den Befehl **Edit > Find and Replace Color** öffnest, kannst du alle im Dokument verwendeten Farben nach Häufigkeit sortiert sehen.

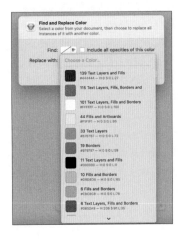

Abbildung 8.87 *Über »Find and Replace Color« siehst du alle verwendeten Farben.*

Du siehst nicht nur die Farbe, sondern auch direkt den HEX-Farbcode und den Alpha-Wert für die Deckkraft. Diese Informationen kannst du sehr gut benutzen, um die Farben jetzt zu speichern. Mach dir von dieser Liste einen Screenshot. Drücke dafür ⌘+⇧+4 und danach die Leertaste, oder öffne die Bildschirmfoto-App auf deinem Mac, und klicke auf **Ausgewähltes Fenster aufnehmen**. Der Mauszeiger ändert sich zu einer Kamera; klicke auf das Menü, wenn es sich leicht blau eingefärbt hat, um den Screenshot zu machen.

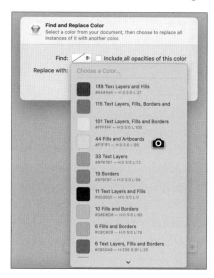

Abbildung 8.88 *Mit dem Screenshot-Werkzeug von macOS kannst du schnell ausgewählte Bereiche und Fenster als Bild speichern.*

Den Screenshot fügst du in das Design-System-Dokument ein, um ihn als Vorlage zu benutzen. Wenn du fertig bist, kannst du sie löschen. Du musst nicht jede Farbe aus der Liste ins System übernehmen. Achte zum Beispiel darauf, dass du die Farben des Betriebssystems aussparst oder separat markierst. Schau auch, welche Ebenenstile und gespeicherten Farben es bereits im Ausgangsdokument gibt.

Für eine Farbe legst du ein Rechteck R und mindestens drei Textebenen T an. Die erste Ebene ist für den Farbnamen, die zweite für den HEX-Code, und die dritte gibt die Deckkraft an. Wenn du noch genauer werden möchtest, dann kannst du die Beschreibung noch weiter ausbauen. Manche Designs sehen zum Beispiel Farbvarianten für den Dark Mode vor.

Wenn du die Darstellung aus der Liste nachahmen möchtest, dupliziere das Rechteck mit der Farbe, und gib ihm einen Rahmen (Linie außen) mit einer sehr hellen Farbe (#DFDFDF). Außerdem benutzt du ein Foto zum Füllen – dafür eignen sich zum Beispiel die voreingestellten Rechtecke aus Sketch. Wähle für die Füllung eine Deckkraft von 20 %, und platziere sie im Hintergrund.

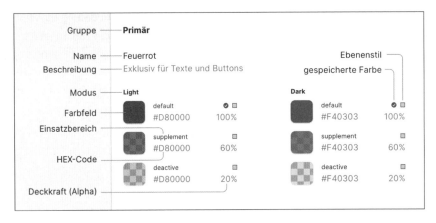

Abbildung 8.89 *Farben anlegen*

Zurück zum Design-System. Sprich mit den Designern und Entwicklern darüber, wie die Farben am besten gespeichert werden sollen. Du kannst entweder Ebenenstile verwenden oder die gespeicherten Farben benutzen. In den meisten Fällen solltest du die Farbe als Ebenenstil speichern, um später alle verknüpften Ebenen zu aktualisieren.

Um die Ebenenstile gut voneinander zu unterscheiden, verschachtele sie in einer Ordnerstruktur. Wenn dein Design-System wächst, sollte deine Struktur dieses Wachstum so gut wie möglich unterstützen. Für das Beispiel bietet sich diese Reihenfolge an: Gruppe/Farbname/Modus/Einsatzbereich. Achte darauf, dass dein System überschaubar und logisch bleibt. Im ersten Schritt sammelst du erstmal alle Farben. Danach erstellst du aus ihnen ein System, das ihre Verwendung vereinfacht.

Texte und Schriften hinzufügen | Wie bei den Farben sortierst du auch alle Texte und bringst sie in ein System. Es gibt keinen automatischen Weg, um aus einem Sketch-Dokument alle verwendeten Schriften in jeder Schriftart, Größe und Farbe zu extrahieren. Vielleicht haben manche Ebenen bereits einen Textstil, andere sind Teil eines Symbols, oder der Textstil wurde überschrieben. Es ist kompliziert.

Plugin extrahiert Textstile

Mit dem Automate Sketch-Plugin (Abschnitt 6.2) kannst du immerhin alle Textstile erzeugen. Klicke **Plugins > Automate > Style > Create Typography Guide**.

Markiere also eine Textebene, kopiere sie mit `cmd`+`C`, und wechsele in dein Design-System-Dokument. Leg dort eine neue Textebene `T` an, und übertrage das Aussehen mit `cmd`+`alt`+`V`. Dokumentiere alle Ebeneneinstellungen aus dem Inspector, und halte auch fest, ob dieser Text als Ebenenstil angelegt ist. Außerdem zeigst du den Namen und einen Beispieltext.

Erstelle danach einen Textstil aus dem Beispieltext. Die Möglichkeit zu verschachteln kennst du bereits, hier siehst du die Struktur, die Apple in der Sketch iOS Library benutzt: Verwendungszweck/Schriftschnitt/Modus/Farbton.

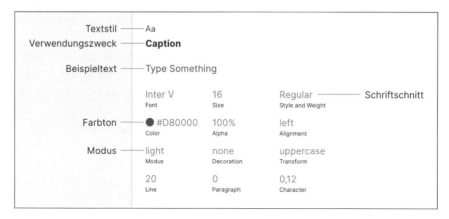

Abbildung 8.90 *Dokumentiere genau, welche Eigenschaften der Text hat. Aus ihnen setzt sich die Ordnerstruktur zusammen.*

Zurück in dem Ausgangsdokument kannst du dir mit dem Plugin Select Similar Layers helfen lassen. Es sucht nach ähnlichen Ebenen und markiert sie. Benutze den Befehl **Plugins > Select Similar Layers > In Page > Font and Color,** dann markiert es dir alle Ebenen mit den exakt gleichen Einstellungen im Inspector. Lösche die Ebenen, damit sie nicht mehr im Design-System berücksichtigt werden können.

Erinnerst du dich an die Suchfunktion für die Ebenenliste (siehe Abschnitt 3.1, »Ebenen«)? Hier kannst du in deinem Ausgangsdokument auch nach Ebenentyp filtern – in diesem Fall willst du nur Text sehen. So bekommst du einen Überblick, ob in deinem Dokument noch Texte vorhanden sind. Diese Kombination aus Select Similar Layers und Filtern funktioniert auch auf der Symbol-Seite. Zuletzt solltest du Links zum Download der Schriftarten in die Sketch-Datei einfügen. So können später andere deine Arbeit nachvollziehen und wiederholen.

Geräte, Abstände und Grids systematisieren | Bei den Farben und den Schriften hast du jetzt Regeln festgelegt. Als Nächstes überträgst du die Abstände, dein Grid und die Gerätegrößen. Letztere findest du einfach über die Artboardgrößen heraus. Dokumentiere jede Artboardgröße, die du im Ausgangsdokument findest, in deinem Design-System als neues Artboard. Für dein Design-System solltest du nur eine neue Artboardbreite festhalten, wenn sich das Design ändert. Alle anderen Größen sollten durch die Resizing-Optionen abgedeckt sein. Das gilt auch für die Geräteausrichtung (Quer- oder Hochformat).

iPhone 11 Pro	7,9" iPad mini

Abbildung 8.91 *Halte im Design-System nur Artboards fest, für die du tatsächlich eigene Designs erstellst.*

Als Nächstes suchst du nach den gängigen Abständen in dem Ausgangsdokument. Diese Arbeit kann sehr aufwändig sein, weil du im ersten Schritt alle Abstände zwischen Objekten untersuchst und jeden Abstand dokumentierst. Vielleicht findest du so auch heraus, dass es kein einheitliches System gibt.

Dann solltest du mit dem Designer und dem Team sprechen, wie die Abstände vereinheitlicht werden können. Sonst kannst du ein bestehendes Design kaum in ein System überführen. In Abschnitt 1.2, »Layout: Inhalte strukturieren«, sind die Vorzüge einer festen Struktur bereits genau beschrieben. Ansonsten dokumentierst du die Abstände auf einem eigenen Artboard mit einem Rechteck $\boxed{\text{R}}$ und zwei Texten $\boxed{\text{T}}$ für die Größe des Abstands.

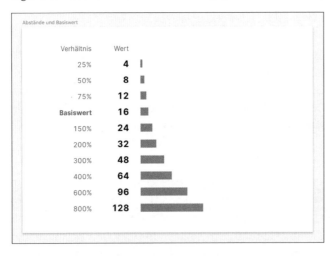

Abbildung 8.92 *Beispiel für eine Skala mit Abständen und dem Basiswert 16*

Wenn du die Abstände dokumentierst, halte auch direkt den Basiswert fest. Abstände, Texte und Objekte stehen zu diesem Wert in Beziehung. Wenn das System sich komplett durch das Design zieht, dann sind die Werte kein Zufall mehr. Zum Beispiel hat ein Fließtext mit Schriftgröße 16 eine Zeilenhöhe von 24, die Überschrift ist 32 groß, hat 48er Zeilenhöhe, und der Abstand der beiden Textebenen ist 12.

Die Layout- und Raster-Grids, die in der Quelle verwendet werden, kannst du auch ins Design-System mit aufnehmen. Am besten wendest du die Grids direkt auf die bereits erstellten Artboards an. Außerdem kannst du sie noch einmal gesondert dokumentieren. Erstelle für jede Spalte ein Rechteck $\boxed{\text{R}}$, und weise mit Textebenen $\boxed{\text{T}}$ auf die Abstände zwischen den Elementen hin. Für jedes Gerät erstellst du ein Artboard und legst für jedes Artboard ein Grid an, das du folgendermaßen dokumentierst:

- **Offset** (Außenabstand)
- **Column** (Spaltenbreite)
- **Gutter** (Innenabstand)
- **Total width** (Breite insgesamt)

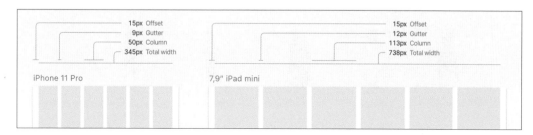

Abbildung 8.93 *Setze die Einstellungen für das Layout-Grid, und dokumentiere sie über den Artboards.*

Leider können diese Informationen auf diese Weise später nicht über eine Sketch Library eingesehen werden. Allerdings kannst du die Einstellungen natürlich selbst in ein Symbol verwandeln und so die Informationen trotzdem verfügbar machen.

Bilder, Logos und Icons richtig übergeben | Inhalte wie Bilder, Logos und Icons solltest du separat vom Design-System-Dokument verwalten. Stärker als das Layout, die Schriften und Farben sind sie saisonalen Änderungen unterworfen.

Wenn es um die Bilder geht, übernimm die unterschiedlichen Bildgrößen als Symbole ins Design-System. Je nach Typ legst du ein neues Symbol an und zeigst dann die unterschiedlichen Größen und Stile. Das Logo und seine Varianten solltest du ebenfalls als Symbol anlegen.

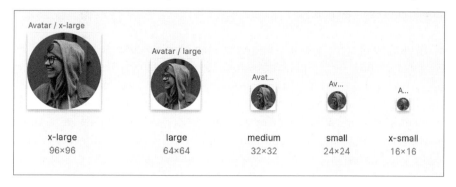

Abbildung 8.94 *Unterschiedliche Bildgrößen als Symbole*

Verknüpfe die Symbole auch direkt mit einer der Datenquellen, die du jetzt erstellst. Denn die Bildinhalte selbst kannst du in Originalgröße exportieren und abspeichern. So können alle Sketch-Nutzer sie als Beispieldaten mit der Data-Funktion benutzen.

Wenn dein Ausgangsdokument ein Online-Shop ist, dann könntest du die Produktbilder sichern oder bei einem Video-Streaming die Filmcover. Für Texte (Preise, Produkt- oder Filmnamen) kannst du das Gleiche machen. Speichere dort die einzelnen Einträge in einer TXT-Datei, je ein Eintrag pro Zeile.

Abbildung 8.95 *Produktbilder aus einem Online-Shop*

Inhalte wie Bilder und Texte kannst du abspeichern und dann über die Data-Funktion verfügbar machen. Die Icons kannst du auch gut als eigene Sammlung abspeichern. Öffne dazu ein neues Sketch-Dokument, und lege dort die Icons auf gleich großen, quadratischen Artboards ab. Speichere die Datei danach als **Icon Library.sketch** im gleichen Verzeichnis wie das Design-System-Dokument ab.

Zwischenfazit | Mit Symbolen, Farben, Schriften, Abständen, Grids und Bildern hast du bereits einen großen Schritt hin zu einem Design-System gemacht. Deine Reise muss hier nicht enden, du kannst weitere Eigenschaften, Inhalte und Prozesse dokumentieren. Ein funktionierendes Design-System ist auf den Austausch mit anderen Disziplinen angewiesen. Texte, Bilder, Videos und alle anderen Inhalte sind dabei gleichberechtigte Bestandteile neben der visuellen Darstellung und den Code-Komponenten. Manchmal gehören auch Personas oder ganz bestimmte Verhaltensweisen (Animationen, Markenbotschaften) zu einem Design-System.

Nicht immer ist Sketch das richtige Programm für diese Informationen. Die Design-Philosophie, die Werte und Grundprinzipien sind deutlich einfacher mit einem Wiki wie dem Programm Confluence (*https://www.atlassian.com/de/software/confluence*) strukturiert. Auch die verwendeten Sketch Plugins, Assistants und Schriften können zu einem Teil des Systems werden.

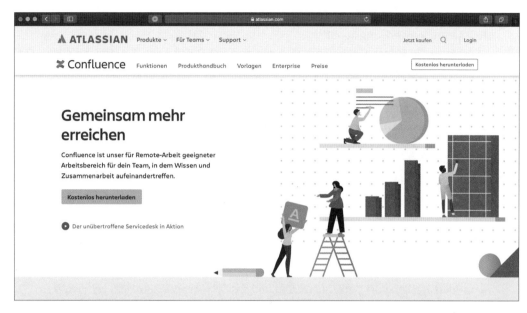

Abbildung 8.96 *Mit Software wie Confluence kann dein Design-System noch weiter wachsen.*

Aber Design-Systeme sind tendenziell zu umfangreich. Deine Aufgabe besteht auch darin, relevante Bereiche zu identifizieren und sie in der einfachsten Form zu dokumentieren. Diese Eigenschaft gehört ebenso zur Zielsetzung des Systems: Komplexität reduzieren, um die Geschwindigkeit zu erhöhen und Fehler zu vermeiden. Überlege, ob dieses Ziel in Gefahr ist, wenn dein System jeden Sonderfall im Design einzeln beschreibt.

8.5.2   Teile dein Design-System mit anderen

Dein Sketch-Dokument sollte jetzt mehrere Seiten haben, auf denen du die oben beschriebenen Bereiche des Design-Systems festgehalten hast. Vielleicht hast du in dem Ordner auch weitere Dateien und Dokumente gespeichert, die für den Start notwendig sind.

Verstecktes Potential von Templates

Die Funktion *Templates* stellt vollständige Sketch-Dateien als Vorlage bereit. Leider können Templates zum Redaktionsschluss nicht geteilt werden, sondern müssen manuell je Gerät eingerichtet werden. Als Design-Profi kannst du vielleicht schon Designs vorbereiten und als Template einpflegen. Dann musst du sie nur noch mit den Komponenten des Design-Systems füllen und fertig.

Sketch Library einrichten | Die im Dokument gespeicherten Symbole, Ebenen- und Textstile und gespeicherten Farben kannst du als Sketch Library freigeben. Das Sketch-Dokument ist dadurch ein sogenanntes UI-Kit; es präsentiert die wichtigsten Elemente des Produkts und stellt sie zur Verwendung bereit.

Speichere die Sketch-Dokumente und alle anderen Dateien des Systems an einem Ort, auf den alle Personen Zugriff haben. Öffne die Design-System-Datei in Sketch, und klicke danach auf **File > Add as Library**. Ab diesem Zeitpunkt sollte sich der Speicherort nicht mehr ändern, sonst verliert Sketch die Verbindung zu der Datei. Alle Details zur Verwendung von Libraries findest du in Abschnitt 5.3.

Design-System in die Sketch Cloud laden | Lade dein Sketch-Dokument in die Sketch Cloud hoch, und teile alle Artboards online. Melde dich dafür in den Programmeinstellungen an, und klicke danach in der Werkzeugleiste auf **Cloud** und dort auf den Button **Upload Document**. Einmal hochgeladen, kannst du die Datei für andere Personen freigeben. Sie können das System dann als Informationsquelle benutzen.

Noch mehr Funktionen hast du, wenn das Dokument als **Cloud Library** markiert ist. Damit wird das Dokument zur Quelle für Stile, Symbole und gespeicherte Farben. Außerdem können andere Designer die Datei bearbeiten und das System erweitern oder verbessern.

8.5.3   Design-Systeme: Hintergründe und Anforderungen

Erst in den letzten Jahren ist das Thema *Design-System* stärker in den Fokus gerückt und zu einem regelrechten Buzzword auf Konferenzen und in Artikeln geworden. Obwohl Designer und Teams schon immer versucht haben, ihre Arbeit effizient zu organisieren, gibt es mit diesem Begriff eine neue Aufmerksamkeit dafür. An dieser Stelle soll der Begriff nochmal klargestellt und eingeordnet werden.

Was ist ein Design-System? | Ein Design-System fasst die Ideen und Prinzipien zusammen, nach denen du und dein Team designt. Es ist eine Sammlung von wiederverwendbaren Elementen, die nach klaren Richtlinien für die Erstellung einer beliebigen Anzahl an Apps, Websites und Anwendungen verwendet werden können.

Zum Beispiel gehören die klassischen Regeln eines Styleguides in Bezug auf Farben, Schriften und Logos ebenso wie fertige Design-Komponenten dazu. Außerhalb der visuellen Erscheinung dokumentiert das Design-System auch den Code, die Sprache oder die Nutzererfahrung. So ermöglicht es Transparenz und konsistente Designs über mehrere Teams hinweg.

Im Laufe der letzten Jahre wurde der Begriff unterschiedlich interpretiert. Es kann sein, dass die Bezeichnung *Design-System* auch für andere Projekte benutzt wird, die mit der obigen Definition nur wenige Gemeinsamkeiten haben. Der in diesem Kapitel erklärte Teil ist das, was Designer mit Sketch zu einem Design-System beitragen können. Ein anderer Begriff dafür ist UI-Kit oder Styleguide.

Was macht ein gutes Design-System aus? | Design-Systeme sind echte Teamarbeit. Oben ist beschrieben, was du mit Sketch zum Erfolg beitragen kannst. Die Anleitung zeigt dir die wichtigsten Prinzipien von Design-Systemen, denen du folgen solltest. Hier kommen ein paar grundlegende Regeln hinzu, die du beachten solltest:

1. **Klar und eindeutig:** Lasse so wenig Spielraum für Interpretation wie möglich. Verwende einfache Sprache, sei einheitlich mit deinen Bezeichnungen und nachvollziehbar in der Struktur. Das hält die Fehlerquote so gering wie möglich und macht dein Design-System verlässlich.

2. **Effizient und transparent:** Bereite dein Sketch-Dokument und die Inhalte praktisch auf. Verwende die in Sketch eingebauten Funktionen für Symbole, zum Beispiel Prototyping, Resizing, Tints und Overrides sowie die Export-Einstellungen. Benenne jede Ebene nach ihrer Funktion, und stell deine Erkenntnisse allen im Team zur Verfügung.

3. **Universell und effektiv:** Einem guten (und gut gepflegten) Design-System kannst du lange vertrauen. Achte auf hohe Design-Qualität und Wiederverwendbarkeit deiner Arbeit. Konzentriere dich erst auf einen kleinen Bereich des Designs, bevor du das System weiter wachsen lässt.

4. **Nützlich und hilfreich:** Welche Probleme haben die Entwickler, Designer und Projektmanager aktuell? Beantworte sie, soweit es im Design-System möglich ist. Es soll alle entlasten und bessere Ergebnisse ermöglichen. Hol dir Feedback von den Nutzern des Systems.

Warum sind Design-Systeme gerade im Trend? | Ein zentral verwaltetes System kling vielversprechend, wenn man mehr Transparenz und Effizienz im Design-Prozess möchte. Es soll die Entstehung neuer Designs klarer, schneller, einheitlicher und besser nachvollziehbar machen.

Der Trend ist auch getrieben von anderen Bewegungen der Branche. Digitales Design hat im letzten Jahrzehnt einen neuen Stellenwert bekommen. Design-Teams sind gewachsen, ihre Steuerung ist gleichzeitig wichtiger und schwieriger geworden.

Außerdem muss die Zusammenarbeit mit Entwicklern enger werden. Die Komponenten in Sketch sind dabei nur ein Teil; in manchen Systemen ist bereits Code hinterlegt, mit dem Designs erzeugt werden.

Nicht zuletzt haben die großen Tech-Firmen Projekte dazu vorgestellt und Aufmerksamkeit auf das Thema gelenkt.

8.6   Drei Lösungen für bessere Zusammenarbeit mit Sketch

Zur praktischen Arbeit mit Sketch gehört auch der Blick über das Programm hinaus. Designer und ihre Software sind ein kleiner Teil von größeren Produktentwicklungsprozessen. Aus dieser Situation ergeben sich Abhängigkeiten, die großen Einfluss darauf haben, wie du designst. Zum Beispiel sind von Beginn an viele Personen mit vielen unterschiedlichen Zielen beteiligt.

1. Designer wollen ihre Designs so pixelgenau wie möglich umsetzen.

2. Entwickler versuchen, zu verstehen, wie sie grafische Lösungen in Code verwandeln.

3. Projektmanager und Geschäftsführer brauchen Kontrolle und Transparenz über den gesamten Prozess.

In diesem Abschnitt lernst du ein paar der Lösungen für bessere Zusammenarbeit im Team kennen. Teilweise hat Sketch sie direkt eingebaut, andere kannst du über Plugins nachtragen. Der Text beginnt damit, die typischen Probleme zu beschreiben. Darauf folgen drei Lösungsvorschläge.

8.6.1   Probleme bei der Zusammenarbeit

Um erstklassige Produkte zu designen, sollten alle Teilnehmer ihre Ziele erfüllen können. Jedes Team ist unterschiedlich, und um Probleme bei der Zusammenarbeit zu entdecken, müssen alle Personen miteinander sprechen. Mögliche Probleme sind:

- **Fehlende Transparenz:** Um Vertrauen und Gleichberechtigung zu schaffen, brauchen Teams eine offene und transparente Kultur. Das gilt natürlich auch für die Designs. Alle sollten den aktuellen Stand sehen können und am Prozess teilhaben.

- **Klare Versionierung:** Einmal per Mail, Dropbox oder Gruppenchat verschickt, ist es schwer, noch zu sagen, welches Design alle aktuellen Ideen beinhaltet. Moderne Teams haben einen zentralen Ort und wissen immer, wo sie eine aktuelle Version des Designs finden.

- **Komplexität managen:** Der Umgang mit Designs sollte für Nicht-Designer so einfach wie möglich sein. Entwickler und Projektmanager brauchen sich nicht um alle Details einer Sketch-Datei Gedanken zu machen, das ist Aufgabe der Designer.

- **Verantwortung verteilen:** Mit der Übergabe von editierbaren Dokumenten kann niemand sicherstellen, dass nur Designer designen. Wer für Design-Änderungen verantwortlich ist, sollte sie auch umsetzen können.

- **Diskussionen ermöglichen:** Kommunikation über Design sollte präzise und umfänglich sein. Teams sollen gemeinsam über Ideen und Entwürfe diskutieren.

- **Kosten niedrig halten:** Zeit, Geld und Personal sollte effizient eingesetzt werden. Für alle Projektteilnehmer im Unternehmen wäre eine Sketch-Lizenz viel zu teuer. Einsicht in die hochgeladenen Dokumente muss kostenlos sein.

- **Realistische Zielsetzung:** Ambitionen und Realität brauchen einen gemeinsamen Nenner, auf den sich alle einigen können. Nur wenn die Ziele von allen Personen erreichbar sind, steigt die Motivation und der Zusammenhalt.

Die Antworten auf diese Probleme sind nicht einfach. In der Praxis gibt es ein paar Lösungsansätze für diese Punkte. Meistens ist der richtige Weg ein Mix aus mehreren – alle Projekte und Teams sind unterschiedlich.

Mehr Transparenz mit Libraries und Handoff-Software | Der schnellste Weg, wie Designer zu mehr Transparenz im Team beitragen können, ist durch eine Sketch Library. Das Setup dauert nur wenige Minuten, und zumindest alle Sketch-Nutzer haben dann eine gemeinsame Quelle. Eine einfach verständliche Ordner- und Dokumentenstruktur ist eine weitere Möglichkeit, um auch Entwickler und Produktmanager einzubeziehen.

Deutliche Verbesserungen ergeben sich, wenn ein Team eine eigenständige Software für die Übergabe des Designs (*Handoff*) verwendet. Sie macht Dateien je nach Person und Rolle im Team zur Ansicht und zum Download verfügbar und erlaubt Diskussionen am Design selbst. Außerdem kann sie die Versionierung übernehmen.

Drei Programme für diese Aufgabe sind im Buch beschrieben: Zeplin (Abschnitt 6.4), Abstract (Abschnitt 6.5) und Sketch Cloud (Abschnitt 5.8). Dort findest du detaillierte Anleitungen zu den unterschiedlichen Lösungswegen.

Bessere Kontrolle dank Design-System und Assistants | Von der Benennung einzelner Ebenen bis hin zur Projektvision kann Sketch helfen, mehr Kontrolle und Konsistenz ins Team zu bringen.

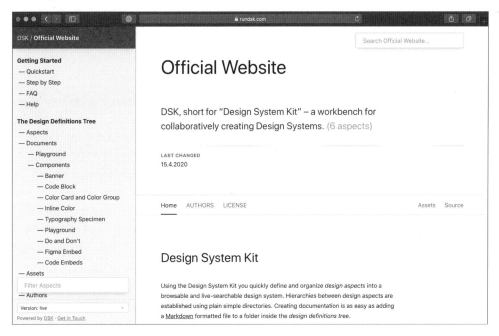

Abbildung 8.97 *Sieh dir auch einmal andere Werkzeuge an.*

Die Sketch Assistants helfen dabei, gewisse Standards einzuhalten. Mit ihrer Verwendung können Gespräche sich mehr um das Design drehen, und es geht weniger um kleine Fehler wie die falsche Farbe. Jedes Mal ist eine automatische Qualitätskontrolle in Sketch eingebaut. Außerdem können Assistants von jedem benutzt werden, auch ohne Sketch-Lizenz. Dadurch sind die Regeln fürs Design auch Entwicklern und Projektmanagern klarer.

Noch einen Schritt aufwändiger, aber auch effektiver ist ein Design-System. Es kann eine Scharnier-Funktion für ein Team einnehmen, wenn es als Referenz- und Diskussionsraum dient. Allerdings sollten nicht nur Designer daran arbeiten, sondern auch alle anderen Teammitglieder einbezogen werden, die am Produktionsprozess beteiligt sind. Sketch ist für manche Teile des Design-Systems nicht mehr die beste Software. Vielleicht hilft es auch, ein Plakat mit dem Workflow im Büro zu nutzen, wenn es um bessere Kontrolle geht. Probiere einmal Werkzeuge wie DSK, Miro oder Notion aus, um diese Dokumente zu erstellen.

Strukturierte Prozesse und Projektmanagement | Wenn sich für die Designer in Sketch nichts ändern soll, dann ist ein engagierteres Projektmanagement gefragt. Es verteilt Aufgaben, sortiert Prioritäten und dokumentiert den Fortschritt. Software wie Basecamp, Jira und Asana können dabei unterstützen.

Sketch selbst kann mit diesen Programmen nicht oder nur unzureichend interagieren. Plugins und Erweiterungen sind meistens mangelhaft. Anders sieht es beim Plugin Zeplin aus, das die Designs in Slack und Jira und die Styleguides auch in Visual Studio Code bringen kann.

Der Aufwand fürs Projektmanagement ist allerdings nicht zu unterschätzen und kann leicht die ganze Zeit eines Designers aufbrauchen. Überlegt im Team, welche Lösung für euch am besten ist.

Zusammenfassung | In den letzten Abschnitten hast du Sketch im Praxiseinsatz kennengelernt. Du hast Designs und Konzepte erstellt und dabei viele der Werkzeuge ausprobiert. Vielleicht hast du schon eine Idee oder ein Projekt, das du nun selbstständig umsetzen möchtest.

Wenn du noch mehr über den Aufbau von Sketch-Dateien lernen möchtest, dann lade dir ein paar kostenlos bei Sketch App Sources herunter. Untersuche die Dateien von anderen Designern, und lerne, mit welchen Tools sie arbeiten, um großartige Designs zu erstellen.

Im nächsten Kapitel findest du viele solcher Quellen, die dich auf deiner Reise als Designer weiterbringen. Dort sind zum Beispiel Blogs, Podcasts, Konferenzen und lokale Treffen, sogenannte Meetups, für Deutschland verzeichnet.

In diesem letzten Kapitel gibt es auch noch einen Abschnitt zum Preismodell und einen zu Programmen, die sich ähnlich wie Sketch auf digitales Design konzentrieren.

Kapitel 9
Bonusmaterial zum Weiterlesen

Du hast das letzte Kapitel dieses Buchs erreicht und wirst mit ausführlichem Bonusmaterial belohnt. Viele der oben beschriebenen Themen bieten eine weitaus größere Detailtiefe, als die Kapitel beschreiben können. Während Sketch als Programm auf ein paar hundert Seiten zusammengefasst ist, fehlen viele Hinweise, Hintergründe und Anleitungen in diesem Buch.

Die nächsten Abschnitte sollen eine Verknüpfung herstellen. Zuerst einmal hin zur dauerhaften Nutzung und den damit verbundenen Kosten für das Programm. Außerdem gibt es noch eine kurze Übersicht über mit Sketch vergleichbare Programme.

Für einen Einblick in die echte Welt der Designer gibt es die darauffolgenden Abschnitte. Dort findest du Hinweise auf Bücher, Konferenzen, Blogs und viele der Quellen für dieses Buch. Danach gibt es eine lange Liste von Tools, Websites und Downloads, die du besuchen solltest. So kannst du noch tiefer in die Welt der Designer eintauchen. Zum Schluss folgt ein Glossar, das einige der verwendeten Begriffe erklärt.

Als Autor verabschiede ich mich an dieser Stelle. Vielen Dank für deine Aufmerksamkeit. Wenn dir das Buch gefallen hat, schreib gerne eine Rezension auf Amazon oder eine E-Mail an *buch@micha.design*.

Vielen Dank und viel Spaß beim Designen mit Sketch!

9.1   Sketch – Lizenzen und Kosten

Wer heute Designer werden möchte, muss deutlich weniger Geld für professionelle Software ausgeben als noch vor ein paar Jahren. Die Lizenzmodelle haben sich stark in Richtung *Software as a Service* (kurz: SaaS) und Abonnement gewandelt. Genau wie Spotify, Netflix oder eine Lizenz für Microsoft Office kostet Sketch monatlich einen Betrag.

Preise für Einzelnutzer | Erstmal kannst du als neuer Kunde den vollen Funktionsumfang von Sketch 30 Tage lang kostenlos testen. Danach liegt der Preis aktuell bei 99 US-Dollar für ein Jahr, zahlbar per Kreditkarte. Wenn ein Jahr abgelaufen ist, kannst du Sketch für immer weiter benutzen. Allerdings bekommst du keine Updates für das Programm mehr. Für jedes weitere Jahr Updates werden 79 US-Dollar fällig.

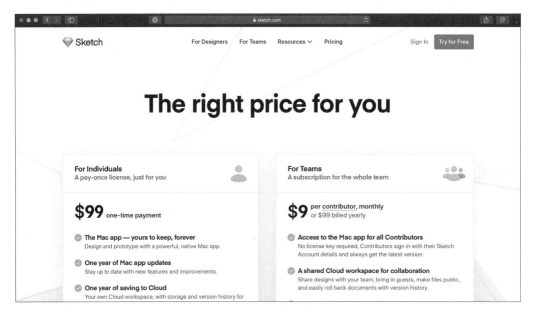

Abbildung 9.1 *Die genauen Preisdetails entnimmst du der Sketch-Website im Bereich **Pricing**.*

50 % für Schüler, Studenten und Lehrer | Für Schüler, Studenten und Lehrer ist Sketch sogar noch günstiger – dann kostet dich die Lizenz sogar umgerechnet nur ungefähr 50 Euro. Insbesondere Institutionen können von Sketch profitieren – sie bekommen nämlich aktuell Sketch komplett kostenlos zur Verfügung gestellt. Um diese Vergünstigungen in Anspruch zu nehmen, füllst du das Formular auf der Sketch-Website aus und wirst innerhalb weniger Tage freigeschaltet.

Sketch als Team benutzen

Erst ab 20 Lizenzen gibt Sketch einen Nachlass auf den Gesamtbetrag von gut 10 %. Mit dem stärkeren Fokus auf Sketch Cloud und Zusammenarbeit in Sketch als Plattform bietet es mehrere Möglichkeiten, zu bezahlen.

9.2 Mit Sketch vergleichbare Programme

Design wird als Bestandteil der Produktentwicklung wichtiger und in Unternehmen mit mehr Budget und mehr Personal ausgestattet. Aufgrund dieser Wahrnehmung haben sich neue Unternehmen gegründet, die mit ihren Werkzeugen das Leben der Designer vereinfachen sollen. Denn für digitales Design gibt es mehr als nur die eine richtige Lösung. Sketch ist ein Pionier für eine ganze Gruppe von Anwendungen. In den letzten Jahren wurden die

Möglichkeiten für Designer noch vielfältiger, und du solltest die anderen Programme kennen.

Die Industrie erfährt seitdem ein starkes Wachstum, die Apps adaptieren neue Technologien, und sie erreichen ganz neue Nutzer. Jedes Programm setzt einen eigenen Schwerpunkt, um sich von den anderen Wettbewerbern abzusetzen. In einem kurzen Vergleich verdeutliche ich die Unterschiede und Gemeinsamkeiten und ziehe ein kurzes Fazit.

9.2.1 Figma

Figma ist ein browserbasiertes Design-Tool. Es wurde zwei Jahre nach Sketch von Dylan Field und Evan Wallace im Silicon Valley gegründet und hat dort schnell erste Kunden gefunden. Laut Umfragen unter Designern ist Figma aktuell der größte Sketch-Konkurrent.

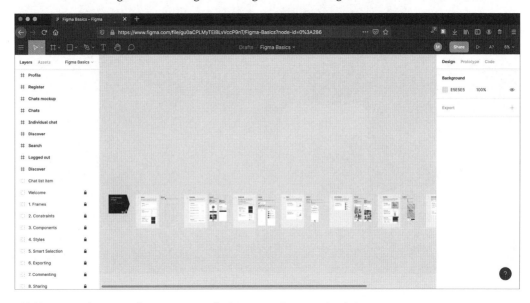

Abbildung 9.2 *Ob Mac, PC oder Linux – Figma funktioniert im Browser oder als App.*

Weil das Programm komplett im Browser läuft, hast du keine Design-Dateien mehr, alles findet von Anfang an in der Cloud statt. Du arbeitest gemeinsam mit anderen Designern gleichzeitig an einem Dokument. Das Gerät ist dabei egal, ein Browser ist alles, was du brauchst. Lange hat Figma auf Plugins verzichtet, seit 2019 bietet es eine Schnittstelle für JavaScript-basierte Erweiterungen.

Es gibt in Figma fast komplett die gleichen Elemente wie in Sketch. Ob Artboards, Stile oder Symbole – alle Werkzeuge findest du dort wieder. Die Programme sind sich sogar so ähnlich, dass teilweise die Tastaturkürzel die gleichen sind. Wenn du willst, kannst du mit Figma auch ohne Internetverbindung designen. Sketch kann mit vielen Plugins und einer gewachsenen Community punkten, Figma bringt das gemeinsame Arbeiten, erweiterte Funktionen und die Unabhängigkeit von macOS mit.

9.2.2   Framer

Dein Design direkt als React-Code, das geht mit Framer. 2013 aus einer JavaScript-Library entstanden, hat sich das Programm einige Male gewandelt, bevor es zu dem Prototyping- und Design-Programm von heute geworden ist. 2020 kam Framer Web und brachte die Funktionen aus der Mac-App in den Browser.

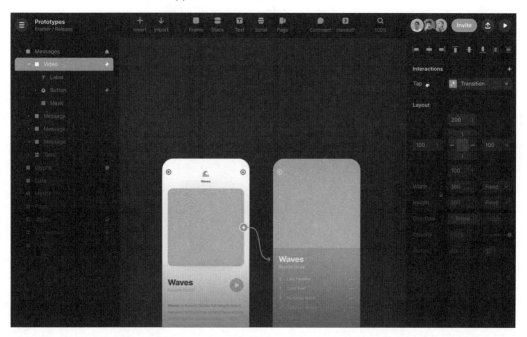

Abbildung 9.3 *Die Framer-Oberfläche*

Code und Design sind in Framer nicht mehr voneinander zu unterscheiden. Komponenten kannst du auch aus Code hinzufügen oder direkt Programmierschnittstellen anzapfen. Prototyping spielt deswegen in Framer eine große Rolle, denn auch Animationen und echte Input-Felder kannst du so simulieren. Du findest hier zudem Symbole und Artboards wieder, auch wenn sie einen anderen Namen haben. Du kannst dir echte Daten mit Plugins ins Design bringen oder die iOS-Benutzeroberfläche aus einer Library hinzufügen.

Ein Design in Framer ist viel stärker mit Code verknüpft als in dem Zeichen-Werkzeug Sketch. Um das Potential von Framer auszuschöpfen, solltest du etwas über Code wissen.

9.2.3   Adobe XD

Erst 2015 hat Adobe auf den Trend reagiert und mit Adobe XD ein vektorbasiertes Design-Tool für Webseiten angekündigt. Es ist mit den Programmen Photoshop und Illustrator verwandt und arbeitet mit der Adobe Creative Cloud zusammen.

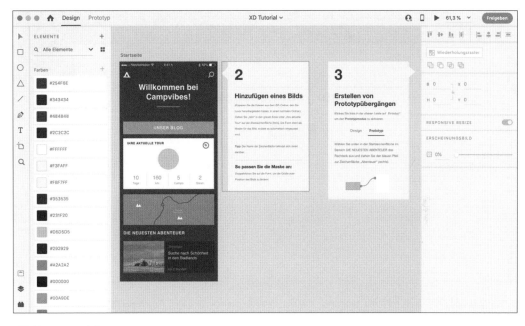

Abbildung 9.4 *Adobe XD*

Adobe XD ist für manche Designer keine neue Anschaffung, weil es zur Creative Cloud gehört und sozusagen kostenlos ist. Du kannst Übergänge zwischen zwei Artboards animieren, und es arbeitet beinahe nahtlos mit den Dateiformaten von Illustrator, Photoshop und After Effects zusammen – auf Mac und PC. Wenn du möchtest, kannst du dein Design in Teilen mit Sprachbefehlen erstellen.

Wieder gehören Artboards und Symbole zu den größeren Gemeinsamkeiten mit Sketch. Es gibt Plugins, und du findest auch Funktionen wie echte Daten und Prototyping in XD wieder – allerdings ein bisschen anders als in Sketch. Wenn du die Artboardgröße veränderst, können die Elemente deines Designs mitwachsen.

Adobe XD ist in der Entwicklung Sketch teilweise noch hinterher, holt aber mit großen Schritten auf. Es bleibt spannend, zu sehen, welche Rolle Adobe in den nächsten Jahren für digitale Designer spielen wird.

9.2.4 Webflow

Websites und Apps direkt als HTML, CSS und JS designen und mit wenigen Klicks veröffentlichen. Erste Systeme zum Content Management, ein Shopsystem und die direkte Veröffentlichung sind auch noch im Paket enthalten.

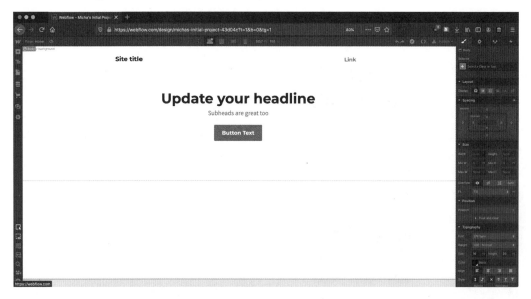

Abbildung 9.5 *Auch Webflow funktioniert komplett im Browser – optimiert für Chrome und Safari.*

Webflow bildet die Eigenschaften der Webentwicklung als grafische Oberfläche nach – alles ist sofort responsive und als Code verfügbar. Anstatt einer »Leinwand« geht es vom Box-Modell aus. Es ist weniger ein digitales Zeichen-Werkzeug, eher ein sehr grafischer Website-Baukasten. Gemeinsam mit Sketch hat es die Symbole, Overrides, Stile und Grids. Die Ebenenliste und der Inspector sind in Webflow fester Bestandteil. Es hat detaillierte Einstellungen für alle Design-Bereiche.

Seit 2013 am Markt, steht Webflow an der Spitze der *No-Code-Bewegung*. Das Tool ist sicherlich mächtig für die Webentwicklung, aber die Felder Illustration, iOS- und Android-Apps gehören nicht zu seinem Fokus.

9.2.5 Adobe Photoshop

Das Urgestein im Design (seit 1990) ist ein Bildbearbeitungsprogramm, das mittlerweile auch für viele andere Anwendungszwecke benutzt wird. Es ist tief in die Adobe Cloud und alle damit verbundenen Adobe-Services eingebunden.

Aufgaben, Werkzeuge und Aufbau der Programme unterscheiden sich stark. Photoshop verändert Pixel, die Arbeit mit Vektorgrafiken ist die Ausnahme. Spezialisierte Werkzeuge und tiefe Menüs prägen die Software. Das Ergebnis sind große Dateien, viel CPU-Verbrauch und kaum Anschluss an die weitere Entwicklung. Es bleiben Kernprinzipien wie Ebenen, und mit »Smart Objects« gibt es eine symbolähnliche Funktion. Sogar Artboards gibt es in beiden. Sie sind tief in ihren jeweiligen Workflow eingebettet und erfüllen seit Jahren eine wichtige Funktion im Design.

Abbildung 9.6 *Die klassische Software für Bildbearbeitung auf dem Mac und PC: Adobe Photoshop*

De facto ist Photoshop die Standardsoftware für Designer. Aber Design wurde in den letzten 20 Jahren zu komplex für nur eine einzige Software. Sketch und Photoshop ergänzen sich sehr gut, denn ihre Stärken liegen in sehr unterschiedlichen Bereichen.

9.3   Bücher, Blogs und Quellen

Mit diesem Buch muss deine Reise nicht aufhören. Du kannst weiterlesen, hören und sehen, was andere Designer mit Sketch machen und wie sie über digitales Design denken.

Fast alle der hier aufgelisteten Quellen sind auf Englisch. In der Welt des digitalen Designs ist Englisch die Sprache, die alle verstehen. Selbst deutsche Designer veröffentlichen ihre Artikel, Bücher und Gedanken auf Englisch. Deswegen habe ich dir markiert, wenn etwas auch auf Deutsch verfügbar ist.

9.3.1 Blogs und Magazine

- **Design+Sketch** (*https://medium.com/sketch-app-sources*): Plugins, Design-Systeme und Anleitungen zu Sketch auf Medium.

- **UX Collective** (*http://uxdesign.cc*): Ein Design-Magazin mit Schwerpunkt Produkt- und UX-Design auf Medium.

- **Smashing Magazine** (*http://smashingmagazine.com*): Eine der Institutionen im Web, wenn es um Design geht. Smashing ist Magazin, Web-Community, veranstaltet Konferenzen und veröffentlicht Bücher von Experten aus der Design-Industrie.

- **Sketch-Wiki** (*http://sketch-wiki.de*): Professionelles Webdesign mit Sketch auf Deutsch einfach und verständlich.

- **Nielsen Norman Group** (*https://www.nngroup.com/articles/*): Die vermutlich umfangreichste Enzyklopädie für UX-Designer auf Englisch.

- **Unternehmens-Blogs**: Viele große Firmen aus aller Welt lassen sich beim Designen in die Karten schauen, zum Beispiel Airbnb (*http://airbnb.design*), Uber (*http://uber.design*), Slack (*http://slack.design*), Spotify (*http://spotify.design*), Facebook (*http://facebook.design*), Google (*https://design.google/*), IBM (*https://www.ibm.com/design/*) und Microsoft (*https://medium.com/microsoft-design*), um nur ein paar zu nennen.

- **Produktbezogen** (*https://www.produktbezogen.de/*) (deutsch): Ein Blog, der sich den Themen Produktmanagement und User Experience verschrieben hat.

- **Prototypr.io** (*http://prototypr.io*): Web-Magazin für die neuesten Design-Trends und -Tools.

- **inVision Blog** (*https://www.invisionapp.com/inside-design/*): Umfangreicher Blog rund ums Arbeiten als Designer, für Inspiration und Design Resources.

- **Design Systems** (*http://designsystems.com*) und **Learn Design** (*https://www.notion.so/9-4-B-cher-Podcasts-und-mehr-a9bdba9607f940b48ced6b6f0c9d1c26*): Artikel zu Grundlagen des Designs für Anfänger und Fortgeschrittene.

- **A List Apart** (*http://alistapart.com*): Wegweisende Artikel rund um Design, Webentwicklung und User Experience findest du auf A List Apart. Manche Artikel wurden noch weiterentwickelt und als Buch auf A Book Apart (http://abookapart.com) veröffentlicht.

- **Laws of UX** (*http://lawsofux.com*) und **Humane by Design** (*https://humanebydesign.com/*): Regeln und Leitlinien, die Einfluss auf Design und Nutzererfahrung haben.

- **Sketch-Dokumentation** (*http://sketch.com/docs*) und **Sketch-Blog** (*http://sketch.com/blog*): Eine vollständige und aktuelle Dokumentation über alle Funktionen von Sketch.

- **User Experience Research Field Guide** (*https://uxrfieldguide.com/*): Hilfestellungen, Anleitungen und Werkzeuge für Nutzertests.

- **Signal v. Noise** (*http://signalvnoise.com*): Seit 1999 Artikel über Design, Business und Technologie von den Machern von Basecamp.

9.3.2 Newsletter

- **Design Tools News** (*https://www.getrevue.co/profile/DesignToolsNetwork/*) – monatlich: Vom Sketch-Runner-Entwickler jeden Monat neue Werkzeuge und Websites zu Produktdesign.

- **Dense Discovery** (*https://www.densediscovery.com/*) – wöchentlich: Ein wöchentlicher Newsletter für Digital Natives. Es geht um Design, Inspiration und neue Gedanken.

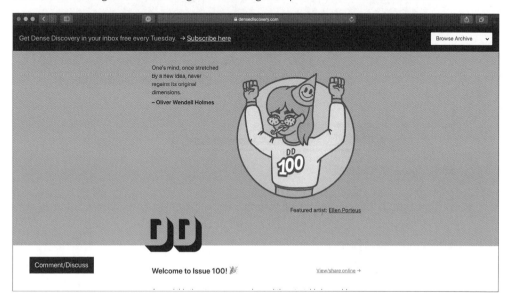

Abbildung 9.7 *Dense Discovery*

- **UX Collective Newsletter** (*https://newsletter.uxdesign.cc/*) – wöchentlich: Eine gute Handvoll Links zu Artikeln über die neuesten Entwicklungen im Design.

- **Panda Newsletter** (*https://usepanda.com/*) – wöchentlich: Die besten Links aus verschiedenen Quellen, zusammengetragen von Panda.

9.3.3 Podcasts

Lange Gespräche über Design im Podcast-Format gewinnen aktuell enorm an Popularität. Von Interviews über kurze Reportagen bis hin zu wöchentlichem Update ist alles dabei. Auch hier gibt es nur eine sehr kleine Auswahl hochqualitativer deutscher Podcasts im Bereich Design.

- **99% Invisible** (*https://99percentinvisible.org/*): Jede Woche sucht Roman Mars nach den Hintergrundgeschichten von alltäglichen Gegenständen und Phänomenen. Wie entstand die Form von Half-Pipes, was ist besonders am schwärzesten Schwarz, und was hat Design mit dem Pflücken einer Paprika zu tun?

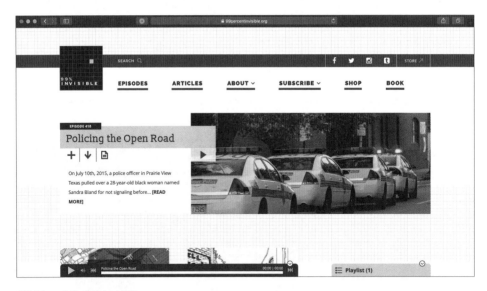

Abbildung 9.8 *99% Invisible*

- **Design Details** (*https://spec.fm/podcasts/design-details*): Marshall und Brian beantworten Hörerfragen und berichten über neue Entwicklungen im UI- und UX-Design. Jede Woche eine neue Folge.

- **Cautionary Tales** (*http://timharford.com/articles/cautionarytales/*): Tim Harford erzählt Geschichten von Fehlern und Missgeschicken. Alle weisen auf psychologische Effekte und menschliches Verhalten hin, von dem auch Designer lernen können.

- **High Resolution** (*https://www.highresolution.design/*): 25 Interviews mit Designern aus dem Silicon Valley. Mit dabei sind Designer von Google, Slack, Uber, Spotify und Instagram. Als Video und Audio verfügbar.

- **Formfunk** (*https://formfunk-podcast.de/*) (deutsch): 16 Interviews mit Designern in Werbung, Kommunikation und Produktdesign.

- **Google Method Podcast** (*https://podcasts.apple.com/us/podcast/method-podcast-from-google-design/id1263714410*): Designer von Google geben einmal im Monat einen Einblick in ihre Arbeit, in Methoden und Geschichten. Erscheint ungefähr monatlich.

- **Design Better Podcast** (*https://www.designbetter.co/podcast*): Aaron und Eli sprechen mit Design-Vordenkern aus den USA über ihre Art, Teams zu führen, und darüber, wie große Unternehmen Design zur wichtigsten Disziplin erhoben haben.

- **Design of Business | Business of Design** (*https://designobserver.com/designofbusiness*): Wie treibt Design Entwicklung in komplexen Organisationen voran? Interviews zu den Entscheidungen und Produkten, die aus dem Prozess entstehen.

- **A11y Rules** (*https://a11yrules.com/*): 100 Folgen Interviews und Gespräche zum Thema Accessibility (Barrierefreiheit) und Inklusion im Web.

- **Digital Kompakt** (*https://www.digitalkompakt.de/podcasts/*) (deutsch): Digital Kompakt ist eher ein Podcast-Label, das eine Vielzahl an Themen bespricht. Es geht nicht nur um Design, sondern auch um Start-ups, Technologie und die neue Art zu arbeiten.

- **Online Marketing Rockstars** (*https://soundcloud.com/omrpodcast/*) (deutsch): Persönlichkeiten aus dem Marketing und der deutschen Start-up-Szene im Interview.

- **Queraussteiger** (*https://andrehennen.com/portfolio/queraussteiger/*) (deutsch): Wie der Wechsel in einen neuen Job gelingen kann und wie man das macht, was man schon immer machen wollte.

9.3.4   Videos

- **Sketch Together** (*https://www.youtube.com/channel/UCZHkx_OyRXHb1D3XTqOidRw*) – YouTube: Tutorials zu Sketch, Framer und Figma von Pablo Stanley.

- **Maex** (*https://www.youtube.com/channel/UCSdp5logiFTM3SyLJrHabOQ*) – YouTube: UX/UI-Vlog auf YouTube mit Maximilian Hennebach aus Dresden.

- **Sketch** (*https://www.youtube.com/channel/UC-1eTnnUmKJ8yEa1nCnAGpw*) – YouTube: Der offizielle YouTube-Kanal von Sketch.

- **Joseph Angelo Torado** (*https://www.youtube.com/user/learnsketch/videos*) – YouTube: Kurze Videos zu Sketch, einen kompletten Kurs gibt es zu kaufen.

- **Jonas Arleth** (*https://www.youtube.com/channel/UCSr9olFJLDKMTNn_WHaNZHQ*) – YouTube (deutsch): Hilfestellungen zu Sketch und dem Leben als selbstständiger Designer.

- **Basti UI** (*https://www.youtube.com/channel/UCnnIP34CpT7nIBZS5KuuhbA*) – YouTube (französisch): Tutorials zu UI-Design mit Sketch, inVision und Figma.

- **Product Design Talks** (*https://productdesigntalks.com/*) – Website: Zusammenstellung von Design-Talks von Konferenzen.

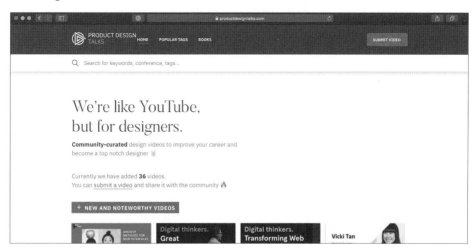

Abbildung 9.9 *Product Design Talks*

- **TED** (*http://ted.com*) – Videos: Hunderte inspirierende Videos zu verschiedenen Themen – unter anderem »Design« und »Business«.

9.3.5   Konferenzen

- **Smashing Conf** (*https://smashingconf.com/*) – Freiburg, wechselnd: Von den Machern der Website Smashing Magazine eine Konferenz für Designer und Webentwickler.
- **Code Talks** (*http://codetalks.com*) – Hamburg: Das Klassentreffen der Entwicklerszene mit einem eigenen Track für UI- und UX-Design.
- **Push Conference** (*https://push-conference.com*) – München: Zwei Tage lang Talks, Ausstellungen und Workshops zu Design.
- **Beyond Tellerrand** (*https://beyondtellerrand.com/*) – Berlin, München, Düsseldorf, wechselnd: Für Entwickler und Technologiebegeisterte gibt es zwei Tage Talks und Networking.
- **Web Summit** (*https://websummit.com/*) – Lissabon: Die größte Messe für die Web- und App-Branche.
- **Awwwards Conference** (*https://conference.awwwards.com/*) – wechselnde Orte in den USA: Frontend- und Webdesign-Konferenz, in deren Rahmen auch die Awwwards, ein Webdesign-Preis, vergeben werden.
- **Config** (*https://config.figma.com/*) – San Francisco: Die eigene Konferenz vom Design-Tool Figma.
- **Framer Loupe** (*https://www.framer.com/loupe/*) – San Francisco: Auch das Design-Tool Framer veranstaltet einen eigenen Event.
- **Mind the Product** (*https://www.mindtheproduct.com/*) – wechselnde Orte in den USA und in UK: Führende Konferenz für Produktdesigner aus den Top-Unternehmen weltweit.
- **An Event Apart** (*https://aneventapart.com/*) – wechselnde Orte in den USA: Zu den Themen Design, Code und Technologie gibt es hier Talks mit internationalen Speakern.

9.3.6   Bücher

Die großen Bestseller im Bereich User Experience und User Interface Design gibt es mittlerweile auch auf Deutsch. Nicht alle Übersetzungen aus dem Englischen sind gleich gut, deswegen Vorsicht bei der Lektüre.

- Don't Make Me Think – Steve Krug (deutsch)
- Rocket Surgery Made Easy – Steve Krug (deutsch)
- The Design of Everyday Things – Don Norman (deutsch)
- UX Writing & Microcopy: Gute Texte für bessere Usability und User Experience – Kinneret Yifrah (deutsch)

- Sprint: Wie man in nur fünf Tagen neue Ideen testet und Probleme löst – Jake Knapp (deutsch)

- Lean UX: Mit der Lean-Methode zu besserer User Experience – Jeff Gotthelf (deutsch)

- Unsichtbare Frauen: Wie eine von Daten beherrschte Welt die Hälfte der Bevölkerung ignoriert – Caroline Criado Perez (deutsch)

- Hooked: Wie Sie Produkte erschaffen, die süchtig machen – Nir Eyal (deutsch)

- Inspiriert: Wie Sie Tech-Produkte entwickeln, die Ihre Kunden lieben werden – Marty Cagan (deutsch)

- Schnelles Denken, langsames Denken – Daniel Kahnemann (deutsch)

- Simplicity: Die zehn Gesetze der Einfachheit – John Maeda (deutsch)

- Design: Die 100 Prinzipien für erfolgreiche Gestaltung – Jill Butler et al. (deutsch)

- Designing for Emotion – Aarron Walter

- UX Strategy – Jamie Levy

- Design for Real Life – Eric Meyer und Sara Walter-Boettcher

- Accessibility for Everyone – Laura Kalbag

- Just Enough Research – Erika Hall

- Ethical Design Handbook – Trine Falbe, Martin Michael Frederiksen, Kim Andersen

- Refactoring UI – Steve Schoger, Adam Wathan

- Atomic Design – Brad Frost (kostenlos online: *https://atomicdesign.bradfrost.com/table-of-contents/*)

- Practical Typography – Matthew Butterick (kostenlos online: *https://practicaltypography.com/*)

9.3.7   Meetups und Community

Ein Designer ist nicht gern allein – deswegen organisieren sich Menschen im Internet und in der »echten Welt«, um sich zu treffen und auszutauschen. Hier findest du ein paar Orte, an denen du dich mit ähnlich Gesinnten treffen kannst.

- **Sketch-Meetups** (*http://sketch.com/community*) (deutsch/englisch): Deutschland hat eine aktive Sketch-Community in Hamburg, München, Stuttgart, Düsseldorf und Frankfurt. In Wien, Genf und Zürich kannst du auch Sketch-Designer treffen.

- **UX-Roundtables** (deutsch/englisch): Suche auf Xing und Meetup nach Gruppen, die einen Design-Stammtisch machen. Zum Beispiel UXCGN in Köln, UX & Product in München, UXHH in Hamburg, UX Design Meetup Stuttgart, UX Münster, UXBN in Bonn, UX-Meetup in Dresden und viele mehr.

- **Interaction Design Association, IxDA** (*https://ixda.org/*): Ein loser Zusammenschluss aus Designern weltweit. Schau auf ihrer Website vorbei, um aktuelle Termine zu finden für

Städte wie Berlin, Dresden, Hamburg, Düsseldorf, Frankfurt, Nürnberg, München, Stuttgart und Karlsruhe. Außerdem gibt es Treffen in Wien, Graz, Linz und Lausanne.

- **Hexagon UX** (*https://hexagonux.com/*): Die UX-Community ist inklusiv und bunt – die Hexagon-UX-Community wurde gegründet, um Frauen und nicht-binäre Menschen im Design besser zu unterstützen. In Deutschland gibt es aktuell keine Gruppe, aber du kannst bei Slack dabei sein.

- **Sketch Spectrum Chat** (*https://spectrum.chat/sketch*): Eine Web-Community, die sich an den Design-Programmen orientiert: Sketch, Figma, Framer und viele andere Programme werden von aufmerksamen Designern kommentiert und begleitet. Du benötigst ein Konto bei Google, GitHub, Twitter oder Facebook, um dich anzumelden.

9.3.8   Artikel, Quellen und Sammlungen

Eine Auswahl der vielen Quellen für dieses Buch findest du in der folgenden Liste.

- **Dark Mode Design** (*https://darkmodedesign.xyz/*): Videos, Artikel und Hilfestellungen zum Dark Mode.

- **Typogui** (*http://typogui.de/de/index.html*) (deutsch): Ein kleiner Ratgeber für die täglichen typografischen Abenteuer.

- **Inclusive Design Checklist** (*https://www.notion.so/9-4-B-cher-Podcasts-und-mehr-a9bd-ba9607f940b48ced6b6f0c9d1c26#57bf01c37cec40cca1fa5738723ed3c0*): Überprüfe, ob du beim Designen alle Nutzer berücksichtigst.

- **A Designer's Code of Ethics** (*https://deardesignstudent.com/a-designers-code-of-ethics-f4a88aca9e95*): Mike Monterio beschreibt, welche Werte Designer sich geben sollten, um die Welt zu einem besseren Ort zu machen.

- **Designer's Guide to DPI** (*https://www.sebastien-gabriel.com/designers-guide-to-dpi/*): Sebastian Gabriel erklärt, wie Auflösung, Bildschirmgröße und DPI zusammenhängen.

- **Best Practices for Design System Naming Conventions** (*https://www.invisionapp.com/inside-design/naming-conventions/*): An Beispielen kurz zusammengefasst, wie du Farben und Komponenten eindeutig, einheitlich und sinnvoll benennst.

- **Web Design is 95% Typography** (*https://ia.net/topics/the-web-is-all-about-typography-period*): Oliver Reichenstein argumentiert, dass Typografie weiterhin die wichtigste Disziplin für digitale Designer ist.

- **Connected UX** (*https://alistapart.com/article/connected-ux/*): Aarron Walter erklärt, wie er dem niemals endenden Informationsfluss innerhalb eines Unternehmens Herr geworden ist.

- **Mastering the Bezier Curve Tool in Sketch** (*https://medium.com/sketch-app/mastering-the-bezier-curve-in-sketch-4da8fdf0dbbb*): Peter Nowell zeigt Schritt für Schritt, wie das Pfad-Werkzeug in Sketch funktioniert.

- **Designing a Comprehensive Color System for Lyft** (*https://www.rethinkhq.com/videos/designing-a-comprehensive-color-system-for-lyft*): Linda Dong erklärt, wie Designer und Entwickler ein gemeinsames Verständnis für Farben entwickelt haben.

- **How to Design Delightful Dark Themes** (*https://heydesigner.com/blog/how-to-design-delightful-dark-themes/*): Teresa Man gibt fünf Hinweise, wie Design im Dark Mode gelingen kann.

- **The Qualities of Great Design** (*https://developer.apple.com/videos/play/wwdc2018/801/*): Vortrag von Laura Strehlow auf der WWDC 2018 über die Eigenschaften von großartigem Design.

- **The Best Icon is a Text Label** (*https://thomasbyttebier.be/blog/the-best-icon-is-a-text-label*): Thomas Byttebier sagt, dass ein klarer Text besser als unklare Icons sind.

- **Constraint Layout** (for Designers) (*https://medium.com/tap-to-dismiss/constraint-layout-for-designers-3c665cb4d074*): Linzi Berry zeigt einen Weg für die Design-Übergabe mit wenig Potential für Missverständnisse.

- **Unboxing Chrome** (*https://medium.com/@san_toki/unboxing-chrome-f6af7b8161a2*): Hannah Lee führt durch den Prozess des Chrome-Mobile-Redesigns von 2018.

- **Why should you care about keeping your design files clean** (*https://monzo.com/blog/2018/12/11/design-files-system/*): Zander Brade erklärt, wie er Dateien und Ordner anlegt und pflegt.

- **A Guide to Interviewing for Product Design Internships** (*https://medium.com/facebook-design/a-guide-to-interviewing-for-product-design-internships-d719dd4c146c*): Mark Ovenden erzählt von den entscheidenden Schritten und der Vorbereitung auf ein Vorstellungsgespräch für Design-Praktika. Hilfreich für Bewerber und Interviewer.

- **The Inside Story of Reddit's Redesign** (*https://www.wired.com/story/reddit-redesign/*): Arielle Paredes hat den Redesign-Prozess von Reddits Design-Team mit einer Reportage für Wired Magazine begleitet.

- **A Step-by-Step Guide for Starting a New App Design Project in Sketch** (*https://medium.com/ux-power-tools/a-step-by-step-guide-for-starting-a-new-app-design-project-in-sketch-469df0f24af8*): Jon Moore zeigt seinen Weg zu einem neuen Design in Sketch mit UX-Power-Tools.

- **An Unnecessarily Detailed Look at the Design of the Login Screen** (*https://medium.com/ux-power-tools/an-unnecessarily-detailed-look-at-the-design-of-the-login-screen-68eac47cc756*): Christian Beck zeigt seine Überlegungen zu Logins bis zum Design.

- **How Great Leaders Inspire Action** (*https://www.ted.com/talks/simon_sinek_how_great_leaders_inspire_action*) – Video: Simon Sinek erklärt, dass das Warum immer das Zentrum für alle Überlegungen für Designer und Unternehmer sein sollte.

- **Mental Models for Product Designers** (*https://dropbox.design/article/mental-models-for-designers*): Wes O'Haire schreibt die verschiedenen Wege auf, um ein Design-Problem zu lösen.

- **Coglode** (*https://www.coglode.com/*): Verhaltensweisen und psychische Effekte, die dir beim Designen bewusst sein sollten.

- **Obvious Always Wins** (*https://www.lukew.com/ff/entry.asp?1945*): Luke Wroblewski formuliert eine der wichtigsten Regeln im digitalen Design: Offensichtliche, einleuchtende Designs sind immer im Vorteil.

- **UX Crash Course: 31 Fundamentals** (*https://thehipperelement.com/post/75476711614/ux-crash-course-31-fundamentals*): Joel Marsh bietet einen Kurs, in dem einen Monat lang die Grundlagen für UX- und UI-Designer behandelt werden.

- **UX Crash Course: User Psychology** (*https://thehipperelement.com/post/87574750438/ux-crash-course-user-psychology*): Joel Marsh erklärt in 31 kurzen Lektionen Nutzerverhalten und -motivationen.

- **How to Structure Your First UX Design Portfolio** (*https://uxplanet.org/how-to-structure-your-first-ux-design-portfolio-7b51576a04df*): Geunbae Lee zeigt, wie du ein Design-Portfolio aufbaust.

- **Creating Usability with Motion: The UX in Motion Manifesto** (*https://medium.com/ux-in-motion/creating-usability-with-motion-the-ux-in-motion-manifesto-a87a4584ddc*): Issara Willenskomer legt die Grundlagen für Animationen und Bewegung in digitalem Design.

- **Typography and Fonts** (*https://developer.apple.com/videos/play/wwdc2016/803/*) – Video: Antonio Cavedoni beschreibt Qualitäten von Typografie und Prüfsteine für gute Schriften.

- **Variable Fonts Primer** (*https://variablefonts.io/*): Sammlung von Texten zu variablen Schriften und Typografie.

- **Menus, Metaphors and Materials: Milestones of User Interface Design** (*https://medium.com/@borism/menus-metaphors-and-materials-milestones-of-user-interface-design-f3f75481c46c*): Boris Müller und Frank Rausch zeigen eine kleine Geschichte von User Interfaces und wie sie sich entwickelt haben.

- **The Guide to Design** (*https://start.uxdesign.cc/*): Das Team von UXDesign.cc hat einen Anfängerkurs für Designer gestartet. Komplett kostenlos und sehr umfangreich.

- **Midnight, the Dark Theme Sketch Plugin** (*https://medium.com/sketch-app-sources/lessons-54ddaa613f1b*): Die Mitglieder des Teams hinter dem Plugin Midnight erklären die Geschichte hinter der Entwicklung und welche Unterstützung sie bekommen haben.

- **How to Design for Thumbs in the Era of Huge Screens** (*https://www.scotthurff.com/posts/how-to-design-for-thumbs-in-the-era-of-huge-screens/*): Scott Hurff erklärt, wie sich die Smartphone-Größen verändern und welche Konsequenzen das für Apps hat.

9.4   Tools und Downloads

Das Internet ist voller hilfreicher Inspirationen und Werkzeuge. In 13 Kategorien findest du hier Software und Downloads für Sketch und deinen Alltag als Designer.

9.4.1   Sketch-Vorlagen

- **Sketch App Sources** (*https://www.sketchappsources.com/*): Wähle aus über 4.000 Sketch-Vorlagen aus. Komplett kostenlos.

- **Sketch Repo** (*https://sketchrepo.com/*): Icons, Desktop- und Mobile-Designs für Sketch zum Herunterladen.

- **inVision UI Kits** (*https://support.invisionapp.com/hc/en-us/articles/115000536363-Free-UI-design-kits*): Fertige Apps und Websites als Sketch-UI-Kit zum Herunterladen.

- **UI8** (*https://ui8.net/category/sketch*) ($): Kaufe dir fertige UI-Kits, Icons und Wireframes zum kleinen Preis.

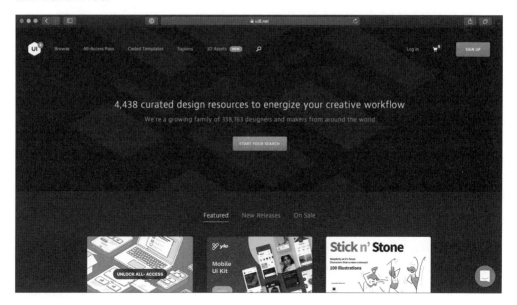

Abbildung 9.10 *UI8*

- **Font Combinations Library** (*https://fontcomb.kkuistore.com/download/*): Fertige Schrift-kombinationen als Sketch-Datei zum Download.

- **Facebook Design Team Resources** (*https://facebook.design/toolsandresources/*): Down-loade verschiedene Geräte und Designs für iOS 9, 10 und 11.

9.4.2   Data

- **Sketch App Data** (*https://sketchappdata.com/*): Ständig aktualisierte Seite mit zehntausenden Datenpunkten, um dein Design realistischer zu machen.

9.4.3   Illustrationen

- **Drawkit.io** (*https://www.drawkit.io/*): Kostenlose Illustrationen in verschiedenen Stilen.
- **blush.design** (*https://blush.design/*): Erstelle deine eigenen Illustrationen mit den Libraries von internationalen Illustratoren.

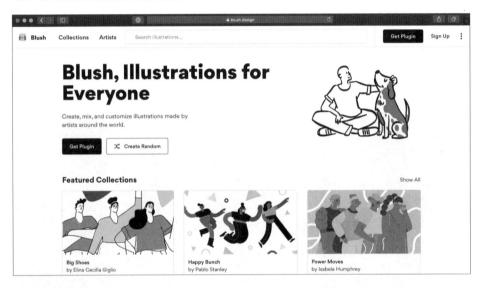

Abbildung 9.11 *blush.design*

9.4.4   Design-Systeme

- **UX Power Tools** (*https://www.uxpower.tools/*) ($): Ein Design-System, um schnell eine App oder Website in Sketch zu skizzieren.
- **UI Bingo** (*https://gumroad.com/l/axkHK*) ($): Listen, Dropdowns und über 300 Icons als Design-System für Sketch.
- **Shopify Polaris UI Kit** (*https://polaris.shopify.com/resources/polaris-ui-kit*): Die Sketch-Datei für das Design-System von Shopify Polaris.
- **Apple iOS** UI (*https://developer.apple.com/design/resources/*): Wichtige Bestandteile der UI von Apple als Sketch Library zum Download.
- **iOS Design Kit** (*https://iosdesignkit.io/*) ($): Das aktuelle iOS-Design als Sketch-Download.
- **Material Design** (*https://material.io/resources*): Alle Icons, Vorlagen, Prototypen und ein Design-Kit von Googles Material Design.

- **CSS Stats** (*https://cssstats.com*): Überprüfe, wie viele unterschiedliche Stile auf deiner Website verwendet werden – passen sie zum Design-System?

9.4.5 Grids und Layout

- **Grid Guide** (*http://grid.guide/*): Ein einfaches Web-Werkzeug, um das passende Grid zu finden.

9.4.6 Tastenkombinationen

- **Shortcuts.design** (*https://shortcuts.design/*): Alle Tastaturbefehle für Mac- und Windows-Software von Designern.
- **Cheat Sheet App** (*https://www.cheatsheetapp.com/CheatSheet/?lang=de*): Eine App, mit der du alle Kurzbefehle auf deinem Mac immer zur Verfügung hast.

Abbildung 9.12 *Shortcuts.design*

9.4.7 Typografie

- **Modularscale** (*http://modularscale.com*): Hilft dir, Schriftgrößen im richtigen Verhältnis zu wählen.
- **Typespiration** (*https://typespiration.com/*): Empfohlene Kombinationen aus zwei Schriften.
- **typ.io** (*https://typ.io/*): Schriften von aufwändig designten Websites mit Beispielen.
- **Font Pair** (*http://fontpair.co*): Zeigt Schriftarten von Google Fonts, die gut zusammenpassen.

- **What the font?** (*https://www.myfonts.com/WhatTheFont/*): Lade hier ein Bild hoch, und durchsuche die Schriften-Bibliothek von MyFonts.

- **Google Fonts** (*http://fonts.google.com*): Schrift-Bibliothek von Google. Viel Auswahl, einfach zu implementieren und kostenlos.

- **Little Ipsum** (*https://apps.apple.com/ca/app/littleipsum/id405772121?mt=12*): Ein kleines Werkzeug für macOS, um Platzhaltertext zu generieren.

- **MyFonts** (*https://www.myfonts.com/*): Schriftsammlung, teilweise kostenlos.

- **dafont** (*https://www.dafont.com/de/*): Sammlung von Schriftarten, viele kostenlos.

- **Fonts in Use** (*https://fontsinuse.com/*): Zeigt typografische Beispiele anhand von Bildern und die verwendeten Schriften.

- **Wakamai Fondue** (*https://wakamaifondue.com/*): Alle Details deiner Schrift untersuchen – direkt im Browser.

Abbildung 9.13 *Wakamai Fondue*

9.4.8   Mockups

- **Rotato** (*https://www.rotato.xyz/*) ($): Montiert dein Design in ein 3D-Modell eines Geräts und erstellt Videos daraus.

- **Vectary 3D** (*https://www.vectary.com/*) ($): 3D-Mockups direkt als Sketch Plugin.

- **Angle** (*https://angle.sh/*) ($): Sketch-Datei und Plugin mit über 1.000 verschiedenen Geräten und Perspektiven. Kostenlos gibt es ca. 50 Versionen.

9.4.9 Farben

- **Coolors** (*http://coolors.co*): Stell dir mit wenigen Klicks eine Farbpalette zusammen, oder wähle aus den beliebtesten bereits erstellten.

- **PalX** (*https://palx.jxnblk.com/*): Leitet aus einem HEX-Code passende Schattierungen und Komplementärfarben ab.

- **ColorBox** (*https://www.colorbox.io/*): Erstelle ein Farbsystem in einem mächtigen Web-Tool. Herleitung in diesem Blog-Artikel: *https://design.lyft.com/re-approaching-color-9e604ba22c88*.

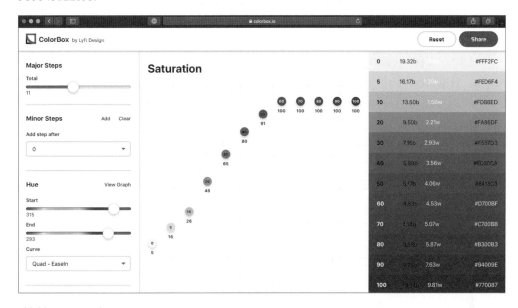

Abbildung 9.14 *ColorBox*

- **BrandColors** (*http://brandcolors.net/*): Sammlung von Farbcodes von großen Unternehmen und Marken.

- **Open Color** (*https://yeun.github.io/open-color/*): Eine Open-Source-Farbbibliothek, optimiert für UI-Design.

- **Flat UI Colors** (*https://flatuicolors.com/*): 13 verschiedene Farbpaletten von Designern rund um die Welt.

- **ColorClaim** (*http://vanschneider.com/colors*): Der Designer Tobias van Schneider hat erprobte Farbkombinationen gesammelt.

- **Gradihunt** (*https://gradihunt.com/*): Automatisch erstellte Verläufe als CSS- oder Bild-Download.

9.4.10   Icons

- **Feather Icons** (*http://feathericons.com*): Kostenlose Sammlung von Icons, die du in Sketch benutzen kannst.

- **CSS.gg** (*https://css.gg/*): Über 700 Icons kostenlos als SVG-Download.

- **Icons8** (*https://icons8.com/*) ($): Kostenlose und bezahlte Icons für dein Design.

- **Fontawesome** (*https://fontawesome.com/*): Die vermutlich beliebteste Sammlung an Icons im Web.

- **Flaticon** (*https://www.flaticon.com/*): Durchsuche mehrere Icon-Sammlungen, und lade sie kostenlos als PNG-Datei.

9.4.11   User Testing

- **UserZoom** (*http://userzoom.com*) ($): Teste mit echten Nutzern deine Designs.

- **Lookback** (*http://lookback.io*) ($): Cloudbasierte Software für User Testing.

- **Appinio** (*https://www.appinio.com/de/*) ($): Eine Plattform für Design-Tests, Umfragen und Marktforschung.

9.4.12   Organisation im Team

- **Miro** (*https://miro.com/*) ($): Ein digitales Whiteboard für User Flows, Brainstorming und Mindmaps.

- **Whimsical** (*https://whimsical.com/*) ($): Flowcharts, Wireframes und Notizen zum gemeinsamen Arbeiten an einem Ort.

- **Notion** (*http://notion.so*) ($): Gemeinsam Wissen sammeln und organisieren.

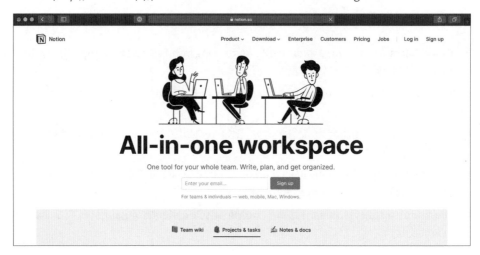

Abbildung 9.15 *Notion*

- **Slack** (*http://slack.com*) ($): Beliebte Chat-Software für Teams und Unternehmen.
- **Rocket Chat** (*http://rocket.chat*) und Mattermost (*http://mattermost.com*): Kostenlose Chatsoftware für Unternehmen und Open-Source-Alternativen zu Slack.
- **Trello** (*http://trello.com*): Gemeinsam Aufgaben verteilen und erledigen.
- **Jira** (*https://www.atlassian.com/software/jira*) ($): Eine mächtige Software, um Teams zu managen und den Überblick zu behalten.

9.4.13 Inspiration

- **Dribbble** (*http://dribbble.com*): Design-Community, in der du deine Designs zeigen kannst.
- **Behance** (*http://behance.com*): Adobes Social-Media-Design-Netzwerk.
- **Muzli Inspiration** (*http://muz.li*): Jede Woche neue Webdesigns.
- Awwwards (*http://awwwards.com*): Website-Awards für die talentiertesten Designer und Entwickler.
- **Product Hunt** (*http://producthunt.com*): Die neuesten Apps, Websites und Tools jeden Tag.
- **ueno.design** (*http://ueno.design*): Sammlung von Inspirationen aus der Design-Agentur ueno.
- **ecomm.design** (*http://ecomm.design*): Suche nach Beispielen aus hunderten Online-Shops.

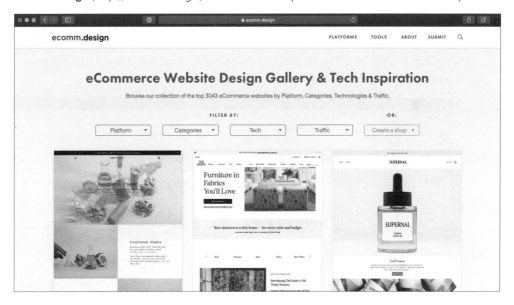

Abbildung 9.16 *ecomm.design*

- **httpster** (*http://httpster.net*): Websites, die dich inspirieren – sortiert nach Datum der ersten Entdeckung.

- **pttrns** (*http://pttrns.com*): Zusammenstellung von Designs aus dem ganzen WWW.

- **Land Book** (*https://land-book.com/*): Landingpages, Portfolios und Blogs, von denen du lernen kannst.

- **CSS Design Awards** (*https://cssdesignawards.com/*): Jeden Tag ein Gewinner für die »Website des Tages«.

- **Panda** (*https://usepanda.com/*): Neue Inspiration aus der Design-Welt auf einer eigenen Startseite.

- **uplabs** (*https://www.uplabs.com/*): Filtere nach Sketch, um Dateien von anderen Designern zu sehen.

- **Mobbin** (*http://mobbin.design*): Screenshots von den beliebtesten Apps und mobilen Websites.

- **UIJar** (*https://uijar.com/*): Design-Inspirationen in allen Kategorien.

- **11fs – Pulse** (*https://11fs.com/digital-insights*) ($): Inspirationen und Designs aus der Fin-Tech-Branche.

- **User Onboard** (*https://www.useronboard.com/*): Klick dich durch User Onboardings von großen Apps mit dem Kommentar des Autors.

- **Page Flows** (*https://pageflows.com/*) ($): Lerne von großen Apps, wie sie Probleme im UI-Design gelöst haben.

- **Collect UI** (*http://collectui.com/*): Lass dich täglich von neuen Designs inspirieren.

- **The Pattern Library** (*http://thepatternlibrary.com/*): Ein Projekt, das Design-Muster (Patterns) zur kostenlosen Nutzung zusammenstellt.

Abbildung 9.17 *Collect UI*

Glossar

8-Point Grid
Benutze 8 als Basiswert für dein Design, um alle Größen und Abstände in deinem Design zu berechnen. Standard für digitales Design.

A/B-Test
Zwei oder mehr Varianten eines Designs (unterschiedliche Farben, Schriften, Texte) werden entwickelt und getestet. Nutzer sehen je eine Variante. Nach einem definierten Zeitraum entscheiden die Messwerte darüber, welches Design »gewinnt«. Wichtig: eine Kontrollgruppe mit dem existierenden Design einrichten.

Adaptives Design
Wenn du eine Seite auf die spezifische Plattform anpasst, sprechen wir von adaptivem Design. Ein bekanntes Beispiel sind Seiten, die eine eigene URL für Mobilseiten verwenden (m.beispiel.de). Jede einzelne Darstellung ist dadurch einfacher, aber du musst jedes Design einzeln pflegen.

Agiler Prozess
Eine Methode, die Arbeit und Projekte strukturiert und organisiert. Viele Teams arbeiten in kleinen, flexiblen Gruppen mit kurzen Feedbackschleifen. Das Ziel ist, schneller Fehler zu erkennen und auszubessern und damit effizienter Produkte zu entwickeln. Grundlage ist das Agile Manifest (*https://www.agilemanifesto.org/*), ein Hilfsprogramm für agile Prozesse ist Jira (*https://www.atlassian.com/software/jira*).

Alpha-Maske
Ein Typ Maske, der über die maskierten Ebenen gelegt wird und so ihre Form und Deckkraft bestimmt.

Alt-Text
Kurz für »alternative text«, auch *alt-Tag* genannt. Ein Teil des Codes, der ein Bild beschreibt. Diese Texte werden zum Beispiel von Suchmaschinen und Screen-Readern benutzt, um den Inhalt des Bildes besser zu verstehen.

API
Application Programming Interface. Eine Schnittstelle, mit der Programme untereinander und mit Nutzern kommunizieren können, nennt man verkürzt API.

Artboard
Ein besonderer Typ Ebene, auf dem Elemente (Text, Rechtecke, Linien, Kreise etc.) abgelegt werden können. Das Artboard ist ein fester Rahmen auf dem Canvas und kann als einzelne Datei exportiert werden (*https://sketch-wiki.de/bedienung/exportieren/*).

Ästhetik
Die Wahrnehmung von Schönheit und künstlerischem Geschmack. Bestimmt, wie wir Kunst (Musik, Texte, Performance) wahrnehmen, wie sehr sie uns gefällt und wie emotional wir auf sie reagieren.

Augmented Reality (AR)

»Erweiterte Realität«. Durch technische Hilfsmittel werden der Wahrnehmung weitere digitale Ebenen hinzugefügt.

Ausrichtung

Organisiert und strukturiert deine Layouts, damit sie konsistent und hierarchisch als gesamte Komposition wirken. Objekte und Texte können unterschiedlich in Sketch ausgerichtet werden. Optische Ausrichtung bedeutet, dass Texte oder Objekte so platziert werden, dass sie optisch ausgeglichen wirken.

Auto Save

Mit dieser Funktion werden Sketch-Dokumente immer dann automatisch gespeichert, wenn eine Änderung vorgenommen wurde.

B2B

»Business to Business«. Vertriebsmodell, bei dem Firmen anderen Firmen Services und Produkte anbieten und sie untereinander in Geschäftsbeziehungen treten.

B2C

»Business to Consumer«. Vertriebsmodell, bei dem Firmen einzelnen (Privat-)Personen Services und Produkte anbieten.

Banner

Grafische Werbeform im Internet. Es gibt viele Varianten von Bannern: statische, animierte oder Videobanner.

Barrierefreiheit

Wie inklusiv und nutzbar für alle Anwender ist dein Design? Berücksichtigt Szenarien abseits der »idealen« Umgebung und findet Design-Lösungen. Alle Nutzer können dauerhaft, zwischenzeitlich und kurzfristig eingeschränkt sein. Mehr Informationen und Standards findest du bei WCAG und im A11Y-Projekt (*https://a11yproject.com/posts/ 2013-01-11-myth-accessibility-is-blind-people/*) (auf Englisch).

Baseline

Englisch für »Grundlinie«. Beschreibt die Linie, auf der die Buchstaben »sitzen«. Die meisten Schriften haben Unterlängen, die über die Grundlinie hinausgehen (g, j oder p). In Sketch kannst du Texte bei gehaltener `alt`-Taste anhand der Grundlinie aneinander ausrichten.

Bézier-Kurve

Eine Form, die durch Vektorpunkte miteinander verbunden ist. Sie kann mit dem Pfad-Werkzeug verändert werden.

BI

»Business Intelligence«. Die Sammlung, Analyse und Darstellung von Daten, die taktisch und strategisch für den Unternehmenserfolg relevant sind.

Bias

Englisch für »Vorurteil/Befangenheit«. Psychologische Effekte und Annahmen, die Menschen zu bestimmten Handlungen und Wahrnehmungen verleiten.

Bitmap

Ein Dateiformat, das eine Grafik im Raster (= Pixel) darstellt.

Boolesche Operatoren

Funktionen zum Kombinieren von Vektoren. In Sketch kannst du Formen mit **Union** verbinden, mit **Subtract** nur die Schnittmenge anzeigen, mit **Intersect** die Schnittmenge abziehen und mit **Exclude** die Form abziehen. Mehr in Abschnitt 4.8, »Maskieren, Kombinieren, Umwandeln – Werkzeuge für Ebenen«.

Breakpoint

Der Punkt, an dem ein Design »umbricht« und ein anderes Layout sinnvoll ist. Zum Beispiel, um Text anders auszurichten oder die Inhalte von einer in mehrere Spalten aufzuteilen.

Briefing

Ein Dokument, das Aufgaben und Schritte beschreibt, die notwendig sind, um eine Aufgabe zu lösen. Inhalt sind Beschreibungen und Informationen über erwartete Ergebnisse für die kreative Arbeit.

Canvas

Der endlose Arbeitsbereich, auf dem du in Sketch deine Designs platzierst.

Cloud

Sketch bietet eine eigene Cloud-Lösung an, mit der Designs auf einen Server im Internet hochgeladen, gespeichert und geteilt werden können.

cmd

»Command«/⌘. Die Befehlstaste (früher und umgangssprachlich auch Apfeltaste) wird auf Macs benutzt, um über die Tastatur Aufgaben auszuführen. In Kombination mit ihr lassen sich Auswahlen erstellen, Werkzeuge auswählen und ganz spezifische Aktionen ausführen. Zum Beispiel cmd + C für Kopieren und cmd + V zum Einfügen.

Copy

Auch »Copytext«. Der schriftliche Inhalt eines Designs, kein Platzhaltertext. Copywriter erstellen diesen Text, manchmal auch Produktmanager oder Designer.

CSS

»Cascading Style Sheet«. CSS-Dateien bestimmen klassischerweise die Darstellung einer Website. Hier werden Positionen, Farben, Ausrichtung und Schriften bestimmt.

CTA

»Call to Action«, englisch für »Aufforderung zum Handeln«. Damit wird im Kontext von digitalem Design alles bezeichnet, was Nutzer dazu bewegt, eine Handlung auszuführen. In einem Online-Shop zum Beispiel ein Button, auf dem »Jetzt kaufen« oder »In den Warenkorb legen« steht. Ein CTA sollte im richtigen Moment die Aufmerksamkeit auf sich lenken und zur Handlung motivieren.

CTR

»Click-through-Rate«, englisch für »Durchklick-Rate«. Gibt an, wie viele Nutzer etwas gesehen und daraufhin auf ein bestimmtes Element geklickt haben.

Customer Journey

Die Reihenfolge, nach der Benutzer dein Design durchlaufen. Alle Abschnitte der Customer Journey beschreiben vollständig die Erfahrungen der Nutzer. Eine der Hauptaufgabenbereiche von UX-Designern.

Dark Patterns

Der Begriff fasst Designs, Texte und Interaktionen zusammen, die Nutzer bewusst in die Irre führen und benachteiligen sollen. Dark Patterns beschädigen langfristig den Markenwert und widersprechen der ethisch-moralischen Verantwortung von Designern.

Dateiformat

Sketch erzeugt in erster Linie Dateien im **.sketch**-Format. Weitere Dateiformate können aus dieser Datei mit Sketch erzeugt werden. Für Bilder stehen die Formate PNG, JPG, TIFF sowie die vektorbasierten SVG, EPS und PDF zum Export (*https://sketchwiki.de/bedienung/exportieren/*) bereit. Für Entwickler kann aber auch auf das umfangreiche, aber datensparsame JSON-Format zurückgegriffen werden.

Design-System

Eine Sammlung von Komponenten, Regeln und Elementen, die dabei helfen, viele Designs zu erstellen. Ein Design-System ist hilfreich, wenn Teams einen zentralen Ort brauchen, um sich über die Prinzipien und Grundlagen ihres Designs zu verständigen. Mehr in Abschnitt 8.5, »Ein Design-System beginnen«.

Display

Sketch ist ein Werkzeug für digitales Design und dafür gemacht, Designs zu entwickeln, die auf Displays dargestellt werden. Herausforderungen, die das mit sich bringt, findest du zum Beispiel im Beitrag über Pixeldichte (*https://sketch-wiki.de/tipps-undtricks/pixeldichte/*).

Ebene

Sketch ordnet Elemente jeder Art nach einer Hierarchie »von oben nach unten« an. Diese Ebenen können einzelne Elemente oder auch Gruppen sein. Du kannst sie über die Ebenenliste am linken Fensterrand verwalten.

Element

Im Sketch-Wiki wird der Sammelbegriff *Element* verwendet, wenn Formen (Rechtecke, Kreise usw.), Texte, Bilder oder Gruppen gemeint sind.

Empathie

Die Fähigkeit, die Welt mit anderen Augen zu sehen, zum Beispiel, um sich in die Nutzer eines Designs hineinzuversetzen.

EPS

»Encapsulated PostScript«. Ein vektorbasiertes Dateiformat in der Sprache *PostScript*. EPS-Dateien werden häufig im Print-Design verwendet und von Sketch beim Export (*https://sketch-wiki.de/bedienung/exportieren/*) unterstützt.

Exportieren

Beschreibt in Sketch den Vorgang, Teile aus einem Sketch-Dokument in ein anderes Dateiformat zu überführen. Hier findest du einen ausführlichen Beitrag dazu: *https://sketch-wiki.de/bedienung/exportieren/*

Farbsehstörung

Eine Einschränkung, durch die die Augen einer Person Farben nicht oder nur schwer voneinander unterscheiden können. Die Störung ist nicht gleichbedeutend mit Farbenblindheit. Letztere ist die schwerste Form dieser Einschränkung.

Farbwähler

»Pipette«. Mit diesem kleinen Werkzeug kannst du Farben von deinem Bildschirm aufnehmen und in deinen Designs verwenden. Wähle in Sketch ein Element aus, und drücke ⌃ctrl⌄+⌃C⌄, um die Füllfarbe aufzunehmen.

Fixed

Einstellung im Text-Werkzeug, die den Textfluss auf eine Größe begrenzt. Wähle **Auto**, und der Text wird als eine Zeile ohne Umbrüche dargestellt.

Fluent Design

Das Design-System von Microsoft, das Vorgaben zum Design in Windows oder auf der Xbox macht. Vergleichbar mit Material Design von Google und Human Interface Guidelines von Apple.

Fluid Design

Dein Design füllt automatisch den verfügbaren Platz vollständig aus – wie eine Flüssigkeit.

Fluid Typography

Orientierst du dich bei den Schriftgrößen an deiner Bildschirmgröße, spricht man von Fluid Typography. Mit CSS-Befehlen kannst du diese Werte dynamisch immer wieder neu berechnen. Typischerweise setzt man aber eine Mindestgröße und eine maximale Größe, um Texte angenehm lesbar zu halten.

Font

»Schriftart«. Sketch kann Text in verschiedenen Schriftarten und Schriftschnitten darstellen. Mit dem Fonts Tool öffnet sich ein Dialog, der alle Schriften anzeigt, die du auf deinem Mac installiert hast.

Font Family

Eine Schriftart mit ihren Schriftschnitten. Zum Beispiel *fett/bold*, *normal/regular* oder *kursiv/italic*.

Gaussian Blur

»Gaußscher Weichzeichner«. Ein Effekt, der Elemente »verschwimmen« lässt und weichzeichnet.

Graceful Degradation

Ein Prinzip, das dein Design und alle Funktionen so lange wie möglich vollständig verfügbar hält. Ein Beispiel: Eine App verlässt sich darauf, dass sie Zugriff auf die Kamera bekommt, um Bilder aufzunehmen. Graceful Degradation würde bei einem Ausfall der Kamera versuchen, die App weiterhin auszuführen – insbesondere Teile, die nicht direkt vom Ausfall betroffen sind (z. B. Einstellungen). Das Gegenteil ist *Progressive Enhancement*.

Grid

Ein Raster, das deinem Design zugrunde liegt.

Hero

Eine große Fläche oder ein Bild, das Nutzern einen ersten Eindruck von einem Layout vermittelt. Es transportiert die emotionale Umgebung, den Kontext, erste Produktinformationen oder die Ästhetik und ist typisch fürs Webdesign.

HEX-Farben

Kurz für »hexadezimal«. Dieser Farbcode aus sechs Zeichen beschreibt dem Gerät, welche Farbe angezeigt werden soll. Beginnend mit einem #-Zeichen, beschreiben die Zeichen den Rot-, Grün- und Blauwert der Farbe. Besonders in der Webentwicklung verwendet, weil kürzer als der RGB-Wert.

Hierarchie

Vermittelt durch Präsentation, Reihenfolge und Organisation im Layout, wie wichtig welche Elemente sind. Dein Design bekommt durch diese visuellen Techniken Struktur. Eine klare Hierarchie hilft dem Auge, sich zu orientieren und Informationen schneller aufzunehmen. Basiert auf den Prinzipien der Gestaltphilosophie.

HSB

»Hue, Saturation, Brightness«. Ein Farbraum (*https://sketch-wiki.de/tipps-und-tricks/kleine-farblehre/*), der die Farbe mit dem Buntwert (*Hue*), der Sättigung (*Saturation*) und der Helligkeit (*Brightness*) bestimmt.

Human Interface Guidelines

Die Dokumentation und die Richtlinien für das Design von Apple-Apps. Als Design-System beschreibt es, wie die User Experience konsistent und einheitlich für iPhone-, iPad- und macOS-Apps gestaltet werden kann. Vergleichbar mit Material von Google oder Fluent Design von Microsoft.

Informationsarchitektur

Beschreibt, wie die Informationen strukturiert und aufbereitet werden. Hilfsmittel für die Darstellung der Informationsarchi-

tektur können Mockups, Wireframes und andere Diagramme wie Mindmaps oder Flussdiagramme sein.

Inhalte zuerst

»Content first« ist eine Art, Webseiten zu entwickeln – du beginnst mit den Inhalten, bevor du das Design entwickelst. So fokussierst du dich besser auf die Struktur der Seite, was letztendlich deinem Design zugutekommt.

Inspector

Arbeitsbereich in Sketch, der alle Einstellungen und Eigenschaften eines Elements darstellt. Er befindet sich auf der rechten Seite des Bildschirms und verändert sich, je nachdem, in welchem Bearbeitungsmodus du dich gerade befindest.

Inklusion

Design, das die Bedürfnisse von in irgendeiner Hinsicht beeinträchtigten oder ausgegrenzten Menschen erfüllt, ist inklusiv. Achte beim Gestalten darauf, dass möglichst viele Einzelpersonen oder Gruppen Zugang zu deinen Designs haben und nicht diskriminiert werden. Das verbessert die User Experience für alle.

Interface

Die grafische Oberfläche, die ein Designer gestaltet, kannst du auch als Interface bezeichnen. Daher auch der Begriff *Interface Designer*, der ungefähr synonym ist zu *Visual Designer* oder *Produktdesigner*.

Internationalisierung

Viele Designs müssen nicht nur in einer Sprache entwickelt, sondern in mehrere

Sprachen übersetzt werden. Die Kurzform nimmt den ersten und letzten Buchstaben des englischen Wortes *Internationalization* und schreibt die Anzahl der Buchstaben als Ziffer dazwischen: »I18n«.

Iterativer Prozess

Ein Vorgang, der immer wieder die gleichen Phasen durchläuft. Im Design kann das zum Beispiel Problemidentifikation, Design, Protoyping, Testen und Analysieren sein.

JSON

»Java Script Object Notation«. Mit diesem Dateiformat lassen sich Daten zwischen verschiedenen Programmiersprachen und Programmen austauschen. Auch Sketch kann dieses Format erzeugen, um mit Erweiterungen wie Zeplin (*https://sketch-wiki.de/plugins/zeplin-sketch-plugin/*) und anderen zu kommunizieren.

Kerning

Der Abstand zwischen zwei Buchstaben. Du kannst das Kerning (**Character**) im Inspector anpassen, ansonsten übernimmt Sketch diese Einstellung automatisch (siehe Abschnitt 4.3, »Das Text-Werkzeug«).

KPI

»Key Performance Indicator«. Eine Kennzahl, mit der bestimmt werden kann, wie erfolgreich die gestellte Aufgabe erfüllt wurde. So kann es für einen Online-Shop wichtig sein, wie viel Umsatz gemacht wurde. Für eine App, die ihre Nutzer inspirieren soll, ist die in der App verbrachte Zeit wichtig.

Lokalisierung

Im Unterschied zur Internationalisierung meint dieser Begriff nicht nur die Übersetzung der Texte, sondern auch, dass du Daten und Telefonnummern an das gängige System anpasst oder Währungen und Temperaturen umrechnest.

Logo

Ein Symbol oder eine Zeichnung, das bzw. die die Identifikation einer Marke, eines Produkts oder einer Organisation erleichtert.

Lorem Ipsum

Mit diesen Worten beginnt der klassische Blindtext. Mit voller Absicht soll der Text nichts bedeuten, dennoch haben die Worte unter Designern einen gewissen Kultstatus und wirken wie aus dem Lateinischen entlehnt.

Margin

Englisch für »Abstand«. Der Platz zwischen den Grenzen eines Elements, einer Seite oder eines Textes und anderen Objekten im Design. Er strukturiert dein Design und hilft dir, durch Weißraum einen visuellen Rhythmus in dein Design zu bringen.

Material Design

Ein bekanntes Design-System, dem die meisten Produkte von Google folgen. Es hilft mit Formen, Farben und Regeln bei einem einheitlichen Design von Apps in Android und auf Websites. Andere Beispiele für Design-Systeme sind die Human Interface Guidelines von Apple und Fluent Design von Microsoft.

Menü

Häufig wird die Navigation durch digitale Oberflächen und Produkte durch Menüs abgebildet. Wie in einem Restaurant soll es dem Besucher eine Übersicht über das Angebot verschaffen. Um Menüs gibt es viele Diskussionen unter Designern, schon allein, weil sie ein so zentrales Element in der Bedienung vieler Benutzeroberflächen sind.

Mobile first

Ein Design-Prinzip, das das Smartphone ins Zentrum des Designs stellt. Dementsprechend beginnst du mit einem kleinen Bildschirm und leitest von dort das Aussehen auf einem großen Bildschirm ab. Dieser Vorgang zwingt dich, die wichtigen Teile deines Designs noch stärker zu priorisieren.

Moodboard

Eine Sammlung aus Bildern, Farben und anderen Einflüssen, die hilft, eine bestimmte Ästhetik zu vermitteln.

Navigation

Beschreibt, wie man sich in einer App oder auf einer Benutzeroberfläche zurechtfindet. Zur Navigation gehören Menüs, Gesten und andere Eingabemethoden wie Sprache. Aber auch die Blickführung und die Informationsarchitektur einer Oberfläche oder App können dazugezählt werden.

Negative Space

Der Platz um und innerhalb eines Objekts, der das Objekt selbst sichtbar macht. Zum Beispiel das Logo von Subway, in dem die Pfeile das S formen.

Abbildung A.1 *Subway-Logo als Beispiel für Negative Space*

Open Source

Wenn der Code, das Design und andere Quellen vollständig öffentlich einsehbar sind, spricht man von Open Source. Je nach Lizenz sind Verändern, Verwenden und Weiterverbreitung kostenlos und keine Rechtsverletzung. Übertragbar nicht nur auf Software, sondern auch auf Designs und Dateien.

Outline

Mit dem Befehl **Convert to outline** ($\boxed{\text{cmd}}$ + $\boxed{\Diamond}$ + $\boxed{\text{O}}$) kannst du vektorbasierte Elemente (wie Schrift) in einen Vektor verwandeln.

Padding

Abstand um den Inhalt eines Elements. Benutzt zum Beispiel im Box-Modell von CSS.

Pareto-Prinzip

Die Annahme, dass sich in einem kleinen Bruchteil der Zeit ein großer Teil der Arbeit schaffen lässt. Häufig auch mit 80/20 beschrieben, deutet sie die enorme Ungleichheit von Einsatz (von zum Beispiel Arbeitszeit) und Ergebnis an. Dieses Prinzip verleitet dazu, unfertigen Ansätzen einen hohen Stellenwert einzuräumen – weil die meiste Arbeitszeit nicht mehr so produktiv sei wie die ersten 20 Prozent.

Pipette

Siehe *Farbwähler*.

Pixel

Verkürzt von »picture element«. Ein Bildpunkt, der einen Farbwert einer digitalen Rastergrafik darstellt, heißt Pixel. Die zur Darstellung der Bildpunkte verwendeten Flächen werden synonym verwendet. Auf den meisten Bildschirmen sind Pixel als Raster angeordnet und geben so die Bildauflösung vor.

Platzhaltertext

Auch »Blindtext«. Zeilen und Zeichen, die einen bestimmten Platz im Design einnehmen. Meistens ohne eigene Aussage, ist der bekannteste Platzhalter *Lorem Ipsum*.

Präfix

An den Anfang von Dateinamen, die beim Export von Dateien aus Sketch erstellt werden, kannst du eine beliebige Zeichenkette stellen.

Progressive Enhancement

Ein Design-Prinzip, das versucht, eine Website immer benutzbar zu halten. Hier definierst du eine Minimalversion des Designs und erweiterst sie auf Basis der technischen Möglichkeiten. Das Gegenteil davon ist *Graceful Degradation*.

Prototyp

Eine vorläufige Version des späteren Produkts zum Testen der Funktionen und um das Design zu verbessern. Mit Sketch kannst du einen interaktiven Prototyp erstellen und so eine Vorstellung vom fertigen Design bekommen.

Punkt

Abkürzung »pt«. Standardeinheit für Schriftgrößen und gleichzeitig Messgröße für Designs auf Apple-Geräten. Ein Punkt repräsentiert eine Fläche aus Pixeln, die Größe unterscheidet sich je nach Auflösung des Bildschirms. Punkte sind immer quadratisch und leiten sich aus dem Print-Design ab (dort 0,35 Millimeter).

Rastergrafiken

Pixelbasierte Grafiken wie Bitmaps sind digitale Bilder, bestehend aus einem Raster von Pixeln. Wenn sie vergrößert werden, verlieren sie an Qualität, weil diese von der Auflösung abhängig ist. Dateiformate sind zum Beispiel PNG, JPG, GIF oder PSD.

Responsive Design

Wenn dein Design flexibel auf die Größe und die Einstellungen des sichtbaren Bereichs reagiert, spricht man von Responsive Design. Normalerweise meint dieser Begriff hauptsächlich die Bildschirmbreite, aber auch Einstellungen wie Dark Mode oder die Touch-Bedienung fallen darunter.

Rückgängig machen

Mit der Tastenkombination cmd + Z machst du den letzten Befehl wieder rückgängig.

Sans Serif

Eine Kategorie von Schriften, die die Form der Buchstaben beschreibt. Das Schriftbild zeichnet sich durch klare Linien aus. Die kleinen Buchstabenstriche quer zur Grundrichtung (»Füßchen«) an den Buchstaben fehlen. Ursprünglich war Sans Serif für Überschriften reserviert, später wurden sie im Webdesign immer populärer. Ihre klaren Formen machen sie besonders für Bildschirme geeignet, da sie eine gute Leserlichkeit auch bei kleinen Schriftgrößen garantieren.

Scrum

Eine Methode im agilen Prozess. Sie zeichnet sich durch iterative und zyklische Wiederholung aus: Planung, Sprint, Dailies, Reviews und Retrospektiven folgen aufeinander und beginnen wieder von vorn.

Schriftart

Siehe Eintrag *Font*.

Seitenverhältnis

Das Verhältnis von Höhe zu Breite eines Bildschirms. 16:9 ist zum Beispiel ein gängiges Seitenverhältnis für Fernseher und PC-Bildschirme. 4:3 und 3:4 sind gängige Formate in der Fotografie.

Shift

Du verwendest die Shift- oder Umschalttaste immer dann, wenn du einen Buchstaben großschreiben möchtest. Die Tasten sind mit einem großen Pfeil nach oben markiert (⇧) und finden sich auf der rechten und linken Seite der Tastatur.

Sketch Cloud

Siehe *Cloud*.

Skeuomorphismus

Ein Design-Stil, der Materialien und Aussehen von echten Objekten nachahmt. Ein Beispiel ist der Papierkorb in Windows und macOS. Er ist eine Metapher und verdeut-

licht anhand eines bekannten Vorgangs den tatsächlichen Prozess.

Space

Häufig verwendet für die große, lange Leertaste in der Mitte der Tastatur.

Sprint

Ein Prozess, um Ideen schnell zu designen, zu entwickeln und mit Kunden zu testen. Sprints werden in Teams benutzt, die nach der Scrum-Methode agil arbeiten.

Storyboard

Darstellung in Illustrationen, Bildern oder Designs, um die User Experience zu verdeutlichen und zu sortieren.

Suffix

An das Ende von Dateinamen, die beim Export von Dateien aus Sketch erstellt werden, kannst du eine beliebige Zeichenkette anhängen.

SVG

»Scalable Vector Graphic«. Ein vektorbasiertes Dateiformat, das viel im Webdesign verwendet wird, weil es direkt als XML-Code ausgegeben wird und dadurch einfach anpassbar ist.

Symbol

Eine besondere Art Ebene, die wiederverwendbare Inhalte enthält. Symbole sind unterteilt in Symbolvorlagen und Symbolinstanzen – mehr dazu im passenden Beitrag (*https://sketch-wiki.de/design/symbole/*) und in Abschnitt 5.2, »Symbole – wiederverwendbare Objekte«.

Textausrichtung

Legt fest, entlang welcher Kante der Text ausgerichtet und ausgegeben werden soll. Sketch unterstützt die Textausrichtungen rechtsbündig, linksbündig, zentriert und Blocksatz.

TIFF

»Tagged Image File Format«. Ein pixelbasiertes Dateiformat, das nicht von allen Betriebssystemen unterstützt wird. Eine TIFF-Datei kann mehrere Auflösungen enthalten und unterstützt transparente Bereiche.

Touch Bar

Auf MacBook-Pro-Geräten ab 2016 ersetzt die Touch Bar die Funktionstasten zwischen esc und dem An- und Ausschalter. Für Geräte, die mit einer Touch Bar ausgestattet sind, stellt Sketch eigene Funktionen bereit.

Typografie

Bezeichnet den Prozess und die Arbeit mit Schriften und Zeichen. Zum Beispiel gehören die Schriftauswahl, das Setzen und die Darstellung der Schriftzeichen dazu. Das Ziel ist, den Text lesbar und optisch ansprechend darzustellen, um effizient Inhalte zu kommunizieren.

UI-Design

Ein User-Interface-Designer verantwortet die visuelle Darstellung einer App oder Website. Dieser Bereich geht von der Farb- und Schriftauswahl bis zur Umsetzung in Sketch. Andere Begriffe für UI-Designer sind auch *Visual Designer* oder *Produktdesigner*.

Usability

Englisch für »Benutzerfreundlichkeit«. Das Ausmaß, in dem ein Produkt oder eine Dienstleistung für Benutzer einfach, intuitiv und effizient nutzbar ist.

UX-Design

User-Experience-Design versucht, digitale Produkte so einfach, angenehm und benutzerfreundlich wie möglich zu gestalten. Dazu gehören eine gute inhaltliche Struktur, schnelle Ladezeiten, schöne Animationen und auch eine optimale Bedienung. User-Experience-Designer arbeiten zusammen mit Entwicklern, Projekt- und Produktmanagern und UI-Designern für den Endnutzer. Ihre Tätigkeiten reichen vom Texten und Konzipieren bis hin zur Verbindung von visueller Darstellung und Bedienung.

Vektor

Eine Art von Bild oder Ebene, die aus verbundenen Punkten besteht. Jeder Punkt ist in einem Koordinatensystem auf der X- und Y-Achse eindeutig bestimmt. Diese Koordinaten werden vom Programm interpretiert und als Bild dargestellt. Im Gegensatz zu Rastergrafiken können Vektoren auf jede Größe skaliert werden, ohne an Qualität einzubüßen. Vektorbasierte Dateiformate in Sketch sind EPS, PDF und SVG.

Verlauf

Auch »Farbverlauf«. Zwei oder mehr Farben, die sich nach und nach miteinander vermischen. Es gibt drei verschiedene Verläufe in Sketch: linear, kreisförmig und winkelförmig.

Viewport

Der sichtbare Bereich des Browserfensters.

Vorlage

Eine vordefinierte Sketch-Datei, die als neues nicht gespeichertes Dokument geöffnet werden kann. Sketch stellt ab Installation Vorlagen für iOS, Android und Webdesign bereit, die zentrale Bedienelemente enthalten.

WCAG

Kurzform für »Web Content Accessibility Guidelines«. Diese Richtlinien sollte deine Website oder App erfüllen, um sicherzustellen, dass sie für alle erreichbar ist. In manchen Ländern ist es sogar gesetzlich vorgeschrieben, diese Kriterien zu berücksichtigen.

Weißraum

Der Raum zwischen Elementen in deinem Design. Als wichtiges Gestaltungswerkzeug hilft er, Hierarchie im Layout herzustellen, Lesbarkeit zu verbessern und die Aufmerksamkeit von Nutzern zu lenken.

Wiederholen

Du möchtest den Befehl *Rückgängig machen* rückgängig machen? Wähle *Wiederholen* und drücke dafür ⌂ + cmd + Z.

Willkommensfenster

Mit diesem Dialogfenster wirst du begrüßt, wenn du Sketch öffnest. Wenn du Sketch das erste Mal öffnest, findest du mehr Informationen im Beitrag »Grundlegende Bedienelemente« (*https://sketch-wiki.de/bedienung/grundlegende-bedienelemente/*).

Wireframes

Ein Hilfsmittel zur Darstellung von Navigation. Eine erste grobe Zeichnung deiner Ideen auf dem Weg zum Endprodukt. Die Skizze hilft dabei, Eigenschaften eines Designs zu einem frühen Zeitpunkt zu verstehen. Einfache Formen wie graue Rechtecke helfen auch, sich auf das Layout und die Komposition zu konzentrieren, anstatt Farben, Schriften oder Stile zu diskutieren.

WYSIWYG

»What you see is what you get«. Akronym, das verwendet wird, um zu beschreiben, dass das Endprodukt tatsächlich so aussieht wie die Darstellung im Bearbeitungsmodus.

x-Achse

Im Koordinatensystem gibt der Wert x die horizontale Position an.

x-Höhe

Entspricht dem Abstand zwischen Grundlinie und Mittellinie einer Schrift und damit der Höhe eines kleingeschriebenen x in einer Schrift.

y-Achse

Im Koordinatensystem gibt der Wert y die vertikale Position an.

Zoom

Mit diesem Werkzeug kannst du die Ansicht des Canvas vergrößern und verkleinern. Um in Sketch den Zoom zu benutzen, drücke Z.

Index

»Gestaltung, Usability und UX von Android-, iOS- und Web-Apps«

680 Seiten, gebunden, in Farbe, 39,90 Euro
ISBN 978-3-8362-7050-2
www.rheinwerk-verlag.de/4905

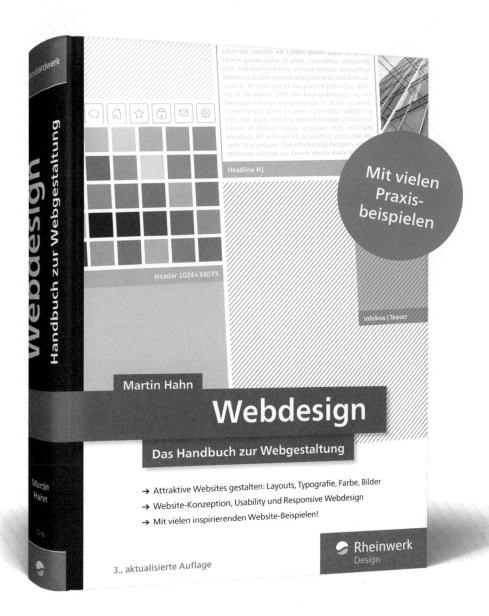

»Grafik und Gestaltung visuell erklärt«

»Usability- und UX-Methoden in der Praxis«

Wir hoffen, dass Sie Freude an diesem Buch haben und sich Ihre Erwartungen erfüllen. Ihre Anregungen und Kommentare sind uns jederzeit willkommen. Bitte bewerten Sie doch das Buch auf unserer Website unter **www.rheinwerk-verlag.de/feedback**.

An diesem Buch haben viele mitgewirkt, insbesondere:

Lektorat Ruth Lahres
Fachgutachten Jonas Hellwig, kulturbanause (kulturbanause.de)
Korrektorat Petra Bromand, Düsseldorf
Herstellung Janina Brönner
Typografie und Layout Vera Brauner
Einbandgestaltung Bastian Illerhaus
Coverbild Shutterstock: 1012260676©Antun Hirsman
Satz III-Satz, Husby
Druck und Bindung mediaprint solutions, Paderborn

Dieses Buch wurde gesetzt aus der TheSans (9,35 pt/13,7 pt) in FrameMaker.
Gedruckt wurde es auf chlorfrei gebleichtem Offsetpapier (90 g/m²).
Hergestellt in Deutschland.

Bibliografische Information der Deutschen Nationalbibliothek:
Die Deutsche Nationalbibliothek verzeichnet diese Publikation in der Deutschen Nationalbibliografie; detaillierte bibliografische Daten sind im Internet über *http://dnb.dnb.de* abrufbar.

ISBN 978-3-8362-7306-0

1. Auflage 2021
© Rheinwerk Verlag, Bonn 2021

Informationen zu unserem Verlag und Kontaktmöglichkeiten finden Sie auf unserer Verlagswebsite **www.rheinwerk-verlag.de**. Dort können Sie sich auch umfassend über unser aktuelles Programm informieren und unsere Bücher und E-Books bestellen.